如來自茲震旦輝佛日不盡
從辛卯肇胚胎（釋紹乾瑞像記優填之歲當周穆王辛卯）
適九垓
乾隆庚辰仲秋月御筆

◎前頁圖片爲清乾隆二十五年（1760）《弘仁寺碑》，見本卷五排八段“弘仁寺”條。

TEMPLES ET STÈLES DE PÉKIN

北京内城寺廟碑刻志

第五卷

（法）吕敏（MARIANNE BUJARD）主編
鞠熙　著

國家圖書館出版社

圖書在版編目（CIP）數據

北京内城寺廟碑刻志·第五卷 /（法）吕敏（MARIANNE BUJARD）主編；鞠熙著. —北京：國家圖書館出版社，2020.11

ISBN 978-7-5013-6932-4

Ⅰ. ①北… Ⅱ. ①吕… Ⅲ. ①寺廟—碑刻—研究—北京 Ⅳ. ① K877.424

中國版本圖書館 CIP 數據核字 (2020) 第 017976 號

書　名　北京内城寺廟碑刻志·第五卷
著　者　（法）吕敏（MARIANNE BUJARD）　主編
　　　　鞠熙　著
責任編輯　王燕來　景晶
責任校對　喬爽

出版發行　國家圖書館出版社（北京市西城區文津街 7 號　100034）
　　　　（原書目文獻出版社　北京圖書館出版社）
　　　　010-66114536　63802249　nlcpress@nlc.cn（郵購）
網　址　http://www.nlcpress.com
排　版　愛圖工作室
印　裝　北京聯興盛業印刷有限公司
版次印次　2020 年 11 月第 1 版　2020 年 11 月第 1 次印刷

開　本　889×1194（毫米）　1/16
印　張　30
字　數　800 千字
書　號　ISBN 978-7-5013-6932-4
定　價　350.00 圓

École française d'Extrême-Orient
Université Normale de Pékin
École pratique des Hautes Études

TEMPLES ET STÈLES DE PÉKIN

sous la direction de

MARIANNE BUJARD

par

JU XI

Volume V

Épigraphie : Zhao Chao, Liu Wenshan, Zhao Yu, Gui Xiao
Stèles en mandchou : Guan Xiaojing, Alice Crowther
Stèles en tibétain : Françoise Wang-Toutain
Stèles en mongol : Wei Jiandong, Wudana
Dessins des temples : Li Weiwen
Enquêtes de terrain : Victoire Surio, Wang Jun, Wang Nan
Archives : Luca Gabbiani, Wang Minqing

Ont participé à ce volume :
Zhang Yan, Wang Hongguang, Liang Daqing, You Dan, Lü Yueming
Zhou Jinzhang, Shu Yan, Patrice Fava, Gil Gonzalez-Foerster

Pékin 2020

碑　文　抄　録：趙　超　劉文珊　趙　昱　桂　梟

滿文碑銘釋録：關笑晶　曹　君（Alice Crowther）

藏文碑銘釋録：王　微（Françoise Wang-Toutain）　魏建東

蒙古文碑銘釋録：魏建東　烏達娜

寺廟復原圖繪：李緯文

田　野　調　查：阮如意（Victoire Surio）　王　軍　王　南

檔　案　查　閱：陸　康（Luca Gabbiani）　王敏慶

本卷參與人員：張　彦　王虹光　梁大慶　游　丹　吕玥明

周錦章　舒　燕　范　華（Patrice Fava）

曉　松（Gil Gonzalez-Foerster）

部分寺廟照片

（1930–1931年間北平研究院調查資料）[1]

弘慶寺正殿内釋迦木像與明代壁畫（見五排十一段“黑塔寺”條）

〔1〕所有照片均由中國文化遺産研究院提供電子版，謹致謝忱！

三義廟山門（見五排十一段“三義庵”條）

寶禪寺大雄寶殿内釋迦佛木像（見五排九段“長壽庵”條）

長春寺山門（見五排六段“長春寺”條）

火神廟正殿院内［見五排六段“三聖祠（景山後街）”條］

隆長寺内乾隆御製碑（見五排九段“隆長寺”條）

調查人員與隆長寺僧合影

前　言

《北京内城寺廟碑刻志》叢書第五卷，涵蓋清乾隆《京城全圖》現代複製版五排範圍内的廟宇與碑。

與前四卷不同的是，本卷正式進入皇城，北皇城根（今地安門大街）與景山北墻，標定了廟志範圍的南北兩界。皇城之内，明代皆爲禁地，民間不得出入。自清定鼎，皇城對外開放，"東安、西安、地安三門以内，紫禁城以外，牽車列闠，集止齊民"〔1〕。帝制末期，皇城城墻已几乎名存實亡，最終於 1920 年代大部拆除。其殘存的極少遺址在今天辟爲皇城根遺址公園。

清代開放皇城後，其内寺廟也隨之改變。一方面，"禁中創造寺觀"之争因皇城禁地的開放而消弭；另一方面，原來附屬皇家或衙署的祭祀場所也大量向市民開放。

據李緯文統計，在整個皇城範圍内，歷代文獻與地圖中共記載了七十八處祭祀建築〔2〕，明時大多直屬皇家或宦官機構。它們雖奉佛道香火，却多稱"殿""宫""堂""祠"，乃因當時皇城屬禁中，尊佛重道爲儒生所忌，不以"寺""廟"名之以避其鋒。例如，明武宗建鎮國寺之初，李東陽（明内閣首輔大臣，1447–1516）曾上書力諫，認爲"宫禁之體比與城市不同，自古及今，并無禁中創造寺觀事例"，他接着舉明憲宗的例子："成化間欲於内府建玉皇閣，憲宗皇帝因内閣之言而止。"〔3〕這類抗議一直不絶，以至於即使太監在自己衙署内建廟，也常以"堂""祠"名之。然此禁至清代以後已完全消失，故有"慈慧殿"改名"慈慧寺"〔4〕、"三聖祠"更名"火神廟"〔5〕諸事。

清代皇家在皇城中創建的最大寺廟，是五排八段的弘仁寺。清康熙四年（1665），爲了供奉世之重寶旃檀瑞像，康熙帝在明清馥殿遺址上建造了弘仁寺。它不僅代表了清帝一系與藏傳佛教之間的私人聯繫，也是清代格魯派

〔1〕（清）于敏中等編纂《日下舊聞考》，北京：北京古籍出版社，1985 年，卷三十九·皇城，頁六百一十二。

〔2〕李緯文未刊之文，内部資料。

〔3〕《武宗毅皇帝實録》，卷七十二，明正德六年（1511）二月十八日。

〔4〕參見本書五排六段"慈慧殿"條。

〔5〕參見本書五排六段"三聖祠（景山後街）"條。

事務的管理中心。但與此同時,它也并不排斥平民的參與。正如本書“弘仁寺”條所言,弘仁寺的標志——旃檀佛像,呼應了康熙帝“再世如來、現轉輪王像”的身份,乾隆帝在《弘仁寺碑》中明確指出,爲了繼承康熙帝“現無量壽身而爲説法”的作法,他重修弘仁寺以“助宣聖教,永闡慈仁”[1]。至少在18至19世紀,弘仁寺是北京最顯赫的皇家寺廟,每年新年、皇帝與太后的壽辰及佛誕日,内務府都會在弘仁寺爲皇室舉行規模巨大的誦經法會,念經喇嘛常有數百人之多,來自雍和宫、永安寺等各大名刹。作爲理藩院核心機構喇嘛印務處的所在地,寺内也是清代帝王會見蒙古、藏族大喇嘛的重要場所和蒙古、藏族僧侣來京朝聖的聖地。但弘仁寺并非完全是皇家禁地,每年正月初八“打鬼”之日,喇嘛僧扮演諸天神將驅逐邪魔,圍觀群衆水泄不通,乃京城春節期間一大盛會,清代文獻多有記載。從内務府檔案來看,寺内宗教活動一直持續到了清末,直到光緒二十六年(1900)庚子之變,弘仁寺毁於兵燹,旃檀佛像下落不明。

除了皇家建廟外,皇城内的太監建廟也爲數不少,五排範圍内共有十三處。太監建廟有兩次高潮,一是明初太監建寺,多爲衙署同人共同祭拜之用。隨著清初改内務府,宦官衙署撤銷,這些寺廟常被廢弃或轉由僧人道士經營,鐘鼓司[2]、大佛堂[3]就是這種情况。二是清末太監集資建養老之地,多購廟以存身,如西坊庵[4]即是如此。皇城内景山後街三聖祠是比較少見的自明至民國中期一直由太監掌管的寺廟。它最初是内官監太監與火藥作祭祀火神的廟宇,入清後仍由禁中執事太監繼承管理,自嘉慶到光緒年間,重華宫太監一直將其視爲公産。民國時期,廟産權發生争執,太監遺孀成爲廟主之一。隨後在1937年,三聖祠終被賣與商人,改爲尼僧修行之地[5]。太監集體祭祀的寺廟變成私産的情况很常見,在民國時期寺廟登記檔案中,後者常被稱爲“家廟”。

“家廟”在中國古代典籍中有確定含義,指祭祀祖先的場所。清代官方禮制中沿用這一概念,雍正帝在《聖諭廣訓》中提及:“凡屬一家一姓,當念乃祖乃宗,……立家廟,以薦蒸嘗。”[6]乾隆二十四年(1759)編成的《大清通禮》中也提到了“家廟”,以後道光年《大清通禮》與光緒年《大清會典事例》皆援引之,都認爲“品官家祭之禮,於居室之東立家廟”[7]。這裏所説的“家廟”與祠堂同義,是家族祭祀祖先的地方。然而至少從清中期開始,上至貴族、下至庶民,北京市民普遍認同并廣爲營造的“家廟”,却與祠堂并無關係,而是僧道住持、供奉神佛、備行法事的“家有之廟”。北京市民通用的“家廟”,與雍正帝所説的“家廟”相比,有如下四方面不同:1. 前者從不祭祀祖先,更非位於家宅之内;而後者按規定則應營造於居室之東。2. 前者的産權或繼承權衹在家庭内部傳承;而後者則在理論上歸整個家族所有。3. 前者供奉的神靈多樣化,没有特定系統;而後者則明確爲供奉祖先、舉行家祭之禮的地方。4. 前者被認爲衹供家庭内部成員使用;後者則由“一家一姓”共同使用。總之,前者之“家廟”乃家庭私有之廟,後者之“家廟”與祠堂無异。在皇城從封閉到開放,再在清末因政治動蕩而衰敗的過程中,太監公産變爲“家廟”者爲數不少,前述之三聖祠就是典型,另外恭儉胡同關帝廟[8]、内官監三官廟[9]亦是這種情况。

---

〔1〕清乾隆二十五年(1760)《弘仁寺碑》,參見本書五排八段“弘仁寺”條。

〔2〕參見本書五排五段“鐘鼓司”條。

〔3〕參見本書五排六段“大佛堂”條。

〔4〕參見本書五排六段“西坊庵”條。

〔5〕參見本書五排六段“三聖祠(景山後街)”條。另見(法)吕敏(Marianne Bujard)《慶雲寺小考》,收入(法)吕敏(Marianne Bujard)、(法)陸康(Luca Gabbiani)主編《香火新緣:明清至民國時期中國城市的寺廟與市民》,中信出版社,2018年,頁二百七十三至三百零五。

〔6〕《聖諭廣訓》,欽定四庫全書薈要·史部,卷一,頁七。

〔7〕(清)《大清通禮》,卷十六·吉禮,清文淵閣四庫全書本,頁一百三十四。

〔8〕參見本書五排六段“關帝廟(恭儉胡同)”條。

〔9〕參見本書五排六段“三官廟”條。

在皇城之外，本卷還搜集到六十座内城寺廟的信息，其中規格最高的當屬朝天宫。在明代，每年正旦、冬至、聖節之期，百官均於這裏習儀。朝天宫所在地本爲元時天師府，至明宣宗時仿照南京朝天宫樣式重建，作爲習儀之所，并設道録司於其内，主天下道教事。至明成化十七年（1481），朝天宫重修完成，有東西三路、殿宇多重，附屬房屋上千間，真可謂“重檐巨棟三千間”，“既堅既美，實完實足”[1]。至明嘉靖年間，朝天宫達於全盛，齋醮之儀及無虚日，與大高玄殿相埒。然而明天啓六年（1626）六月二十日，朝天宫忽被火災，不知起在何處而十三殿同時着火，頃刻之間所有殿宇化爲灰燼。有清一代，朝天宫廢墟上先後出現多所小廟，然再未重現當時盛況[2]。

本書共集寺廟一百零二座，寫作廟志九十三篇。關涉碑刻七十一通，著録碑文四十九通，其中滿、漢、蒙古三體碑一通（康熙六十年《御製旃檀佛西來歷代傳祀記》），滿、漢、蒙古、藏四體碑兩通（乾隆二十五年《重修弘仁寺碑》與《御製詩旃檀寶相贊》）。未寫作廟志和未抄録的碑文大部分位於西苑（今北海公園與中南海）内。這裏殿堂琳瑯、祭祀之所衆多，自金至清末共約二十四處。但作爲“北京内城寺廟碑刻與社會史”的項目成果，本叢書的目標是要理解寺廟在城市中的作用及與市民的關係，鑒於直至民國十四年（1925）之前，西苑始終是市民禁地，故僅列表簡述其廟宇碑刻（見五排七段）。另外，由於文物保管問題，五排二段之《雙林寺碑》無法查閱原碑或拓片，未能抄録原文，誠爲憾事。

本卷在寫作過程中得到很多人的幫助。2004—2005年期間，在北師大和中國社科院民族所等院校研究生的協助下，阮如意（Victoire Surio）曾調查過本書的部分寺廟，她的照片是本書中珍貴的回憶。時爲北京大學碩士的劉文珊，北京大學博士的趙昱、桂梟抄録了部分碑文初稿，趙超教授最終審讀校對了所有漢文碑文。滿文碑由北京社科院滿學所關笑晶副研究員録入，法國高等實踐學院博士生曹君（Alice Crowther）校對，蒙古文碑由北京師範大學碩士研究生烏達娜抄録，藏文碑文的原文格式與拉丁文轉寫由王微（Françoise Wang-Toutain）完成。蒙古、藏文碑均由中央民族大學歷史文化學院魏建東博士全文校對并最終審定。2014年開始，故宫博物院故宫學研究所王軍、清華大學建築學院王南、北京市建築設計研究院張彦、北京市城市規劃設計研究院王虹光、北京市規劃和自然資源委員會梁大慶、中國建築股份有限公司游丹、北京林業大學吕玥明等人先後參與到走訪之中，并留下了寶貴的踏勘記録。在這些資料的基礎上，中國社科院文學所王敏慶撰寫了弘仁寺廟志初稿，并增補了對重要佛像外觀的描述。曉松（Gil Gonzalez-Foerster）拍攝了部分寺廟的照片，我們有幸將其呈現在書内。巴黎四大索邦大學的博士研究生李緯文爲本書手繪了朝天宫與弘仁寺兩處重要寺廟的復原圖，在皇城内建廟、西苑祭祀等問題上，他亦貢獻頗多。

本叢書長期的出版計劃仰賴於中華書局柴劍虹先生的慷慨幫助，國家圖書館出版社的孫彦女士與王燕來先生從項目之初即負責出版，景晶女士審校了本卷全書，這令我們感到萬分榮幸。特別感謝毛勇與毛羽翰的陪伴，在2016年正式開始動筆後，我對卷内所有寺廟進行了回訪，時年五歲的毛羽翰陪我走遍大街小巷，讓這些回訪在學術性之外，本身也成了生活的一部分。

“北京内城寺廟碑刻與社會史”項目以及《北京内城寺廟碑刻志》叢書，是法國遠東學院、法國高等實踐學院與北京師範大學社會學院的合作成果。本項目得到蔣經國基金會國際學術交流的支持，也得到法國國家“投資未來”計劃的資助（ANR-10-IDEX-0001-02 PSL）。

我們謹向以上機構和人員致以最誠摯的謝意。

鞠熙

2019年7月

〔1〕（明）朱見深撰《御製重修朝天宫碑》，明成化十七年（1481），據《宛署雜記》頁一百九十六録文。見（明）沈榜《宛署雜記》，北京：北京古籍出版社，1980年。

〔2〕參見本書五排十段“玉皇閣”條。

Avant-propos

Le cinquième volume de la collection *Temples et stèles de Pékin* nous fait pénétrer pour la première fois dans le périmètre de la ville impériale *huangcheng* 皇城. Tout au long de la dynastie des Ming (1368-1644), de hauts murs dressés à quelques centaines de mètres autour de la Cité interdite délimitaient une portion de la capitale rendue inaccessible à la population ordinaire. Avec l'arrivée des Mandchous, cet espace fut ouvert à tous : « Hors de la Cité interdite, entre les trois portes de Dong'an, Xi'an et Di'an, défilent ou stationnent charrettes et badauds » lit-on dans le *Rixia jiuwen kao*[1]. Ce n'est qu'à la fin de l'empire que la muraille fut d'abord percée en différents endroits pour permettre la circulation d'est en ouest, avant de disparaître complètement au cours des années dix-neuf cent vingt. De nos jours, à l'est de la Cité interdite, un parc s'étire le long de l'ancien mur.

L'ouverture de la ville impériale à la population transforma les temples qui s'y trouvaient. D'une part, l'interdit défendu âprement par les lettrés confucéens qui empêchait toute construction de temple dans l'espace impérial devenait obsolète, et d'autre part, les fondations religieuses, qui étaient par le passé réservées à l'usage exclusif du clan impérial et des eunuques, étaient désormais largement accessibles à la population.

Une étude réalisée par un jeune chercheur, Monsieur Li Weiwen 李緯文, doctorant à l'université Sorbonne Paris IV, à partir de la littérature et des cartes anciennes, montre qu'il n'existait pas moins de soixante-dix-huit sanctuaires dans la ville impériale et que durant la dynastie des Ming, ils appartenaient dans leur immense majorité au clan impérial ou aux eunuques. Bien que ces édifices fussent consacrés au culte des dieux bouddhiques ou taoïstes, ils portaient le plus souvent le nom de « salle » (*dian* 殿), de « palais » (*gong* 宫), « loge » (*tang* 堂) ou « mémorial » (*ci* 祠). Ce procédé permettait de contourner l'interdiction que les lettrés cherchaient à maintenir dans cette enceinte contre la fondation de temples – qui auraient été normalement désignés par les noms de *miao* 廟, *si* 寺 ou *guan* 觀. Lorsque l'empereur Wuzong (r. 1505-1521) voulut construire le temple Zhenguosi 鎮國寺, dans l'angle nord-ouest de la ville impériale, il se heurta à l'opposition du grand lettré et homme d'Etat Li Dongyang 李東陽 (1447-1516). Celui-ci lui rappela dans un mémoire adressé à la cour que : « Le domaine impérial n'est pas semblable à celui de la ville ; de l'antiquité à nos jours, on ne sache pas qu'un temple y fut jamais

〔1〕*Rixia jiuwen kao* 日下舊聞考 , *juan* 39, p. 612.

construit. » Et de poursuivre : « Lorsque durant l'ère Chenghua (1465-1487), le souverain régnant voulut dédier dans la Cité interdite un sanctuaire à l'empereur de Jade, Yuhang 玉皇, il en fut empêché par le Grand Secrétariat (Neige 内閣). »[1]

D'ailleurs, afin d'éviter l'ire des confucéens, les eunuques donnèrent eux aussi les noms de « loge » ou de « mémorial » aux temples qu'ils construisirent dans leur propre administration (*yashu* 衙署). Après l'arrivée des Mandchous, l'interdit disparut complètement, si bien que la « Salle de la Grande Compassion » (Cihuidian 慈慧殿) fut rebaptisée « Temple de la Grande Compassion » (Cihuisi 慈慧寺) et le « Mémorial des Trois Saints » (Sanshengci 三聖祠) devint le « Temple du dieu du Feu » (Huoshenmiao 火神廟), et de même pour nombre de lieux de culte.

Dans l'angle nord-ouest de la ville impériale s'élevait une vaste fondation religieuse réservée aux souverains, le Hongrensi 弘仁寺 ou « Temple de la propagation du bien ». En 1665, l'empereur Kangxi (r. 1662-1722) souhaita rendre un culte à la plus précieuse statue de son temps, le fameux Bouddha de Santal ; aussi fit-il construire ce temple sur l'emplacement d'un ancien site taoïste des Ming, le Qingfudian 清馥殿. Cette construction devint le centre des dévotions personnelles des empereurs en même temps qu'elle abrita le bureau de l'École des bonnets jaunes, ou Gélugpa, l'une des quatre écoles du bouddhisme tibétain. Toutefois, l'entrée n'en fut pas entièrement fermée aux habitants ordinaires. L'emblème du Hongrensi, la merveilleuse statue du Bouddha de Santal, annonçait la nouvelle venue de Bouddha dans ce siècle sous la forme d'un souverain qui n'était autre que l'empereur Kangxi lui-même. Par la suite, l'empereur Qianlong (r. 1736-1796), afin de perpétuer l'enseignement de son aïeul, fit restaurer le Hongrensi pour, écrit-il dans une stèle datée de 1760, « faire connaître ses saintes instructions et propager sa bienveillance »[2]. Aux dix-huitième et dix-neuvième siècles, le Hongrensi était la fondation impériale la plus prestigieuse de la capitale. Tous les ans, pour célébrer le Nouvel an, les anniversaires de l'empereur et de l'impératrice, et la naissance de Bouddha, la Maison impériale organisait des grandioses cérémonies de récitations des sutras ; ces jours-là affluaient des centaines de moines venus des grands monastères, tels le Yonghegong 雍和宫 ou le Yong'ansi 永安寺 du Beihai. Comme le temple était aussi le siège du bureau de l'École des bonnets jaunes, c'est dans ses murs que les empereurs recevaient les dignitaires mongols et tibétains et que les moines de tout l'empire venaient prier. Dans son enceinte également, les fidèles se rendaient en masse pour assister aux danses masquées du grand exorcisme du huitième jour du premier mois de l'année lunaire ; la littérature consacrée à Pékin en conserve de nombreux témoignages. D'après les archives de la Maison impériale, cette importante cérémonie se maintint jusqu'en 1900, lorsque le Hongrensi fut pillé et incendié par les troupes alliées durant la guerre des Boxers et que la statue du Bouddha de Santal disparut.

---

〔1〕*Wuzong Yi huangdi shilu* 武宗毅皇帝實録 , *juan* 72, 18e jour du 2e mois de la 6e année de l'ère Zhengde (1511). [17 mars 1511]

〔2〕*Hongrensi bei* 弘仁寺碑 , voir la notice consacrée à ce temple.

A côté des temples fondés par les empereurs, la partie de la ville impériale documentée dans ce volume comptait encore treize temples possédés par des eunuques. Ceux-ci furent particulièrement actifs à deux reprises. D'abord, au début de la dynastie des Ming, ils établirent des lieux de culte réservés aux membres d'une même administration. La réforme conduite par les Mandchous, qui réorganisa les départements gérés par les eunuques, entraîna la disparition de ces temples ou leur appropriation par des religieux bouddhistes ou taoïstes. Ainsi en fut-il du Zhonggusi 鐘鼓司 ou du Dafotang 大佛堂. Ensuite, à la fin de l'empire, les eunuques réunirent des fonds pour assurer leur retraite et achetèrent des temples pour s'y établir, par exemple le Xifang'an 西方庵[1].

Le cas du Sanshengci 三聖祠, situé derrière la colline de Charbon est exceptionnel en ce qu'il demeura la propriété des eunuques depuis sa fondation sous les Ming jusqu'à la période républicaine. Sa création fut l'œuvre des eunuques du département des Poudres à canon (Huoyaoju 火藥局) qui l'établirent en 1601 pour célébrer le dieu du Feu. Il fut ensuite entretenu par différents chefs de départements des eunuques du Palais impérial et, pendant tout le dix-neuvième siècle, il demeura la propriété collective des eunuques attachés au palais Chonghua 重華宮 situé au nord de la Cité interdite. Au cours de l'époque républicaine, il fut disputé par la veuve de l'un d'entre eux, qui en fut pour un temps la propriétaire, avant d'être racheté en 1937 par un marchand. Ce dernier y installa ses deux filles qui, devenues nonnes, y entretinrent le culte d'une sainte[2]. La transformation de temples possédés par des eunuques en temples privés est un phénomène récurrent. Dans les archives républicaines, ils sont appelés des *jiamiao* 家廟.

Le *jiamiao* dans la Chine ancienne avait une définition bien précise, il s'agissait du lieu où une famille rendait un culte à ses ancêtres. Dans le système rituel des Qing, cette acception a été conservée. L'empereur Yongzheng (r. 1723-1735) déclare dans un édit impérial : « Ceux qui appartiennent à une famille et portent le même nom [...] se doivent d'honorer leurs ancêtres et leur clan ; ils élèvent un *jiamiao* ou « temple familial [des ancêtres] » dans lequel ils présentent leurs offrandes ». Le « Rituel complet des Grands Qing » (*Da Qing tongli* 大清通禮), publié en 1761, mentionne les « temples familiaux », de même l'édition postérieure établie sous le règne de Daoguang (1820-1850), ainsi que le « Compendium des règles administratives des Grands Qing suivies des précédents » (*Da Qing huidian shili* 大清會典事例) de l'époque Guangxu (1875-1908). Ces ouvrages enjoignaient aux fonctionnaires de tous les échelons d'édifier un *jiamiao* dans la partie est de leur demeure afin d'y célébrer les rites familiaux. Le *jiamiao* désignait alors le temple des ancêtres où les membres du clan leur rendaient hommage.

Mais à partir du milieu de la dynastie des Qing au plus tard, aussi bien dans la noblesse que chez

---

[1] Ces temples, ainsi que le Sanshengci, sont tous dans le sixième îlot du cinquième bandeau (5 *pai* 6 *duan*).

[2] Voir la notice consacrée à ce temple ; voir aussi Lü Min 吕敏 (Marianne Bujard), *Qingyunsi xiao kao* 慶雲寺小考 (Note sur le temple du Nuage favorable), in Lü Min et Lu Kang 陸康 (eds.), *Xianghuo xinyuan* 香火新緣, Pékin, Zhongxin, 2018, p. 273-305.

les particuliers, les *jiamiao* qui se multiplient dans la ville n'ont plus rien à voir avec les temples des ancêtres. Ce sont en réalité des lieux de culte à divers dieux, célébrés par des moines bouddhistes ou des prêtres taoïstes à demeure ; le *jiamiao* est dans ce cas un « temple de famille » qui diffère d'un temple des ancêtres par plusieurs aspects. Il n'était jamais destiné au culte des ancêtres et n'était pas établi dans la maison ; il appartenait en propre à une famille particulière qui le transmettait de génération en génération, tandis qu'un temple des ancêtres appartenait au clan ; les dieux honorés dans le temple de famille étaient divers et ne relevaient pas d'un seul panthéon, tandis que seuls les ancêtres et les rites familiaux étaient célébrés dans le temple qui leur était spécifiquement dédié ; enfin dans le temple de famille, les cérémonies n'étaient célébrées que par et pour une famille tandis que dans le temple des ancêtres, tous les membres d'une même lignée étaient concernés. En résumé, le « temple de famille » était un temple privé, le « temple familial » était un temple de clan.

En dehors des temples de la ville impériale, ce volume rassemble les notices de soixante fondations religieuses. La plus imposante était le Chaotiangong 朝天宮 ou « Palais du culte au Ciel ». Les célébrations du premier jour de l'an, du solstice d'hiver et des dates importantes du calendrier liturgique y réunissaient tous les fonctionnaires. Durant la dynastie mongole des Yuan (1279-1368) s'élevait à son emplacement la Résidence du Maître céleste 天師府 ; sous le règne de l'empereur Xuanzong des Ming (r. 1426-1435), le Chaotiangong fut construit sur le modèle du temple éponyme de Nankin, l'ancienne capitale de la dynastie, afin d'y célébrer les rites impériaux. Le bureau du clergé taoïste s'y installa. Achevé en 1481, le temple s'étendait sur trois allées parallèles le long desquelles se succédaient les grandes salles et plus de mille pièces de dépendances. L'empereur Xianzong (r. 1465-1487) s'en émerveillait ainsi : « Ces édifices à double toiture comptent plus de trois mille travées [...], ils sont aussi solides qu'élégants, tout y est complet et suffisant »[1]. Durant le règne de Jiajing (1522-1566), le Chaotiangong connut son apogée, les rites s'y déroulaient sans un seul jour de relâche, célébrés en parallèle avec ceux d'une autre grande fondation taoïste, le Dagaoxuandian 大高玄殿, au nord-ouest de la Cité interdite. Mais soudain, au vingtième jour du sixième mois lunaire de l'année 1626 [13 juillet 1626], un feu partit d'on ne sait où ; il embrasa d'un seul coup treize grandes salles et réduisit en cendres l'ensemble des édifices. Durant la dynastie mandchoue, seuls des petits temples furent reconstruits sur les ruines du Chaotiangong, qui ne retrouva jamais le lustre d'antan.

Ce volume V de la collection *Temples et stèles de Pékin* porte sur le cinquième bandeau (en partant du nord) de la reproduction moderne de la fameuse *Carte complète de la capitale*, présentée en 1750 à l'empereur Qianlong. Dans cette portion de la ville, on a identifié cent deux temples. Quatre-vingt-treize font l'objet d'une notice. Soixante et onze stèles s'y rapportaient, dont quarante-neuf sont reproduites et

[1] Voir la notice consacrée au Yuhuangge 玉皇閣 dans le dixième îlot du cinquième bandeau (5 *pai* 10 *duan*).

transcrites. Elles comprennent une stèle trilingue (mandchou, chinois, mongol), de la main de l'empereur Kangxi érigée en 1721 dans le Hongrensi, et deux stèles quadrilingues (mandchou, chinois, mongol, tibétain), dressées en 1760 dans le même temple par l'empereur Qianlong. Le lecteur en trouvera les reproductions et les transcriptions dans les quatre langues. Quant aux temples et aux stèles pour lesquels il n'y a pas de notices pour les premiers et de transcriptions pour les secondes, ils sont pour la plupart situés dans les « Jardins de l'ouest » ou Xiyuan 西苑, aujourd'hui le parc Beihai et l'espace fermé de Zhongnanhai. Dans ces jardins impériaux, depuis la dynastie des Jin (1115-1234) jusqu'à la fin de l'empire, pas moins de vingt-quatre lieux de cultes furent construits. Dans la mesure où l'ambition de notre collection est de documenter le rôle des fondations religieuses dans l'espace urbain et les relations que les habitants entretenaient avec elles, nous nous sommes contentés de donner la liste des temples et des inscriptions qui se trouvaient dans ces espaces demeurés interdits à la population jusqu'en 1925 (septième îlot). D'autre part, nous regrettons de ne pouvoir reproduire et transcrire la stèle de 1858 du temple Shuanglinsi 雙林寺碑 situé dans le deuxième îlot. Cette stèle, conservée au Musée épigraphique de Pékin, est présentement inaccessible.

Comme les précédents, ce volume a bénéficié de l'aide de plusieurs personnes. Pendant les années 2004 et 2005, Victoire Surio a enquêté avec des étudiants de l'université normale de Pékin et de l'Institut des minorités de l'Académie des sciences sociales de Chine, et nombre des photographies reproduites ici ont été prises par elle au cours des enquêtes. Liu Wenshan 劉文珊, alors étudiante en master du Département de philosophie et d'études religieuses de l'université de Pékin, Zhao Yu 趙昱 et Gui Xiao 桂梟, doctorants du Département de langue chinoise et de littérature de cette même université, ont copié les inscriptions qui ont été ensuite révisées par le professeur Zhao Chao 趙超, chercheur émérite à l'Institut d'archéologie de l'Académie des sciences sociales de Chine. Les inscriptions en mandchou ont été copiées et transcrites par Guan Xiaojing 關笑晶, de l'Institut d'études mandchoues de l'Académie des sciences sociales de Pékin, et Alice Crowther, doctorante de l'Ecole pratique des hautes études ; les inscriptions en tibétain, par Françoise Wang-Toutain, et celles en mongol, par Wudana, et relues par Wei Jiandong de l'Institu d'h istoire et de cirilisation de l'université centrale des Minorités. Depuis 2014, Wang Jun 王軍, de l'Institut de recherches du Palais impérial, Wang Nan 王南, de l'Ecole d'architecture de l'université de Tsinghua, accompagnés par Zhang Yan 張彥, Wang Hongguang 王虹光, Liang Daqing 梁大慶, You Dan 游丹, Lü Yueming 吕玥明, ont conduit de nouvelles enquêtes et rédigé de précieux rapports de terrain. Wang Minqing 王敏慶, de l'Institut de littérature de l'Académie des sciences sociales de Chine, a rédigé la notice du Hongrensi et prêté son concours à la description de la statuaire bouddhique. Gil Gonzalez-Foerster est l'auteur de nombreuses photographies de ce volume. Li Weiwen a dessiné avec talent et rigueur, d'après les archives et les descriptions anciennes, les temples Hongrensi et Chaotiangong, aujourd'hui disparus ; il a en outre généreusement partagé ses connaissances sur les fondations religieuses de la ville impériale et des parcs impériaux.

A nouveau, cette publication a pu compter sur l'assistance fidèle de Monsieur Chai Jianhong 柴劍虹 de la maison d'édition Zhonghua shuju, tandis que Mesdames Sun Yan 孫彦 et Jing Jing 景晶 et Monsieur Wang Yanlai 王燕來, éditeurs de la maison d'édition de la Bibliothèque nationale de Chine, ont apporté tous leurs soins à l'édition de ce volume.

Depuis 2016, lorsque j'ai commencé la rédaction de cet ouvrage, mon mari Mao Yong 毛勇 et mon fils Mao Yuhan 毛羽翰 m'ont accompagnée et aidée ; Mao Yuhan, alors âgé de cinq ans, a parcouru avec moi toutes les ruelles et visité tous les sites, si bien que les enquêtes de terrain, en dehors de leur utilité scientifique, sont devenue une partie de ma vie familiale.

Le programme de recherche *Epigraphie et mémoire orale des temples de Pékin - Histoire sociale d'une capitale d'empire* et la publication *Temples et Stèles de Pékin* sont le fruit d'une collaboration entre l'École française d'Extrême-Orient, l'École pratique des hautes études et le Département d'Anthropologie et d'Ethnologie - Collège de sociologie de l'université normale de Pékin. Notre programme de recherche a bénéficié d'une importante subvention de la Chiang Ching-kuo Foundation for International Scholarly Exchange et d'une aide au titre du programme des « Investissements d'Avenir » lancé par l'Etat (français) et mis en œuvre par l'ANR portant les références ANR-10-IDEX-0001-02 PSL.

À tous nous adressons notre profonde reconnaissance.

Ju Xi

Juillet 2019

Traduit par Marianne Bujard

目　録

五排一段

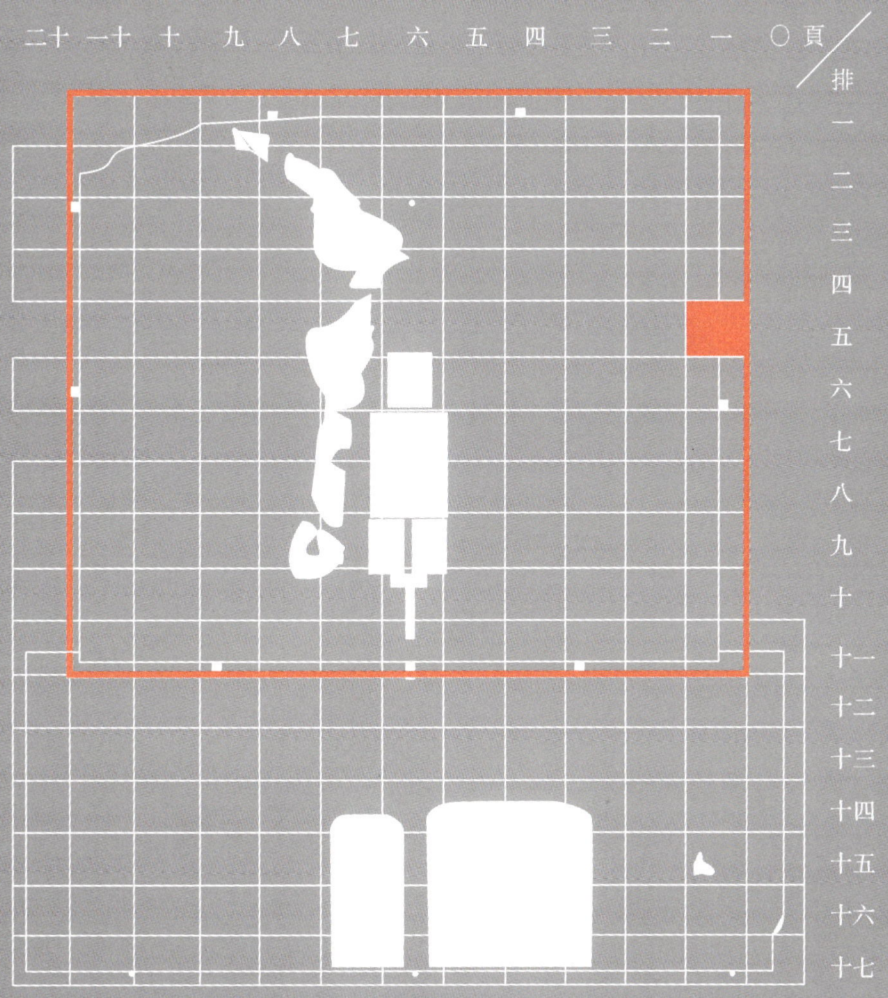

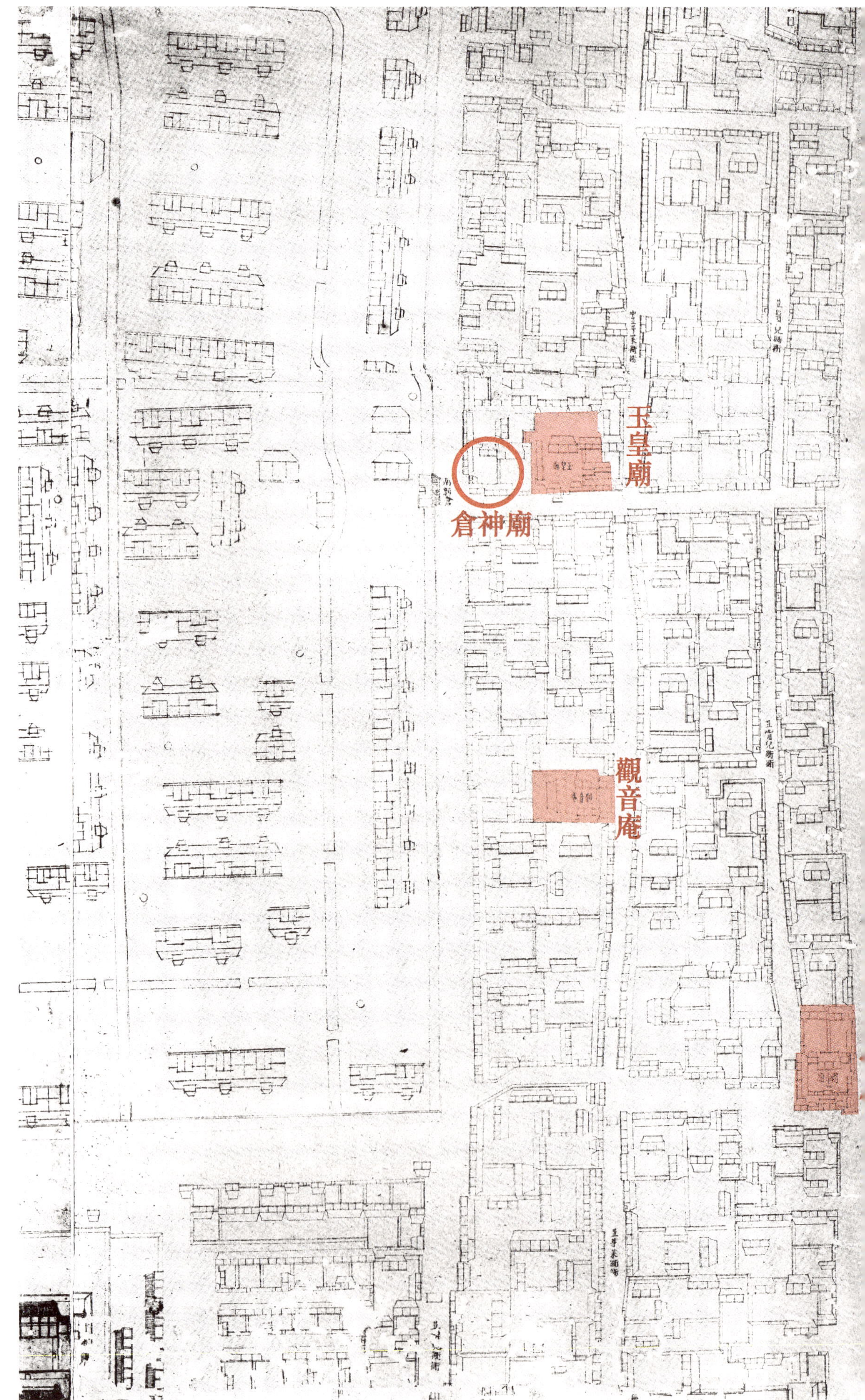

玉皇廟
倉神廟
觀音庵

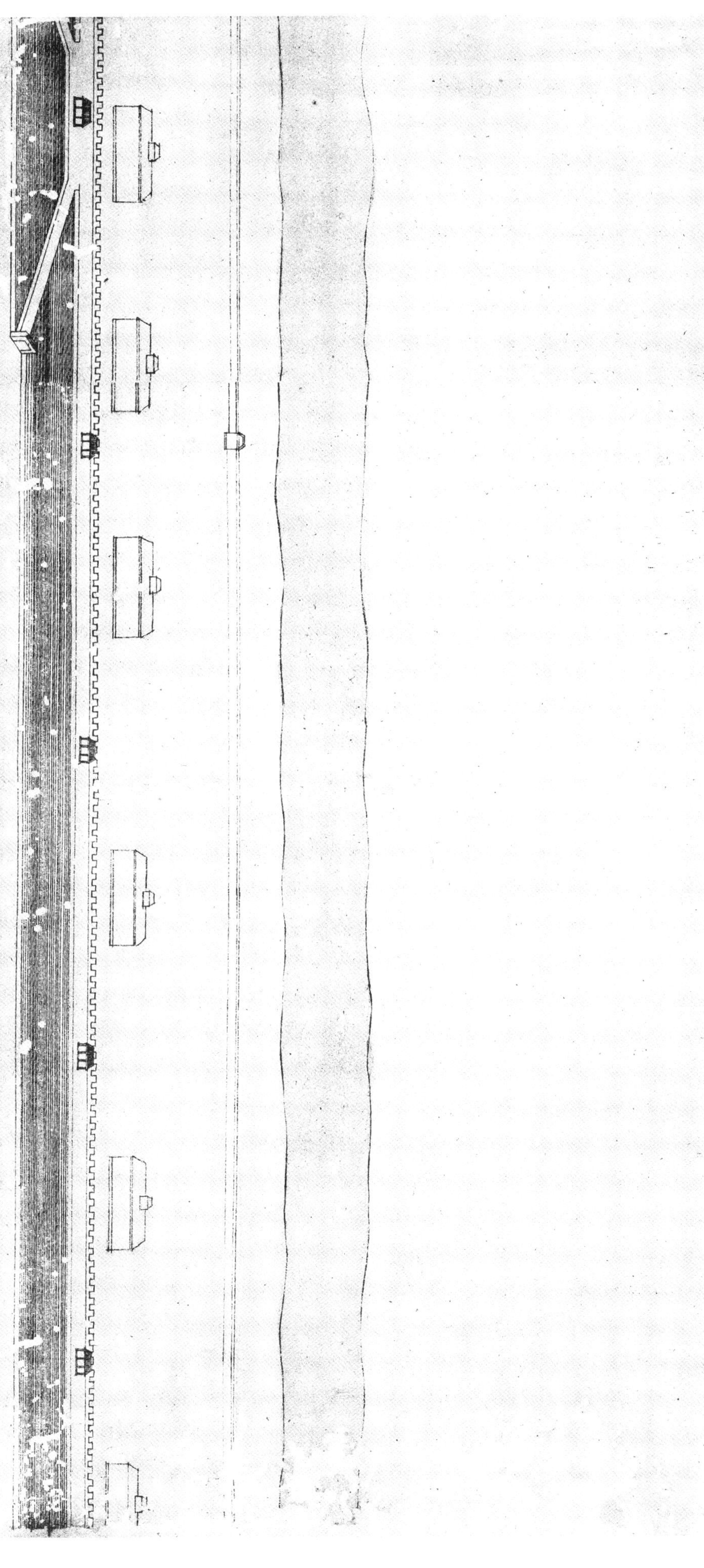

玉皇廟

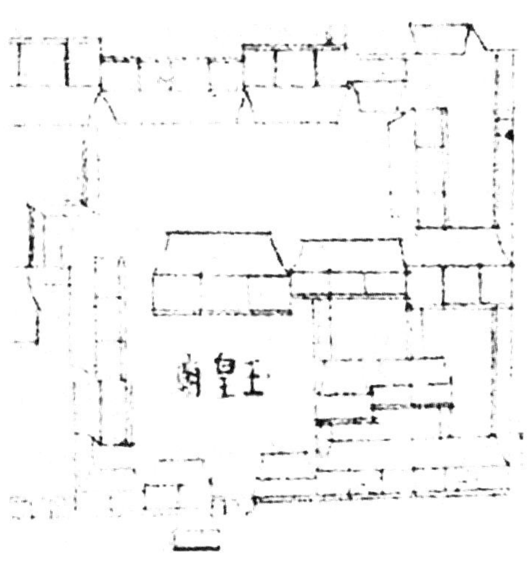

玉皇廟，後改名福田庵或福田觀，原址在内三區東門倉横胡同三號（門牌曾一度改爲東城區東門倉横胡同七號，現爲東城區朝陽門北大街五號位置）。寺廟建築現已不存。廟内原有碑刻一通，爲清光緒十九年（1893）《福田觀碑》。

民國時期寺廟住持聲稱，此廟始建於明萬曆三十二年（1604）[1]，許因廟内原曾有萬曆三十四年（1606）所造大寶鼎一座，然并無它據。

清《雍正廟册》中無“西北城關内外寺廟庵院僧尼清册”一章，此範圍内寺廟均缺而不載，亦無玉皇廟之名。《乾隆廟册》中載，豆芽菜胡同有福田庵，係官修尼僧廟，住持尼法號隆潤。按玉皇廟正在中豆芽菜胡同路西，可能即此福田庵，則乾隆時期已有玉皇、福田二廟名并存。從《京城全圖》上看，玉皇廟位於南新倉門口横胡同路北，中豆芽菜胡同路西，坐北朝南，有正院一所、東跨院一座。正院内首有栅欄門，旁東西二小房各二間，繼之則正殿三間，前有西配殿三間，配殿南又有西房兩間，無東配殿。正殿旁有東跨院一所，内有北殿三間，南有小房兩座并排而立，東二間、西一間。跨院最南端還有臨街房五間，東西次間上開門，可直通東跨院内，但無法判斷此臨街房是否全屬玉皇廟産。

道光年間，廟内曾修東跨院關帝殿，該殿木額立於道光十二年（1832）。至清末，玉皇廟多以“福田觀”相稱。清光緒七年（1881），廟内曾添建小鐵鐘一口，銘文言明獻於“福田觀”。清光緒十九年（1893），此廟年久失修，風

〔1〕參見北京市檔案館藏《北平市社會局寺廟類·内三區福田觀道士張智明登記廟産的呈文及社會局的批示（附寺廟登記表）》，1932-1944年，檔案號J2-8-693，頁七。

雨摧殘。於是韓毓珍首倡引善，近二十位旗民信士善人捐資積功，修廟立碑，是爲原立於正殿前的《福田觀碑》[1]。然碑文中所記，福田觀雖名爲“觀”，却又是“禪林”，也被稱爲“蘭若”，雖捐資人亦未明確此廟究竟屬佛屬道。

至清末民國，寺廟住持爲道教華山派弟子賈禮福，他將廟内住房租出十間，取租度日[2]。民國十七年（1928），賈禮福去世，其弟子張智明接替住持[3]。此時寺廟格局與乾隆時期相比并無大异，仍有正院一座、東跨院一所，主體建築有正院内的正、配殿與跨院内之北殿。山門南向，石額曰“福田觀”。門内首有前殿三間，内供泥像靈官一尊，配像四尊。繼之則正殿三楹，東西耳殿各一間，前有東西配殿各三間，神靈系統亦兼有佛道特徵。正殿内正供泥塑觀音一尊，童子二人，陪祀者爲天仙聖母、眼光、催生等四位娘娘，另有小泥木佛等七尊。神前鐵磬與殿下懸小鐵鐘，均造於清光緒七年（1881），另有木魚和破損瓷爐各一，光緒十九年程維善所書《福田觀碑》立於殿前。東配殿内供吕祖、郝祖[4]泥像。西配殿内供財神、倉神泥像，童子四人，神前圓形鐵香爐一口。正院後有菜園，占地甚廣，内有水井一眼，東小房一間、北小房二間，均爲住宅。正院東有跨院一所，内有北殿三間，木額兩方，一曰“敕封三界伏魔大帝”，另一曰“浩然正氣”，落款爲道光壬辰年（1832）小陽月穀旦，兩側對聯，爲道光壬午年（1822）春孫某所書。殿内正供關帝一尊，木像金身，連座高丈許，左右周倉關平等像共四尊。前有鐵五供一份、康熙五十四年（1715）八月造大鐵磬一口，康熙三十六年（1697）造大寶鼎一座，銘文曰：“奉豆芽菜胡同關帝廟供。”按：豆芽菜胡同關帝廟亦名雙馬關帝廟[5]，在《京城全圖》豆嘴兒胡同南口、南門倉胡同東口，民國時已成民居，此寶鼎應即此時移至玉皇廟[6]。殿前有東棚二間、西房二間，當時租給昌順棧煤鋪，民國年間歷次社會局進行寺廟登記，均由此煤鋪爲福田觀作保。民國二十三年（1934），跨院内二房坍塌，廟房數目由二十六間減至二十四間[7]。民國二十七年，爲便於煤鋪出入，住持張智明特地在後院東院墻上開車門一座[8]。

民國三十三年（1944），張智明羽化，他唯一的徒弟張信啓接充住持。張信啓，俗名張啓祥，出生於民國十年（1921），和張智明一樣都來自順義，十六歲在福田觀内出家，仍傳華山派。除與本家鑄鐘娘娘廟、細瓦廠博濟庵維持良好關係外，他與龍門派道觀靈佑宫也有交往，當社會局登記住持更替時，上述三觀爲他做保[9]。至1949年，張信啓仍爲住持，此時廟房已添建至三十四間，其中二十五間均租出，但衹有九間交房租。除收取租金外，張信啓還在昌順棧煤鋪中幫忙，煤鋪負責他飲食吃喝，但不給工錢[10]。

---

〔1〕清光緒十九年（1893）《福田觀碑》，京208，《北京圖書館藏中國歷代石刻拓本匯編》，鄭州：中州古籍出版社，1991年，卷八十四，頁七十二。

〔2〕北京市檔案館編《北京寺廟歷史資料》，北京：中國檔案出版社，1997年，頁一百九十七。

〔3〕北京市檔案館藏《北平市社會局寺廟類·内三區福田觀道士張智明登記廟産的呈文及社會局的批示（附寺廟登記表）》，1932–1944年，檔案號J2-8-693，頁六至十、頁三十四。

〔4〕郝祖，即郝大通，字太古，號廣寧，金熙宗天眷三年（1140）正月初三生人，王重陽之徒，“北七真”之一，道教全真華山派開派祖師。

〔5〕參見本排段“關帝廟”條。

〔6〕參見國立北平研究院《福田觀》，東四78。北京市檔案館藏《北平市社會局寺廟類·内三區福田觀道士張智明登記廟産的呈文及社會局的批示（附寺廟登記表）》，1932–1944年，檔案號J2-8-693，頁三十六。

〔7〕同上引檔案，頁三十四。

〔8〕同上，頁六十三。

〔9〕同上，頁四十五至四十八。

〔10〕北京市檔案館藏《北平市民政局民族事務科·本市寺廟情况查詢記録》，1949年，檔案號196-1-4，頁四至七。

至20世紀50年代初，張信啓仍孤身在福田觀内看管，廟内房屋又降至三十間[1]。主要建築有山門、正殿及東西配殿。山門、正殿均面闊三間，爲大式硬山筒瓦頂，主祀白衣觀音與送子娘娘。光緒重修石碑仍在廟中。1985年調查時，寺廟建築已蕩然無存[2]。

2007年調查時，附近許多居民還記得福田觀，稱它爲老道廟，有東西二院。西院是正院，院内供奉釋迦牟尼。東院是跨院，内供關帝，關平周倉在側。此廟坐北朝南，院内低窪，倒下臺階，然格局嚴整、建築寬敞，老住户對此印象深刻。他們還記得，道士張信啓以賣煤爲生，大約1960年代以後全廟變成煤廠，寺廟建築已不存。2007年，整條横胡同亦正在拆除中，一大厦正拔地而起。2017年再次回訪時，整個南新倉以東已全建成現代化的大厦與廣場，玉皇廟原在地爲興業銀行，爲近三十層的寫字樓。

〔1〕北京市檔案館藏《北平市民政局·北平市寺廟總登記簿（第一册）》，1950年，檔案號J3-1-203，頁三十。北京市檔案館電子目録中，誤將此案卷時間登記爲1947–1948年。

〔2〕譚伊孝編著《北京文物勝迹大全（東城區卷）》，北京：北京燕山出版社，1991年，頁二百六十三。

京 208《福田觀碑》陽

萬古流芳

蓋聞人生天路當以行善修福爲先功德濟世爲第一大濟人利物雖皆是善究
竟一人所行有限終不若善與人同之爲廣遠也誠得善事見聞則勃然感動
衆善同興共成
聖事是所一舉有無量之默佑每見樂善好施子孫定有餘慶積德修福闔家當
獲厚報兹因朝陽門内中豆芽菜胡同南新倉門口東邊路北舊有
福田觀古禪林一座因年久失修風雨摧殘各殿倒塌今有信士貴官旗民衆善人
等樂善積功重修蘭若故勒碑刻名以記善果則萬年不朽之功德無量矣

信士弟子
王得桂　王世格
陳殿臣　王淑敬
程維章　金綬　同叩
程維善　孫富桓
孫緝文　李林春
韓永善　索山
韓永齡　董瑞　敬立
薛世齡　郭順
王振聲　薛煥亨
王永茂

重整引善人韓毓珍

大清光緒十九年九月初三日

信士弟子程維善謹書

京208《福田觀碑》陽

福田觀碑

年代：清光緒十九年（1893）
原址：東城區東門倉橫胡同
拓片尺寸：碑身高 65、寬 48 厘米，碑額高 14、寬 14 厘米
書體：楷書
書人：程維善
《目録》：頁 367
拓片編號：京 208
拓片録自：《北京圖書館藏中國歷代石刻拓本匯編》第 84 卷 72 頁

【碑陽】

額題：萬古流芳

碑文：

蓋聞人生天路當以行善修福爲先，功德濟世爲第一。夫濟人利物，雖皆是善，究 1 竟一人所行有限，終不若善與人同之爲廣遠也。誠得善事見聞，則勃然感動，2 衆善同興，共成 3 聖事。是所一舉有無量之默佑。每見樂善好施，子孫定有餘慶；積德修福，闔家當 4 獲厚報。兹因朝陽門内中豆芽菜胡同南新倉門口東邊路北舊有 5 福田觀古禪林一座，因年久失修，風雨摧殘，各殿倒塌，今有信士、貴官、旗民衆善人 6 等樂善積功，重修蘭若，故勒碑刻名，以記善果。則萬年不朽之功德無量矣。7

大清光緒十九年九月初三日。

重整引善人韓毓珍，信士弟子：王得桂，陳殿臣，程維章，程維善，孫緝文，韓永善，韓永齡，薛世齡，王振聲，王永茂，王世格，王淑敬，金綬，孫富桓，李林春，索山，董瑞，郭順，薛煥亨同叩敬立。信士弟子程維善謹書。

觀音庵

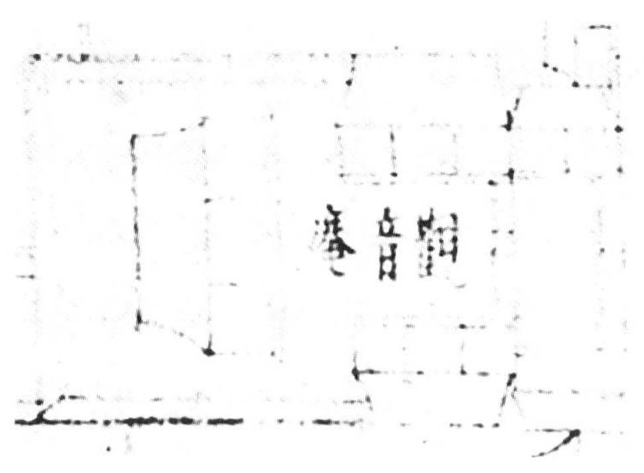

觀音庵，原址約在今東城區朝陽門北大街九號、十一號的位置，寺廟建築現已不存。

此庵未知始建於何時，《乾隆廟册》中曾有登記：豆芽菜胡同觀音庵，爲大僧廟，住持然亮。從乾隆《京城全圖》上看，觀音庵位於中豆芽菜胡同南段路西，坐西朝東，有兩進院落。前院東墻開隨墻門，内有南、北兩座小房各二間，相對而立。西側又院墻一道，與内院隔開。墻上開二道門，後爲一整齊的三合院：院内正殿三間東向，前有南北配殿各三間。整座寺廟院落方正，繚以墻垣，小而精緻，格局規整。然其後觀音庵再不見於記載，應是傾圮已久。

2007 年調查時，豆芽菜胡同正在拆除。2017 年調查時，觀音庵所在地在北京 1+1 藝術中心範圍内。

關帝廟

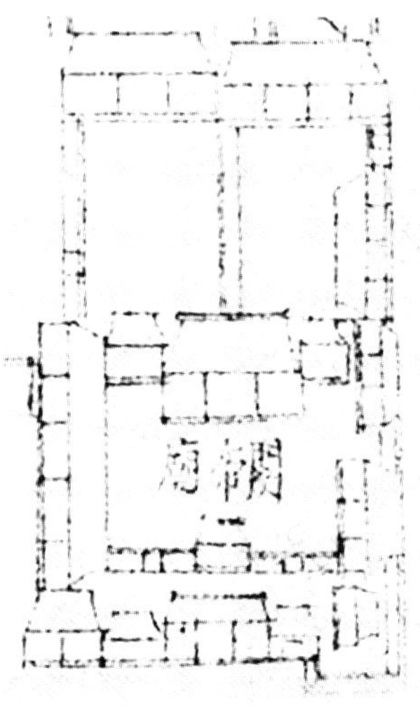

關帝廟，也稱雙馬關帝廟，原址在内三區朝陽門内南溝沿一號（其地曾保留原門牌號至21世紀初，但今已爲東二環路緑地），寺廟建築現已不存。

此關帝廟未知始建於何時，清康熙十七年（1678）曾重修，蓋原山門石額立於是年九月，當時已稱廟爲"古刹雙馬關帝廟"。康熙年間，關帝廟多次添建法物，康熙三十六年（1697）造大寶鼎一座，銘文曰："奉豆芽菜胡同關帝廟供"，後被移入中豆芽菜胡同福田觀内[1]。康熙四十二年（1703）又鑄圓形鐵爐一口。《雍正廟册》中缺"西北城關内外寺廟庵院僧尼清册"一章，亦不見此關帝廟記載。《乾隆廟册》中記其名爲"雙馬關帝廟"，時爲大僧廟，住持澄禄。從乾隆《京城全圖》上看，關帝廟位於朝陽門内豆嘴兒胡同南頭路東，坐北朝南，有前後三進院落，規模中等。首有南殿三間，左右帶二耳房各一間，東耳房上開門，應即出入之山門。西耳房西側有南房二間，東耳房東側有西向東小房一間。入山門後，一道院墻將内外院隔開，院墻正中有房一座一間，應爲神殿或二道門，左右兩側各開一道隨墻門。入之則爲正院，院内有北殿三間，東西耳殿各一間。殿前有東配殿三間，殿前水井一眼，其北有東房三小間，無西配殿，西墻有房五間，但朝院外開門，似不屬於廟内。正殿之後，居中一墻，南北走向，將後院分成東西兩部。東部有北房四間、東房四間東向，房後東墻上開門出入。西部僅北房三間，西墻開兩道小門出入。直至清末，關帝廟仍香火不斷。光緒二十三年（1897）九月二十三日，鍾宅爲廟内獻小鐵鐘一口，此時寺廟住持爲臨濟宗僧人祥福。

〔1〕參見本排段"玉皇廟"條。

宣統二年（1910），祥福之徒慈明去世，由徒孫善圃接任住持[1]。善圃又號覺海，北平大興縣人，俗姓傅。他仍傳臨濟宗，在拈花寺[2]受戒，與拈花寺衆僧來往密切，同時還兼任東四五條水月寺住持[3]。民國十年（1921）七月，善圃赴哈爾濱游方，音信不通，其俗家母親傅石氏[4]代他看守關帝廟，民國二十年（1931）社會局登記廟産，即由善圃的俗家胞弟傅景福代爲登記[5]。此時雙馬關帝廟山門南向，康熙十七年所刻石額仍在門上。門内首有前殿三間，内正供吕祖泥像一尊，童子二人，另有馬童二人分牽二馬，此即"雙馬"廟名所自。殿前槐樹二株，樹蔭下即康熙四十二年小陽月所鑄圓形鐵爐。吕祖殿後爲正院，院内東南、西南兩隅各有小房二間。正殿三間爲關帝殿，東西各帶一間小耳房，木額曰"有求必應"，正供關帝泥像一尊，連座高約八尺，左右童子二人、周倉關平侍立。神前鐵磬一口、木漆五供一份、鼓一口，以及鍾宅所獻之小鐵鐘。正殿前有東西配殿各三間，東配殿爲財神殿，供泥塑財神一尊、童子二人。西配殿爲藥王殿，供泥塑藥王一尊，童子二人。1931年國立北平研究院調查時，還發現雙馬關帝廟西原有迎旭觀一所，但當時已成民宅，"已無廟之遺址矣"。此迎旭觀不見於其他任何歷史記載或寺廟登記，具體情况存疑[6]。

民國二十四年（1935），善圃的死訊從哈爾濱傳來，傅石氏感到再無替子看守廟産之必要，於是與善圃之同宗師兄——拈花寺的覺寬商議，將雙馬關帝廟讓與他永遠住持管業。拈花寺退居住持、在北京人脉頗廣的全朗爲覺寬作保，稱善圃并無徒弟，而覺寬爲人甚好，堪任住持[7]。隨後，覺寬再次在社會局登記廟産，稱原有殿房二十間中已坍塌四間，僅餘十六間，兩株槐樹中，一株已被風吹折。除此之外，廟内正殿新加木質小佛像一尊、木質花瓶二個、蠟扦二份、香爐一口[8]。1937年四月，覺寬稱自己祖庭無人管理，而雙馬關帝廟殿房年久失修，無力經營，於是經德外華嚴寺、織染局華嚴寺與鼓樓西佑聖寺住持介紹，將廟産讓與尼僧禪净管業。禪净當時五十二歲，北平人，在瀋陽大悲庵出家。在接任住持之前，已在雙馬關帝廟内寄居[9]。1940年時，廟産再次轉手，禪净聲稱自己早年苦修過猛，有傷腦力，近來精神恍惚，於是將關帝廟讓與師侄修志。極樂庵住持智悲、廣慈寺住持演緣、豐泰庵住持法煜爲其作保。修志是年三十六歲，籍貫奉天，傳毘盧派[10]。她接廟後曾有添建，蓋1945年警察局登記時，雙馬關帝廟内新增銅磬一口，上刻"民國廿九年歲次庚辰十一月佛誕日奉獻雙馬關帝廟"[11]。

1946年12月，雙馬關帝廟的廟照、住持批件全部遺失，在《民强報》上登載遺失聲明[12]。至

---

〔1〕北京市檔案館藏《北平市社會局·内三區雙馬關帝廟僧人善圃登記廟産發放憑照的呈文及社會局的批示》，檔案號J2-8-569，1931-1936年，頁二十七。

〔2〕參見董曉萍、吕敏（Marianne Bujard）主編《北京内城寺廟碑刻志（第二卷）》，北京：國家圖書館出版社，2011年，頁二百零七至二百五十三。

〔3〕參見本書五排二段"月水寺"條。

〔4〕亦作富石氏。

〔5〕北京市檔案館藏《北平市社會局·内三區雙馬關帝廟僧人善圃登記廟産發放憑照的呈文及社會局的批示》，檔案號J2-8-569，1931-1936年，頁八至二十八。

〔6〕國立北平研究院《雙馬關帝廟》，東四80。

〔7〕北京市檔案館藏《北平市社會局·内三區雙馬關帝廟僧人善圃登記廟産發放憑照的呈文及社會局的批示》，檔案號J2-8-569，1931-1936年，頁八十八至九十九。

〔8〕同上，頁三十九至頁四十五。

〔9〕北京市檔案館藏《北平市社會局·内三關帝廟尼僧印法學利呈請登記廟産及社會局的批示》，檔案號J2-8-151，1930-1940年，頁一百三十至一百四十四。

〔10〕同上，頁一百五十五至一百六十六。

〔11〕首都圖書館藏《北平寺廟調查一覽表》。

〔12〕北京市檔案館藏《北平市民政局民族事務科·本市寺廟情况查詢記録》，檔案號196-1-4，1949年，頁四至七。

1947年北平市民政局寺廟登記時，雙馬關帝廟的住持仍爲尼僧修志[1]。她於1948年二月赴杭州，由其師弟修品一人住在廟中管理廟務。此時廟房又添蓋三間，共十九間。大殿六間，自住二間，其餘全部租出，月收入三十斤小米。除收取房租外，修品也在襪子工廠做工補貼生活[2]。至20世紀50年代初，修品仍一人在廟中管理[3]。

此後雙馬關帝廟再不見諸文字，50年代文物普查也未留下此廟記録。2007年調查時，老住户們還對雙馬關帝廟有印象，説它是姑子廟，曾見過十數尼僧在廟内出入。山門常閉，但西邊有側門可以出入，孩童時常進入玩耍，尼僧也不禁止。50年代初還有香火，後來慢慢斷絶。拆豆芽菜胡同時，寺廟建築也隨之蕩然無存。2017年調查時，關帝廟所在地爲南門倉胡同東口與二環路交界處，現爲緑地。

---

〔1〕北京市檔案館藏《北平市民政局·北平市各區寺廟總登記考察簿》，檔案號J3-1-237，1947-1948年，頁十三。

〔2〕北京市檔案館藏《北平市民政局民族事務科·本市寺廟情況查詢記録》，檔案號196-1-4，1949年，頁四至七。

〔3〕北京市檔案館藏《北平市民政局·北平市寺廟總登記簿（第一册）》，檔案號J3-1-203，1950年，頁二十。

倉神廟

倉神廟,不見於乾隆《京城全圖》,原址在内三區東門倉十三號(現爲東城區朝陽門北大街三號、五號的位置),寺廟建築現已不存。

倉神廟記録自1947年始。是年,北平市民政局開展寺廟總登記,此倉神廟被記爲民廟,管理人名金萬秀[1]。1948年,金萬秀再次在民政局登記廟産,稱此廟始建於清康熙三十八年(1699),但未知所據。據他登記,廟爲公建,僅有廟院六厘,房屋一間半,除供佛外,金萬秀與他七十歲的母親、五歲的兒子也住廟裏,另有劉姓夫妻二人寄居。廟内人口擁擠,然神像法物却也不少,金萬秀稱有倉神五位、站童四位,鐵磬、小鐘、香爐各一口,蠟扦兩個、香筒一個,均已殘[2]。從金萬秀的描述來看,此廟更像是附近居民共建的土地廟或五聖祠,也可供人附居。

2007年調查時,因道路擴建,倉神廟所在地已爲馬路。附近街坊回憶,倉神廟所在地應在東門倉横胡同以北路東,但他們并不記得此處曾有小廟。2017年調查時,整片區域都是現代化的廣場與大厦,倉神廟所在地現在五礦廣場範圍内,毫無痕迹。

〔1〕北京市檔案館藏《北平市民政局·北平市各區寺廟總登記考察簿》,檔案號J3-1-237,1947-1948年,頁七十七。

〔2〕北京市檔案館藏《北平市民政局·内三區東門倉倉神廟住持金萬秀送寺廟登記表》,檔案號J2-8-1355,1948年,頁一至八。

五排二段

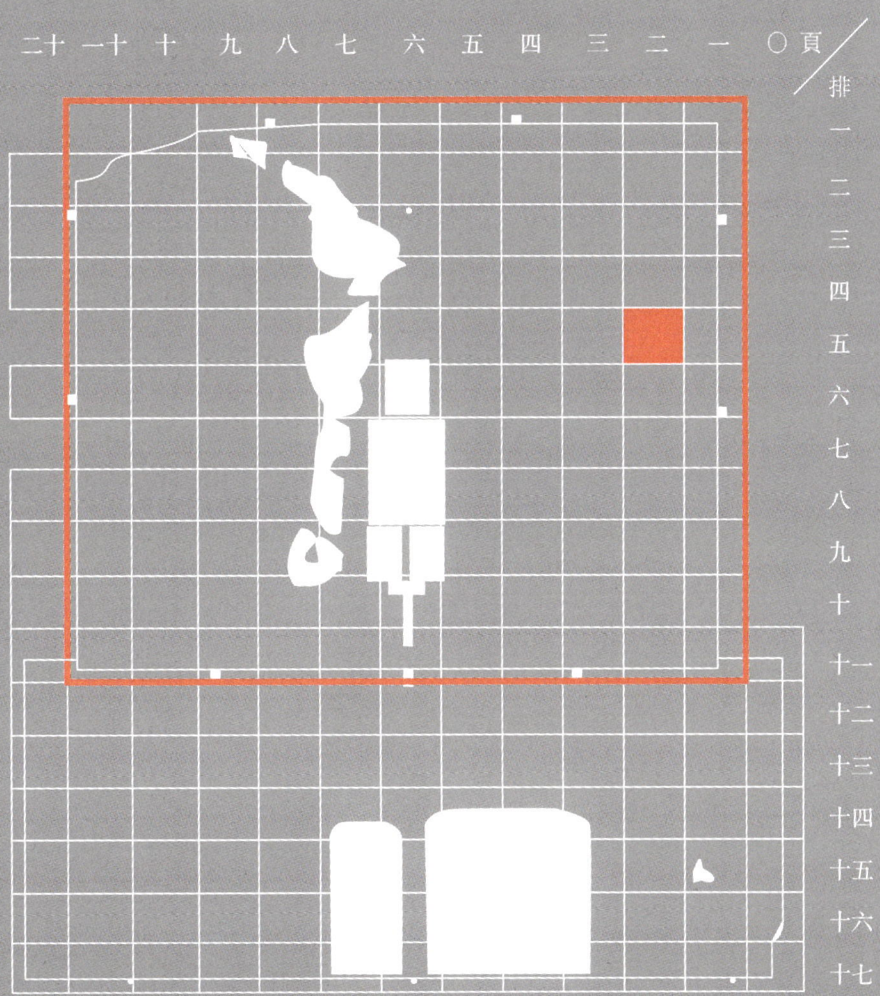

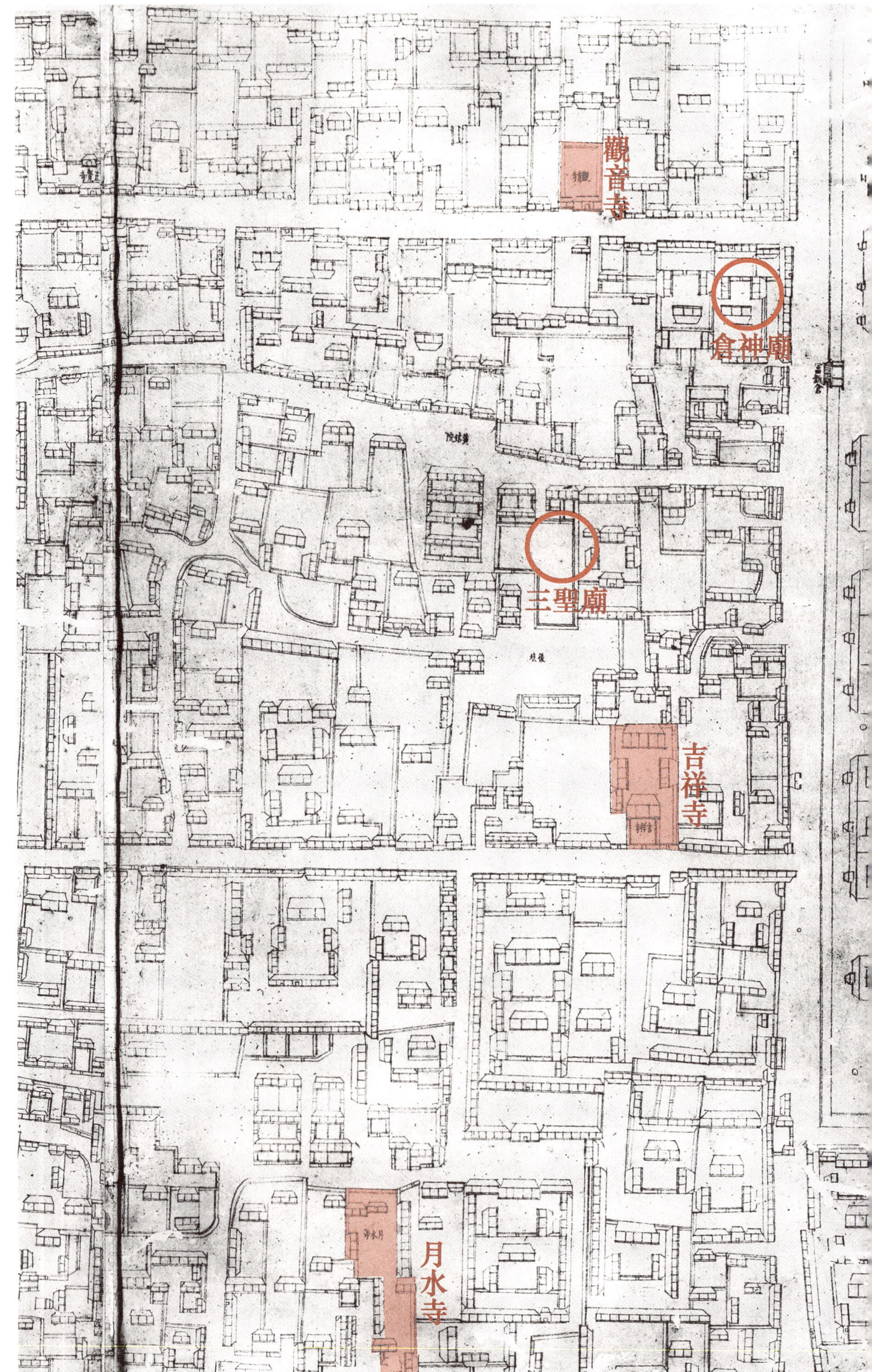

觀音寺
倉神廟
三聖廟
吉祥寺
月水寺

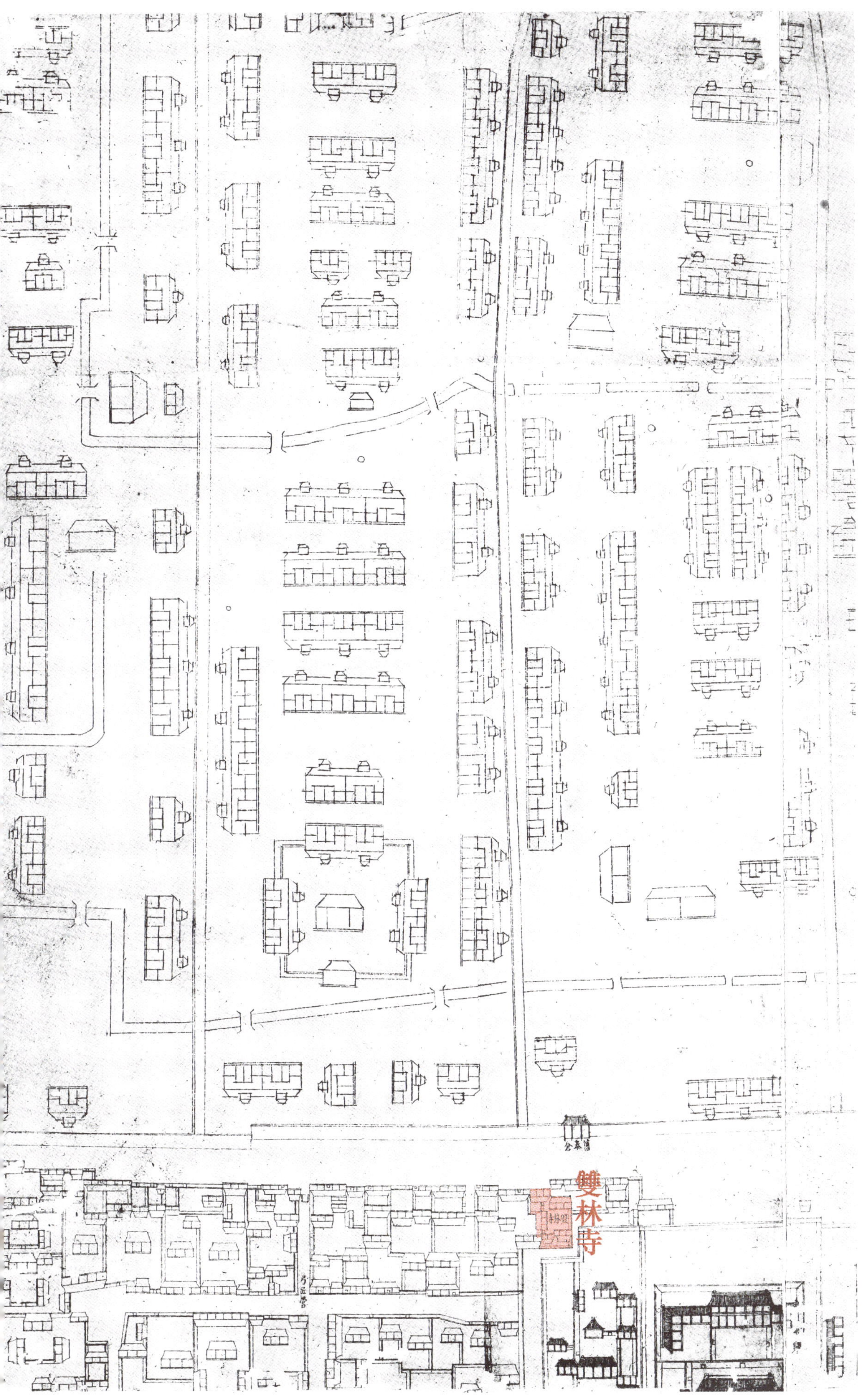
雙林寺

觀音寺

觀音寺，原址在内三區東四八條胡同七號（今爲東城區東四八條十三至十五號的位置），寺廟建築現已不存。

民國時寺廟住持聲稱，觀音寺爲清康熙年間私建[1]。寺内曾有鐵磬一口，清康熙五年（1666）孟冬吉日造，可能即爲康熙時修廟之證。《雍正廟册》缺少此區域登記，《乾隆廟册》中記九條胡同有兩座觀音庵，一爲大僧廟，係官修，即《北京内城寺廟碑刻志》第四卷中所記東四九條觀音庵[2]。另一爲尼僧廟，住持尼心智，可能即此所東四八條觀音廟，蓋此觀音庵北端相去九條胡同不遠。乾隆《京城全圖》上所繪八條觀音寺規模不大，僅山門三間帶西耳房二間，也許山門兼神殿之用。山門開在東西八條胡同，正中一間出入，後爲空院。大約在清道光年間，八條觀音寺曾在僧録司登記入册，領有手本，然手本内容未知其詳[3]。廟内原還有清同治十年（1871）造鐵五供一份，似時有添建。

至清末民國，東四八條觀音寺已成爲東四九條觀音庵的下院。清光緒初年（1875），九條觀音庵住持僧人蓮悦募化重修，同時接管八條觀音寺。民國十六年（1927），蓮悦去世，其徒興旺接其法座，成爲二廟住持[4]。此時觀音庵山門仍南向，但殿宇房屋已大大增加。山門磚額“觀音寺”，後爲前院，内

〔1〕北京市檔案館藏《北平市社會局·内三區觀音寺僧人興旺接充住持的呈文及社會局的批示》，檔案號 J2-8-85，1930–1939 年，頁十六。

〔2〕參見吕敏（Marianne Bujard）主編、鞠熙等著《北京内城寺廟碑刻志（第四卷）》，北京：國家圖書館出版社，2017 年，頁四十七至四十八。

〔3〕北京市檔案館藏《北平市社會局·内三區觀音寺僧人興旺接充住持的呈文及社會局的批示》，檔案號 J2-8-85，1930–1939 年，頁十九。

〔4〕北京市檔案館藏《北平市社會局·内三區觀音寺僧人興旺接充住持的呈文及社會局的批示》，檔案號 J2-8-85，1930–1939 年，頁十九。

有北殿三楹，正供三大士泥像金身，童子二人。壁間塑關帝六尊，周倉、關平侍立，羅漢十八尊，均爲泥塑。此外還有小泥木佛三尊。法物除康熙鐵磬、同治鐵五供外，還有鼓一口。正殿外東房二間、西棚二間，後者時爲寶玉興煤棧。院内還有泥塑小韋陀一尊。後院内有北房三間、東西房各五間，再西有房四間，時均爲住宅[1]。興旺平時并不住廟内，他常住九條觀音庵，還在崇效寺兼充執事，幾乎從未踏足本廟。民國十九年（1930），觀音寺在社會局登記廟産，彼時興旺正往南海朝佛，其徒寂道經手辦理，將原有二畝六分的土地登記爲十一畝六分[2]。而興旺對此全不知情，甚至在民國二十五年（1936）社會局再次登記時，直接將錯誤的土地畝數原樣照抄[3]。民國二十七年（1938），興旺聲稱事情繁雜，無暇兼顧，甘願將此觀音寺讓與師弟悟先經理廟務[4]。悟先時年五十九歲，山東武清縣人，在廣濟寺受戒。是年五月，二僧將接替手續辦清，但悟先發現原登記册上載廟産爲十一畝六分，尚有九畝無有下落，猜測是興旺隱瞞廟産，於是一紙訴狀將興旺告上社會局。後經社會局與警察局聯合調查，觀音寺前門臨街，左右均爲多年私宅，確無多餘土地，方知廟産誤報，將羈押在局的興旺無罪釋放[5]。

民國二十八年（1939），因廟内缺少關帝殿，悟先擬在廟内添蓋灰平房五間，分作關帝殿及菩薩殿。五間分别爲前院東房一間、西院東房及西房各一間、東院北頭東房一間、後院南房一間[6]。然1945年警察局調查時，發現觀音寺後殿已改住房，而關帝殿并未修建。廟内三大士像、十八羅漢仍在，警察局調查人員稱三大士皆留有黑須。除此之外，還有三世佛、二尊者與十八臂大悲觀音，法物中也多了一口方形鐵香爐，銘文曰“大明天啓四年孟秋吉日造”，神像法物較十幾年前均有所增加。此份調查顯示，興旺傳臨濟宗，而聲稱爲他師弟的悟先傳曹洞宗[7]。

20世紀50年代初，悟先仍爲觀音寺住持，廟内僧人衹他一名。此時觀音寺已有房屋共三十三間，其中八間殿宇，除本院外，還有附屬房産一處，在東四九條胡同六十六號，共有房屋二十一間[8]。文物局調查時，觀音寺山門、前後殿均存，山門面闊一間，硬山箍頭脊筒瓦頂；前殿面闊三間，大式硬山箍頭脊筒瓦頂，有垂獸，内檐徹上明造，五架梁；後殿也面闊三間，小式硬山筒瓦頂。調查人員遇到一位廟内僧人，稱此寺前任住持六旬餘纔出家，買下破廟後重新修葺，也許説的就是悟先。1985年調查時，觀音寺僅剩一殿，其餘均改建爲民政局勞動服務公司[9]。

附近街坊稱，此廟曾有山門一間，正殿内有十八羅漢，前有一座大香爐，東西房各二間。僧人曾以法事爲生，廟内可以停靈暫厝、辦超度法事。至20世紀五六十年代時，僧人已不在廟内常住，街坊們稱他“業餘和尚”，説他衹來廟中收房錢，另有一位馬老太太看廟。當時觀音寺仍有香火，尤其清明節時，很多人會來燒香。1968年左右，神像被砸碎或被拉走，廟曾一度改爲盲人工廠（北京市東城區京福工程機械配件服務部）。2001年時所有原有建築被拆除。

2007年調查時，觀音寺僅存正殿的東西墻。2018年調查時，寺廟建築已完全不存，其原址上現爲空地和新建平房，爲雜貨商店。

---

〔1〕國立北平研究院《觀音寺》，東四87。

〔2〕北京市檔案館藏《北平市社會局·内三區觀音寺僧人興旺接充住持的呈文及社會局的批示》，檔案號J2-8-85，1930-1939年，頁三至十九。

〔3〕同上，頁三十二至三十五。

〔4〕同上，頁四十。

〔5〕同上，頁五十五至七十三。

〔6〕同上，頁九十四至九十七。

〔7〕首都圖書館藏《北平寺廟調查一覽表》。

〔8〕北京市檔案館藏《北平市民政局·北平市寺廟總登記簿（第一册）》，檔案號J3-1-203，1950年，頁十六。

〔9〕譚伊孝編著《北京文物勝迹大全（東城區卷）》，頁二百七十八。另參見國家文物局主編《中國文物地圖集（北京分册·下）》，北京：科學出版社，2008年，頁五十二。

觀音寺内住户 1997 年 2 月 10 日留影，背景爲觀音寺正殿
（感謝拍攝者提供照片掃描件，謹致謝忱）

吉祥寺

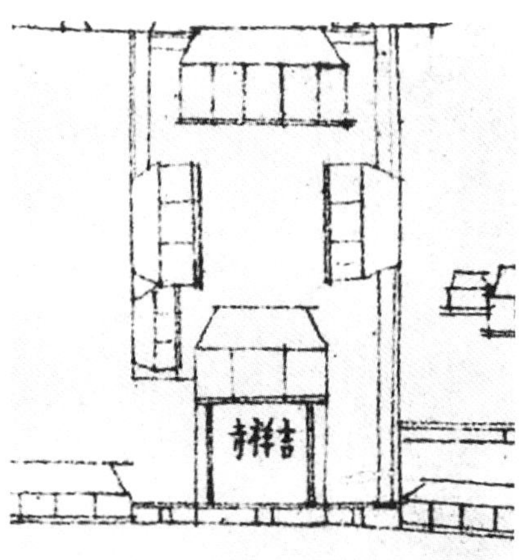

吉祥寺，原址在内三區東四北六條五號（現仍爲東城區東四北六條五號），寺廟建築現存部分。寺内原有石碑二通，然早已風蝕不可辨認，無拓片傳世，亦無文獻記載，其具體内容難考。

民國時寺廟住持稱吉祥寺始建於明萬曆年間〔1〕，國立北平研究院的調查人員也深以爲然〔2〕。廟内原有明萬曆二十三年（1595）造鐵鐘一口，可能爲建廟之證。

入清以後，《雍正廟册》中不見吉祥寺，《乾隆廟册》登記其爲尼僧廟，住持了音。從乾隆《京城全圖》上看，吉祥寺坐北朝南，無山門，南墻上開二門通向東四北六條。西門後爲前院，東西均有院墻與外院隔開，院北有前殿三間。東門後，經一甬道，直達東配殿南墻，西轉即正院。院内有後殿五間，前有東西配殿各三間，西配殿南有西小房三間。整座廟院繞以墻垣，方正整齊。清道光十四年（1834）九月，吉祥寺住持僧人源亮，率領徒弟廣福募化第一管領至第十管領查隆阿、复盛店等旗民商鋪，爲吉祥寺中鑄造鐵磬一口。清同治十三年（1874），吉祥寺曾有重修，大雄殿後曾有是年所立木額，文曰“誠求必應”〔3〕。

至清末，臨濟宗僧人本瑞成爲住持，民國十六年（1927），本瑞之徒覺璽接替住持。覺璽本名耿繼孝，北平大興縣人，出生於民國二年（1913），俗家住處離吉祥寺不遠。民國十一年（1922），他在拈花寺受戒，任吉祥寺住

〔1〕北京市檔案館藏《北平市社會局·内三區吉祥寺住持僧人覺喜呈登記廟産的聲請書及社會局的批示（附寺廟登記表）》，檔案號J2-8-783，1932-1936年，頁十一。

〔2〕國立北平研究院《吉祥寺》，東四93。

〔3〕同上。

持時纔十四歲〔1〕。民國二十一年(1932),社會局登記廟産時,吉祥寺廟院共一畝八分,房殿二十二間〔2〕。此時吉祥寺山門仍南向,石額曰"護國吉祥禪林",山門内東西各有兩間南小房,北有大雄殿三楹,内供釋迦佛一尊,泥塑金身,木質童子二人分立兩側。佛前供殘破緑瓷爐一口、道光年間鑄鐵磬一口。兩壁有十八羅漢、彌勒佛一尊,均泥塑金身,惜其金粉均已被刮去。另有濟公像一尊,國立北平研究院的調查人員贊其"甚好"。釋迦佛後還有泥塑觀音一尊。殿前院内有古槐一株、石碑二座,惜字全已脱落,完全無法辨識。正殿北有後殿五楹,爲大士殿,殿額曰"普渡群生",廊下懸萬曆二十三年鐵鐘一口。殿内正中有神龕一座,龕内供三大士木像三尊,中間最大,約高四尺,左右兩尊略小。神前木五供一份,鐵磬一口。殿外東西配房各三間,西北隅有小房三間〔3〕。至民國二十五年(1936),覺璽再次在社會局登記,此時房屋少了一間,衹有二十一間〔4〕。但1947年北平市民政局寺廟登記時,已不見吉祥寺檔案,此後歷次寺廟登記亦不見其信息。據附近老住户説,乃因此廟在北平淪陷時期被日本人占用之故〔5〕。

20世紀50年代初,吉祥寺僅存大殿一座,面闊五間,大式硬山筒瓦頂,前出廊,石碑仍在,但相當殘破。1985年時,吉祥寺已改爲交通部宿舍,大殿及石碑無存〔6〕。

2007年調查時,附近老住户還清晰記得此廟格局,説廟裏曾有大槐樹、柏樹、兩頭石獅以及兩通石碑,然今已全部不存。他們印像中,後殿很高大,柱頭均曾有圖畫,然今已經翻修,房頂改爲水泥,但原建主體還在,仍爲交通部宿舍。2018年回訪時建築大體保持原樣,爲住家院落。

---

〔1〕北京市檔案館藏《北平市社會局·内三區吉祥寺住持僧人覺喜呈登記廟産的聲請書及社會局的批示(附寺廟登記表)》,檔案號J2-8-783,1932-1936年,頁四、頁十四。另,民國二十一年(1932),社會局登記廟産時,將"璽"字寫作"喜"。

〔2〕同上,頁十一。

〔3〕國立北平研究院《吉祥寺》,東四93。調查記録文字中稱三大士殿爲三楹,但從平面圖上看,後殿面闊應爲五間。

〔4〕北京市檔案館藏《北平市社會局·内三區吉祥寺住持僧人覺喜呈登記廟産的聲請書及社會局的批示(附寺廟登記表)》,檔案號J2-8-783,1932-1936年,頁三十三。

〔5〕根據2007年的田野調查記録。

〔6〕《北京文物勝迹大全(東城區卷)》,頁二百八十八。

雙林寺

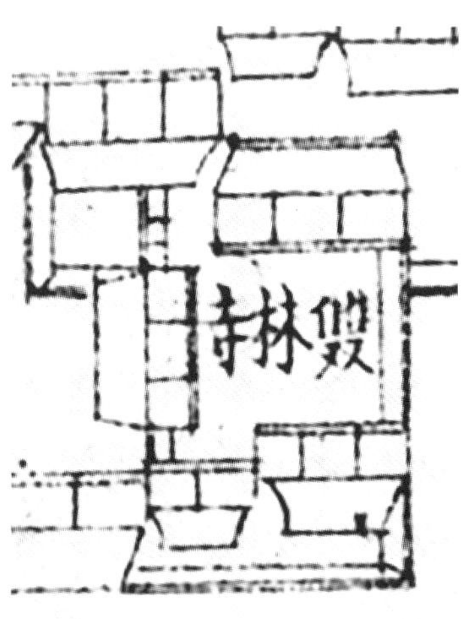

雙林寺，可能也名倉神廟[1]，原址爲内三區南门仓胡同十二號（今爲東城區倉南胡同五號院十七號樓的位置）。寺廟建築現已不存。寺内曾有碑刻一通，爲清咸豐八年（1858）《雙林寺碑》，原石現藏北京石刻藝術博物館。

此寺不知始建於何時，《乾隆廟册》中無"雙林寺"之名，但記有舊太倉倉神廟，時爲大僧廟，住持廣智。從乾隆《京城全圖》上看，雙林寺位於舊泰倉南門對面，與興平倉倉神廟[2]、富新倉倉神廟[3]的位置類似，故有可能正是舊太倉倉神廟。據圖上所繪，雙林寺朝向不清，似從舊泰倉南側之南門倉胡同中出入，然既無山門、亦無墻垣隔斷。廟院規模很小，内有北房三間南向、西房三間東向，南房三間北向，南房西側有兩間小房亦北向，北房西側院墻上開門，通往一處極小空院。清咸豐八年，曾有信士爲雙林寺捐資刻碑，碑高210、寬78厘米，厚19厘米，碑陽右側被砍殘。碑額爲"流芳百世"，應刻有捐資人姓名[4]。惜其碑石在北京石刻藝術博物館庫房，無緣得見，且無拓片傳世，碑文具體内容難以得知。

民國時期歷次寺廟登記中均不見雙林寺記録，可能當時其地原址在陸軍醫院及陸軍軍醫學校範圍内，不便進入，且已非寺廟之故。20世紀50年代初調查時，原地還有山門、前後殿及東西配殿。前、後殿均面闊三間，各殿均

[1]雙林寺即倉神廟一説，見於《北京文物勝迹大全（東城區卷）》二百四十四頁，書中將南門倉胡同二十二號雙林寺稱爲"倉神廟"，并稱廟内有清咸豐八年（1858）重修碑。位置既是雙林寺，且碑也似即《雙林寺碑》。

[2]參見《北京内城寺廟碑刻志（第四卷）》，頁五十三至五十四。

[3]參見本書本排段"倉神廟"條。

[4]參見北京石刻藝術博物館編《北京石刻藝術博物館藏石刻拓片編目提要》，北京：學苑出版社，2014年，頁二百九十四。

爲硬山筒瓦頂。50 年代以後，此地作爲南門倉小學使用。1985 年調查時，寺廟建築已於當年六月全部拆除，舊址上新建校舍[1]。

2007–2018 年調查時，南門倉小學已并入東四回民小學，原校舍拆除，其原址上時爲居民住宅樓。

〔1〕參見《北京文物勝迹大全（東城區卷）》，頁二百四十四。

月水寺

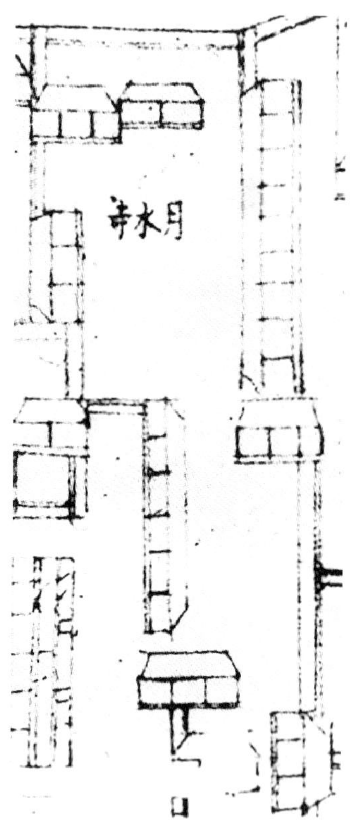

月水寺，常名爲水月寺，也曾稱水月庵[1]，原址在内三區東四北五條十三號[2]（今東城區東四五條二十九號，其跨院在東四五條三十一號），寺廟建築現存部分。據《日下舊聞考》載，廟内原有石碑一通，但字迹剥落，乾隆時僅剩篆額"水月庵"三字可辨，今連碑石已不存，亦未見拓片傳世[3]。

月水寺始建時間不詳，明張爵《京師五城坊巷胡同集》中記思城坊五牌二十一鋪中有"水月寺"之名，則其始建至少在明前期[4]。入清以後，月水寺多見於文獻，朱彝尊之《日下舊聞》轉引前張爵書，而《日下舊聞考》則詳考其址，并記舊碑剥落，僅額篆"水月庵"一事。其後文獻多原文照引之[5]。《乾隆廟册》中記五條胡同水月寺爲大僧廟，住持元照。從乾隆《京城全圖》上看，此時月水寺位於五條胡同北，坐北朝南，院落寬敞然格局不清，南首似有山門三間，其東側有東房三間，山門後有南向小房三間，再東北亦南向小房三間。廟院至此轉而

〔1〕此名唯見於《日下舊聞考》所記之殘碑碑額，然《北平廟宇通檢》沿用。許道齡編《北平廟宇通檢》，北平：國立北平研究院史學研究會，1936年，頁三十二。

〔2〕《北平廟宇通檢》記爲東四五條一號，應有誤。

〔3〕（清）于敏中等編纂《日下舊聞考》，北京：北京古籍出版社，1985年，卷四十八，頁七百六十六。

〔4〕（明）張爵《京師五城坊巷胡同集》，北京：北京古籍出版社，1982年，頁九。

〔5〕參見（清）吴長元輯《宸垣識略》，北京：北京古籍出版社，1981年，卷六，頁一零六。（清）朱一新《京師坊巷志稿》，北京：北京古籍出版社，1982年，頁一百二十。（清）李鴻章、黄彭年等重修《畿輔通志》，上海：商務印書館，1934年影印版，卷一百七十八·寺觀一，頁三。陳宗蕃編著《燕都叢考》，北京：北京古籍出版社，1991年，卷二，頁三百一十一至三百一十二。余棨昌《故都變遷記略》，北京：北京燕山出版社，2000年，頁五十七。

西折，并東西加寬。後院内似有南向殿宇三間，帶東小耳房兩間，殿前有西配房三間，無東房。

《北京地名漫談》稱水月庵在乾隆年間“香火尚很旺盛，信男信女燒香敬佛者絡繹不絶”，此説乃自《宸垣識略》中片言只語引申而得，雖無確據，然似亦非誤[1]。從民國時期寺内法物情况來看，清道光二十年（1840）前後，廟内曾多有添建，前殿之鐵磬、後殿前之寶鼎，均鑄於是年正月初一。清同治三年（1864），寺廟住持僧人道通曾主持重修關帝殿，立木額曰“浩然正氣”[2]。清末時，水月寺還是京城知名廟寓，《朝市叢載》載，外地來京者可至此廟投宿[3]。

清末至民國，水月寺廟産多有争端。執訟雙方，一爲北洋軍人申振林及其子孫，一爲僧人善圃[4]之俗家母親及其背後的北京市佛教協會。申振林，曾任步軍統領衙門右堂，1916年授陸軍少將，曾是清末謀炸攝政王一案中的重要人物。據其子申楚漢説，申家於同治二年（1863）從道通手中用五百兩白銀買下水月寺，重修後作爲家廟。委任僧人善圃在廟内焚修，并代爲住持[5]。後善圃出外雲游，轉由金廣安照管[6]。但善圃之母傅石氏與佛教諸山却有不同説法。按北京市佛教協會所報，晚清時水月寺住持曾爲僧人智德，該僧圓寂後傳於其徒祥福，祥福傳與徒弟慈明，慈明再傳善圃[7]。然此一脉僧人實乃雙馬關帝廟[8]之歷任住持，也并無殿額所記僧人道通之名。傅石氏稱，善圃住持寺廟時，申振林帶兵住水月寺，善圃懼其勢力，乃外出游方。善圃走後，申家每月支付傅石氏一至三元生活費不等[9]。據雙馬關帝廟檔案中傅石氏所呈報，善圃於民國十年（1921）已赴哈爾濱游方，音信不通[10]，然而民國十四年（1925），水月寺還以善圃的名義向社會局申請修理工程，領有建築執照。民國十八年（1929），又以善圃之名在公安局呈報登記廟産[11]。至民國二十一年（1932）社會局再次登記廟産時，善圃確已不在京中，申楚漢出面登記水月寺爲申氏家廟，此時曾來調查的國立北平研究院學者也采信了這一説法[12]。民國二十五年（1936），申楚漢之子申樹森再次登記廟産，稱廟内所有閑房均行出租，殿房供佛。然而他填報廟産獲得時間爲光緒三年（1877），與其父所説之同治二年不同，這成爲後來社會局决斷廟産的重要證據[13]。

20世紀30年代初時，山門仍南向，木額曰“水月寺”。前殿三楹，爲關帝殿，正中供關帝緑袍泥像一尊，周倉、關平侍立。側有關帝騎馬小像一尊、坐像一尊，亦有周、關二人在側。神前有道光年鑄鐵磬一口，關帝像後有泥塑小佛像七尊，均已殘破。殿東西均爲夾道，東夾道内有東房四間，西夾道

［1］北京市地名辦公室、北京史地民俗學會編《北京地名漫談》，北京：北京出版社，1990年，頁一百一十五。

［2］參見國立北平研究院《水月寺》，東四94。

［3］（清）李若虹《朝市叢載》，北京：北京古籍出版社，1995年，“廟寓”，頁六十七。

［4］關於善圃的生平，參見本書五排一段“關帝廟”條。

［5］北京市檔案館藏《北平市社會局·外五區普賢庵楚漢登記廟産的呈文及社會局的批示（附寺廟登記表）》，檔案號J2-8-671，1932年，頁八。

［6］同上，頁五。

［7］北京市檔案館藏《北平市社會局·内三區水月寺住持思元送寺廟登記表及社會局的批示》，檔案號J2-8-1255，1938-1943年，頁一百三十三。

［8］參見本書五排一段“關帝廟”條。

［9］北京市檔案館藏《北平市社會局·内三區水月寺住持思元送寺廟登記表及社會局的批示》，檔案號J2-8-1255，1938-1943年，頁八十六。

［10］北京市檔案館藏《北平市社會局·内三區雙馬關帝廟僧人善圃登記廟産發放憑照的呈文及社會局的批示》，檔案號J2-8-569，1931-1936年，頁八至二十八。

［11］北京市檔案館藏《北平市社會局·中國佛教會北平分會關於花色品種和接充水月寺住持的呈文及北平市民政局的批示》，檔案號J3-1-144，1948年，頁一百六十六。

［12］國立北平研究院《水月寺》，東四94。

［13］北京市檔案館藏《北平市社會局·外五區普賢庵楚漢登記廟産的呈文及社會局的批示（附寺廟登記表）》，檔案號J2-8-671，1932年，頁三十八至三十九。

内有西房五間，時均已傾圮。後殿三楹，爲大雄殿，正供釋迦佛像一尊，國立北平研究院的調查人員稱是木像，與申楚漢填報内容一致。而申樹森登記爲銅像，經社會局調查人員反复確認，確係銅質〔1〕。左右阿難迦葉立像二尊，側有泥塑小佛二尊。神前有鼓一口，殿内尚存有慧照寺〔2〕獅子會的獅頭三份。後殿東西各有耳房二間，爲住房。殿前東配殿三間，時已空閒。西配殿三間，内供娘娘泥像三尊，童子二人。院内槐樹二株，鐵寶鼎一座〔3〕。《北京地名漫談》稱水月寺在民國初年已廢，顯係不確〔4〕。

至民國二十七年（1938），傅石氏以申家拆毁廟房爲由，要求以住持僧善圃俗家母親的名義，將廟産讓與同宗僧人：寶禪寺街廣善寺〔5〕住持思元（即慧三）。一紙訴狀到社會局，正式點燃雙方廟産糾紛。經社會局詢問北京市佛教協會後，以申家兩次填報獲得廟産的時間不一致、價購廟産的契據無存，以及善圃曾於民國十四年、民國十八年兩次登記爲由，判定廟産應屬善圃。然善圃胞弟傅景福并不認同母親的做法，他以警士身份呈報社會局，稱母親年老昏聵，兼受趙久峰游説，致争訟廟産。善圃已於民國二年（1913）外出游方，得申姓資助旅費，以廟産爲抵押〔6〕。這一説法與申家口供出入頗多，社會局并未相信，且當面申斥之。最終，社會局判定，傅石氏自行轉讓廟産，亦屬不合，理應由佛教協會公推住持。然佛教協會公推的結果，仍然是廣善寺思元接任水月寺住持。思元正式接收廟産，此時廟内還有前殿三間、後殿三間、北配房左右四間、西配房大小九間、東配房一間。銅釋迦佛一尊，泥侍者二尊。泥關公一尊，泥侍者二尊。泥娘娘三尊。鐵寶鼎一尊，瓦磁香爐二個，槐樹一株〔7〕。

申氏敗訴後，以手中廟産登記契據爲憑，將廟産以八百元的價格賣給日僧光岡良雄，後者發現廟産糾葛後，又轉手賣給家住大光明殿三號的帖佐赳夫。日人請青木三代松律師辦事處接洽，要求驅逐思元，社會局爲“中日親善”，讓思元償還帖佐赳夫買廟之價。然其開出五千元價款，思元無法籌出〔8〕。此事争訟多年，思元於民國三十二年（1943）感到無力支撑，乃向佛教協會申請另外公選住持〔9〕。時年二十八歲的敬舜接替其法座。敬舜，河北房山縣人，民國二十四年於本省曲陽縣資聖寺依寂然大師祝髮，二十五年秋在北京拈花寺全朗和尚座下受具足戒，二十六年往紅螺山資福寺參學，二十七年回拈花寺學律，時充任拈花寺寮元之職〔10〕。與雙馬關帝廟一樣，僧人善圃留下的兩座寺廟，最終都到了拈花寺僧手中。1945年警察局登記時，水月寺殿宇法物基本保持原樣，僧人傳曹洞宗〔11〕。

民國三十七年（1948），敬舜稱自己患上神經衰弱症，無力整理廟務，願將住持職務退讓與師弟敬和擔任〔12〕。但1947年和1950年寺廟登記時，住持仍是敬舜〔13〕。

---

〔1〕北京市檔案館藏《北平市社會局·外五區普賢庵楚漢登記廟産的呈文及社會局的批示（附寺廟登記表）》，檔案號J2-8-671，1932年，頁九至二十四。

〔2〕慧照寺，參見《北京内城寺廟碑刻志（第四卷）》，頁二十九至三十九。

〔3〕國立北平研究院《水月寺》，東四94。

〔4〕《北京地名漫談》，頁一百一十五。

〔5〕廣善寺，即寶禪寺，參見《北京内城寺廟碑刻志（第四卷）》，頁六百七十七至六百九十八。

〔6〕北京市檔案館藏《北平市社會局·内三區水月寺住持思元送寺廟登記表及社會局的批示》，檔案號J2-8-1255，1939-1943年，頁九十八。

〔7〕同上，頁一百三十八。

〔8〕同上，頁一百四十五至一百六十。

〔9〕同上，頁一百九十七。

〔10〕同上，頁二百零五。

〔11〕首都圖書館藏《北平寺廟調查一覽表》。

〔12〕北京市檔案館藏《北平市民政局·中國佛教會北平分會關於花色品種和接充水月寺住持的呈文及北平市民政局的批示》，檔案號J3-1-144，1948年，頁一。

〔13〕北京市檔案館藏《北平市民政局·北平市各區寺廟總登記考察簿》，檔案號J3-1-237，1947-1948年，頁五十二。北京市檔案館藏《北平市民政局·北平市寺廟總登記簿（第一册）》，檔案號J3-1-203，1950年，頁十八。

月水寺前殿夾道（2006 年 5 月 如意攝）

老住户還記得敬舜、敬和這兩位最後的僧人。他們説，此廟山門開兩扇門，兩側奉神像。正殿供奉坐佛，左右兩壁有站佛，後殿供奉銅佛，“文革”期間被拉走。西配殿是娘娘殿，東配殿即敬舜所居。也有人説，敬舜衹是二和尚，負責收房錢，真正的住持是敬和，但不住在廟裏。敬舜在 1949 年以後還俗，也搬離了此廟。他們甚至還記得水月寺是某處大廟的下院，衹是誤將拈花寺説成了雍和宫。

《北京文物地圖集（北京分册）》稱水月寺原爲申氏家廟，現存前殿，面闊三間，進深五檁，筒瓦硬山捲棚頂籠頭脊，明間爲六抹斜方格隔扇門，次爲檻墻窗，時爲民居[1]。然 2007 年本項目組實地調查時發現，水月寺前後殿各三間均尚存，後殿還有東西耳房各三間，鐵鼎之石座與古槐一株，仍在院内。另，《北京地名漫談》稱“昔日的殿堂、僧侶禪房依如舊貌，衹是屋頂上的靈獸裝飾物多已脱落。院内篆刻有水月庵的石碑尚存”[2]。但此“水月庵”石碑不見於任何調查記録，實地調查也未發現，是否真在廟内實應存疑。

2018 年回訪時，月水寺前後殿與耳房均尚存，現爲居民住家院落。

〔1〕《北京文物地圖集（北京分册·下）》，頁三十一。

〔2〕《北京地名漫談》，頁一百一十五。

倉神廟

倉神廟，即富新倉太倉殿，嘉慶後在殿側加蓋關帝廟。不見於乾隆《京城全圖》，原址在内三區朝陽門北小街二十一號（今爲東城區朝陽門内北小街四十六號），寺廟建築現已不存。廟内原有碑刻一通，爲清嘉慶二十一年（1816）《太倉殿及關帝廟碑》。

《北京文物勝迹大全（東城區卷）》中認爲，此倉神廟乃興平倉倉神廟，雍正七年（1729）重加修葺。然據《太倉殿及關帝廟碑》中所説，此倉神廟乃富新倉之太倉殿，與興平倉無關。按《欽定大清會典事例》，清雍正七年將司倉之神加入群祀，京師内七倉，惟右翼興平倉舊有太倉神廟，此時在海運倉照其樣式建立廟宇[1]。則雍正七年之前，富新倉尚無倉神之祀。至《乾隆廟册》中登記，富新倉已有太倉廟，時爲大僧廟，住持法祥。

清嘉慶二十一年（1816），富新倉領事張裕清、張存仁等人，認爲倉庾重地，除太倉之神護佑外，端賴關帝勤念默持，故於舊有太倉殿之左，新建關帝殿三楹，新塑關帝神像，又從附近其他寺廟中請來佛像，并祀其中。此次新建關帝神殿，不僅得到富新倉滿、漢監督兼内閣中書英良、春明二人支持，更有附近紳士鼎力捐資。碑陰題名中記録衆善人約五十餘名，其中不乏恒裕店、順義局等商鋪，可見重修後的倉神廟，已不僅是富新倉的聖地，而已成爲附近商民共同祭拜的空間。

此後倉神廟并不見於警察局或社會局寺廟登記，20世紀30年代國立北平研究院調查時，廟已歸市公安局管理，爲公安局清潔隊第三班，但建築仍存。此時門東向，西殿三間，原供關帝、倉神等像，然其時早已埋入土中。南房二間、北小房三間，嘉慶二十一年石碑仍立院中。西殿後有北房四間。西北方向有小跨院一所，内有東房三間。

至20世紀50年代文物調查時，廟内僅存大殿一座，大式硬山合瓦頂，旋子彩畫。1985年，原廟已拆除，原址上建成環衛一隊托兒所的樓房。

2007年調查時，托兒所也已拆除無踪。2018年回訪，環衛一所已搬走，其址現爲某物業公司占用，爲三層小樓，寺廟建築完全不見。

---

〔1〕《（光緒）欽定大清會典事例》，四庫全書版。卷四百四十四，禮部·群祀。

京 1090《太倉殿及關帝廟碑》陽

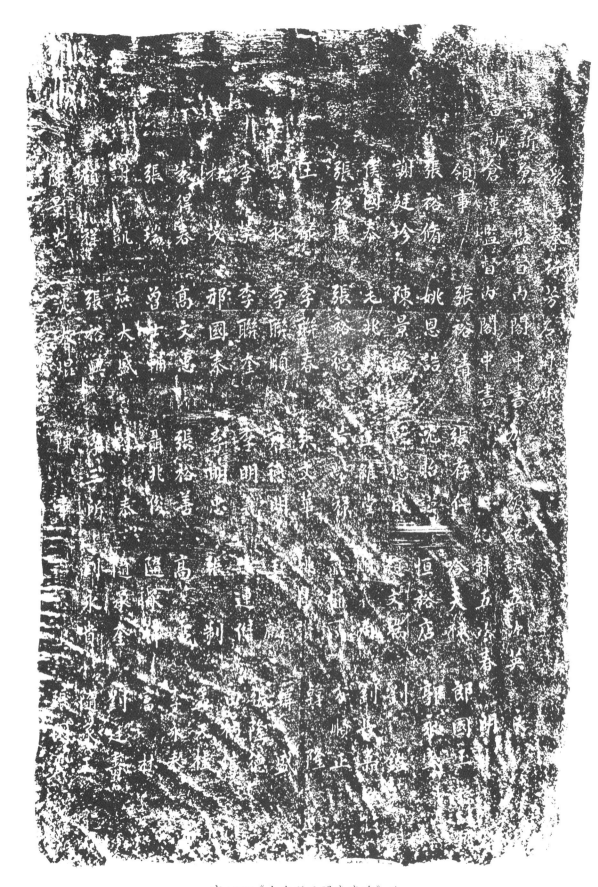

京1090《太倉殿及關帝廟碑》陰

萬古流芳

富新倉領事張裕清張存仁等重修太倉殿并新建關帝廟碑記
帝自炎漢以來若日月經天江河行地雖庸夫俗子未有不欽承帝
之德興神也况我
朝
龍飛長白帝之顯威聿著尤彪炳汗青哉方
今廟號日益崇帝德日益顯凡
國祚之靈長民生之利賴惟帝時其默護之然則倉庾重地尤帝之
德所爲屢念帝之神所爲昭察也倉舊有太倉殿今紳士與僧衆
于殿左搆楹三舍塑帝像而瞻禮之兼俾附近所請來之佛像并
□供養以昭敬一而太倉之德并帝德而益顯太倉之神并帝神
而益靈夫知天庾之有太倉不知帝之德與神有默運乎太倉者
亦安見
聖朝崇奉之誠與帝孚佑之隱哉至精靈英爽俾遠近紳士懷德是以
悔過遷善尤我帝君覺世之意焉爾是爲記
王府長史兼公中佐領鳴盛撰
癸酉選拔貢生文舉人德新書
大清嘉慶二十一年歲次丙子嘉平月旦勒石　戒衲安□住（以下漫漶）

京1090《太倉殿及關帝廟碑》陽

衆善奉行芳名開列

富新倉滿監督内閣中書加三級紀録五次英　良

富新倉漢監督内閣中書　紀録五次春　明

領事　張裕清　張存仁　哈天禄　郎國玉　孫□廣

張裕脩　姚恩誥　沈貽謨　恒裕店　郭永盛

謝廷珍　陳景隆　韓德成　趙文瑞　劉　鑑

侯國泰　毛兆□　王維堂　順義局　劉長壽

張裕慶　張裕德　黄學禄　□□　方順正

王　禄　李聯春　張文華　姚恩讚　韓　隆

李　永　李聯順　唐德明　王　麟　韓　盛

李　榮　李聯奎　李明義　張連傑　張隆德

杜　茂　邢國泰　李明忠　張　制　田柄信

袁得春　高文忠　張裕善　高　雷　孟天桂

張　瑞　曾士輔　聶兆俊　隨承偉　李永泰

謝　凱　燕大盛　韓　泰　隨承奎　富　林

顧　祥　張裕興　李三所　劉永貴　劉延壽

陳景安　沈大焜　陳　章　□□□　隨承玉

張國□

京1090《太倉殿及關帝廟碑》陰

太倉殿及關帝廟碑

首題：富新倉領事張裕清、張存仁等重修太倉殿并新建關帝廟碑記
年代：嘉慶二十一年（1816）十二月
原址：東城區朝陽門内北小街
拓片尺寸：碑陽高 128、寬 64 厘米，碑陰高 93、寬 63 厘米
書體：正書
撰人：鳴盛
書人：德新
《目録》：頁 333
拓片録自：《北京圖書館藏中國歷代石刻拓本匯編》第 78 卷 159–160 頁
拓片編號：京 1090

【碑陽】

碑額：萬古流芳

碑文：

富新倉領事張裕清、張存仁等重修太倉殿并新建關帝廟碑記 *1*

帝自炎漢以來，若日月經天，江河行地。雖庸夫俗子未有不欽承帝 *2* 之德興神也。況我 *3* 朝 *4* 龍飛長白，帝之顯威聿著，尤彪炳汗青哉！方 *5* 今廟號日益崇，帝德日益顯，凡 *6* 國祚之靈長，民生之利賴，惟帝時其默護之。然則倉庾重地，尤帝之 *7* 德所爲廑念，帝之神所爲昭察也。倉舊有太倉殿，今紳士與僧衆 *8* 于殿左搆楹三舍，塑帝像而瞻禮之，兼俾附近所請來之佛像幷 *9* □供養，以昭敬一，而太倉之德并帝德而益顯，太倉之神并帝神 *10* 而益靈。夫知天庾之有太倉，不知帝之德與神有默運乎太倉者，*11* 亦安見 *12* 聖朝崇奉之誠與帝孚佑之隱哉。至精靈英爽，俾遠近紳士懷德，是以 *13* 悔過遷善，尤我帝君覺世之意焉爾。是爲記。*14*

王府長史兼公中佐領鳴盛撰。*15*

癸酉選拔貢生文舉人德新書。*16*

大清嘉慶二十一年歲次丙子嘉平月旦勒石。戒衲安□住（以下漫漶）*17*

【碑陰】

碑文：

衆善奉行芳名開列：*1*

富新倉滿監督内閣中書加三級紀録五次英良。*2*

富新倉漢監督内閣中書紀録五次春明。*3*

領事：張裕清、張存仁、哈天禄、郎國玉、孫□廣。*4*

張裕脩、姚恩誥、沈貽謨、恒裕店、郭永盛、*5* 謝廷珍、陳景隆、韓德成、趙文瑞、劉鑑、*6* 侯國

泰、毛兆□、王維堂、順義局、劉長壽、7 張裕慶、張裕德、黄學禄、□□□、方順正、8 王禄、李聯春、張文華、姚恩讃、韓隆、9 李永、李聯順、唐德明、王麟、韓盛、10 李榮、李聯奎、李明義、張連傑、張隆德、11 杜茂、邢國泰、李明忠 張制、田柄信、12 袁得春、高文忠、張裕善、高雷、孟天桂、13 張瑞、曾士輔、聶兆俊、隨承偉、李永泰、14 謝凱、燕大盛、韓泰、隨承奎、富林、15 顧祥、張裕興、李三所、劉永貴、劉延壽、16 陳景安、沈大焜、陳章、□□□、隨承玉、17 張國□。18

三聖廟

三聖廟，亦名三聖寶殿或娘娘廟，不見於乾隆《京城全圖》，原址在内三區東四七條一百號（今東城區東四七條路南六號），寺廟建築已無存。

三聖廟始建時間不詳，民國時始有記録。國立北平研究院調查時，見七條胡同南的小胡同（即今石橋東巷）内有本巷公立之小廟一間，北向，内供泥塑關帝、財神、馬王三尊，周倉、關平侍立[1]。1938年左右，北平特別市公署編《北京街衢坊巷之概略地圖》[2]中，在三聖廟的位置上註明爲娘娘廟，可能當時廟内所奉神靈已發生變化。1945年北平市警察局調查時記録，三聖廟仍爲當街廟，僅一間殿，内供關帝、天仙、娘娘[3]。

此後三聖廟再不見記録，但附近老居民對它多有印象。2004年至2014年調查時，許多街坊還記得這所小廟，稱它位於皇姑院胡同口東，衹有三、四米寬，無家可歸者可以暫住。例如，胡同東口曾有一家小理髮店，店主曾栖居廟中。也曾有一位做魚竿的附居於此，但他們都不是長期居住。20世紀50年代以後，神像減毁，小廟隨後也就傾圮。2018年調查時，三聖廟原址所在地現爲工地，正在興建一座三間的大北房。

另按：三聖廟所在石橋東巷，民國時期爲皇姑院胡同，即《日下舊聞考》等文獻中所説之"王姑園"，此地原有聖姑寺一所，歷代文獻多記之。聖姑寺之始建不知何時，然《京師五城坊巷胡同集》中已有"聖姑寺胡同"之名[4]，則其初建至少在明初以前。然在乾隆時期，聖姑寺已廢無踪影，《日下舊聞考》中記："聖姑寺亦廢，今北小街有胡同名王姑園，或即其地歟。"[5]近來文獻常記皇姑院傳説，曰此胡同内曾有皇族或官宦人家女子出家的聖姑寺（姑

[1] 國立北平研究院《三聖廟》，東四111。

[2] 北平特別市公署編《北京街衢坊巷之概略》（附地圖），北京：北京特別市公署印製發行，1938年。

[3] 首都圖書館藏《北平寺廟調查一覽表》。

[4]《京師五城坊巷胡同集》，南居賢坊，頁九。

[5]《日下舊聞考》，卷四十八，頁七百七十。類似記載還見於（清）朱一新《京師坊巷志稿》，頁一百二十。陳宗蕃編著《燕都叢考》卷二，頁三百一十三。《北平廟宇通檢》，頁三十九。

子廟），但無文字、遺址可考[1]。甚至有人説，嘉慶皇帝的女兒曾在此出家，人稱關大姑[2]。然此説法不知所據，自 2004 年至 2017 年，本項目組多次詢諸附近耆老，無人知“關大姑”傳説，也否認曾有僧尼住在皇姑院内。

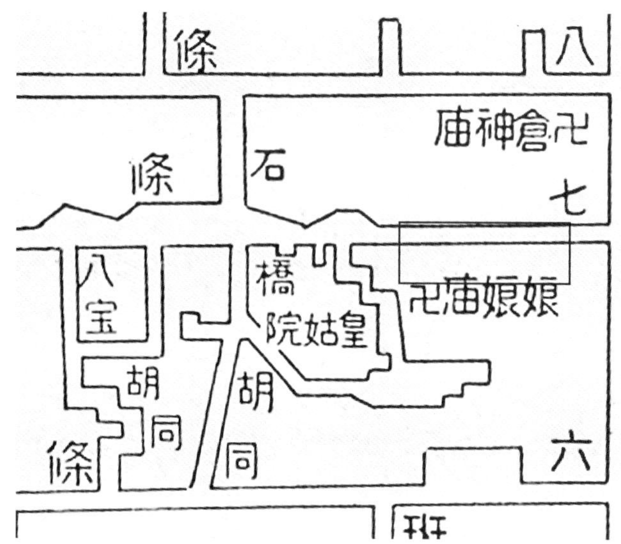

《北京街衢坊巷之概略地圖》中所繪皇姑院胡同娘娘廟（用方框標出）

[1] 例如王彬、徐秀珊主編《北京地名典》，北京：中國文聯出版社，2008 年，頁六十六。

[2] 趙書《皇姑院裏的關大姑》，收入《日下傳聞録·東四故事》，北京：中國社會出版社，2013 年，頁二十六至二十七。

五排三段

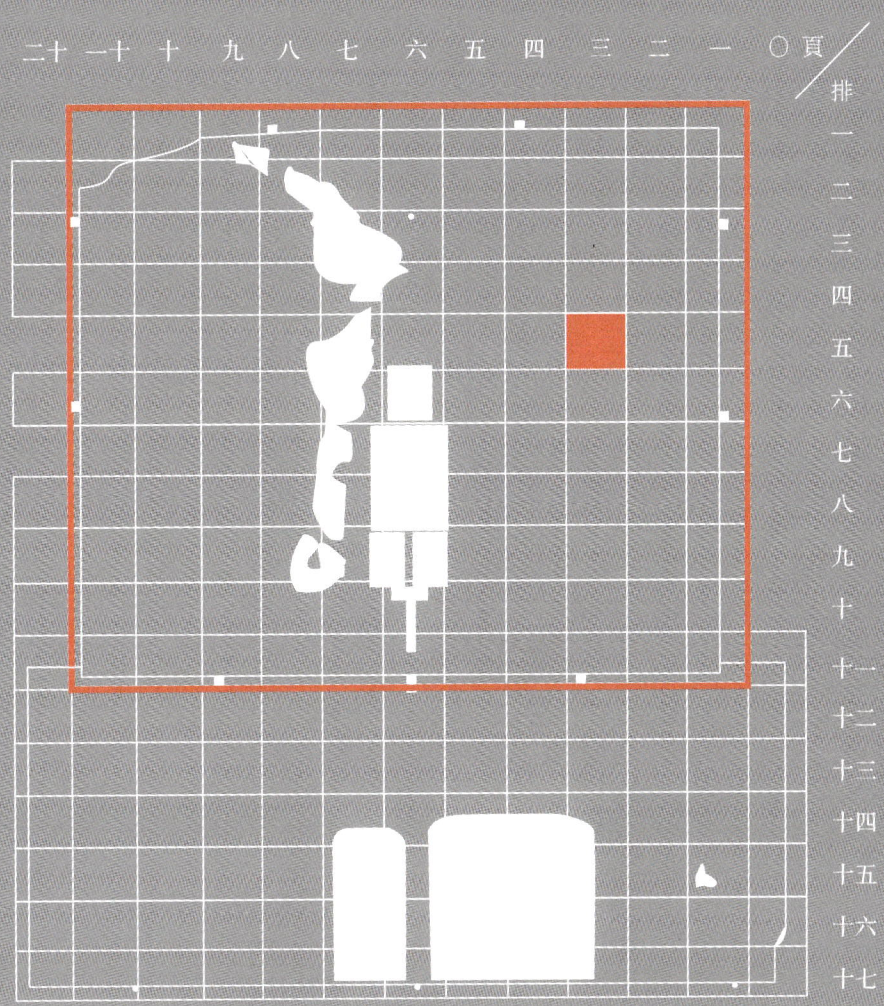

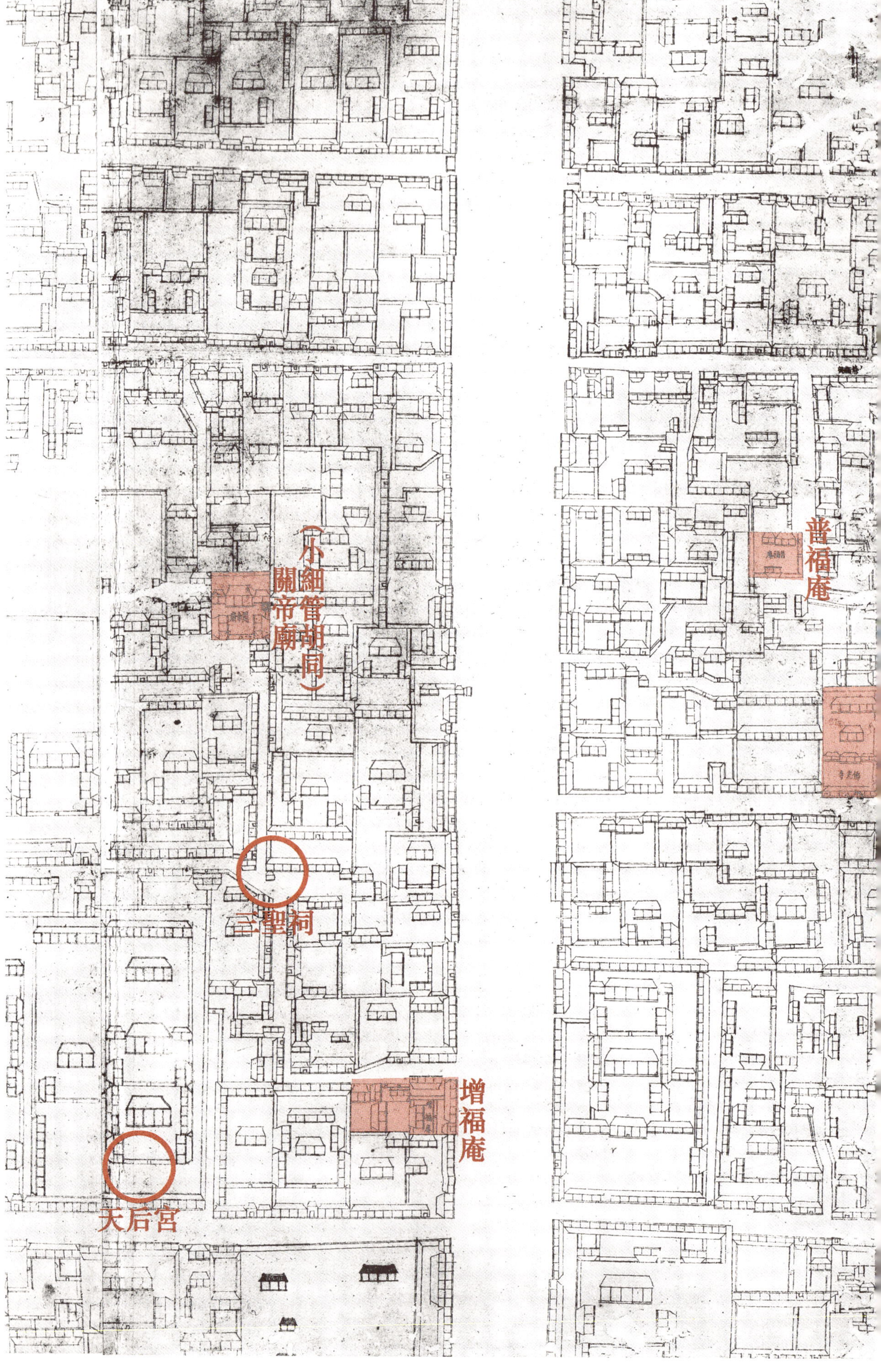
（小細管胡同）
關帝廟
普福庵
三聖祠
增福庵
天后宮

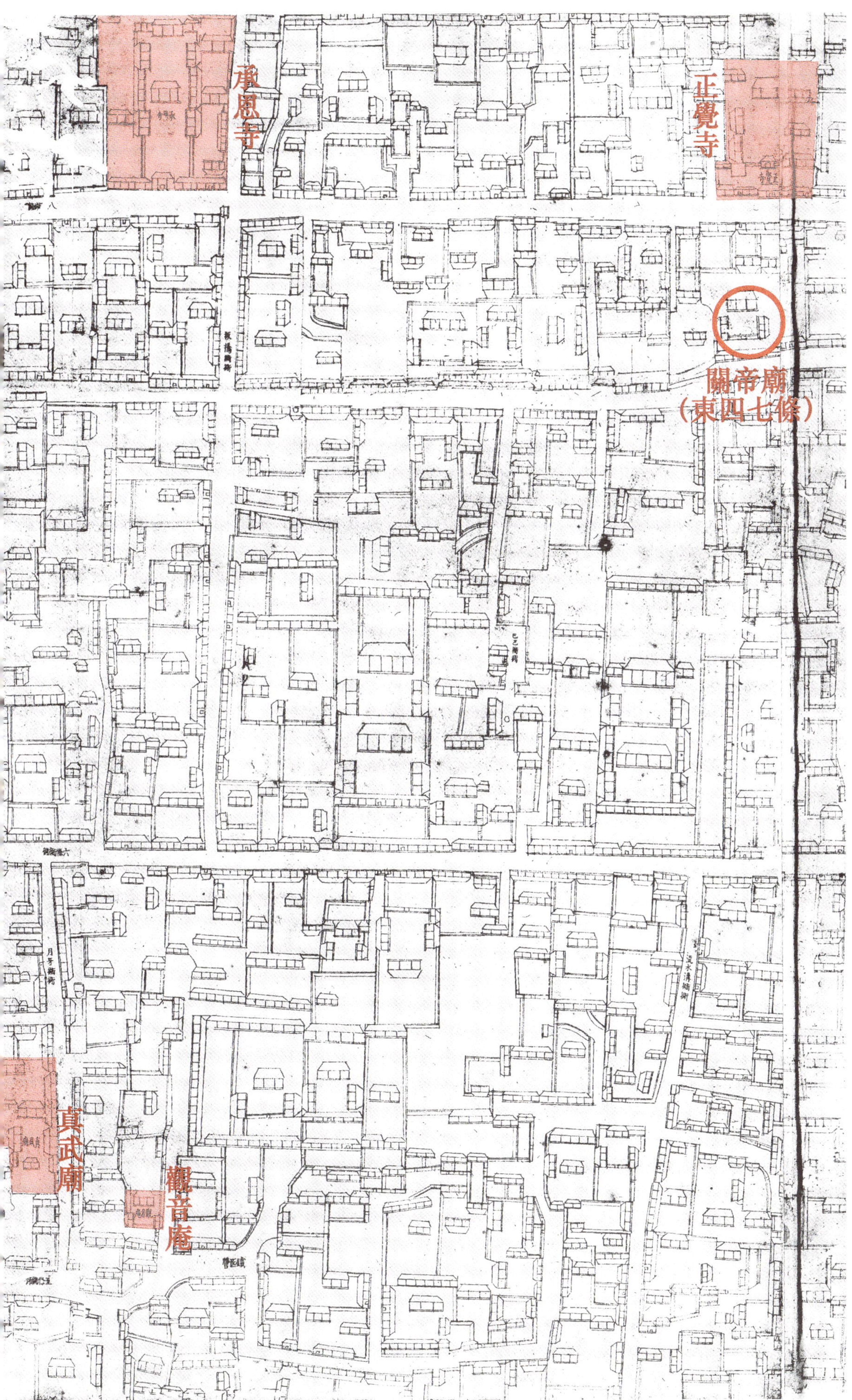
承恩寺
正覺寺
關帝廟
（東四七條）
真武廟
觀音庵

正覺寺

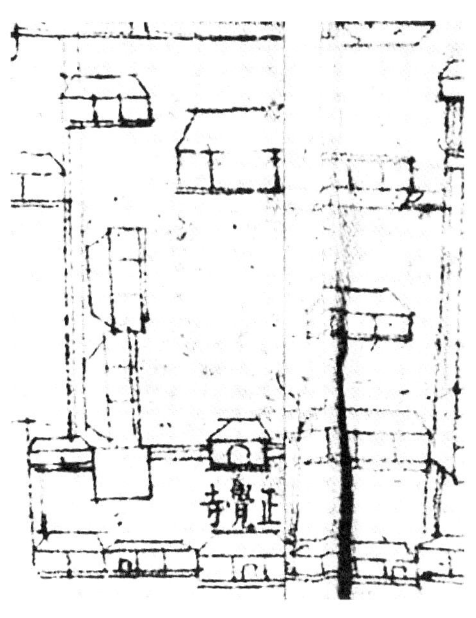

正覺寺[1],原址位於内三區東四北八條二十五號(今東城區東四北八條五十三號)。寺廟建築現存部分。寺内原有碑刻二通,一通爲清康熙五十五年(1716)《正覺寺題名碑》,另一通早已風化泐甚,年代無考,今碑石與拓片均不得見。

歷代文獻均載,正覺寺始建於明正統十年(1445),有碑[2]。此碑久已無考,文獻不記,可能即前文所説之風化碑。至康熙五十五年,正覺寺廟貌不振,爲豪强所侵,神靈、僧人俱無所依,故信官善士發心修廟。《正覺寺題名碑》即立於此時,然其亦漫涣甚多,文辭難辨[3]。雍正、乾隆朝僧録司登記中均不見正覺寺,從乾隆《京城全圖》上看,正覺寺位於東四八條胡同路北,坐北朝南,有内外二院。最南臨街有山門一座,共三間,正中一間開門出入。山門東有房一座四間,最東一間開門,西有房一座三間,最西一間開門。再西又有南房一座兩間。山門内爲外院,有墻垣與内

〔1〕按:據《日下舊聞考》等載,正覺寺相近有大覺寺,曾有耶律楚材撰《大覺寺碑》,其乃遼重熙、清寧間之義井精舍,金大定中有僧善祖營寺,賜額爲"大覺",戊子年重修。然乾隆時已久廢,踪迹無存。今里人亦有稱此正覺寺爲"大覺寺"者,然未知二寺是否有關係。參見《日下舊聞考》,卷四十八·城市·内城東城四,頁七百七十。《燕都叢考》,卷二,頁三百一十二至三百一十三。

〔2〕《日下舊聞考》,卷四十八·城市·内城東城四,頁七百七十。(清)吴長元輯《宸垣識略》,卷六·内城二,頁一百零六。(清)周家楣、繆荃孫等編纂《光緒順天府志》,北京:北京古籍出版社,1987年,京師志十六·寺觀一,頁四百八十八。《燕都叢考》,卷二,頁三百一十二。《北平廟宇通檢》,頁三十二。

〔3〕清康熙五十五年(1716)《正覺寺題名碑》,京177,據中國文化遺産研究院圖書館藏原拓片録文。

院隔開，正中有二道門一座，形制頗大。山門東有南向房四間，西似有平臺一處，平臺再西有小房兩間。過二道門後，方爲正覺寺正院，北有大殿三間，前有西配殿三間，在本應是東配殿的位置上有南向房屋三間。西配殿南有西房三間，東配殿北有北向倒座房三間，正殿西北隅還有南向小房三間，其位置已在後院之中。清道光二十七年（1847）四月，宗室碩翰曾修大士殿。清光緒十五年（1889），由大興縣董玉成主事，正覺寺再次重修。此次工程浩大，不僅翻新正殿，更爲廟内增添鐵五供等多種法物，工竣後立木額記其事。光緒三十一年（1905），廣順在僧録司更名入册，立有手本二件。似乎從此時開始，正覺寺即成爲普賢寺〔1〕下院。至民國八年（1919），住持續寛病逝，其徒孫悟然繼任住持。此時正覺寺廟房共二十間，每月出租房屋得租金五元〔2〕。除正覺寺外，悟然同時也是普賢寺、關帝廟的住持〔3〕。

至國立北平研究院調查時，正覺寺山門南向，石額曰"增建護國正覺禪林"。山門即天王殿，三間，内正供木質彌勒佛一尊，左右泥塑天王四尊，彌勒背後有泥塑韋陀一尊。神前鐵五供兩份，其中一份鑄於清光緒十五年，桌上鐵磬一口，鑄於明萬曆三年（1575）八月。山門後僅一進院落，内有北殿三楹，爲大士殿。木額二塊，"普無量壽"一方，爲光緒十五年董玉成所立。"惠我無疆"一方，爲道光年碩翰所書。兩側木聯均題款董玉成書。正殿内主祀三世佛〔4〕像，時已殘破，另有佛像二尊、羅漢十八尊，均爲泥塑。神前鐵五供、鐵磬等，均光緒十五年重修時所添。殿内小鼓二口，殿前有光緒八年（1882）二月鑄鐵寶鼎一座，兩座石碑分立兩側，均螭首龜趺座，其中一通即康熙五十五年《正覺寺題名碑》。東配殿三間，爲關帝殿，内正供關帝泥像，周倉、關平侍立，左爲妙道真君、右爲濟孤大士。殿内鐵五供一份、鐵磬一口，也是光緒十五年時造。西配殿也三間，木額曰"福佑群生"，董玉成重修時所立，内供娘娘泥像九尊、童子四人，神前木五供一份、鐵磬一口、鼓一口。東西配殿南均有小耳房二間。院内榆樹兩株、椿樹一株。時廟内爲永順棚鋪、天德局油漆作、天興煤鋪等所租用〔5〕。

民國二十六年（1937），悟然呈報社會局，要將隨墻門及院墻重新修葺、勾抹白灰，并在院内添蓋灰棚一間。次年，悟然又將廟内東灰棚一間、東瓦房一間，拆去上頂、保留坎墻，改建爲平臺。至1949年，悟然仍任正覺寺、普賢寺與關帝廟的住持，此時正覺寺有房屋十六間半，僅有佛殿三間，其餘均出租，月收房租四百元，抵作二十斤玉米麵〔6〕。1950年時，正覺寺内房屋又增加到二十一間，除了悟然之外，還有一名僧人在廟〔7〕。

正覺寺廟院内還有多名老住户能回憶起1949年以前寺廟的格局、神像與僧人。他們將正覺寺稱爲大覺寺，説山門殿内供八大金剛，東配殿是老爺殿、西配殿是娘娘殿，正殿三間，正中供三大士，左右爲十八羅漢。除此之外，廟院内還有北房二間，東側有馬棚，裏面曾養馬，應即悟然於1938年改東灰棚所建。除悟然之外，廟内還曾住過五、六個和尚，都以念經、法事爲生，因時局動盪，僧人逐漸散去，只剩悟然一人。他平時住在東直門外，只來正覺寺收房租，幾間配殿都被他租與平民，其中，娘娘殿正房三間，每月要交房租四元八角。

---

〔1〕在今朝陽區。

〔2〕北京市檔案館藏《北平市社會局·内三區正覺寺僧人悟然登記廟産的呈及社會局的批示（附寺廟登記表）》，檔案號J2-8-503，1931-1938年，頁五至十一。北京市檔案館電子目録中誤將"悟然"寫作"悟德"。

〔3〕北京市檔案館藏《北平市民政局民族事務科·本市寺廟情況查詢記録》，1949年，檔案號196-1-3，頁四至六。

〔4〕國立北平研究院調查人員認爲是三大士像，而當時寺廟住持悟然稱其爲三世佛像。參見北京市檔案館藏《北平市社會局·内三區正覺寺僧人悟然登記廟産的呈及社會局的批示（附寺廟登記表）》，檔案號J2-8-503，1931-1938年，頁二十四。

〔5〕國立北平研究院，《正覺寺》，東四88。

〔6〕北京市檔案館藏《北平市民政局民族事務科·本市寺廟情況查詢記録》，1949年，檔案號196-1-3，頁四至六。

〔7〕北京市檔案館藏《北平市民政局·北平市寺廟總登記簿（第一册）》，1950年，檔案號J3-1-203，頁十六。

20世紀50年代初文物調查時，正覺寺正殿已拆，僅餘山門及東西配殿。配殿均面闊三間，大式硬山筒瓦頂。正間爲吞廊，内檐徹上明造。兩通石碑尚存廟内〔1〕。1958年，廟産收歸國有，歸房管局管理。據老住户們説，正殿與神像乃"破除迷信"那年被毁去，兩座石碑一座被埋入地下，一座被砌入居民家中。1985年調查時，正覺寺已成民居，山門已拆，配殿尚存，石碑亦無踪迹〔2〕。2002年春，東城區大規模改造危房，配殿亦被拆除〔3〕。

2014年調查時，正覺寺尚存東西房各三間，但均已翻蓋，現爲居民住家院落。

正覺寺院内（2005年1月 如意攝）

〔1〕《北京文物勝迹大全（東城區卷）》，頁三百四十七。

〔2〕同上。

〔3〕《中國文物地圖集（北京分册·下）》，頁三十七至三十八。

萬古流芳
題名碑記

（首行全泐）
粤自（下泐）
廟者寧（下泐）
又不便（下泐）
失依今有（下泐）
暴侵（下泐）
信官（下泐）
信官（下泐）
（以下全泐）

則信之于是設祠立
諸善信之施主而施主
壞邇時神僧俱□
後年深失據豪

京177《正覺寺題名碑》陽

正覺寺題名碑

年代:清康熙五十五年(1716)
原址:東城區東四八條
拓片尺寸:碑高146、寬80厘米,額高33、寬23厘米
書體:行書,額正書
《目録》:頁286
拓片録自:中國文化遺産研究院圖書館藏原拓片
拓片編號:京177

【碑陽】

碑額:萬古流芳題名碑記

碑文:(此碑泐甚,絶大部分已不可辨識)

(首行全泐)

粵自(下泐)則信之,于是設祠立[1]廟者寧(下泐)諸善信之施主,而施主[2]又不便(下泐)壞,邇時神僧俱□[3]失依,今有(下泐)後年深失據,豪[4]暴侵(下泐)

信官(下泐)

信官(下泐)

(以下全泐)

承恩寺

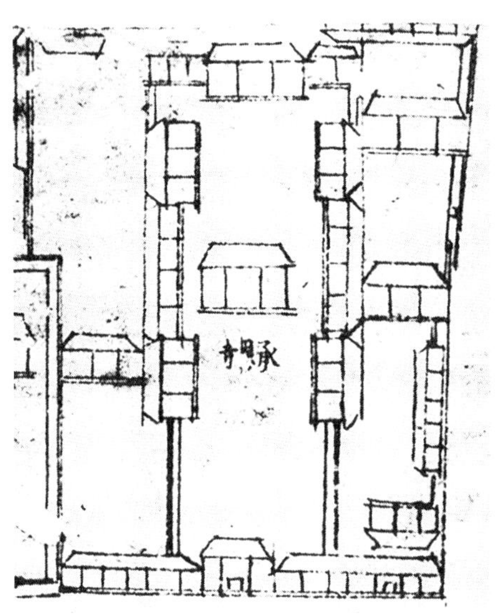

承恩寺，原址位於今東城區東四北八條一百零一號，據説此地在民國年間曾爲東四八條四十九號，寺廟建築現已不存。廟内原有碑刻一通，爲明萬曆三年（1575）張居正所撰之《敕賜承恩寺碑》，碑石早已不存，亦無拓片存世。今據《張太岳集》録文[1]。

承恩寺始建於明萬曆二年（1574），落成於萬曆三年，爲明神宗替僧志善焚修之所。替僧乃明代宫廷一條不成文的制度。張居正於《敕賜承恩寺碑》中説："皇朝凡皇太子、諸王生，率剃度幼童一人爲僧，名替度。雖非雅制，而宫中率沿以爲常。"沈德符也記："主上新登極，輒度一人爲僧，名曰代替出家。其奉養居處，幾同王公。"[2]明神宗之替僧志善，本居於龍泉寺，後來慈聖皇太后與明神宗爲了追念穆宗及其替僧，本欲修葺龍泉寺并擴建之。但龍泉寺所在地湫隘狹窄，且臨河邊，難以拓址。於是神宗出内帑上千金，潞王公主及諸位宫眷再捐資數千金，由司禮監太監馮保董其事，在京城巽位居賢坊中購得已故太監王成的住宅，改建爲梵刹廟宇。歷經一年工程告竣，首有山門天王殿，門後左右分列鐘鼓二樓；中爲大雄寶殿，前爲伽藍、祖師二配殿；最後爲大士殿，左右庫房、禪堂、方丈、香積、僧房等，殿宇房屋共九十五間，儼然一方勝景，堪配皇家氣度，沈德符説其莊嚴偉麗較

[1]（明）張居正《張太岳集》，上海：上海古籍出版社，1984年，卷十二，頁一百四十六至一百四十七。

[2]（明）沈德符《萬曆野獲編》（下），北京：文化藝術出版社，1998年，卷二十七，頁七百三十三。關於明代皇帝替僧，可參見何孝榮《明代北京佛教寺院修建研究》（上），天津：南開大學出版社，2007年，頁一百三十六。孔令彬《佛教中"替僧"現象考略》，《宗教學研究》2011年第2期，頁七十六至八十。

當時名刹海會寺則又有加焉[1]。寺成後，擢志善爲僧録司左善世，兼任承恩寺住持[2]。但承恩寺的輝煌并未維持太久，志善去世後，神宗另擇年幼者爲替僧。沈德符游萬壽寺時，正值寺衲爲神宗祝厘，數千僧人齊誦梵唄，而領頭之主僧年未滿二十，美如倩婦，即代志善而爲神宗之替僧者，時已從承恩寺移居萬壽寺[3]。承恩寺從此失去了皇家香火院的地位。

入清代以後，承恩寺亦爲普通僧廟，《雍正廟册》中缺居賢坊内登記，而《乾隆廟册》記其爲大僧廟，住持成玉。從乾隆《京城全圖》上看，承恩寺仍保持明萬曆年間始建時的格局。廟分東、中、西三路，中路首有山門三間，應即前殿天王殿，左右各有臨街南房一座，東七間、西六間，東一座的東數第三間上開門，可進入東路廟院，西一座上無門，大約可以從中路配殿或後院進入西路廟院。入山門後不見鐘鼓樓踪影，但正殿三間、後殿三間，前後兩院有東西配殿各三間，正殿東西有過道房各四間，後殿帶東耳房兩間、西耳房三間，都與張居正之碑文中所述相差無幾。東路正中有正殿三間，前院東墻有臨街房五間、南有倒座房三間。正殿後有後殿三間，仍在東墻上開隨墻門一道。後殿後似乎還有房屋，但惜其位於地圖兩排段交界處，已然無法辨識。西路爲一寬敞院落，僅有南向房屋三間，難以判斷是否爲殿宇。整座寺廟圍以墻垣，規制嚴整，秩序井然，其殿宇房屋數量距張居正所説之"九五"亦爲不遠。《日下舊聞考》中載，當時承恩寺仍存，然居正碑已失其石[4]。

然自此以後，承恩寺再不見記載，應早已傾圮。《北京文物勝迹大全(東城區卷)》中稱廟在東四八條五十三號，尚存部分配殿，實爲誤。五十三號乃本胡同正覺寺所在地。

2014 年調查時，承恩寺所在地爲陸軍總醫院宿舍，附近居民亦從未聽説過此處曾有廟宇，承恩寺已踪迹難尋。

---

〔1〕《萬曆野獲編》(下)，卷二十七，頁七百三十六。

〔2〕見張居正《敕建承恩寺碑文》。

〔3〕《萬曆野獲編》(下)，卷二十七，頁七百三十六。

〔4〕《日下舊聞考》卷四十八，頁七百七十。其後文獻所記多引之，如《宸垣識略》卷六，頁一百零六。《光緒順天府志》卷十六，頁四百八十九。《畿輔通志》卷一百七十八，頁四。《燕都叢考》卷二，頁三百一十二。

敕建承恩寺碑

年代：明萬曆三年（1575）
原址：東城區東四八條
碑文出處：不見拓片，據《張太岳集》録文[1]

碑文：

敕建承恩寺碑文

皇朝凡皇太子、諸王生，率剃度幼童一人爲僧，名替度。雖非雅制，而宫中率沿以爲常。皇上替僧名志善，向居龍泉寺。慈聖皇太后、今上皇帝追念先帝及其替僧，以寺居圮壞，欲一新之。而其地湫隘，且濱於河，勢難充拓。乃出帑儲千金，潞王公主及諸宫眷所施數千金，命司禮監太監馮保貿地於都城巽隅居賢坊故太監王成住宅，特建梵刹。外爲山門天王殿，左右列鐘鼓樓。中爲大雄寶殿，兩廡爲伽藍、祖師殿。後爲大士殿，左右庫房、禪堂、方丈、香積、僧房，凡九十有五。莊嚴法事，靡不畢具。寺成，因官志善爲僧録司左善世以住持之，而賜名曰承恩。余惟承恩有二義焉，施給園、創精舍，崇重三寶，上恩也。以大悲智力拯拔沉苦，躋諸彼岸，以大光明燈普照沉迷，示之覺路，佛恩也。思報上恩則必虔恭，朝夕勤修法事，以祝聖壽聖恩於萬禩；思報佛恩則必恪守戒律，發深信心以求速證毘盧正果，庶毋負於聖母、皇上創建之意也。於戲，後之居此者宜諦思之。工始於萬曆甲戌年，告成於乙亥年月，謹述其創立始末，勒之於石，以垂不朽。而繫之以偈曰：

佛恩廣大浩無邊，毘盧光明照大千。拔諸沉苦證涅槃，如以寶筏濟迷川。慈恩浩浩亦如然，巍巍功德不唐捐。舍衛城中給孤園，梵刹崒起開中天。琳宫玉除寶莊嚴，間以寶樹鬱慈芊。寶華芬敷色殊妍，華雲鬘雲垂四埏。法輪常轉妙義宣，法燈常明燭幽纏。我願緇俗諸有緣，普霑法潤沃心田。誦我重宣此偈言，永祝慈齡萬萬年。

〔1〕（明）張居正《張太岳集》，卷十二，頁一百四十六至一百四十七。

普福庵

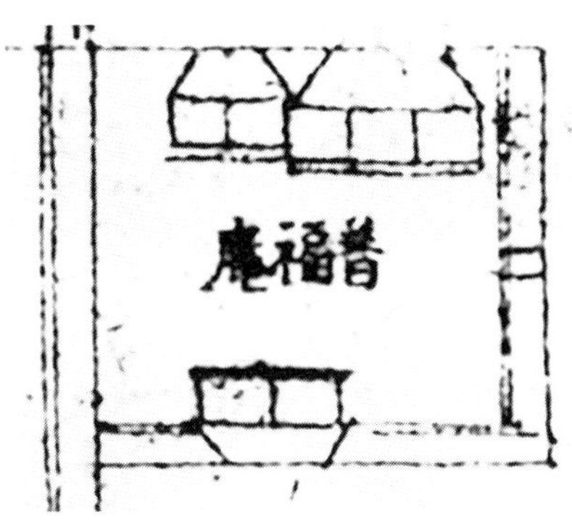

普福庵，原址大約在今東城區月光胡同九號，寺廟建築現已不存。

普福庵未知始建於何時，其所在地在清代時原名爲娘娘廟胡同，或許與此庵有關。清《乾隆廟册》中記七條胡同普福庵爲大僧廟，住持吉壽。從乾隆《京城全圖》中看，普福庵位於東四七條胡同南數武之地，東臨娘娘廟胡同，坐北朝南，東側院墻上開隨墻門，内僅有院落一進，北頭偏東有北殿三間，西有北小房二間，南墻處有倒座小房二間。除此之外，普福庵再不見諸記載，應是傾圮已久。

2007 年調查時，普福庵已踪迹全無，附近居民也對此廟没有印象，但他們都記得“娘娘廟胡同”這一名字，因此相信胡同内曾有一座娘娘廟。2018 年回訪時，普福庵原在地爲居民住家院落。

關帝廟(小細管胡同)

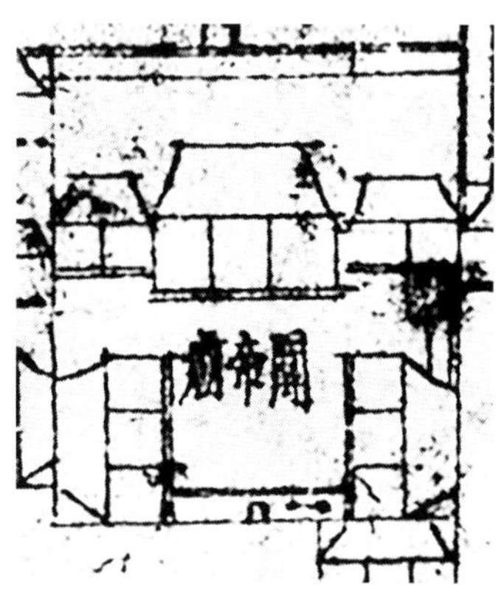

關帝廟,原址在内三區小細管胡同九號(今東城區小細管胡同十三號),寺廟建築現存。廟内原有碑刻一通,爲明嘉靖三十一年(1552)《漢壽亭侯廟碑》,碑石現存廟内。

關帝廟始建於明嘉靖三十一年。據《漢壽亭侯廟碑》中説,成國公朱葵亭與其弟朱蓮庵之宅在都城東北隅,其宅之外乃别建一廟,是爲此關帝廟。當時,關帝廟有殿二重,前堂後寢,殿前有院宇户牖,黝堊丹漆,兄弟二人歲時奉香火、薦新食,在關帝神前虔致瞻慕[1]。據此判斷,此廟當時乃成國公府家廟。按:朱葵亭即嘉靖年間成國公朱希忠之别名。朱希忠(1516–1573),字貞卿,祖籍鳳陽懷遠人,七世祖朱亮從朱元璋起義,以功授燕山中護衛正千户,六世祖肇封成國公,追封東平武烈王。朱希忠於嘉靖十五年(1536)襲爵成國公。他曾追隨明世宗到承天,掌管行在左府事,到達衛輝時,行宫中半夜失火,他與都督陸炳保護皇帝逃出,後加官進爵不可勝計。死後追封定襄王,謚恭靖。其弟朱希孝,也官至都督,加官太保,死後贈太傅,謚號忠僖[2]。關帝廟始建之時,兄弟二人正聖眷日隆,聲望如日中天,與當朝權臣嚴嵩往來唱和[3],《漢壽亭侯廟碑》之撰碑人工部右

〔1〕明嘉靖三十一年(1552)《漢壽亭侯廟碑》,京198,《北京圖書館藏中國歷代石刻拓本匯編》,卷五十五,頁一百七十二。

〔2〕參見(明)張居正《特進光禄大夫柱國太師兼太子太師成國公追封定襄王謚恭靖朱公神道碑》《特進光禄大夫柱國太保兼太子太傅掌錦衣衛後軍都督府左都督贈太傅謚忠僖朱公神道碑》,《張太岳集》,卷十二,頁一百五十二至一百五十六。(明)張廷玉等《明史》,列傳三十三,"朱能列傳附勇玄孫希忠列傳",北京:中華書局,2000年,頁四千零八十六。以上墓志及列傳中,未見朱希忠有"葵亭"之名,然《萬曆野獲編》"忠誠伯"一條中,言明朱葵亭即成國公朱靖希忠。

〔3〕嚴嵩與朱葵亭等人以"念奴嬌"之唱和,見嚴嵩《百字令·和答太傅朱公葵亭》,收入周明初、葉曄補編《全明詞補編》,杭州:浙江大學出版社,2007年,頁二百四十三。

侍郎黄廷用,也是他們的密友〔1〕。

入清以後,《雍正廟册》中記什錦花園内關帝廟,爲大僧廟,住持僧實位,有殿宇九間、禪房三間,與乾隆《京城全圖》中所繪規模相符,應即此廟。從圖中看,此時關帝廟較明代已大爲縮小,僅剩一進院落,在什錦花園胡同北數步。首無山門,僅在南墻上開隨墻門一道,院内大殿三間帶東西耳房各二間,前有東西配殿各三間。至清末光緒年間,關帝廟曾經重修,大殿木額重立於光緒二十二年(1896),而殿内鐵磬二口均爲光緒十九年(1893)所造。至民國二年(1913),關帝廟住持一職經師傳至臨濟宗僧人海瑞手中。海瑞,盧姓,河北大興人,也曾習過經懺,廟内常備《禪門日誦》《瑜伽焰口》經文兩部,但直至民國六年(1917),時年十七歲的海瑞纔正式落髮出家〔2〕。

1931年國立北平研究院的研究人員調查時,關帝廟大門南向,磚額"古刹關帝廟",門内有東西小房各四間、南小房一間,院中有北殿三間,木額曰"至大至剛"。殿前懸鐵鐘一口,年月不可辯。内供泥塑赤面關帝一尊,韋陀立像一尊,木像金身,前設磁爐一口、鐵磬二口。殿前東西配房各三間,其東西有小房各一間。殿東立嘉靖三十一年《漢壽亭侯廟碑》。廟内設德興齋筷子鋪。調查人員登記住持僧法名寶恒,這也許是海瑞的别名〔3〕。事實上,據海瑞自己呈報,關帝廟分内外兩院,正殿所在祇是内院,占地一分四厘餘,正殿除關帝神像外,尚有周倉、關平侍立。正院南還有外院一所,占地一分三厘。除此之外,關帝廟另有墳地二畝〔4〕。

至1950年,海瑞仍任關帝廟住持,廟内二十二間房屋、二畝塋地亦無變動〔5〕。50年代文物局調查時,關帝廟尚存大殿三間及部分配房,《漢壽亭侯廟碑》砌進殿東墻角處〔6〕。

廟内老住户對海瑞知之甚詳,他們解釋了海瑞先任住持,後落髮出家的原因。據他們回憶,海瑞之師乃是他的親舅舅,原本另有徒弟一人,但臨去世之時,特意將廟産留給了内侄海瑞,故海瑞於民國二年繼任住持,民國六年纔正式出家。當時經手此事的鋪保爲廟内劉姓租户,其後人認爲此舉頗爲合理,否則廟産有被异姓徒弟侵占之虞。劉姓租户與海瑞同鄉,光緒年間即已租住廟中,以在街上擺攤售賣香爐、香蠟爲生。劉家與海瑞師徒二人親如一家,民國年間歷次寺廟修繕,均由劉家首倡捐資。劉家後人回憶,其父念過私塾,能寫會讀,親自爲關帝廟製作募捐簿。以厚紙爲底,貼紅紙字條,書捐資人姓名於其上,再用藍布包裝封面,到附近各鋪户去化緣集募。籌款亦無須遠去,捐資名册中大多數鋪户都集中在東四北大街一帶。歷年捐資簿約有半米之高,常存於劉家,直到"文化大革命"期間方纔付之一炬。

住户們回憶,海瑞任住持之初住在内院小南房中,靠房租爲生。當時關帝廟内外二院,外院房屋供香客居住,與内院之間由二道門分開,門中供韋陀像。内院大殿坐落於平臺之上,五層臺階約有一米多高,臺階兩側有坡道,兒童常將此處當作滑梯玩耍。殿正中供關羽坐像,周倉、關平分立兩側。由於内院房屋本爲供佛之用,其質量比外院更好,故而租金也略高。爲了多收房租,海瑞將小南房也租出,自己搬入大殿居住,每月合計收租金約三、四十元。

1949年以前,關帝廟香火旺盛,關帝生日時開廟門,常見有香客推小推車前來上香。廟内租户

〔1〕參見(明)吕本《工部右侍郎少村黄公廷用墓志銘》,收入(明)焦竑辑《焦太史編輯國朝獻徵録》,四庫全書本,卷五十一,頁六十七至六十九。

〔2〕北京市檔案館藏《北平市社會局·内三區小細管胡同關帝廟住持海瑞送寺廟登記表及社會局的批示》,檔案號J2-8-1073,1936年,頁十四至十七。

〔3〕國立北平研究院《關帝廟》,東四112。

〔4〕北京市檔案館藏《北平市社會局·内三區小細管胡同關帝廟住持海瑞送寺廟登記表及社會局的批示》,檔案號J2-8-1073,1936年,頁十四。

〔5〕北京市檔案館藏《北平市民政局·北平市寺廟總登記簿(第一册)》,檔案號J3-1-203,1950年,頁十七。

〔6〕《北京文物勝迹大全(東城區卷)》,頁二百七十二至二百七十三。

多虔誠信神，幾乎家家供有觀音，亦都與海瑞親善，廟内出生的兒童均喚他爲“大爺”。他們回憶，海瑞是“大胖和尚”，慈祥和藹，“老樂呵呵的”。他常帶院中兒童出門玩耍，亦每日至各家中吃飯閒話，俗話稱他作“吃八家飯的”，意即不用自己做飯之人。1950年以後，海瑞曾短暫還俗，有過一次婚姻，但仍然常年茹素。“文化大革命”期間，神像被砸，房屋多處被拆，海瑞亦於1965年集中到廣濟寺中學習，臨去世前回到大興老家。

《中國文物地圖集（北京分卷）》中載：小細管胡同關帝廟坐北朝南，現存正殿、東西朵殿與東西配殿。正殿三間前出廊，彩畫已不可辨，筒瓦硬山調大脊。東西配殿各三間，爲筒瓦捲棚頂箍頭脊[1]。《漢壽亭侯碑》坐北朝南，螭首方座，石座埋於地下[2]。2007年調查時，正殿、配殿均存。2018年回訪時保持原樣，未見翻蓋或改建，仍爲居民住家院落。

小細管胡同關帝廟（2005年1月 如意攝）

〔1〕《中國文物地圖集（北京分册·下）》，頁三十四。

〔2〕同上，頁三十八。

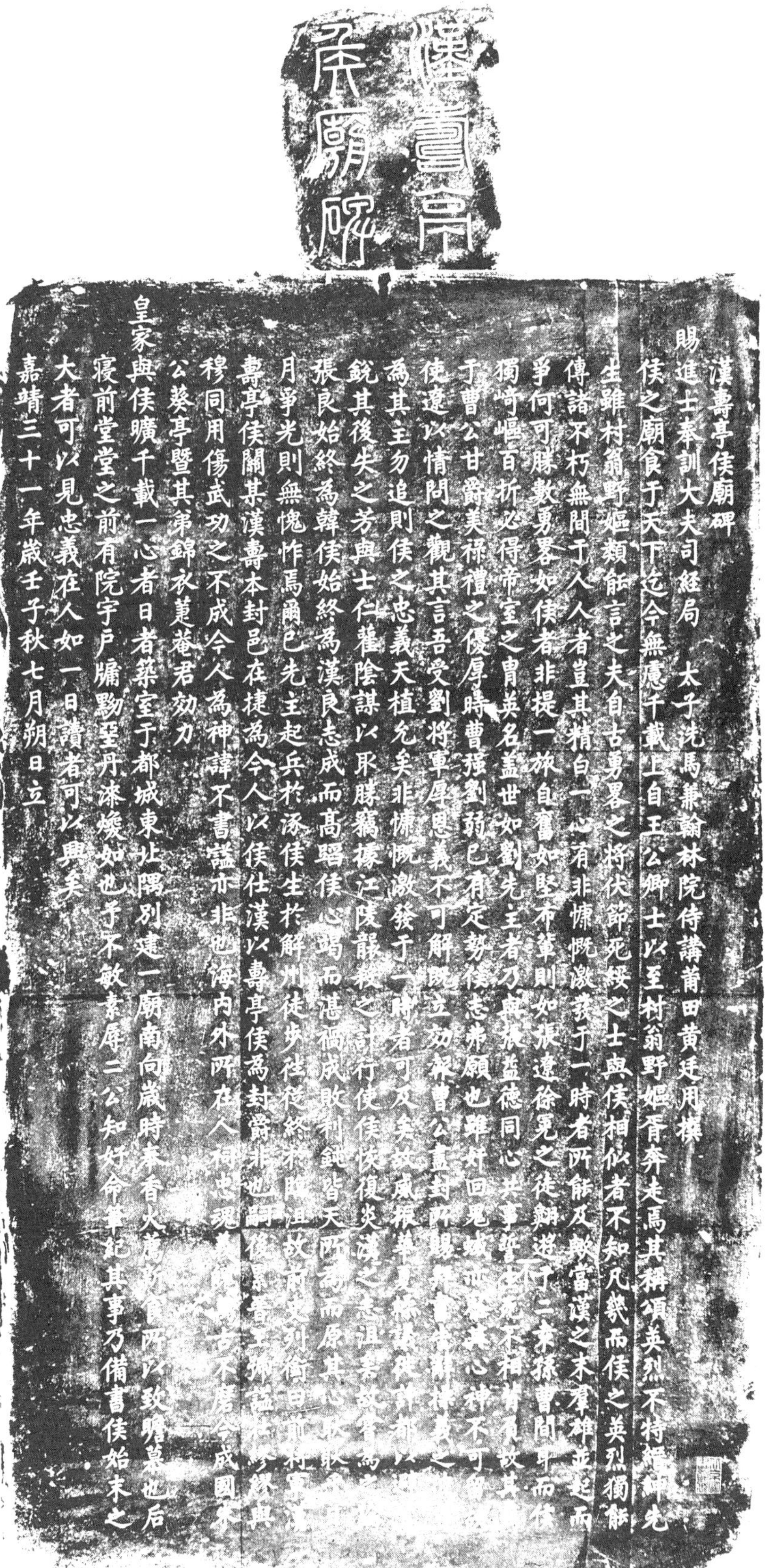

漢壽亭侯廟碑
賜進士奉訓大夫司經局　太子洗馬兼翰林院侍講莆田黄廷用撰
侯之廟食于天下迄今無慮千載上自王公卿士以至村翁野嫗胥奔走焉其稱頌英烈不特縉紳先
生雖村翁野嫗類能言之夫自古勇畧之將伏節死綏之士與侯相似者不知凡幾而侯之英烈獨能
傳諸不朽無間于人人者豈其精白一心有非慷慨激發于一時者所能及歟當漢之末羣雄並起而
爭何可勝數勇畧如侯者非提一旅自奮如堅布輩則如張遼徐晃之徒翱遊于二氏孫曹間耳而侯
獨崎嶇百折必得帝室之胄英名蓋世如劉先主者乃與張益德同心共事誓生死不相背負故其
于曹公甘爵美祿禮之優厚時曹强劉弱已有定勢後志弗顧也雖奸回鬼蜮而[illegible]其心神不可[illegible]
使遼以情問之觀其言吾受劉將軍厚恩義不可解既立効報曹公盡封所賜[illegible]辭歸[illegible]之
為其主勿追則侯之忠義天植允矣非慷慨激發于一時者可及矣故威振華夏[illegible]許都[illegible]
銳其後失之芳與士仁藿陰謀以取勝竊據江陵龍殺之計行使侯恢復炎漢之志沮矣故嘗[illegible]為
張良始終為韓侯始終為漢良志成而高昭侯心竭而湛禍成敗利鈍皆天所為而原其心[illegible]能[illegible]
月爭光則無愧怍焉爾已先主起兵於涿侯生於解州徒步往從終於[illegible]沮故前史列銜曰前將軍[illegible]
壽亭侯關某漢壽本封邑在揵為今人以侯仕漢以壽亭侯為封爵非也嗣後累晉[illegible]號謚壯繆[illegible]與
穆同用傷武功之不成今人為神諱不書謚亦非也海內外所在人祠忠魂[illegible]古不[illegible]今成國朱
公燮亭暨其弟錦衣蓮菴君効力
皇家與侯曠千載一心者日者築室于都城東北隅別建一廟南向歲時奉香火萬[illegible]所以致瞻慕也后
寢前堂堂之前有院宇戶牖黝堊丹漆煥如也予不敏素辱二公知好命筆紀其事乃備書侯始末之
大者可以見忠義在人如一日讀者可以興矣
嘉靖三十一年歲壬子秋七月朔日立

京198《漢壽亭侯廟碑》陽

漢壽亭侯廟碑

漢壽亭侯廟碑

賜進士奉訓大夫司經局　太子洗馬兼翰林院侍講莆田黄廷用撰

侯之廟食於天下迄今無慮千載上自王公卿士以至村翁野嫗胥奔走焉其稱頌英烈不特縉紳先生雖村翁野嫗類能言之夫自古勇略之將伏節死綏之士與侯相似者不知凡幾而侯之英烈獨能傳諸不朽無間於人人者豈其精白一心有非慷慨激發於一時者所能及歟當漢之末群雄并起而争何可勝數勇略如侯者非提一旅自奮如堅布輩則如張遼徐晃之徒翱游於二袁孫曹間耳而侯獨崎嶇百折必得帝室之胄英名蓋世如劉先主者乃與張益德同心共事誓生死不相背負故其羈於曹公甘爵美禄禮之優厚時曹强劉弱已有定勢侯志弗願也雖奸回鬼蜮亦察其心神不可留故使遼以情問之覩其言吾受劉將軍厚恩義不可解既立效報曹公盡封所賜拜書告辭操義之彼各爲其主勿追則侯之忠義天植允矣非慷慨激發於一時者可及矣故威振華夏操議徙許都以避其鋭其後失之芳與士仁藿陰謀以取勝竊據江陵襲殺之計行使侯恢復炎漢之志沮矣故嘗爲之論張良始終爲韓侯始終爲漢良志成而高蹈侯心竭而湛禍成敗利鈍皆天所爲而原其心耿耿乎日月争光則無愧怍焉爾已先主起兵於涿侯生於解州徒步往從終於臨沮故前史列銜曰前將軍漢壽亭侯關某漢壽本封邑在捷爲今人以侯仕漢以壽亭侯爲封爵非也嗣後累晋王號謚壯繆與穆同用傷武功之不成今人爲神諱不書謚亦非也海内外所在人祠忠魂義魄萬古不磨今成國朱公蘩亭暨其弟錦衣蓮庵君效力

皇家與侯曠千載一心者日者築室於都城東北隅别建一廟南向歲時奉香火薦新食所以致瞻慕也後寢前堂堂之前有院宇户牖黝堊丹漆煥如也予不敏素辱二公知好命筆紀其事乃備書侯始末之大者可以見忠義在人如一日讀者可以興矣

嘉靖三十一年歲壬子秋七月朔日立

京198《漢壽亭侯廟碑》陽

漢壽亭侯廟碑

額題:漢壽亭侯廟碑
首題:漢壽亭侯廟碑
年代:明嘉靖三十一年(1552)七月一日
原址:東城區小細管胡同
拓片尺寸:碑身高 130、寬 80 厘米,額高 28、寬 23 厘米
書體:正書,額篆書
撰人:黄廷用
《目録》:234 頁
拓片録自:《北京圖書館藏中國歷代石刻拓本匯編》第 51 卷 172 頁
北圖編號:京 198

【碑陽】

漢壽亭侯廟碑 *1*

賜進士奉訓大夫司經局太子洗馬兼翰林院侍講莆田黄廷用撰。*2*

侯之廟食於天下,迄今無慮千載。上自王公卿士,以至村翁野嫗,胥奔走焉。其稱頌英烈,不特縉紳先 *3* 生,雖村翁野嫗類能言之。夫自古勇略之將、伏節死綏之士,與侯相似者不知凡幾。而侯之英烈獨能 *4* 傳諸不朽,無間于人人者,豈其精白一心,有非慷慨激發於一時者所能及歟? 當漢之末,群雄并起而 *5* 争,何可勝數? 勇略如侯者,非提一旅自奮如堅、布輩,則如張遼、徐晃之徒,翱游於二袁、孫、曹間耳。而侯 *6* 獨崎嶇百折,必得帝室之冑、英名蓋世如劉先主者。乃與張益德同心共事,誓生死不相背負。故其羈 *7* 於曹公,甘爵美禄,禮之優厚。時曹强劉弱,已有定勢。侯志弗願也。雖奸回鬼蜮,亦察其心神不可留。故 *8* 使遼以情問之,觀其言:吾受劉將軍厚恩,義不可解。既立效報曹公。盡封所賜,拜書告辭。操義之:彼各 *9* 爲其主,勿追。則侯之忠義天植允矣,非慷慨激發於一時者可及矣。故威振華夏,操議徙許都以避其 *10* 鋭。其後失之芳與士仁,藋陰謀以取勝,竊據江陵襲殺之,計行,使侯恢復炎漢之志沮矣。故嘗爲之論: *11* 張良始終爲韓,侯始終爲漢。良志成而高蹈,侯心竭而湛禍。成敗利鈍,皆天所爲。而原其心耿耿乎日 *12* 月争光,則無愧怍焉爾已。先主起兵於涿,侯生於解州,徒步往從,終於臨沮。故前史列銜曰:前將軍漢 *13* 壽亭侯關某。漢壽本封邑,在揵爲,今人以侯仕漢,以壽亭侯爲封爵,非也。嗣後,累晋王號,謚壯繆。繆與 *14* 穆同。用傷武功之不成。今人爲神諱,不書謚,亦非也。海内外所在人祠,忠魂義魄,萬古不磨。今成國朱 *15* 公葵亭暨其弟錦衣蓮庵君效力 *16* 皇家,與侯曠千載一心者。日者築室於都城東北隅,别建一廟,南向。歲時奉香火、薦新食,所以致瞻慕也。後 *17* 寢前堂,堂之前有院宇,户牖黝堊丹漆,焕如也。予不敏,素辱二公知好,命筆紀其事,乃備書侯始末之 *18* 大者,可以見忠義在人如一日,讀者可以興矣。*19*

嘉靖三十一年歲壬子秋七月朔日立。*20*

佛光寺

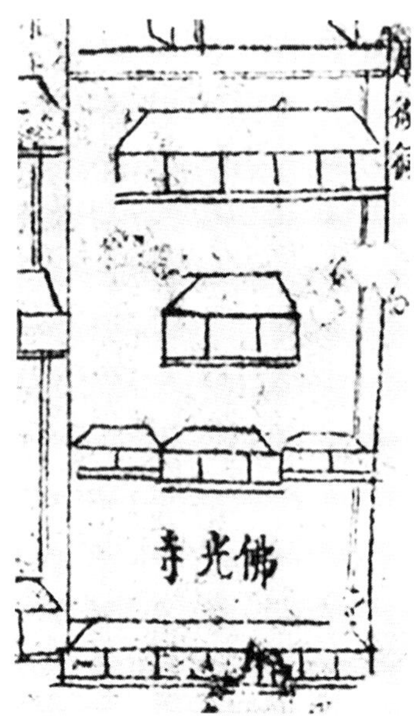

佛光寺,原址約在今東城區東四北六條六十七號,寺廟建築現已不存。

此寺始建時間不詳,僅見於乾隆《京城全圖》。從圖上看,佛光寺位於娘娘廟胡同與六條胡同交界處之西北角,坐北朝南,有殿房四重。南首有臨街房七間,東第三間上開門出入。院内有前殿三間,東西帶朵殿各兩間。其後有大殿三間,最後有北房六間。除此之外,佛光寺再不見諸記載。

2007年調查時,佛光寺原址上是念雅食府,周圍居民説是市委招待所,不對外開放。2018年回訪,此處仍爲富麗的新建四合院,但據説幾年前開始停業整頓,一直大門緊閉。

真武廟

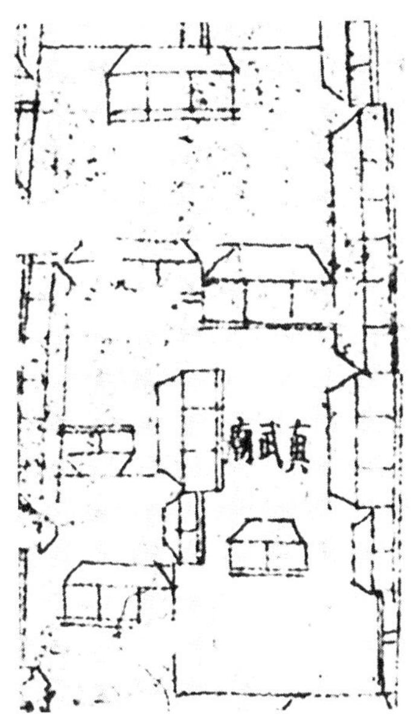

真武廟，亦名隆興寺，一度被誤記爲興隆寺[1]。原址爲内三區月牙胡同九號（今爲東城區月牙胡同二十五號），寺廟建築現已不存。

真武廟不知始建於何時，廟内曾有明萬曆二年（1574）六月鑄小鐵鐘一口，清康熙二十四年（1685）鑄魚形鐵雲板一塊，然不知是否爲廟内原物。另有清康熙四十五年（1707）鑄大鐵寶鼎一座，銘文言明爲比丘尼照德、照福獻於法藏寺内。顯係自它廟移入。

清《乾隆廟册》中始有真武廟明確記載，登記地址爲五條胡同，大僧廟，住持曉月。從乾隆《京城全圖》上看，真武廟位於五條胡同北數步，東臨月牙胡同，似爲坐北朝南，有三進廟院。無山門，東墻南端開隨墻門出入，沿墻有東向大式建築一座三間，應爲東配殿，但并不與西配殿相對開門。沿東墻南側還有小二間、北有臨街排房六間。入廟院後，最南端有南向小房二間，繼之爲大殿三間，前有西配殿一座三間，帶南小耳房二間，東配殿三間即前述之臨街房。大殿西側還有南向小房三間，其門正對之南墻下有小倒座房二間。第三進院裏僅有北房三間。

清嘉慶十五年（1810）年，時任翰林院編修的著名桐城派文學家、畫家姚元之爲正殿書額，姚永泰爲正殿作兩側對聯。清末廟主將此年作爲廟始建之時[2]。清道光二十八年（1848）夏，朱廷貴及其子朱昆重修殿宇，在前殿立木額記之。在此期間，真武廟曾一度改爲隆興寺，但至清末時，真武廟又改回原名，并已成爲李氏家廟。20世纪30年代，從商爲業的李幼泉（有時也寫作

〔1〕見首都圖書館藏《北平寺廟調查一覽表》。

〔2〕北京市檔案館藏《北平市社會局·内三區真武廟廟主李幼泉呈送寺廟登記表及社會局的批示》，檔案號J2-8-947，1936年，頁九。

李海泉)擔任廟主。此時廟門東向,但殿宇皆坐北朝南。前殿三楹爲真武殿,上覆黄瓦,木額曰:"浩然正氣",殿内正供真武泥像,兩側男女童子各一人,再左右有立像三尊。側奉關帝泥像一尊,後有韋陀小像一尊,木質金身。真武神前有磁爐一口、小鐵鐘一口。韋陀座前奉鐵雲板一塊、木梆一塊。前殿東西夾道内各有東西房三間。再北爲南向正殿三楹,爲大士殿,額曰:"覺路慈航",殿内供三大士站像三尊,背後壁畫上繪《羅漢傳》,神前設銅磬一口、鐵鍋一口、木爐一座,做工精細之楠木龕一座,龕前另有鼓一口、銅磬一口。三大士旁有泥木小佛十一尊,"隆興禪寺"之木牌一方。此木牌可能是隆興寺僧募化時用以表明身份的標志,上有"供佛齋僧,募化月米,東四牌樓北五條胡同内月牙胡同路西"的字樣。殿前有法藏寺移來之鐵寶鼎。院内東西配房各三間,槐樹二株。李幼泉向調查人員介紹,此廟傳賢首宗,原本甚大,後漸賣去,僅剩此殿宇兩層。原來南門在五條胡同路北,時均已改成店鋪住房,僅餘小木額一方,上書"隆興寺"三字[1]。廟内除供佛外,餘房出租,廟内開設紙坊[2]。1941年,李幼泉上報社會局,稱近來北平户口猛增,住房供不應求,李家居無定所,是以擬將真武廟拆去,改建爲住宅[3]。此後,李幼泉并未拆除神像,1945年警察局調查時,真武廟兩層殿宇仍在,内仍供奉真武與佛像[4]。調查人員記廟名爲"興隆寺"[5]。也是1945年,李幼泉將廟産賣給王皮胡同六號開設糧食店的王李桂芳,但隨之産權也發生糾紛。1949年民政局調查時,據廟内住户劉振英報告,隆興寺廟産原屬和尚智順,十年前他離廟至懷來水月寺居住,臨走時托廟内住户李莜山代管,曾立有字據。李莜山故去後,轉由其妻李張氏代管。李張氏於1948年故去,院内十家住户出錢殯葬,故廟産應由住户們享有,王李桂芳乃爲詐騙,1949年以後王李桂芳也不知所終[6]。至1950年登記時,真武廟仍有廟房二十一間,又更名回隆興寺,註明爲"民廟"并已銷去,登記住持是智順,時不在廟居住[7]。

1950年代調查,真武廟山門已拆除,僅存正殿與配殿。正殿坐北朝南,面闊三間,大式硬山箍頭脊筒瓦頂,内奉真武大帝。東西配殿各三間,硬山箍頭脊筒瓦頂[8]。按真武殿原爲前殿,且殿前并無配殿,此時調查人員所見可能是原三大士殿,時已將真武神像移入。1985年代調查時,寺廟建築已全部拆除,原址建東城區百貨公司[9]。

據當地住户回憶,東城區百貨公司後曾改建青年賓館。2007年調查時,此地正在拆遷。2018年回訪,真武廟原址上已爲中航快捷酒店,現爲四層黄色小樓,寺廟建築踪迹難尋。

---

〔1〕國立北平研究院,《真武廟》,東四92。

〔2〕張次溪輯《北京廟宇征存録》,收入《中國佛寺志叢刊》卷二,揚州:廣陵書社,2011年,頁十二。

〔3〕北京市檔案館藏《北平市社會局·内三區真武廟廟主李幼泉送寺廟登記表及社會局的批示》,檔案號J2-8-1118,1936-1940年,頁十一至十五。

〔4〕國立北平研究院認爲是三大士,而警察局調查人員認爲是三世佛,今難以判斷孰是孰非。

〔5〕當爲"隆興寺"之誤記。見首都圖書館藏《北平廟宇調查一覽表》。

〔6〕北京市檔案館藏《北平市民政局民族事務科·本市寺廟情况查詢紀録》,檔案號196-1-4,1949年,頁五。

〔7〕北京市檔案館藏《北平市民政局·北平市寺廟總登記簿(第一册)》,檔案號J3-1-203,1950年,頁十六、二十三。

〔8〕《北京文物勝迹大全(東城區卷)》,頁三百四十三。

〔9〕同上。

增福庵

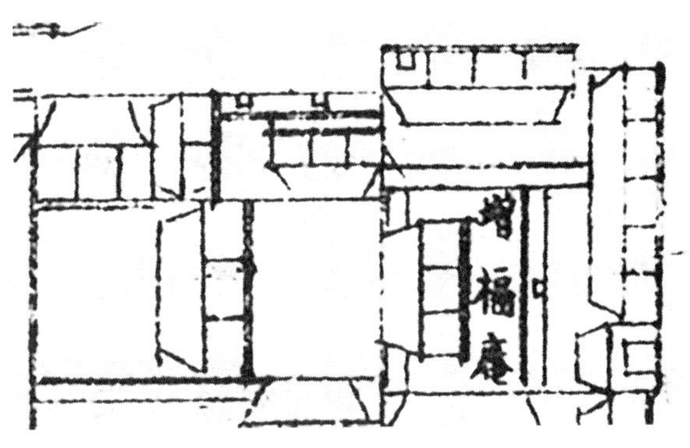

增福庵，也稱延福寺、延福禪林、增福財神廟，原址爲内三區什錦花園五十二號（曾一度爲東城區什錦花園四號[1]，今在東城區東四北大街三百二十九號範圍内），寺廟建築現已不存。

此庵未知始建何時，民國時寺廟住持稱始建於清乾隆十年（1745）[2]，然此説無據，蓋清《雍正廟册》中已有記載：中城範圍内四牌樓北增福庵，時爲大僧廟，住持普興，殿宇十四間、禪房二間。《乾隆廟册》登記時，增福庵住持换成了通泰。從乾隆《京城全圖》上看，增福庵位於什錦花園胡同口東南角，坐西朝東，山門開在東四北大街，院落雖小，但有前後三進。東南角首有山門一座一間，北有臨街房五間。山門後有院墻一道，中開隨墻門，過之有前殿三間，無東西配殿。前殿後亦有院墻一道，後有正殿三間東向，最後有後院一所，其西北角上有北房三間。寺廟規模較《雍正廟册》所記變化不大。清嘉慶十二年（1807），廟内鑄鐵磬一口，銘文曰"東四牌樓增福財神廟誠獻"[3]。清道光三十年（1850），增福庵更名延福寺，在僧録司登記入册[4]。但民間仍慣稱其爲增福財神廟，清光緒五年（1879），信士獻鐵燎爐一口，銘曰："光緒五年九月穀旦誠造，獻增福財神廟[5]。"

〔1〕此地址據《中國文物地圖集（北京分册·下）》，頁三十二。

〔2〕北京市檔案館藏《北平市社會局·内三區延福寺住持星朗護啟呈登記廟産的聲請書及社會局的批示》，檔案號J2-8-776，1932-1937年，頁七十五。

〔3〕見1945年北平市警察局登記《北平寺廟調查一覽表》。

〔4〕北京市檔案館藏《北平市社會局·内三區延福寺住持星朗護啟呈登記廟産的聲請書及社會局的批示》，檔案號J2-8-776，1932-1937年，頁五十七。

〔5〕見1945年北平市警察局登記《北平寺廟調查一覽表》。

民國十年（1921），東直門外中街延壽寺買下此廟廟産，增福庵從此成爲延壽寺下院，傳臨濟宗。此時增福庵基本保持乾隆時期的建築格局，廟内主要建築均坐西朝東，有院落三進。山門開在什錦花園胡同内，北向，小木額曰"延福寺"，又一木額記名曰"增福財神廟"。門内有東西小房各二間，内設義昌油漆局。進山門後轉而朝東至東墻下，爲第一進院，僅前殿三間，東向，時爲協泰永竹簾鋪所用，内供關帝泥像一尊，金面，周倉、關平侍立。神前鐵爐一座。第二進院内首有中殿三間，亦東向，内供財神三尊、觀音一尊、配像三尊，均爲泥塑，另有小木佛一尊。神前有磁爐一口、鐵磬一口。殿前有南北配房各三間，院中柏樹二株。第三進院内有後殿三間，帶南北耳房各二間，正中一間内供釋迦佛像一尊、泥塑童子二位，前有錫五供一份、磁爐一口、鼓一口。殿前南北配房各五間。院内有槐樹二株〔1〕。房屋一共三十一間，除佛殿外均對外出租，月入房租約二十六七元，住持還有餘力捐贈惠工學校經費五元〔2〕。

民國二十一年（1932），延壽寺住持星朗因無力兼顧二廟廟務，自願將增福庵讓與其師弟護啟。護啟，原名王啟文，時年僅二十六歲。他接任住持後，著力重整廟務，接座同年即爲廟内新鑄鐵鐘、鐵磬各一口，上均刻"中華民國廿一年十一月十五日立，延福寺"。民國二十六年（1937），護啟又將廟内後院西平臺房四間、院墻一道、大門内小平臺房兩間一一整修齊整〔3〕。此時廟内僧人除他之外，還有其師弟護净、徒弟含欽二人，三人均來自遼寧鳳城。然而僅兩年之後，時年三十三歲的護啟就駕鶴西歸，因護净不識字，住持一職由時年二十一歲的含欽繼承〔4〕。

1945 年警察局調查人員將廟名記爲"延福禪林"，僅剩兩層殿宇，供奉藥王、財神、青苗神、韋陀、釋迦佛及二尊者，鐵磬、燎爐、鐵鐘等仍在廟内〔5〕。1949 年 5 月北平市民政局登記時，含欽與另一同齡僧人在廟，廟内房屋三十八間，僧人自住三間、供佛十四間，其餘租出。房客均爲貧苦市民，故房租收入很少，二僧靠做小買賣維持生活〔6〕。至 1951 年，二僧尚在廟，含欽仍任住持〔7〕。

《中國文物地圖集·北京分册》中稱：延福寺原有山門、前殿、財神殿、後殿及配殿，均爲筒瓦硬山頂。財神殿面闊三間，殿内祀財神三尊，前殿祀關帝。今寺分成兩院，山門改在什錦花園，神像均拆除〔8〕。但未記是何時情况。

2005 年至 2017 年調查時，增福庵原址上是中國農業銀行東四北支行，原寺廟建築踪影無存，附近居民對此廟也無甚印象。

---

〔1〕國立北平研究院《延福寺》，0427。

〔2〕北京市檔案館藏《北平市社會局·内三區延福寺住持星朗護啟呈登記廟産的聲請書及社會局的批示》，檔案號 J2-8-776，1932-1937 年，頁五十一至八十一。

〔3〕同上，頁一百零七至一百一十五。

〔4〕同上，頁十五至二十五。

〔5〕首都圖書館藏《北平寺廟調查一覽表》。

〔6〕北京市檔案館藏《北平市民政局民族事務科·本市寺廟情况查詢記録》，檔案號 196-1-4，1949 年，頁六。

〔7〕北京市檔案館藏《北平市民政局·北平市寺廟總登記簿（第一册）》，1950 年，頁十七。

〔8〕《中國文物地圖集（北京分册·下）》，頁三十二。

觀音庵

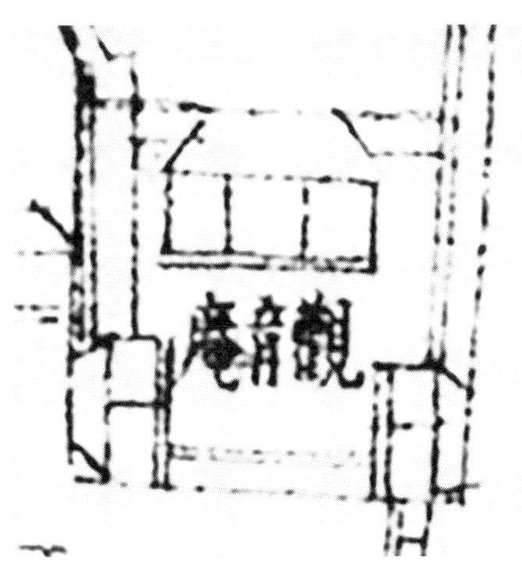

觀音庵，原址約在今東城區鐵營北巷四至六號的位置，寺廟建築現已不存。

此庵不知始建何時，《乾隆廟册》中登記爲五條胡同觀音庵，時爲大僧廟，住持通成。除此之外，觀音庵僅見於乾隆《京城全圖》。從圖中看，它位於五條胡同東口路北，鐵匠營西頭。坐北朝南，僅有一進極小院落，無山門，南側院墻兩端有東西房各兩間，院内北端有殿宇三間。除此之外，觀音庵無考，應久已傾圮。

2018 年調查時，觀音庵所在原址的格局變動較大。鐵營北巷四號現爲平房小院，内有三間北房、三間小南房，均非寺廟建築。六號建築雜亂，多爲私搭小棚。此處均爲住家院落，觀音庵蹤迹難尋。

關帝廟（東四七條）

關帝廟，也名關帝禪林，不見於乾隆《京城全圖》，原址在内三區東四北七條二十一號（今爲東城區東四七條四十三號），寺廟建築現已不存，但格局保留。廟内原有碑刻兩通，一通爲民國十八年（1939）《聖中老會碑》，另一通爲同年《關帝廟題名碑》。

關帝廟内曾有明崇禎二年（1629）造鐵方寶鼎一座，民國時寺廟住持據此認爲廟始建於明，然并無他證。至清康熙四十二年（1703）時，關帝廟確定已存。廟内西院關帝殿前廊下原懸鐵鐘一口，銘文曰"康熙四十二年四月在七條胡同關帝廟"，即爲此廟無疑。除此之外，廟内還有多份法物造於康熙年間，例如關帝殿内有康熙四十八年（1709）造鐵五供一份、東院南側釋迦殿内有康熙年造鐵爐一口。至雍正元年（1723），廟内又增添寶鼎一口，立於關帝殿前。清《乾隆廟册》中記七條胡同關帝廟，爲尼僧廟，住持了參。然乾隆《京城全圖》中未見此廟，難知其故。

至清嘉慶二十一年（1816）秋，曾有布門王氏及其兒子——時任理藩院員外郎的尼克通阿捐資修廟，并爲關帝殿立木額一方。清末，廟内可能還曾有添建，關帝殿内鐵磬一口，原爲咸豐二年（1852）七月獻於方家胡同地藏殿内，民國時也已被移入此關帝廟。清宣統三年（1911），尼僧密齡任關帝廟住持，在僧録司更名入册，立有手本。

清末民初時，北京郊區通縣如家林村的孟治鶴，信佛崇道，兼擅岐黄之術，尤其擅長推拿按摩，從醫幾十年間活人無算。以她爲核心成立了聖中老會，孟治鶴的同鄉高渭清任會首[1]。高渭清，法名印法，號界永，籍貫江蘇。她師從孟治鶴學會醫術，於民國十年（1921）從密齡手中買下此關帝廟，開設普濟堂醫館。民國十五年（1926），高渭清之徒果慈（也名大利），幫助本家師兄大悦償還欠債，贖回汪芝麻胡同境靈寺[2]手本廟照，大悦因此情願將境

---

〔1〕民國十八年（1929）《聖中老會碑》，京194，《北京圖書館藏中國歷代石刻拓本匯編》，卷九十六，頁二十三。

〔2〕參見本書五排四段"境靈寺"條。

靈寺讓與果慈住持，自己移居本關帝廟内養老，不久後去世[1]。民國十八年（1929），高渭清重修關帝廟，并立碑兩通，一通紀念孟治鶴，述聖中老會來歷。另一通刻聖中老會會衆并捐資人名百餘，其中既有道士，也有王府之名，還有聚芳齋、義昌店等店鋪，但最多的是女性名字。大果慈之名赫然位於首位，應即出資最多之人[2]。果慈，俗家爲程姓或郎姓説法不一[3]，北京市東城人，時年僅二十歲，購置境靈寺後，正與尼僧印和因廟産所屬争訟不休，此時尚有餘力鼎力捐資，應與其俗家家庭的支持有關[4]。

民國二十年（1931）寺廟登記時，印法（即高渭清）與果慈二人在廟，時有廟房二十九間。此時山門南向，木額"關帝廟"，另有木牌一方，上書"普濟堂，高渭清女醫士"。二門上有磚額曰"關帝禪林"，前有旗桿一座。門後爲廟内西院，中有北殿三楹爲關帝殿，木額曰"人倫之至"，内供泥塑關帝一尊，周倉、關平侍立，像前木五供三份、鐵五供一份，木鼓一口、鐵磬一口，鼓一口、磁爐三座。左壁供泥塑佛像三尊、童子四人。右供泥塑土地、財神等像三尊，童子四人，馬童各一，另有弓箭一把、大刀一把。殿内還供泥塑地藏王菩薩一尊，左右童子二人。殿前廊下懸康熙年間鐵鐘一口，前立雍正年間寶鼎一口。院内西房三間，古槐一株自房頂伸出，乃依樹爲房柱也。東院内有南房三間、北房三間，均爲神殿。南殿爲釋迦殿，内供釋迦佛像一尊、旁有童子二人，祖師像五尊，木五供一份、磁爐三口、方鐵爐一口。北房三間爲觀音殿，木額"普救衆生"，内供觀音一尊、娘娘三尊、菩薩三尊，童子二人，像均泥塑。院内有鐵方寶鼎一座，即大明崇禎二年孟秋所造。再北又有北殿三楹，國立北平研究院的調查人員註明爲"九天宫"，然而没有更詳細的調查説明[5]。關於廟内神像法物，印法本人登記廟内有佛像四尊，分别是釋迦佛、阿彌陀佛、觀音菩薩與地藏菩薩，神像十五尊，分别是關帝、華祖、藥王、吕祖、娘娘九位、岳王、王奶奶，另有童兒十一位。廟内法物有《金剛經》，乾隆四十年四月八日福隆安造，版本整齊。《法華經》，注有明萬曆丁未比丘明綱發心書寫，光緒二十五年，清和、月源、性真助刻，板存揚州萬壽寺等字樣。至民國二十五年（1936）登記時，經卷增加至十種，印法又新收徒弟一名，法名果忠，民國十九年（1930）出家，時年二十六歲[6]。

老住户回憶的寺廟格局與前述登記基本相似，但補充了很多細節。他們説，原廟山門爲大木門，入山門後有前院一所，僅有一排大柳樹，如緑烟遮幕，掩映二道門一所，入門之後方爲關帝正殿。殿前大槐樹一株，兩間西屋時爲住房。再過東小門，有三層神殿，南殿供釋迦牟尼卧像，中爲觀音殿，最後一層，即國立北平研究院調查人員記爲"九天宫"而無描述的後殿，内據説供奉王母娘娘。除南北向神殿外，東西向建築均爲住房、厨房等，最後一層院落内僅有兩間西房，爲尼僧所居，遍植花木、葳蕤蒼鬱。傳説正殿所奉關帝甚靈，住户夜間能聽見馬蹄聲，早起後發現馬蹄迹一直印到關帝殿内供桌面上，方知是關帝之赤兔馬夜晚變化出門。每年六月二十四關帝誕，廟裏給關老爺過生日，爲神像换袍擦臉，關帝平日身穿緑袍，這一日要换著紅袍。附近人多來燒香，是廟裏最熱鬧的一天。除此之外，廟内甚是清雅，租户極少，亦少人來燒香，靠尼僧外出爲人診病與境靈寺房租爲生。

〔1〕北京市檔案館藏《北平市社會局·内三區静靈寺住持大利呈寺廟登記表及社會局的批示》，檔案號 J2-8-818，1920-1940 年，頁二十五。

〔2〕民國十八年（1929）《關帝廟題名碑》，京 195，據北京大學圖書館藏原拓片録文。

〔3〕參見北京市檔案館藏《北平市社會局·内三區静靈寺住持大利呈寺廟登記表及社會局的批示》，檔案號 J2-8-818，1920-1940 年，頁十八、九十一。

〔4〕同上，頁一至二十九。

〔5〕國立北平研究院，《關帝廟》，東四 91。

〔6〕參見北京市檔案館藏《北平市社會局·内三關帝廟尼僧印法學利呈請登記廟産及社會局的批示》，檔案號 J2-8-151，1930-1940 年，頁九十一至九十四。

雖未見過高渭清，但住户們都知道她擅長按摩治病，傳説她是南方人，常年爲鐘鳴鼎食之家服務，某高官入京時將她一同帶來，安置於此。平時僅有大户車馬出入廟内，尼僧甚少與平常百姓來往。高渭清的醫術也有檔案爲證，據其徒孫興雲向社會局的報告，高渭清與其師孟治鶴一樣，也以推拿之術聞名，曾靠推拿按摩治好梁鶴巖重疾，梁因此投入高渭清門下爲記名弟子，在高渭清去世後還出錢出力爲其治喪[1]。原門頭溝中央煤礦的宋姓工程師因肺病需静養，也經人介紹於 1930 年代搬入，至今其後人仍住廟中。

老住户們對果慈也有印象。他們説，果慈出身旗人内務府世家，曾聽其談及内廷之事，非尋常人所見聞。人們私下認爲，果慈出家可能并非出於本意，常見她外面穿尼僧灰袍，領口却露出大紅繡衣，與師傅高渭清的關係也不好，這很可能與果慈俗家對關帝廟的控制有關。據老住户回憶，高渭清在世時住二院南房，果慈住北房，而果慈的母親與嫂子也都住在廟内。其母負責料理此關帝廟廟事，其嫂負責看管境靈寺。關帝廟廟房少有出租，在高渭清無法診病之時，師徒幾人主要依靠境靈寺房租爲生。巧合的是，民國二十七年一月，高渭清與果慈二人在同一天内去世，果慈之徒興雲同時繼承關帝廟、境靈寺、通教寺[2]與娘娘廟[3]廟産[4]。此時興雲年僅十六歲。她本是孤兒，被高渭清撿來撫養，充作果慈法徒。老住户們説，興雲完全仰賴果慈母嫂爲生，所有房租一律不經她手，即使節慶辦會、日常燒香等事，亦由果慈之嫂負責。她無依無靠，乃至經常挨餓受凍，廟内住户心疼她，屢次施以援手。從檔案記載來看，興雲上訴崇興寺妙法偷盜廟照一事，也使高渭清與果慈俗家的矛盾躍然眼前。

高渭清生前僅受居士五戒，繼柴棒胡同文殊庵世成之號，臨死前纔落髮，與西直門内大後倉崇興寺[5]尼僧妙法、小黑虎胡同萬佛庵[6]妙真乃是同宗，三人常常來往。高渭清生前親自將境靈寺廟照、圖章等重要物事存入大陸銀行保險箱，將鑰匙交由妙法保管。高逝後，妙法曾意欲接管關帝廟廟産，但果慈俗家大力干預，聯合果慈之剃度師——北官坊口聖泉庵住持法參[7]，以興雲之名狀告妙法，稱其偷盜境靈寺的廟照與鑰匙，請求警察局派人追回[8]。

至 1950 年代初文物局調查時，關帝廟尚存山門與前後殿。山門面闊一間，硬山箍頭脊筒瓦頂；前殿面闊三間，大式硬山箍頭脊筒瓦頂，徹上明造五架梁；後殿面闊三間，大式硬山箍頭脊筒瓦頂前出廊[9]。可能廟産久已爲俗家所掌握之故，北平市民政局雖然登記仍有尼僧興雲在廟，但註明此廟已移交清管局，從寺廟名單中銷去[10]。據老住户回憶，50 年代後興雲還俗結婚，其丈夫也曾是僧人。隨後她搬出關帝廟，懷孕時曾回院内看望童年玩伴。但丈夫對她不好，生下孩子没多久後二人離婚，最後她在境靈寺内跳井自殺。“文化大革命”期間，關帝廟神像與房頂上的脊獸均被破壞，但所幸主要建築均保存，祇是在院内見縫插針新蓋了許多住房。1985 年時，廟仍爲民居，但僅存一殿，

---

〔1〕參見北京市檔案館藏《北平市社會局·内三區静靈寺住持大利呈寺廟登記表及社會局的批示》，檔案號 J2-8-818，1920-1940 年，頁一百四十三至一百四十九。

〔2〕參見《北京内城寺廟碑刻志》卷二，“通教寺”條，頁三百三十一至三百四十二。

〔3〕此娘娘廟位於何處尚需再考。

〔4〕參見北京市檔案館藏《北平市社會局·内三區静靈寺住持大利呈寺廟登記表及社會局的批示》，檔案號 J2-8-818，1920-1940 年，頁一百四十三至一百四十九。

〔5〕參見《北京内城寺廟碑刻志》卷三，“崇興寺”條，頁三百九十九至四百一十七。

〔6〕參見《北京内城寺廟碑刻志》卷二，“萬福庵”條，頁五百七十七至五百八十三。

〔7〕參見《北京内城寺廟碑刻志》卷四，“聖泉庵”條，頁四百三十至四百三十一。

〔8〕參見北京市檔案館藏《北平市社會局·内三區静靈寺住持大利呈寺廟登記表及社會局的批示》，檔案號 J2-8-818，1920-1940 年，頁二零八至二二零。

〔9〕《北京文物勝迹大全（東城區卷）》，頁二百七十五。

〔10〕北京市檔案館藏《北平市民政局·北平市寺廟總登記簿（第一册）》，檔案號 J3-1-203，1950 年，頁二十。

其餘殿宇均改建爲計算機二廠[1]。

院内建築在 20 世紀 90 年代曾翻建，2005 年調查時，後殿配殿尚保持原貌，而 2018 年調查時，關帝廟内雖大致保持原有格局，但建築已不見舊日痕迹，現爲居民住家院落。

關帝廟後配殿（2005 年 1 月 如意攝）

〔1〕《北京文物勝迹大全（東城區卷）》，頁二百七十五。《中國文物地圖集（北京分册·下）》，頁三十。

萬古
流芳

聖中老會

蓋聞人間路上修福為先[illegible]于條[illegible]福積善家從代[illegible]神道至公佛
法無私因果絲毫不昧[illegible]，如影[illegible]古來今靈應[illegible]數點之中發
善懲惡惟有救苦救難大慈大悲
南海大士觀世音菩薩婆心濟世慈航寶筏普渡世界衆生脫離苦海楊柳枝
頭甘露灑遍乾坤拯救群黎同登福地又降信士孟治鶴於畿輔通縣如
一家林村
孟君生有宿因信佛好道雖身居鄉野賦性清高佛道中之奧妙素有心
得胸懷救世之心研究岐黃之術學如和緩兼通按摩手術法勝前賢遐
邇並聞問世四五十年活人無算凡諸善舉不辭勞瘁爭先恐後聖中老
會尊為前輩，盡髦耋無疾仙逝會友鄉誼三，弟子高渭清法名印法號界永
關帝聖境駕前福地勒碑紀念亦垂永久謹誌
中華民國十八年歲次己巳孟夏清和月

京 194《聖中老會碑》陽

萬古流芳

聖中老會

蓋聞人間路上修福爲先□□□子孫□福積善家後代榮昌神道至公佛法無私因果絲毫不昧□□如影□□往古來今靈應素著默默之中褒善貶惡惟有救苦救難大慈大悲

南海大士觀世音菩薩婆心濟世慈航寶筏普渡世界衆生脱離苦海楊柳枝頭甘露灑遍乾坤拯救群黎同登福地又降信徒孟治鶴於畿輔通縣如家林村

孟君生有宿因信佛好道雖身居鄉野賦性清高佛道中之奧妙素有心得胸懷救世之心研究岐黄之術學如和緩兼通按摩手術法勝前賢遐邇并聞問世四五十年活人無算凡諸善舉不辭勞瘁争先恐後聖中老會尊爲前輩年盡髦耊無疾仙逝會友鄉誼三寶弟子高渭清法名印法號界永

關帝聖境駕前福地勒碑紀念亦垂永久謹志

中華民國十八年歲次己巳孟夏清和月

京194《聖中老會碑》陽

聖中老會碑

額題:萬古流芳
年代:民國十八年(1929)
原在地:東城區東四七條關帝廟
拓片尺寸:碑身高70、寬37厘米,額題高13、寬10厘米
書體:正書
撰人:高渭清
《目録》:頁386
拓片編號:京194
拓片録自:《北京圖書館藏中國歷代石刻拓本匯編》第96卷23頁

【碑陽】

額題:萬古流芳

碑文:

聖中老會

蓋聞人間路上修福爲先。□□□子孫□福,積善家後代榮昌。神道至公,佛 1 法無私。因果絲毫不昧,□□如影;□□往古來今,靈應素著。默默之中,褒 2 善貶惡。惟有救苦救難大慈大悲 3 南海大士觀世音菩薩,婆心濟世,慈航寶筏,普渡世界衆生脱離苦海;楊柳枝 4 頭,甘露灑遍乾坤,拯救群黎同登福地。又降信徒孟治鶴於畿輔通縣如 5 家林村。6 孟君生有宿因,信佛好道。雖身居鄉野,賦性清高,佛道中之奥妙,素有心 7 得。胸懷救世之心,研究岐黄之術。學如和緩,兼通按摩手術。法勝前賢,遐 8 邇并聞。問世四五十年,活人無算,凡諸善舉,不辭勞瘁,争先恐後。聖中老 9 會尊爲前輩。年盡髦耋,無疾仙逝。會友鄉誼三寶弟子高渭清,法名印法,號界永,10 關帝聖境駕前福地勒碑紀念,亦垂永久。謹志。11

中華民國十八年歲次己巳孟夏清和月。12

永垂不朽

眾善人等

大果慈 王魏氏 英渭成 張善人 梁松潤 張寶棠 高心齋 張雲亭 鄭靄亭 樊文俊 樊文治 梁松鐸 黃開文 金肇勛 金桂森 金桂岳 劉信誠 錢李定

劉冠群 張廣健 馬文盛 張敬堯 吳德芳 趙榮元 楊德田 劉永福 董星五 張蔡氏 黃廖氏 宋長壽 郎順昌 龔玉亮 朱永壽 常文敏 趙奎順 喻徐氏

劉桂斌 桂秀貞 李鳳鎖 張金鐸 白奎元 張啓華 王最臣 臧玉琢 郎錫彬 馬永泰 吳文奎 程鳳池 聚芳齋 白繼璋 孫李氏 高瑞祺 閔玉芳 王維璋

李子清 費振聲 高潤昌 常王氏 盧　志 孫長遷 毓慎修 李壽約 蕭增貴 趙俊亭 鄂玉華 德義長 義昌店 左長德 王張氏 徐清雲 田張氏 王雲亭

李劉氏 王静庵 張益之 何漢湘 沈李氏 關崇福 馬長籛 李　鐸 謝月亭 寇連城 郝錫三 張文治 華丁氏 多壽臣 王德明 年進壽 王德禄 王道士

趙賀氏 王李氏 吳玉崑 聶永逵 田振臣 褚鳳山 卓王府 蘇百萬 劉褚氏 沈丁氏 薛瓊瑩 景文布 蔡普治 馬玉貞 陸寶亭 劉燕菊 殷華西 高徐氏

芝蘭軒 林小姐 楊天成 關姑娘 蘇魯氏 王鳳瑞 祁文山 于寶山 于純甫 范本雲 李得山 彭世俊 關克勤 蘇錦懿 魏擬永 金熙敏 倪文翰 于太太

增穆氏 羅黃氏 何穆氏 金熙寶 李沈氏 苗　菊 苗　貞 劉志香 侯張氏 世增喜 張許氏 張謝氏 李馬氏 楊星橋 佟天民 牛大成 關純一 邱俞氏

同人

敬獻

京 195《關帝廟題名碑》陽

關帝廟題名碑

額題：永垂不朽
年代：不詳，可能爲民國十八年（1929）
原在地：東城區東四七條關帝廟
拓片尺寸：碑身高 104、寬 34 厘米，額題高 19、寬 12 厘米
書體：正書
《目録》：頁 392
拓片編號：京 195
拓片録自：北京大學圖書館藏原拓片

【碑陽】

額題：永垂不朽

碑文：

衆善人等：

大果慈，王魏氏，英渭成，張善人，梁松潤，張寶棠，高心齋，張雲亭，鄭靄亭，樊文俊，樊文治，梁松鐸，黄開文，金肇勛，金桂森，金桂岳，劉信誠，錢李定，1 劉冠群，張廣健，馬文盛，張敬堯，吴德芳，趙榮元，楊德田，劉永福，董星五，張蔡氏，黄廖氏，宋長壽，郎順昌，龔玉亮，朱永壽，常文敏，趙奎順，喻徐氏，2 劉桂斌，桂秀貞，李鳳鎖，張金鐸，白奎元，張啓華，王最臣，臧玉琢，郎錫彬，馬永泰，吴文奎，程鳳池，聚芳齋，白繼璋，孫李氏，高瑞祺，閔玉芳，王維璋，3 李子清，費振聲，高潤昌，常王氏，盧志，孫長遷，毓慎修，李壽約，蕭增貴，趙俊亭，鄂玉華，德義長，義昌店，左長德，王張氏，徐清雲，田張氏，王雲亭，4 李劉氏，王静庵，張益之，何漢湘，沈李氏，關崇福，馬長籤，李鐸，謝月亭，寇連城，郝錫三，張文治，華丁氏，多壽臣，王德明，年叟壽，王德禄，王道士，5 趙賀氏，王李氏，吴玉崑，聶永逵，田振臣，褚鳳山，卓王府，蘇百萬，劉褚氏，沈丁氏，薛瓊瑩，景文布，蔡普治，馬玉貞，陸寶亭，劉燕菊，殷華西，高徐氏，6 芝蘭軒，林小姐，楊天成，關姑娘，蘇魯氏，王鳳瑞，祁文山，于寶山，于純甫，范本雲，李得山，彭世俊，關克勤，蘇錦懿，魏擬永，金熙敏，倪文翰，于太太，7 增穆氏，羅黄氏，何穆氏，金熙寶，李沈氏，苗菊，苗貞，劉志香，侯張氏，世增喜，張許氏，張謝氏，李馬氏，楊星橋，佟天民，牛大成，關純一，邱俞氏。8

同人敬獻。

三聖祠

三聖祠，亦名關帝廟，不見於乾隆《京城全圖》。原址在内三區什錦花園七號（今約爲東城區什錦花園十五號小區大門口），寺廟建築現已不存。

據民國時看廟人説，此廟始建於清順治年間，爲私建家廟，未知所據[1]。廟額原爲"有求必應"，立於光緒庚寅年（1890）菊月，落款崔成，是年應曾有重建。1931年前後，三聖祠占地僅南北一丈、東西一丈，僅有房一間，西向當街而立。内供關帝泥像一尊，周倉、關平侍立，泥馬一匹，另有土地泥像一尊。前有鐵磬一口、鐵五供一堂、供桌一張。由什錦花園一號程姓管理[2]。據附近老住户回憶，程宅是香蠟紙紮鋪，後院爲作坊，製作香燭、紙錢等，同時也有房對外出租，臨街開鋪面房。1945年警察局調查員見廟内僅供關帝，已無法物，故記廟名爲關帝廟[3]。

2018年調查時，什錦花園内這一片已成五層住宅樓，三聖祠原址恰在其大門口位置，寺廟建築完全不存。

〔1〕《北京寺廟歷史資料》，頁三百七十七。

〔2〕同上，另參見國立北平研究院《三聖祠》，0429。《北京廟宇徵存録》，頁十二。

〔3〕《北平寺廟調查一覽表》。

天后宫

天后宫，不見於乾隆《京城全圖》，原址在内三區馬大人胡同十一號（今爲東城區育群胡同十七至二十一號），寺廟建築現存部分。

此天后宫始建於清乾隆五十三年（1789），爲乾嘉時名將福康安所建。乾隆五十二年（1788），臺灣林爽文、莊大田起兵，圍攻嘉義縣城。當時福康安剛平定甘肅石峰堡之亂，仍留任陝甘總督，不久調任禮部尚書協辦大學士。因臺灣事急，乾隆帝命福康安爲將軍，代閩浙總督常青援解嘉義之圍。福康安於是星夜趕至福建，由大擔門港上船，得順風，平安渡至鹿仔港上島。至是年年底，福康安軍發嘉義，在牛稠山取得大勝，乘勝追擊，勢如破竹。次年正月，在老衢崎生擒林爽文，隨後掉頭南下，一直打到最南端的瑯嶠，臺灣之事至此平定。回京後，福康安晉封爲一等嘉勇公，在臺灣郡城及嘉義縣城建生祠塑像，又繪像於紫光閣，一時恩賜褒奬無數。福康安念及臺灣一役中有神風相助，又有异鳥靈燈，必爲天后顯應，默相助佑，於是擇地建廟，新設香火，歲時致祭。是乃此天后宫初創之由。創廟之後，福康安又延僧住持，月給香火錢六吊〔1〕，并於次年爲廟中新添法物，鑄大寶鼎一口，奉於天后神前。與此同時，福康安亦奏請乾隆，爲天后加賜封號、頒布匾額、再修厦門興化等處廟宇，以上諭詔書的形式傳遞全國〔2〕，以至官員們對天后靈威深信不疑，多有進香祭祀，如李鼎元在《使琉球記》中記他於嘉慶五年（1800）正月元旦恭詣乾清宫門朝賀，隨後就赴東四牌樓馬大人胡同天后宫進香。此時天后宫正殿爲天后塑像，後殿爲三官神像，西爲關帝神像。李鼎元認爲林默娘由孝女成神，後殿不祀其父母而奉三官，“失其本矣”〔3〕。也有書稱明清兩代天后宫有廟會，天后、眼光、子孫、斑疹、送生等五位娘娘届時被抬出廟門，沿

〔1〕北京市檔案館藏《北平市社會局·天后宫傳汝霖送寺廟登記表及社會局的批示》，檔案號 J2-8-1029，1936年，頁四十一。

〔2〕參見清乾隆五十三年四月十六日《内閣關於乾隆帝令加天后封號頒發匾額上諭的記注》，收入《清代媽祖檔案史料匯編》，北京：中國檔案出版社，2003年，頁一百零六至一百零九。

〔3〕（清）李鼎元《使琉球記》，《近代中國史料叢刊》第四十八輯，第四百七十二册，臺北：文海出版社，1970年，頁二十一至二十二。

街游行[1]。然此説無憑，亦無佐證，此廟内神像從未見有眼光、子孫等記載，故相當存疑。

天后宫初創時有東西兩院，西院爲供神之所，當時至少有瓦房三進、游廊十餘間，而東院（即今育群胡同十七號）面積更大，是寺僧住宅。然至清末以後，旗人生活日艱，《朝市叢載》載，馬大人胡同天后宫，乃是清末著名廟寓[2]。庚子事變後，傅宅不再給僧香供銀，僧人亦曾多方化緣維持廟貌[3]。至民國二年（1913），福康安的四世子孫海長與海年因爵産争訟，天后宫亦在争奪之列，經法院迭次判决，確定爲傅家家廟，由海公府持有廟産權[4]。民國八、九年間，東四二條的海公府正府售出，《道咸以來朝野雜記》記載："東四二條路北大宅，爲公爵海年之邸，實福康安後人。民國八九年，正府售與王某，其東院附小院，售與郭太史則法[5]。"但中院和西院當時尚保留。海寬長子、福康安的五世孫傅汝霖（亦名傅延霈）住在中院，他在京西門頭溝開有煤窑，"鴻記煤棧"就是他的産業[6]。他同時也繼承了天后宫的廟産權，成爲廟主。但很快，傅汝霖也無法再住海公府内。民國九年，他擬讓天后宫僧人遷出，將廟内東院改爲自己居住，此時住持僧人長義（即乾隆時第一代住持的三世徒）認爲時經變遷，歷代僧人皆有募化建廟之功，傅汝霖雖爲廟主，但無權更改廟産性質，於是一紙訴狀將傅汝霖訴至京師地方審判庭。但法院經多方考證，認爲"家廟"與"公廟"性質不同，廟主有處分其廟産之權力，判長義敗訴[7]。長義不服，又訴至大理院，然大理院民事處仍維持原判[8]。傅汝霖於是將東院售與曾任美國駐華大使卡爾霍恩（W. J. Calhoun）的遺孀嘉樂恒（Lucy Monroe Calhoun）[9]，自己也從東四二條海公府搬至雍和宫大街居住。

民國二十四年（1935），長義已圓寂，此前他已將天后宫西院内房屋多數出租，租金均自收自用。而長義的母親也在廟内居住。此時山門南向，木額"天后宫"，門左右各有房一間。前殿三楹，内無佛像，時爲住宅。中殿三楹，亦爲住宅。再北爲後殿三楹，即娘娘殿，殿前置大木匾一方，上曰"屏翰嘉勛"，是乾隆賜福康安之御筆，記曰"御賜前任雲貴總督經筵講官御前大臣太子太保領衛内大臣署兵部尚書兼署工部尚書正藍旗滿洲都統世襲嘉勇男福康安"，圖章爲"古稀天子之寶"，字均銅質，乃乾隆四十八年（1784）福康安親自所立之匾額。殿内正供天后娘娘一尊，木質金身，坐高五尺。旁立執扇童子二人，又有執匣及花童各一人，再次有配像四尊，均爲泥塑。神前有木漆爐一口，鼓一座，小銅磬一口。另有小泥木佛三尊，傅汝霖自己報稱是財神、灶神與龍王像[10]。廊下大鐵鐘一口，殿外立乾隆五十三年《天后宫碑》與福康安所獻之大寶鼎。此寶鼎實爲圓形鐵香爐，底部狀鼎，爐身四面各開一壺門。爐蓋重檐式，頂爲球形，上鏤雕球路紋。長義雖有師弟、徒弟，此前也一直與他同住廟内，但長義却并未將廟産留給他們。反而是廟内租户之一金何氏，聲稱她的兒子等華乃長義之徒，有權繼承廟産，在社會局申請登記[11]。社會局查到長義與傅汝霖争訟卷宗，判等華申

[1]隋少甫、王作楫著《京都香會話春秋》，北京：北京燕山出版社，2004年，頁二百四十三。

[2]《朝市叢載》，卷三·廟寓，頁六十八。

[3]同注[1]。

[4]同上，頁四十五。

[5]（清）崇彝《道咸以來朝野雜記》，北京：北京古籍出版社，1982年，頁五十一。

[6]馮其利《尋訪京城清王府》，北京：文化藝術出版社，2006年，頁二百六十至二百六十一。

[7]北京市檔案館藏《北平市社會局·天后宫傅汝霖送寺廟登記表及社會局的批示》，檔案號J2-8-1029，1936年，頁四十五至四十八。

[8]同上，頁三十六至四十一。

[9]嘉樂恒所拍攝的天后宫東院照片，見Lucy Monroe Calhoun family photographs and papers, 1886–1973 and undated, bulk 1911–1933, David M. Rubenstein Rare Book & Manuscript Library, Duke University。

[10]北京市檔案館藏《北平市社會局·天后宫傅汝霖送寺廟登記表及社會局的批示》，檔案號J2-8-1029，1936年，頁五十二。

[11]同上，頁五至十。

請無效，於是傅汝霖再次在社會局登記廟産。此時廟内房屋仍有瓦房十二間、游廊十八間、平臺四間，共計三十四間。占地僅一畝，大鐘、石碑尚在廟内[1]。

至 1947 年北平市民政局登記廟産時，天后宫廟主换成了何玉仙[2]。1949 年，何玉仙仍登記爲廟主，她稱原有廟産三十三間，現在只剩二十六間，其中僅有佛殿三間，她自住十三間[3]。1950 年，天后宫被登記爲民廟，何玉仙仍在廟，廟内房屋又變成三十四間[4]。50 年代初調查時，天后宫山門已拆除，但尚存三層殿宇，均面闊三間，大式硬山籠頭脊筒瓦頂，中殿前後帶廊。後殿内尚有一尊高 3.2 米的木質漆金天后像，以及泥塑王母娘娘、濟公、靈官、地藏菩薩各一尊。《天后宫碑》尚在殿外。1985 年調查時，天后宫正在拆除，廟内塑像全無，碑已運至鐘樓東墻外，原址上建東城區房管局辦公樓[5]。

2007 年調查時，老街坊還記得何玉仙，説天后宫是她的家廟。此時廟西院的大部分已經拆除改建東城區房管局，僅後殿三間仍存，門牌已改爲育群胡同二十一號。東院亦在民國時期改建，人們説這裏曾是王爺府，後賣與某美國神父改建住宅，據説這所房産曾住過蘇聯專家，現爲人民大學宿舍。據汪桂平考證，東院乃福康安初建天后宫時的主體建築，它被傅汝霖賣與美國人後，在 1949 年由吴玉章領導的華北大學（中國人民大學之前身）接收。新成立的中國科學院一時無處辦公，暫借院中幾處房産，因而此處亦爲中科院的第一處院址[6]。

2018 年調查時，二十一號仍爲東城區房管局，十九號門牌已無存，十七號内爲民國時期改建的大四合院帶東小跨院，現仍作爲民居使用。

---

[1] 北京市檔案館藏《北平市社會局·天后宫傅汝霖送寺廟登記表及社會局的批示》，檔案號 J2-8-1029，1936 年，頁二十七。

[2] 北京市檔案館藏《北平市民政局·北平市各區寺廟總登記考察簿》，檔案號 J3-1-237，1947-1948 年，頁八十。據汪桂平考證，何玉仙乃頂香看病的香頭。參見汪桂平《北京天后宫考述》，《世界宗教研究》2010 年第 3 期，頁一百二十五至一百三十七。

[3] 北京市檔案館藏《北平市民政局民族事務科·本市寺廟情况查詢記録》，檔案號 196-1-3，1949 年，頁四至六。

[4] 北京市檔案館藏《北平市民政局·北平市寺廟總登記簿（第一册）》，檔案號 J3-1-203，1950 年，頁二十二。

[5]《北京市文物勝迹大全（東城區卷）》，頁三百一十六至三百一十七。

[6] 見上引之汪桂平《北京天后宫考述》一文。

育群胡同天后宫（馬大人胡同十七號）門口（2013 年 10 月 曉松攝）

育群胡同天后宫（馬大人胡同十七號）院内（2005 年 1 月 如意攝）

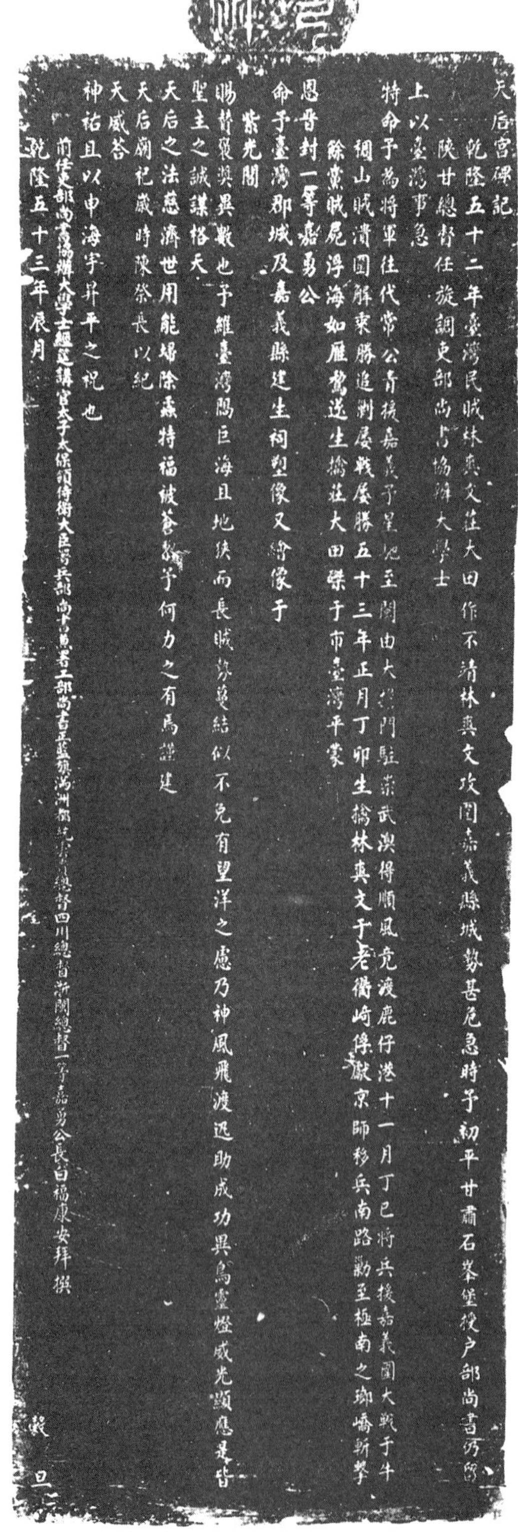

京219《天后宫碑》陽

聖母靈感

天后宮碑記

乾隆五十二年臺灣民賊林爽文莊大田作不靖林爽文攻圍嘉義縣城勢甚危急時予初平甘肅石峰堡授户部尚書仍留陝甘總督任旋調吏部尚書協辦大學士

上以臺灣事急

特命予爲將軍往代常公青援嘉義予星馳至閩由大擔門駐崇武澳得順風竟渡鹿仔港十一月丁巳將兵援嘉義圍大戰於牛稠山賊潰圍解乘勝追剿屢戰屢勝五十三年正月丁卯生擒林爽文於老衢崎俘獻京師移兵南路剿至極南之瑯嶠斬擊餘黨賊尸浮海如雁鶩遂生擒莊大田磔於市臺灣平蒙

恩晋封一等嘉勇公

命予臺灣郡城及嘉義縣建生祠塑像又繪像於紫光閣

賜贊褒獎異數也予維臺灣隔巨海且地狹而長賊勢蔓結似不免有望洋之慮乃神風飛渡迅助成功異烏靈燈威光顯應是皆

聖主之誠謀格天

天后之法慈濟世用能掃除蟊特福被蒼黎予何力之有焉謹建

天后廟祀歲時陳祭長以紀

天威答

神祐且以申海宇昇平之祝也

前任吏部尚書協辦大學士經筵講官太子太保領侍衛內大臣署兵部尚書兼署工部尚書正藍旗滿洲都統雲貴總督四川總督浙閩總督一等嘉勇公長白福康安拜　撰

乾隆五十三年辰月　穀旦

京219《天后宮碑》陽

天后宫碑

首題:天后宫碑記
年代:清乾隆五十三年(1788)三月
原址:北京東城區育群胡同
拓片尺寸:拓片碑身高 200、寬 70 厘米,額高 28、寬 27 厘米
書體:正書 額篆書
撰人:福康安
《目録》:頁 319
拓片編號:京 219
拓片録自:《北京圖書館藏中國歷代石刻拓本匯編》第 75 卷 92 頁

【碑陽】

額題:聖母靈感

碑文:

天后宫碑記 *1*

乾隆五十二年,臺灣民賊林爽文、莊大田作不靖。林爽文攻圍嘉義縣城,勢甚危急,時予初平甘肅石峰堡,授户部尚書,仍留 *2* 陜甘總督任,旋調吏部尚書協辦大學士。*3* 上以臺灣事急,*4* 特命予爲將軍,往代常公青援嘉義。予星馳至閩,由大擔門駐崇武澳,得順風,竟渡鹿仔港。十一月丁巳,將兵援嘉義圍,大戰於牛 *5* 稠山,賊潰,圍解,乘勝追剿,屢戰屢勝。五十三年正月丁卯,生擒林爽文於老衢崎,俘獻京師。移兵南路,勦至極南之瑯嶠,斬擊 *6* 餘黨。賊尸浮海如雁鶩,遂生擒莊大田,磔於市。臺灣平。蒙 *7* 恩晋封一等嘉勇公,*8* 命予臺灣郡城及嘉義縣建生祠塑像,又繪像於 *9* 紫光閣,*10* 賜贊褒獎異數也。予維臺灣隔巨海,且地狹而長,賊勢蔓結,似不免有望洋之慮。乃神風飛渡,迅助成功,異鳥靈燈,威光顯應。是皆 *11* 聖主之誠謀格天,*12* 天后之法慈濟世。用能掃除蝨特,福被蒼黎。予何力之有焉。謹建 *13* 天后廟祀,歲時陳祭,長以紀 *14* 天威、答 *15* 神祐,且以申海宇昇平之祝也。*16*

前任吏部尚書協辦大學士經筵講官太子太保領侍衛大臣署兵部尚書兼署工部尚書正藍旗滿洲都統雲貴總督四川總督浙閩總督一等嘉勇公長白福康安拜撰。*17*

乾隆五十三年辰月穀旦。*18*

五排四段

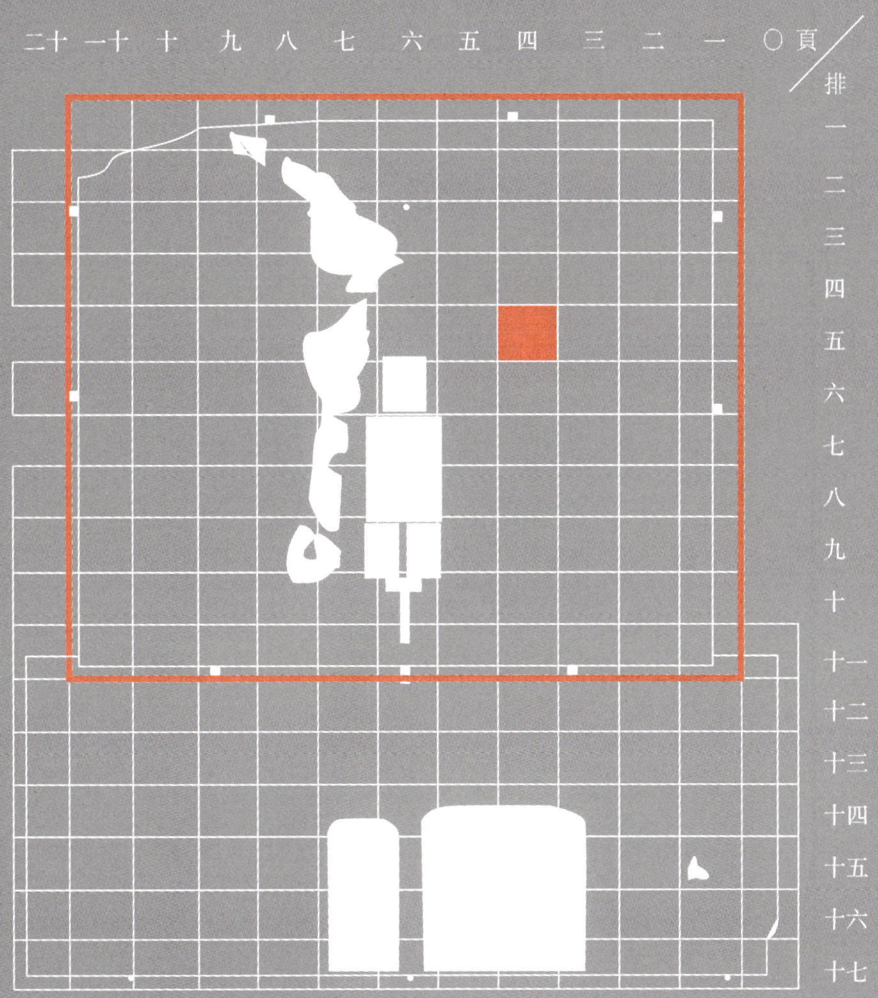

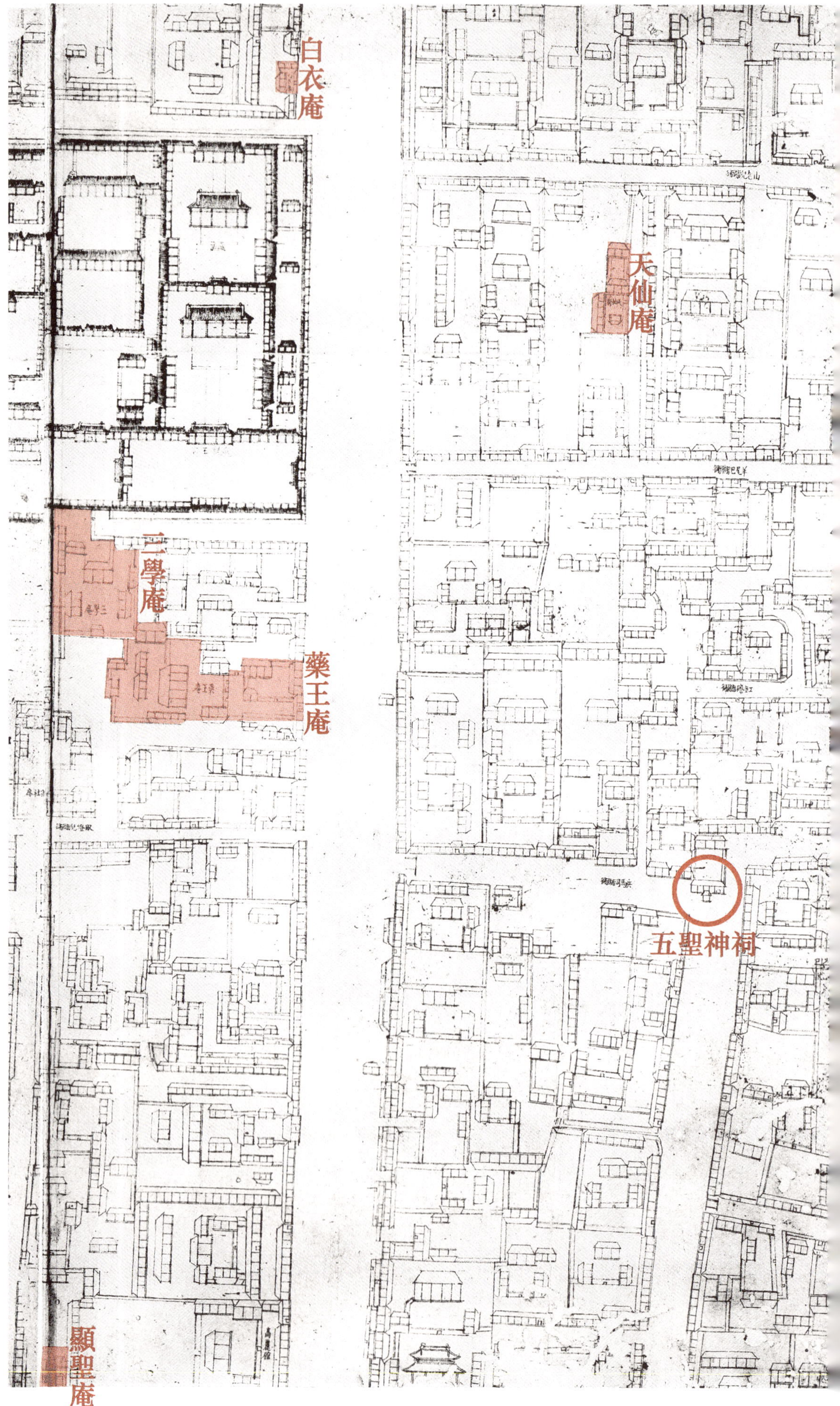

白衣庵
天仙庵
三學庵
藥王庵
五聖神祠
顯聖庵

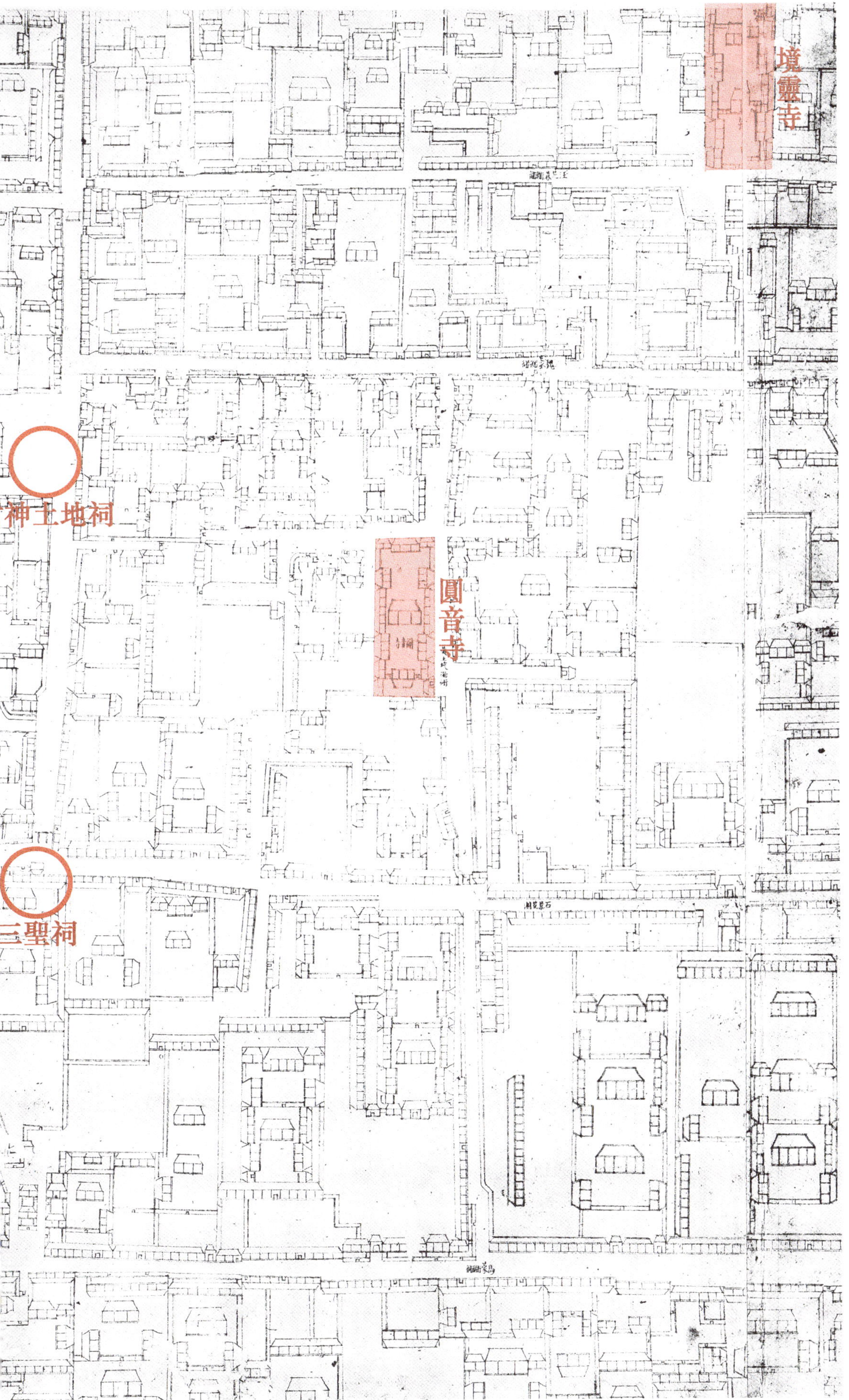

境靈寺
神土地祠
圓音寺
三聖祠

白衣庵

白衣庵,後來改爲關帝廟,原址約在今東城區美術館後街二十五號,寺廟建築現已不存。

此庵不知始建於何時,《雍正廟册》中記安定門大街上有白衣庵,殿宇三間、禪房三間,爲大僧廟,住持傅寶,徒妙洪。而《乾隆廟册》登記時,廟已改尼庵,住持尼僧濟孝。

從乾隆《京城全圖》上看,白衣庵位於安定門大街路西,坐西朝東,無山門,在臨街山墻上開隨墻門一道,墻内僅小院一所,有東向正殿三間,北向禪房三間,正合《雍正廟册》中之所記。

此後白衣庵無考,20 世紀 30 年代國立北平研究院調查記録與寺廟登記檔案中,再不見此廟記録。但 20 世紀 50 年代文物局調查時,發現白衣庵所在地有關帝廟一所,坐北朝南,主要建築有山門和正殿。山門三間面闊九米、進深十二米,兩捲勾連搭灰筒瓦頂;正殿面闊三間,灰筒瓦頂。1985 年調查時,山門改爲理髮店,正殿爲民居[1]。

2017 年調查時,白衣庵原址上是北京中醫醫院。

---

〔1〕《北京文物勝迹大全(東城區卷)》,頁二百六十九。另參見《中國文物地圖集(北京分册·下)》,頁三十三。

境靈寺

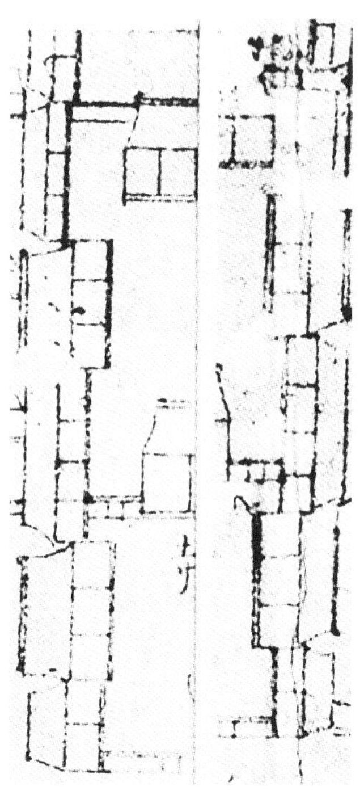

境靈寺，寺名常寫作静靈寺或净靈寺，原址爲内三區汪芝麻胡同十號（今爲東城區汪芝麻胡同十九號），寺廟建築現已不存。

境靈寺未知始建於何時，民國時期寺廟住持聲稱爲清嘉慶年間私建，但清康熙五十二年（1713），爲祝康熙帝萬壽盛典，東城四旗滿洲蒙古漢軍都統曾在大佛寺和延禧寺、法華寺、境靈寺設壇，諷誦萬壽經，則見此時寺已香火鼎盛[1]。是年秋，寺内還曾鑄寶鼎一口，上有廟名“境靈寺”三字，至民國時仍存廟内。《雍正廟册》中載，汪芝麻胡同境靈寺爲大僧廟，有殿宇十一間、禪房四十四間，住持法號祖恩。至《乾隆廟册》登記時，境靈寺仍爲大僧廟，住持换成了湛融。乾隆《京城全圖》上，境靈寺恰位於兩段之間，廟名已是不全，建築更是不清。此時境靈寺坐北朝南，應有兩進院落，未知是否有山門，但南墻左右分别開有隨墻門出入。前殿應爲三間，左右墻垣上開門可通中院。東西配殿各三間，均帶南耳房一座各兩間。前殿左右有東西過道房各四間，直抵中院。院内有正殿似爲五間，前有東配殿三間、西配殿三間，西配殿後有西小房三間。

至清嘉慶二十四年（1819）孟秋，旗人英華爲藥師殿書額。道光二十年（1840），十方衆善人等曾經修廟，并爲前殿、正殿立匾額一方。道光三十年（1850）十二月，尼僧顯隆任住持，在僧録司更名入册，立有手本[2]。顯隆同時

〔1〕參見（清）王原祁《萬壽盛典初集》，《欽定四庫全書》，卷四十一，頁四十七。

〔2〕參見北京市檔案館藏《北平市社會局·内三區静靈寺住持大利呈寺廟登記表及社會局的批示》，檔案號J2-8-818，1920–1940年，頁二十三。

也是東直門内針綫胡同通教寺[1]的住持[2]。同治三年（1864）秋，娘娘殿新立木額一方，似當時曾有重修。

民國十四年（1925）左右，境靈寺廟産已傳入顯隆的第三代徒孫大悦手中，通教寺此時也由顯隆之徒密修（也寫作密秀）及其徒印和掌管。但此時兩廟都面臨管理不善、難以爲繼的局面。大悦更是涉訟多年，不僅境靈寺殿宇群房多傾圮坍塌，且長年將廟照手本抵押在外。是年，江蘇來京的女居士醫生高渭清（法名印法[3]），與其徒大利（亦名果慈），先從密修手中獲得通教寺廟産，同時也開始接濟修理境靈寺廟房。境靈寺廟門上原懸有木額一塊，上書："古刹境靈寺，民國十有四年乙丑夏五月穀旦，十方衆善士敬立"[4]，證明當年曾有修建之舉。至民國十五年（1926），大利正式將境靈寺廟照贖出，接任住持。民國十七年（1928），社會局發給大利廟産執照，而此時境靈寺已全部重新改建，除了地産畝數與原殿内藥師佛銅像及部分法物外，已與數年前完全不同[5]。

大利買下境靈寺廟産後，大悦隨之轉入東四七條關帝廟[6]内養老，不久後於彼病故，但隨之風波陡起。由於高渭清、大利等人平時并不在境靈寺内居住，通教寺原寺僧印和便搬入境靈寺中，在劉俊卿、李永元的支持下，以高渭清未具足戒爲理由，要求獲得通教寺和境靈寺兩寺廟産。從現存通教寺檔案來看，高渭清似乎并未與她過多理論，任由她住持經營通教寺，但大利却不願放弃對境靈寺的權利，乃至民國二十年訴諸北平地方法院。最終經法院民事判決，要求印和立即退出境靈寺[7]。

是年，國立北平研究院調查時，境靈寺山門南向，懸民國十四年所立木額。門内爲第一進院，北爲前殿三間，東西小房各三間。前殿無佛像，聽説乃因被盗賣，時爲恒興槓房存物所用。殿額二方，一曰"大歡喜"，一曰"持定力"，可證殿内曾奉彌勒佛。第二進院内有正殿三間、東西配殿各三間。正殿爲大雄寶殿，除殿名匾額外，還有木額一方，上書"遍恒沙略"，乃乾隆帝御筆。殿内供釋迦牟尼坐像一尊，沉香木所製，遍體金身。脅侍菩薩立像二尊，亦爲沉香木質。兩壁間十八羅漢泥像，做工精緻。旁有韋陀、吕祖泥像各一尊，均有童子二人、小馬童一人。釋迦像後奉觀音三尊，童子四人，均爲泥塑。上方懸匾，曰"大慈母"。東配殿三間，爲關帝殿，正供關帝坐像一尊，赤面金身，配像四尊、童子二人。另奉財神、馬王、藥王神像各一尊，童子二人，均爲泥塑，神前有木五供一份。西配殿三間，内供達摩坐像一尊，泥塑而工細。童子二人旁侍，另有小泥佛像二尊。院内有槐樹一株、松樹二株，康熙五十二年所鑄鐵寶鼎即在樹下。正殿之東西均爲夾道，東夾道内有房五間，爲娘娘殿。木額"天仙聖母"，内供娘娘九尊、王奶奶一尊、痘哥痘姐各一位，另有童子六人、小像四尊。西夾道後有小院一所，内有南北房各二間。過夾道後爲第三進院，内有北殿五間、東西配房各三間，北墻下東西兩側各有北小房二間。第三進院内，三間北殿爲藥王殿，木額"仁覆大千"，内供藥師銅像一尊，神前木五供一份，再前有木質三大士小像兩組各三尊、木質金身無生佛一尊、斗母一尊、地藏王一尊，另有泥塑童子四人。兩壁間有泥塑十殿閻羅十尊、泥木小佛多尊。殿内法器有銅磬一口、木魚一塊、磁爐一座。院内有棗樹、榆樹各一株。此時印和還在廟内，自稱境靈寺住持，傳臨濟宗。

---

［1］參見《北京内城寺廟碑刻志》卷二，"通教寺"條，頁三百三十一至三百四十二。

［2］參見北京市檔案館藏《北平市社會局·内三區静靈寺住持大利呈寺廟登記表及社會局的批示》，檔案號J2-8-818，1920-1940年，頁二十七。

［3］關於高渭清的詳細情况，參見本書五排三段"關帝廟（東四七條）"條。

［4］參見國立北平研究院，《境靈寺》，東四106。

［5］北京市檔案館藏《北平市社會局·内三區静靈寺住持大利呈寺廟登記表及社會局的批示》，檔案號J2-8-818，1920-1940年，頁十六、二十四、八十二。

［6］參見本書五排三段"關帝廟（東四七條）"條。

［7］北京市檔案館藏《北平市社會局·内三區静靈寺住持大利呈寺廟登記表及社會局的批示》，檔案號J2-8-818，1920-1940年，頁二十七。

民國二十三年（1934），爲伐鋸枯樹，北平市社會局派員前去境靈寺察看。據調查員報告，山門最近新裝飾過，内殿兩層，雖已糟朽，但木料尚屬齊整。前院中有松樹三株，已經死去，在正殿與西殿毘連的前後院之界墻内，有小桑樹一株，確實有礙墻基，故大利伐樹之舉當屬合理。印和此時已不在廟内，境靈寺中僅有街坊居住[1]。

民國二十六年（1937），境靈寺再次重修，并改名爲"静靈寺"，重立門額"古刹静靈寺，中華民國二十六年重修，舊名境靈寺"[2]。民國二十七年（1938）一月，大利與其師高渭清同時離世，境靈寺本應由大利之徒興雲繼任住持，但廟産争訟再次發生。此時直接參與争奪廟産的勢力有三支：一是興雲本人及其所代表的大利俗家，二是高渭清之同門師兄弟妙法、妙真，三是興雲的受戒師印智及其代理人慧西。妙法在大利去世後，以幫忙辦理更换住持一事爲由，在境靈寺内居住數月，并拿走了高渭清所留保險箱鑰匙，同時向社會局申請擔任興雲的監護人[3]。印智是石燈吉祥寺的住持，他也希望接管廟産，但礙於其僧人身份無法監管尼僧，故請西直門内翠峰寺尼僧慧西出面監護廟産，以三年掛單費作爲酬勞[4]。而在大利俗家的干預下，興雲邀請大利的受戒師法参代理住持，并最終獲得社會局的同意[5]。除了上述三股明争力量外，還有另外兩股私下暗鬥：一是時任北平佛教協會的委員的純山與寶泉二人，聲稱興雲年幼，不能維持廟産，且受人愚弄，不知邪正，終日放蕩散漫，不依教規，不守佛制，實在不適合繼承住持職責，應由社會局撤銷其資格，另選品行端正尼僧代理住持[6]。而與此同時，印和又回到了境靈寺，并私下將廟房租給了日本人。民國二十八年（1939），法参正式接任境靈寺代理住持，隨後就再次開始與印和争訟。由於日軍入侵，境靈寺所在地正在警備區内，法参乃委託日本律師引地寅治郎，而印和則訟至日本人事諮詢處[7]。此案最後如何了結并無記録，但至民國三十年（1941）時，占據通教寺廟産多年的印和已風燭殘年、無力回天。她於是上呈佛教協會，希望能由同宗繼承通教寺廟産。佛教協會找到法参，但法参以已與印和徹底斷絶關係爲由，拒絶了這一請求[8]。

民國三十二年（1943）冬，境靈寺後殿毁於一場大火，前殿與正殿幸免於難。1945年警察局調查時，寺中還供奉彌勒佛、韋陀、關帝、釋迦佛、二尊者與十八羅漢。康熙五十二年秋所鑄大鐵鼎尚在廟内[9]。

1950年北平市政府民政局寺廟登記時，法参任境靈寺住持，但與東四七條關帝廟一樣，境靈寺也註明移交清管局，從寺廟名單中删去[10]。附近老住户們説，境靈寺廟産一直爲果慈俗家母嫂所掌握，久已非尼僧修行之所。可能與果慈俗家身份有關，還有的住户認爲，境靈寺曾是王爺府與姑子庵合并而成，但姑子并不在此居住。根據他們的回憶，有權接管境靈寺廟産的興雲，最後在此寺内

---

〔1〕北京市檔案館藏《北平市社會局·内三區静靈寺住持大利呈寺廟登記表及社會局的批示》，檔案號J2-8-818，1920-1940年，頁六十五至七十二。

〔2〕參見首都圖書館藏《北平寺廟調查一覽表》。

〔3〕北京市檔案館藏《北平市社會局·内三區静靈寺住持大利呈寺廟登記表及社會局的批示》，檔案號J2-8-818，1920-1940年，頁一百三十四至一百三十六。

〔4〕同上，頁九十四至一百一十七。

〔5〕同上，頁一百三十八至一百五十。

〔6〕同上，頁一百一十八至一百二十。

〔7〕同上，頁一百七十二至二百零五。

〔8〕參見北京市檔案館藏《北平市社會局·内三區通教寺住持界永登記廟産的呈及社會局的批示》，檔案號J2-8-891，1935-1941年，頁四十五至五十七。

〔9〕首都圖書館藏《北平寺廟調查一覽表》。

〔10〕北京市檔案館藏《北平市民政局·北平市寺廟總登記簿（第一册）》，檔案號J3-1-203，1950年，頁二十。

跳井自殺[1]。

20世紀50年代初文物局調查時,境靈寺已成爲北京市第一托兒所,此時尚存山門及兩層殿宇,山門面闊三間,硬山箍頭脊筒瓦頂;前殿三間、正殿五間,前後帶廊,兩側有廊各八間,均爲硬山筒瓦捲棚頂,帶花牙子。前殿和正殿間有垂花門一座,筒瓦捲棚頂,蘇式彩畫,倒掛横楣、花牙子。至1985年,山門已改,二殿尚存,走廊已拆,仍由北京市第一幼兒園使用,但已另外添蓋房屋[2]。據《中國文物地圖集(北京分册)》中的記録,當時境靈寺僅存後殿,餘皆拆除改建,然未知此爲何時情況[3]。

2003年左右,境靈寺再次失火,隨後全院翻蓋,舊日建築踪影全無。2014年調查時,境靈寺原址上仍爲北京第一幼兒園。2018年回訪,幼兒園全部重修完成不久。

境靈寺原址北京第一幼兒園(2013年10月 曉松攝)

〔1〕參見本書五排三段"關帝廟(東四七條)"中的描述。

〔2〕《北京市文物勝迹大全(東城區卷)》,頁二百九十四。

〔3〕《中國文物地圖集(北京分册·下)》,頁三十二。

天仙庵

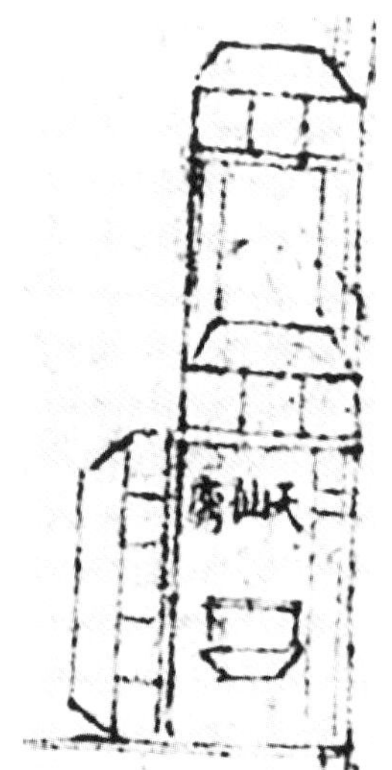

天仙庵，原址約在今東城區西揚威胡同七號左右，寺廟建築現已不存。

此庵未知始建何時，《雍正廟册》中記：羊尾巴胡同天仙庵，爲大僧廟，有殿宇二間、禪房七間，住持寂詳。《乾隆廟册》登記時，天仙庵已改爲尼僧廟，住持法號心壽。從乾隆《京城全圖》上看，天仙庵位於羊尾巴胡同以北、山老兒胡同以南的南北向窄巷中路西，坐北朝南。庵有前後兩進，前院東墻北頭開門出入，院内有正殿三間、倒座房一座一間、西房五間。後院内有北房三間。院落狹長、殿房矮小，但較之《雍正廟册》中所記，房屋間數有增加。

此後，天仙庵再不見諸記録，應早已傾圮。

2014至2017年調查時，天仙庵所在的南北向胡同業已無存，整片區域似爲軍隊占用。從大門外看，其内全是現代建築與花園。

三學庵

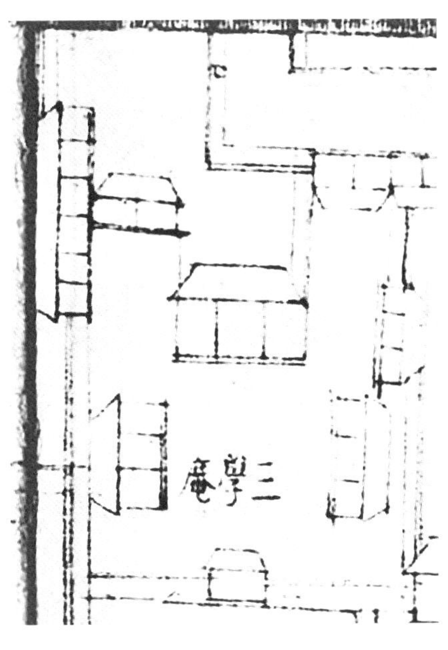

三學庵,原址約在今東城區美術館後街二十九號院的位置,寺廟建築現已不存。

此庵不知始建於何時,《雍正廟册》中記:取燈胡同三學庵,爲大僧廟,有殿宇八間、禪房十四間,住持普禮。然《乾隆廟册》中已不見三學庵登記。從乾隆《京城全圖》上看,三學庵坐北朝南,首有山門,門東開小隨墻門一道。院内正中有正殿三間,前有東西配殿各三間,東殿北有東小房三間,正殿西北有北小房兩間,小房西還有東向排房六間。沿正殿東西山墻向北有兩道院墻,其北側山墻上開隨墻門一道,通往咸親王府大門前甬道。房屋數量與《雍正廟册》所記相差不大。

此後,三學庵再無考,應久已傾圮。2017年調查時,三學庵所在胡同基本保持原貌,但廟院所在地已爲一棟二層樓的簡易樓,樓西、北各有平房數間,均建於20世紀五、六十年代。現爲居民住宅,廟房踪影難覓。

圓音寺

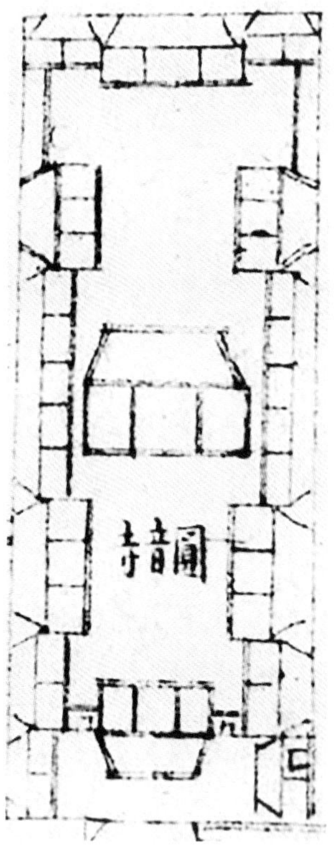

圓音寺,原址約在今東城區南吉祥胡同二十一號、甲二十一號的位置,寺廟建築現已不存。廟址上原有《慧仙女工學校碑》一通,陽刻於清光緒三十二年(1906),陰刻於民國七年(1918)。碑石現存北京石刻藝術博物館,底座尚在原址。

圓音寺始建時間不詳,《雍正廟册》中登記爲大僧廟,時有殿宇九間、禪房二十六間,住持通亮。《乾隆廟册》登記時,圓音寺仍爲大僧廟,住持源慶。從乾隆《京城全圖》上看,圓音寺位於黄土坑胡同路西,坐南朝北,有三進院落。前院極小,東墻有山門兩間,東向,北間開門出入。西頭有西房兩間,亦東向。前殿三間倒座,左右開隨墻門通往正院。正院内有正殿三間,東西配殿各三間,均帶南耳房一座二間。正殿東西有過道房各五間,直達後院。後院有後殿三間,帶東西耳房各二間,前有東西配殿各三間。整座寺廟四方周正、格局整齊,與《雍正廟册》所載相比,房屋有所增加。

此後圓音寺再不見諸記載,直至1918年,此廟所在地成爲慧仙祠堂。慧仙(? ~ 1906),女,額者特氏,清末工部郎中襲雲騎尉布魯特·承厚之妻。自幼熟讀書史,素來關心時事。感慨中國因重男輕女而終成社會痼疾,故有開辦女學、教育女性之志。清光緒三十一年(1905),承厚病殁,慧仙在沉痛中聽聞杭州惠興女士以身殉女學之事,極爲悲慟,不久後亦卒。臨終前囑託其母,將遺産用於興辦女工學校、"舉公衆事業、造社會幸福"[1]。其母從其言,請

〔1〕清光緒三十二年(1906)《慧仙女工學校碑》,京10645,據國家圖書館藏原拓片録文。

内務府世家，人稱"動物園鄧家"的鄧誠璋經手興辦學堂。慧仙遺産除用於祭葬外，又捐覺先僧學堂四百兩、惠興女學堂五百兩、購置公立學堂風琴三百兩，所剩二萬六千七百兩白銀，全部用於興辦慧仙女工學校。校址設於安定門内净土寺[1]，光緒帝御賜匾額"培才勸學"。但僅僅六年後，慧仙女工學校的第二批學生尚未畢業，突逢袁世凱兵變，慧仙女學所存的資財存於有號之中，也被劫掠一空。誠璋無法，只能變賣净土寺校址，得價後另擇此圓音寺之地，改建祠堂，用以妥女士之靈[2]。

當地老住户還記得這裏曾是祠堂，但他們傳説，這是内務府鄧家的家廟，鄧家老姑娘曾在此辦學，因此附近街坊都把這座祠堂稱爲"女學祠堂"。據他們回憶，當時祠堂地面低窪，較胡同路面低至一米半左右，院内有北房三間，設靈位供桌。東西厢房分别是教室與住所。圓音寺改爲慧仙祠堂後，是否還確曾招收學生，尚待考證。

1986年，《慧仙女工學校碑》被運至北京五塔寺石刻藝術博物館[3]，據説碑座被遺下，現仍埋在甲二十一號院的後墻内。

2014至2018年調查時，圓音寺所在地已爲20世紀80年代所蓋樓房和平房，現爲民居。

---

〔1〕參見《北京内城寺廟碑刻志》卷二，頁四百八十二至四百八十三。

〔2〕參見清光緒三十二年（1906）、民國七年（1918）《慧仙女工學校碑》，京10645，據國家圖書館藏原拓片録文。另參見蕭虹、劉咏聰等主編《中國婦女傳記詞典·清代卷》，悉尼：悉尼大學出版社，2010年，頁六十一至六十二。黄湘金《晚清北京女子教育攬要》，《近代中國婦女史研究》2015年第25期，頁一百九十三至二百三十二。

〔3〕《北京文物勝迹大全（東城區卷）》，頁一百六十一至一百六十二。

慧仙女工學校碑記

花翎二品銜候補三品卿郎中誠璋撰文

京師督學局科員學部主事　祝椿年書

光緒三十有二年冬十有一月慧仙女工學校落成越年二月行開校禮誠璋實經始其事乃具述顛末鐫之貞石以詔後人慧仙女學堂者慧仙女士獨力以舉者也女士爲故工部郎中世襲雲騎尉承厚君德配承厚君姓布魯特氏大父傑純公乍浦副都統以咸豐辛酉年殉難杭州而誠璋先伯父繼輝公實與同殉故兩家累世通好而誠璋與承厚君交尤摯女士姓額者特氏幼習書史長通時事歸承厚君益明習世變嘗謂中國重男而輕女積數千年之痼習其病至於母教不昌婦道不備而女子亦往往甘於自薄以分利爲男子累苟盡具普通知識或具一藝之長男子有業女子亦有業各以一身所作之業爲一身衣食計天下自無憂貧之理誠璋習聞其言亦既韙之矣乙巳之冬承厚君遽以疾歿女士哀毁不百日亦歿將歿告其母曰中國風俗向以家産遺子孫無捐以舉公衆事業造社會幸福者有之請自慧仙始我死其以我家遺産興女工世好誠裕如性不欺且熱心學務屬之經畫其可竟吾志既歿母乃舉其遺資招商局股票萬九千兩銀幣七千兩召誠璋而畀之且告以女士之遺言誠璋既悲女士之貞烈而具宏願也又重以死託烏可以辭則受其資而轉鬻之招商股票百漲四十兼以息金并銀幣都凡三萬四千六百二十五兩去女士葬祭之用六千七百二十五兩又去捐助覺先僧學堂四百兩惠興女學堂五百兩公立學堂風琴等三百兩得二萬六千七百兩乃購地建舍於此爲女工學校一所附以女學兩班列狀學部請於　朝　御書培才勸學匾額頒賜於堂誠璋追原學堂之所以成立且援近世命名志不朽者之例即以女士之名名學曰慧仙女工學校嗚呼吾國女學其萌芽矣京師者海内觀聽所屬神州二萬萬聰秀女子日蒸進於學業以立家庭教育之基礎而文化遂以普及於國人猗歟盛哉慧仙學校實其先導吾知豐碑屹屹銅像峩峩行且有舉女士之名相與尸祝者以視尋常積家財貽子孫其得失修短之數何如哉

大清光緒三十有二年冬十有一月

京 10645《慧仙女工學校碑》陽

慧仙女工學校

慧仙女學校遵照奏定章程爲高等小學學生四年畢業創設六年甲班業已畢業乙班將及畢業之期突遭壬子正月之變款存有號被劫一空校脩不繼因是停輟誠璋受女士之遺託今無以繼女士之志用是歉仄爰將净土寺學校廢址變價改建此祠用以妥女士之靈亦誠璋所以終女士之事也學校之立具載碑前祠堂之成特記碑後

戊午年四月十五日　鄧誠璋記

京 10645《慧仙女工學校碑》陰

慧仙女工學校碑

額題:慧仙女工學校碑記
年代:清光緒三十二年(1906)十一月、民國七年(1918)四月
原在地:東城區南吉祥胡同
拓片尺寸:碑陽身高 154、寬 86 厘米,額題高 31、寬 23 厘米
書體:正書
撰人:鄧誠璋
書人:祝椿年
拓片編號:京 10645
拓片録自:國家圖書館藏原拓片

【碑陽】

碑文:

慧仙女工學校碑記 1

花翎二品銜候補三品卿郎中誠璋撰文 2

京師督學局科員學部主事祝椿年書 3

光緒三十有二年冬十有一月,慧仙女工學校落成。越年二月,行開校禮。誠璋實經始其事,乃具述顛末,鐫之貞石,以詔後人。慧仙 4 女學堂者,慧仙女士獨力以舉者也。女士爲故工部郎中世襲雲騎尉承厚君德配。承厚君,姓布魯特氏,大父傑純公乍浦副都統,5 以咸豐辛酉年殉難杭州,而誠璋先伯父繼輝公實與同殉。故兩家累世通好,而誠璋與承厚君交尤摯。女士姓額者特氏,幼習書 6 史,長通時事。歸承厚君,益明習世變。嘗謂中國重男而輕女,積數千年之痼習,其病至於母教不昌,婦道不備。而女子亦往往甘於 7 自薄,以分利爲男子累。苟盡具普通知識或具一藝之長,男子有業,女子亦有業,各以一身所作之業,爲一身衣食計。天下自無憂 8 貧之理。誠璋習聞其言,亦既韙之矣。乙巳之冬,承厚君遽以疾殁,女士哀毁,不百日亦殁。將殁,告其母曰:中國風俗向以家産遺子 9 孫,無捐以舉公衆事業,造社會幸福者。有之,請自慧仙始。我死,其以我家遺産興女工,世好誠裕,如性不欺且熱心學務,屬之經畫,10 其可竟吾志。既殁,母乃舉其遺資招商局股票萬九千兩、銀幣七千兩,召誠璋而畀之,且告以女士之遺言。誠璋既悲女士之貞烈 11 而具宏願也,又重以死託,烏可以辭? 則受其資,而轉鬻之招商股票,百漲四十,兼以息金并銀幣,都凡三萬四千六百二十五兩。去 12 女士葬祭之用六千七百二十五兩,又去捐助覺先僧學堂四百兩、惠興女學堂五百兩、公立學堂風琴等三百兩,得二萬六千七 13 百兩。乃購地建舍於此,爲女工學校一所,附以女學兩班,列狀學部,請於朝。御書"培才勸學"匾額,頒賜於堂。誠璋追原學 14 堂之所以成立,且援近世命名志不朽者之例,即以女士之名名學曰:慧仙女工學校。嗚呼! 吾國女學其萌芽矣。京師者,海内觀聽 15 所屬,神州二萬萬聰秀女子日蒸進於學業,以立家庭教育之基礎,而文化遂以普及於國人,猗歟盛哉,慧仙學校實其先導。

吾知 16 豐碑屹屹，銅像峩峩，行且有舉女士之名相與尸祝者。以視尋常積家財貽子孫，其得失修短之數何如哉？17

大清光緒三十有二年冬十有一月。18

【碑陰】

額題：慧仙女工學校（篆書）

碑文：

慧仙女學校遵照奏定章程，爲高等小學。學生 1 四年畢業，創設六年。甲班業已畢業。乙班將及 2 畢業之期，突遭壬子正月之變，款存有號，被劫 3 一空，校脩不繼，因是停輟。誠璋受女士之遺託，4 今無以繼女士之志，用是歉仄，爰將净土寺學 5 校廢址變價，改建此祠，用以妥女士之靈，亦誠 6 璋所以終女士之事也。學校之立，具載碑前。祠 7 堂之成，特記碑後。8

戊午年四月十五日，鄧誠璋記。9

藥王庵

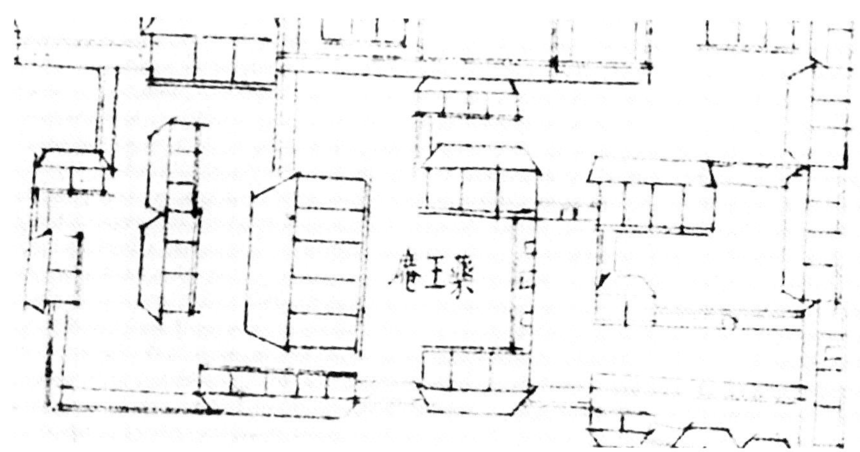

藥王庵，原址約在今東城區美術館後街六十一號的位置。寺廟建築現已不存。

藥王庵原址在明代曾爲惠民藥局，但文獻中未記時有庵廟。此庵僅見於乾隆《京城全圖》，從圖上看，藥王庵似乎規模頗大，坐西朝東，有四進院落。在大佛寺街（今美術館後街）上有臨街排房，北第二間開門出入。外院爲一東西向狹長走道，北墻有門可通往它院，西頭改爲南北狹長型，西墻上開三座隨墻門通往内院。内院三進，首爲大殿五間，前有南配房三間，無北配房。殿南有過道房五間，通往中院。院内有東向房三間，帶北耳房三間，再北有南向大北房三間。廟院最西頭有小西房兩間，北有小北房兩間。由於缺乏其他文獻佐證，難以判斷院内是否所有房屋均屬廟房。

此後藥王庵再無考。2005 至 2017 年調查時，藥王庵所在位置爲北京中醫醫院明醫館的西南角部分，是 1984 年所建的三層樓房。

顯聖庵

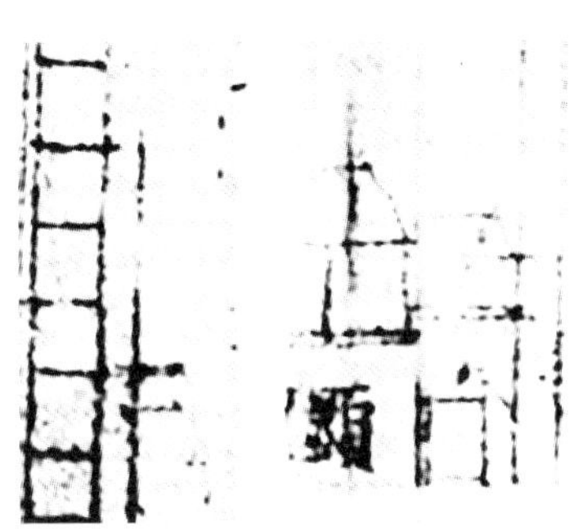

顯聖庵，可能也曾名四帥庵、四聖庵，原址約在今東城區小取燈胡同八號院四號樓的位置左右。寺廟建築現已不存。

顯聖庵始建時間不詳，乾隆《京城全圖》中，此庵所在地恰在兩排段之間，字迹模糊難以辨識，徐蘋芳《明清北京城圖》中考證爲顯聖庵，今從其名。《雍正廟册》中記：取燈胡同内有四帥庵，爲大僧廟，有殿宇三間、禪房十二間，住持法號佛慈。而至《乾隆廟册》登記時，四帥庵更名爲四聖庵，僧人際亨住持。僧録司登記位置、規模與乾隆《京城全圖》上所繪大致相似，應即此顯聖庵。從《京城全圖》上看，顯聖庵位於南北向取燈胡同的南段，坐北朝南，僅能判斷出有南向大殿三間，帶東小耳房一座一間，東房數間，其餘建築格局均難以判斷。

此後顯聖庵再無考，從民國時期北京地圖上看，顯聖庵所在地時爲中法大學。2005 年至 2017 年調查時，顯聖庵原址上是 20 世紀八、九十年代建的居民小區。

三聖祠

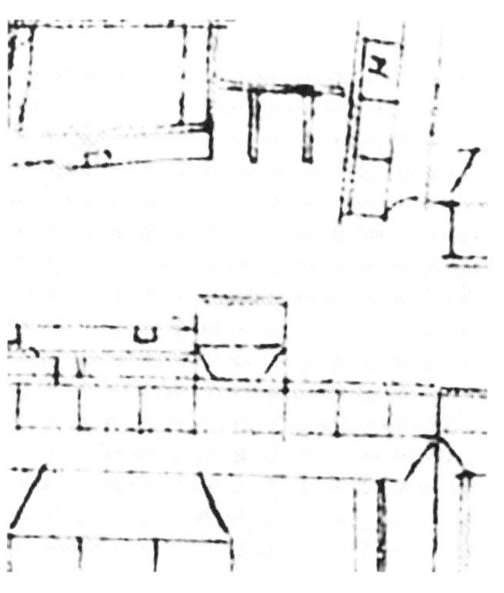

三聖祠,乾隆《京城全圖》上不見標註,但其所在處繪有坐南朝北當街小房一所,頗似三聖祠格局。祠原址爲内三區什錦花園四十號(今約爲東城區什錦花園三十號左右),寺廟建築現已不存。

民國時期廟主聲稱此祠始建於清咸豐元年(1851),屬私建家廟〔1〕。1931年國立北平研究院調查時,見三聖祠爲當街廟,門北向,内僅有小廟一間,西向,供土地、財神、山神神像三小尊。時已爲德春堂藥鋪,故不再見諸社會局登記〔2〕。1945年警察局調查時,三聖祠仍維持原様〔3〕。

附近老住户對三聖祠還有些微印象,據説祠改藥鋪後,神像一直保留,用布簾隔擋,前面還可住人。1965年左右,寺廟所在地并入崇慈女中,寺廟建築被拆除。

2017年調查時,三聖祠已踪迹全無,原在地現爲道路。

〔1〕北京市檔案館藏檔案號J181-15-613,轉引自《北京寺廟歷史資料》,頁三百一十七。

〔2〕國立北平研究院《三聖祠》,0432。

〔3〕首都圖書館藏《北平寺廟調查一覽表》。

五聖神祠

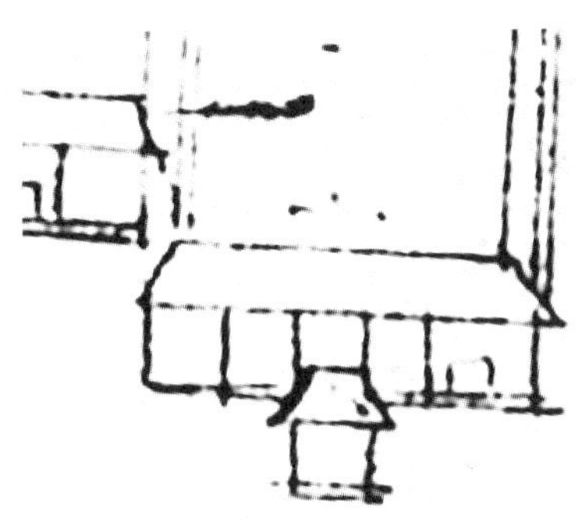

五聖神祠，也名五聖祠，不見於乾隆《京城全圖》，原址在内三區什錦花園三十五號（今約爲東城區什錦花園五十七號附近），恰位於什錦花園西頭與大佛寺東街北口交界處。《京城全圖》在此處繪有坐北朝南小房一所，在一所南向院落門前，當街而設，頗似本祠形制。

民國時期廟主聲稱，此五聖神祠始建於明，屬私建，然不知所據[1]。廟門曾有木額曰"五神内固"，立於光緒癸未年（1883）桃月，周慶霖手書，廟可能曾於當時重修。民國四年（1915）五月，廟内曾失竊，是月十四日夜間，賊人撬門入院，偷走小銅佛十餘尊，廟主上報該管區署[2]。1931年國立北平研究院調查時，見廟門南向，木額兩方，除前述光緒木額外，還有一方文曰"五聖祠"。廟内僅供財神、土地、龍王、藥王、馬王泥像五小尊，另有木質香爐一小口，看來失竊銅佛并未再找回。廟後還有北小房四間，同屬於廟主李問山私産[3]。此後廟再無記載，應於20世紀40年代初以前業已傾圮。

2017年調查時，五聖神祠所在地爲居民住家院落，寺廟踪迹全無，附近居民也對它毫無記憶。

---

〔1〕北京市檔案館藏檔案號J181-15-566，轉引自《北京寺廟歷史資料》，頁二百八十七。

〔2〕《群强報》，民國四年第一千零四十五號，第四版，"賊竊銅佛"條。收入《中國近代各地小報匯刊》第一輯，第十二册，頁一百八十六。

〔3〕國立北平研究院《五聖祠》，0458。

財神土地祠

財神土地祠，不見於乾隆《京城全圖》，原址在内三區西揚威胡同十三號（今約爲東城區南剪子巷69-5與75-1號之間），寺廟建築現已不存。

財神土地祠所在地在乾隆《京城全圖》上是一片空地。據民國時廟主聲稱，此祠始建於清光緒二十五年（1899），爲奚姓家人私建[1]。廟内曾有清康熙五十五年（1716）五月造鐵鼎一口，似自它廟移入。20世紀30年代時，財神土地祠僅小廟一間，臨街北向，内供財神夫婦、土地夫婦泥像四尊，前有康熙年間鐵鼎一座、方形鐵香爐一座，上刻“財神土地祠”字樣、木燭扦一對，房間神像均較普通寺廟爲小。此時廟主名承啟，住在財神土地祠隔壁的甲十二號[2]。

附近住户還記得奚家人與這座小廟，據他們説，奚家祖上顯赫，曾官至直隸總督，與胡同内街坊不大來往。財神土地祠位當路口，前有鐵欄杆、廟門常閉，街坊無法進去燒香，衹有奚家人自己在年節時前去打掃衛生、進奉貢品。20世紀50年代初，小廟被拆除。

2018年調查時，財神土地祠原在地現爲西揚威胡同東口空地。

---

〔1〕參見北京市檔案館藏《北平市政府社會局·内一、内二、内三、内四區土地廟關於登記廟産的呈及社會局的批示》，檔案號J2-8-531，1931-1941年，頁一百二十四。

〔2〕同上，頁一百一十二至一百二十七。另參見國立北平研究院《財神土地祠》，編號0447。首都圖書館藏《北平寺廟調查一覽表》。

五排五段

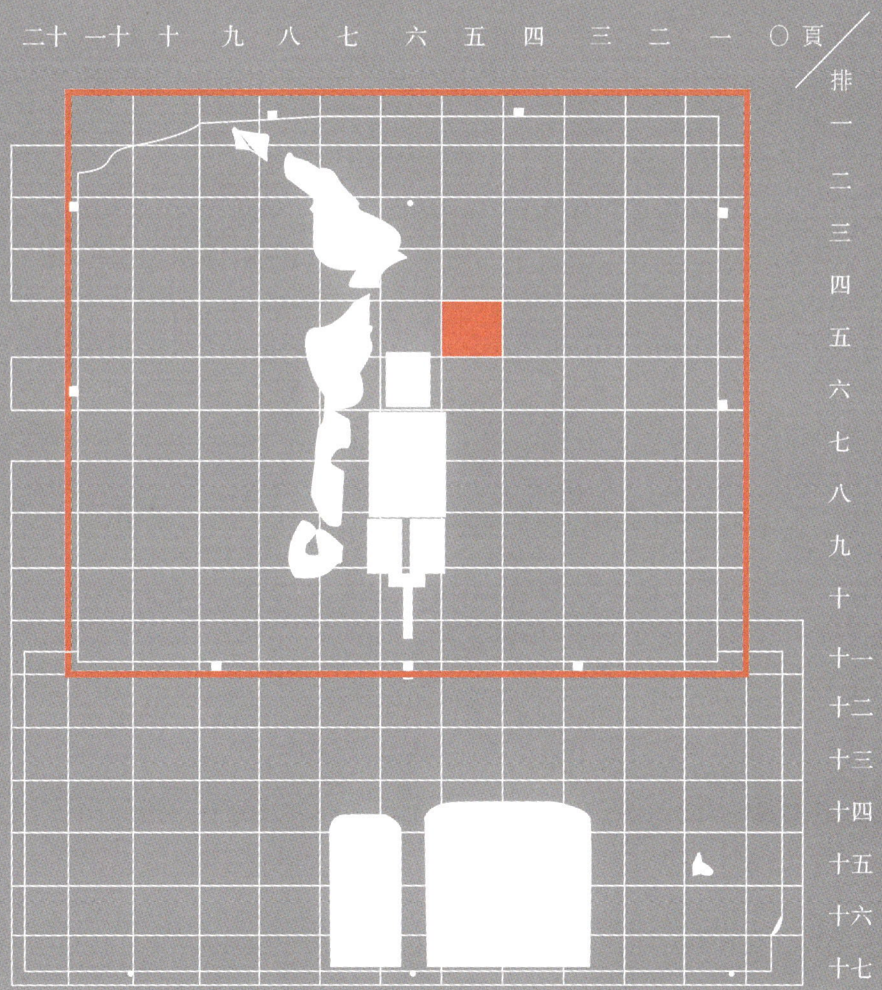

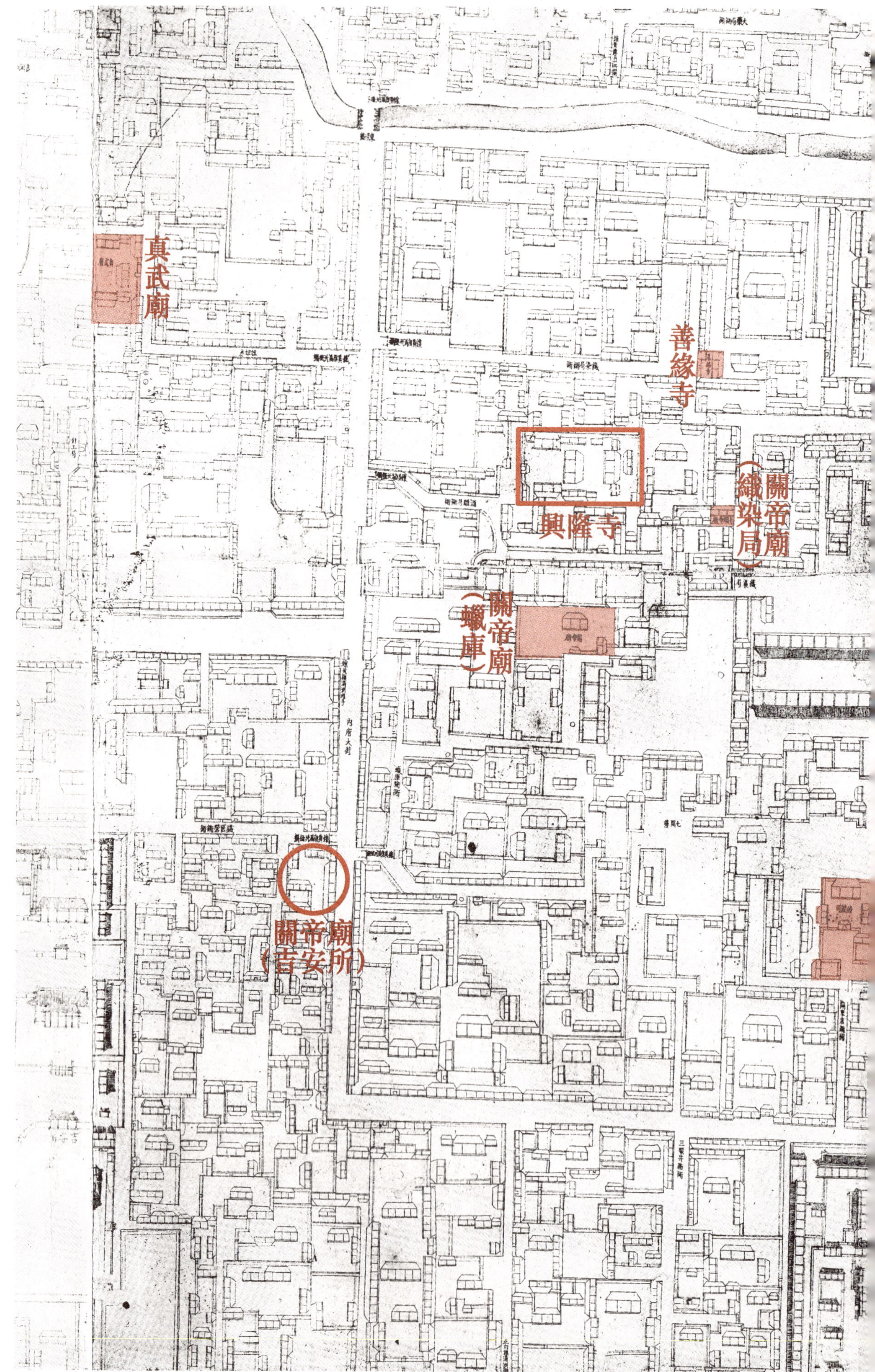

真武廟
善緣寺
興隆寺
關帝廟（織染局）
關帝廟（蠟庫）
關帝廟（吉安所）

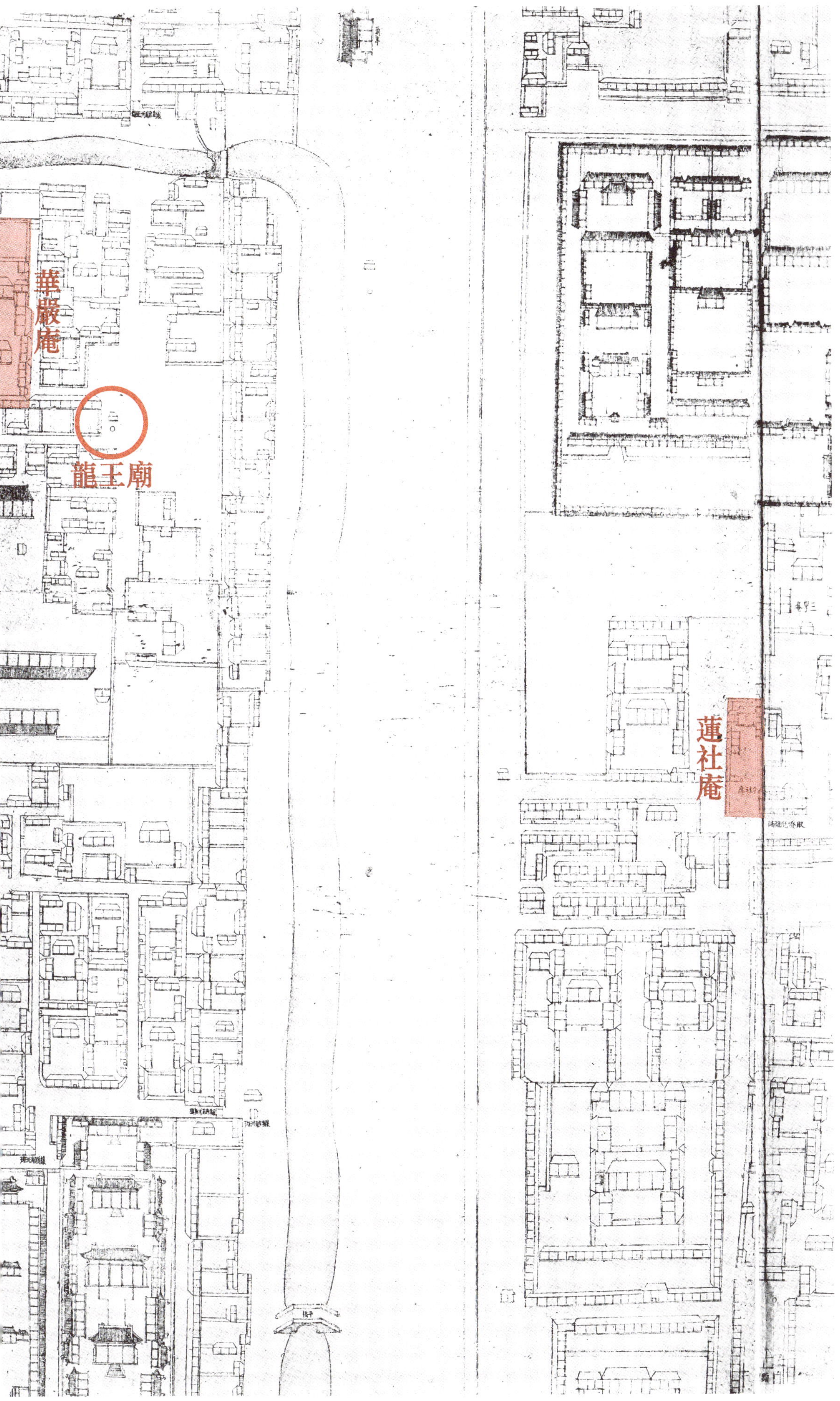
華嚴庵
龍王廟
蓮社庵

真武廟

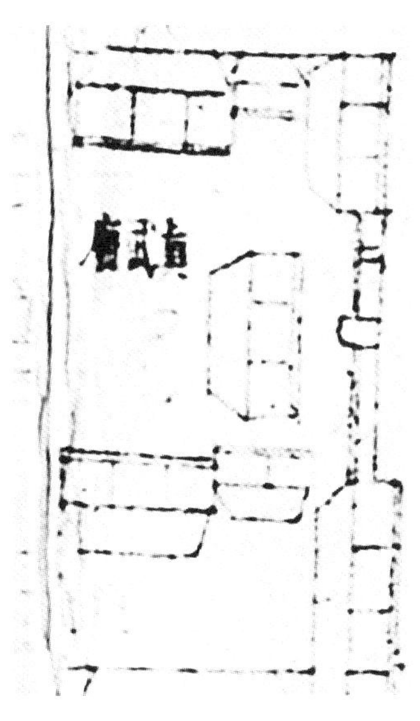

真武廟,也名巾帽局佛堂、賢壽寺,原址約在今東城區東板橋西巷十五號、十六號的位置,寺廟建築早已不存。

真武廟應始建於明代,其所在地在明代爲内官監巾帽局,掌造内府冠帽,設大使一人,正九品,副使二人,從九品〔1〕。負責宫内使帽靴、駙馬冠靴及藩王之國諸旗尉帽靴〔2〕。入清後局雖廢,但廟北胡同仍存其名。《雍正廟册》記巾帽局内有佛堂,時有殿宇三間、禪房九間,住持僧人法號如福。巾帽局範圍很小,可能佛堂即是此真武廟异稱。《乾隆廟册》登記時,巾帽局佛堂又更名賢壽寺,仍爲大僧廟,住持廣進。但真武廟之名仍沿用,《日下舊聞考》記:"(慈慧寺)稍東南爲簾子庫,有真武廟。"〔3〕簾子庫即真武廟東山門外之南北向胡同。《宸垣識略》等書沿用《日下舊聞考》之説,稱"真武廟在慈慧寺東南,明簾子庫"〔4〕。

從乾隆《京城全圖》上看,真武廟位於簾子庫胡同與巾帽局胡同交界處的西南角,似有小門一座東向,高於院墻,但無房屋,北側另開隨墻門一道。正殿三間東向,後有南北配房各三間,均各帶一座二間東小耳房。院落東北角有東向北房三間、南房南側有空院一段。房屋間數與《雍正廟册》所記無异。

此後,真武廟再無考,應傾圮已久。2005年調查時,真武廟建築毫無踪迹,原址處爲清代所建之院落。老住户聲稱,此院原是入選秀女學習禮儀

〔1〕(清)孫承澤《春明夢餘録》,四庫全書本,卷六,頁六十五。

〔2〕《明史·職官志三》,四庫全書本,卷七十四·志五十,頁三十一。

〔3〕《日下舊聞考》,卷三十九·皇城,頁六百一十四。

〔4〕《宸垣識略》,卷三,頁五十一。《燕都叢考》,第二編·内六區各街市,頁四百六十七。

之地。西房五間是正房,中間一間曾供有佛像,但并不用作寺廟,僅供秀女與内監拜佛之用。大約2008年左右,整個東板橋西巷被拆除。

2014年回訪時,真武廟原址上仍爲工地。2018年,廟原址上新建宏偉壯麗宅院一所,然大門緊閉,嚴禁出入,據説内部尚在裝修。

善緣寺

善緣寺,可能也曾名玄帝廟,原址約在今東城區織染局胡同十五號的位置,寺廟建築現已不存。

此寺不知始建於何時,位於明織染局範圍内,可能是其附屬寺廟,然缺少文獻佐證。《雍正廟册》中記織染局内有玄帝廟,時爲大僧廟,僅有殿宇三間、禪房二間,住持福緣。從乾隆《京城全圖》上看,善緣寺坐東朝西,無山門,僅在西院墻上開隨墻門出入,内僅小院一所,有大殿三間,院西北角有倒座房一間,與《雍正廟册》所記非常接近,故判斷應即一廟。

《乾隆廟册》中已無織染局善緣寺或玄帝廟記載,其後廟更無考,附近老住户亦對寺廟毫無印象,廟應早已傾圮。

2006年左右,織染局胡同北側全部拆除,2017年調查時,善緣寺所在位置是公共厠所。

華嚴庵

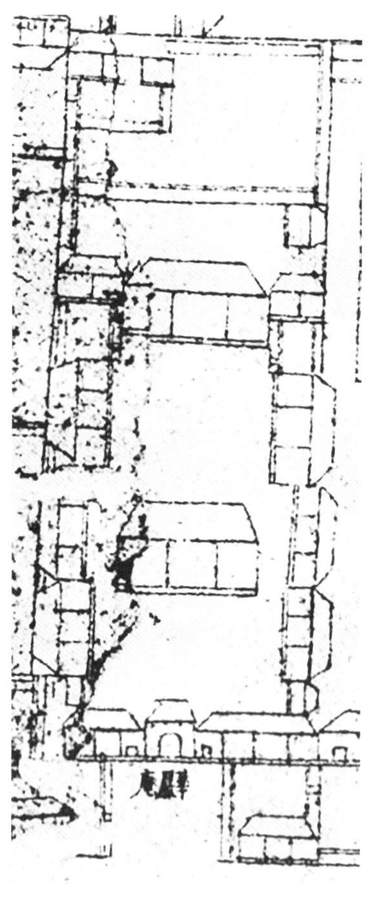

華嚴庵，也名華嚴寺、佛道華嚴寺，明代曾名織染局佛道堂，原址在内六區地安門内織染局胡同一號（現爲東城區水簸箕胡同甲五號），寺廟建築現存部分。廟内原有碑刻四通，其中二碑爲明弘治、嘉靖年間《重修織染局佛道堂碑記》，民國年間已風化不可卒讀，今無拓片存世，僅《日下舊聞考》等文獻中録其碑名。另兩通分别爲明正德十四年（1519）《鑄造鐘鼓碑》[1]與清康熙五十二年（1713）《華嚴寺碑》[2]。廟内還曾有銅鐘、銅爐、雲板一方刻有銘文，亦有拓片傳世。

華嚴庵大約始建於明初，爲内府太監發心所創，至明正德年間已有"華嚴古刹"之名[3]。因其位於明内織染局範圍内，故又名織染局佛道堂。内織染局是明朝内府二十四衙門之一，《明史·職官志》記："内織染局……掌染造御用及宫内應用緞匹。"額定太監數不多，僅有掌印太監一員，管理、僉書、掌司監工無定員[4]。而華嚴庵則是司設監、御用監等各處太監共同維持管

〔1〕原碑年代已泐，僅能辨識"己卯"二字。而民國時廟内尚存銅鐘一口，正鑄於明正德十四年（1519），歲在己卯，故知此碑應爲明正德十四年所立。

〔2〕清康熙五十二年（1713）《華嚴寺碑》，京662，據北京大學圖書館藏原拓片録文。

〔3〕參見明正德十四年（1519）《鑄造鐘鼓碑》，京663，《北京圖書館藏中國歷代石刻拓本匯編》卷六十，頁一百八十六至一百八十七。

〔4〕《明史·職官志三》，四庫全書本，卷七十四·志五十，頁三十一。

理的祭祀之地。弘治、嘉靖年間兩次重修碑上，均落有司設監太監名[1]。正德十五年(1520)，御用監等監太監百餘人捐資爲廟内捐鑄鐘鼓[2]。其鐵鐘銘文曰"内織染局"，一直保存到民國年間[3]。

清初，内務府中仍保留織染局，而華嚴庵亦爲聖地。清康熙五十二年(1713)，由内務府總管織染局郎中張阿某首倡，包括内務府員外郎薩哈連等在内的多名信官、司庫鼎力重修，曾任領侍衛内大臣、但十年前已逝世的費揚古也赫然在捐資人之列[4]。《雍正廟册》中記，織染局華嚴庵爲大僧廟，有殿宇十八間、禪房十間，住持性如。《乾隆廟册》登記廟名改爲華嚴寺，仍爲大僧廟，住持明然。從乾隆《京城全圖》上看，華嚴庵位於織染局胡同東頭，坐北朝南，有院落三進。首有山門一座，左右各兩座南房。東一座四間，西稍間開門。西一座三間，東稍間開門。山門前甬道東西兩側各小院一所，東小院内有南房三間，西小院漫漶不清。第一進院内有大殿三間，前有東西配殿各三間，均帶一小南耳房，後有過道房通向第二進院，東過道房三間、西過道房兩間。第二進院内有後殿三間，左右均帶兩間小耳房，前有東西配殿各三間。東耳房後，院落東北角有西向小房一間。佛殿群房數量與《雍正廟册》所記大致無异。除此之外，山門東房南小院内有南房三間，第三進院後小院一所，西北角上有北房三間。但均有院墻與華嚴庵正院隔開，難以判斷是否屬於廟院内。

清乾隆十六年(1751)，織染局移至萬壽山之西，此處空留地名[5]，但華嚴庵却一直是一方勝境。清咸豐八年(1858)"京都地安門内東板橋織染局佛道華嚴寺衆"爲廟内獻鐵磬一口，今尚存拓片[6]。至同治三年(1864)，華嚴寺廟産轉到臨濟宗僧人寂落手中。次年元月，寂落在僧録司爲華嚴寺立更名入册手本[7]。從此，華嚴寺與西郊大慧寺、亮甲廟村雲净寺成爲一祖相傳、子孫互承的同宗，"雖有三系則實一，乃剃度之寺廟也"[8]。同治九年(1870)，廟内可能曾有重修，當年大雄殿新立殿額"真實不虚"與兩側對聯，落款分别是錫慶和"悟忍侍者"。光緒二十二年(1896)，華嚴庵接管廟外東鄰龍王廟[9]，立有白字一紙。光緒二十五年(1899)中秋，華嚴寺住持悦輝重修寺廟，工竣後，多羅順承王手書木額"華嚴古刹"四字。清光緒三十一年(1905)，廟内鑄鐵磬一口，供於天仙聖母殿娘娘像前。民國元年(1912)，華嚴庵在皂君廟買地四十畝，立有紅契。民國三年(1914)，華嚴庵在民國政府領廟照，住持已换成天朗。民國四年(1915)，天朗又在皂君廟買地八畝作爲附屬廟産。民國十三年(1924)，天朗去世，其徒修然繼任住持[10]。

民國十六年(1927)，修然在社會局領廟照。此時華嚴庵格局與《京城全圖》所繪差别不大，衹多了東跨院一所。正院山門三間南向，木額"華嚴古刹"，山門内供關帝，前置咸豐八年(1858)鐵磬與木五供一份；第一進院内有三清殿三間，殿内正供三清教主，東壁供東岳大帝、西面奉真武大帝，後供韋陀。東西配殿各三間，東配殿供東岳、西配殿供達摩。前殿門前有大鐵鼎一口，四通石碑

〔1〕《日下舊聞考》，卷三十九·皇城，頁六百一十四至六百一十五。

〔2〕明正德十四年(1519)《鑄造鐘鼓碑》，京663，《北京圖書館藏中國歷代石刻拓本匯編》卷六十，頁一百八十六至一百八十七。

〔3〕明正德十四年(1519)《華嚴寺鐵鐘款識》，根據北京大學圖書館藏原拓片録文。

〔4〕清康熙五十二年(1713)《華嚴寺碑》，京662，據北京大學圖書館藏原拓片録文。

〔5〕《京師坊巷志稿》，卷上，頁三十七。《燕都叢考》，第二編·内六區各街市，頁四百六十六。

〔6〕清咸豐八年(1858)《華嚴寺鐵磬款識》，根據北京大學圖書館藏原拓片録文。

〔7〕北京市檔案館藏《北平市社會局·内六區華嚴寺僧人修然呈請登記廟産并接充主持及社會局的批示》，檔案號J2-8-190，1930-1942年，頁四。

〔8〕北京市檔案館藏《北平市社會局·内六區華嚴寺僧本容、睿峰、修然公推代事住持的呈及社會局的批示》，檔案號J2-8-1243，1938年，頁二。

〔9〕參見本排段"龍王廟"條。

〔10〕北京市檔案館藏《北平市社會局·内六區華嚴寺僧人修然呈請登記廟産并接充主持及社會局的批示》，檔案號J2-8-190，1930-1942年，頁四至十四。

立於鼎側;第二進院内有大雄殿三間,左右帶東西耳房各三間,明間正供三世佛木像,正中爲釋迦牟尼佛,相貌莊嚴,螺髮,肉髻頂部有髻珠。佛像身披黄色錦緞,雙跏趺座,右手施觸地印。下有仰覆蓮花臺座,上沿飾有一圈連珠紋,蓮下設須彌座。佛像背後有精美背光,但多爲佛龕幔帳所遮。像前有大香爐一座,銅蠟扦、磁爐、錫五供,一堂全備。東西壁下立十八羅漢像,木雕漆金,造型生動形象,衣紋流暢自然。明正德年間銅鐘、宣德年間銅爐均在此殿内。院内東西配殿各三間,各帶北耳房一間,爲客堂。西配殿南過道房三間,時爲天仙聖母殿,内正供娘娘三尊,南面供吕祖、藥王,錫五供兩份、磁爐二口、光緒三十一年(1905)鑄鐵磬一口。院内有銅鼎一口,高約四尺五,款識已磨滅,國立北平研究院的研究人員稱其"周身萬名斷花紋",爲明代之物。從大雄殿往東,經穿堂至東跨院,内有北房七間,當時用於停放靈柩。跨院往南均爲廟産附屬住房,南亦有大門,門東三間十方堂[1]。

民國二十八年(1939),日據者在西郊建中央試驗場,華嚴寺在皂君廟的四十畝土地也被占用,得賠償費三千餘元[2]。次年,修然再加二千餘元,買下華嚴寺北地安門内北河沿三十四號德浚房屋一所,計房八間,全部用於出租,每月得租金三十元。

民國三十年(1941),修然去世,經同宗近支本家拈花寺全朗、觀音院純山、海會寺印智共同證明,推舉修然之法徒玉宗接充住持。玉宗時年二十五歲,十年前在華嚴寺中祝髮,民國二十四年(1935)冬在弘慈廣濟寺受具足戒,接任住持時尚在中國佛學院求學[3]。民國三十一年(1942),因四鄰常在華嚴寺山門前傾倒穢水、停放糞車,玉宗不堪其擾,故呈報社會局,在山門前新砌院墻并安栅欄門一座[4]。

1947年民政局登記時,玉宗仍任住持[5],然其後再不見於寺廟登記。但老街坊們對玉宗印象頗深,他們説他有文化,不僅教附近兒童讀書識字,還教他們練武術,尤以棍術爲佳。織染局小學的創辦就與他有關。華嚴寺廟産很多,房租收入不少、名氣很大,香火也很旺,直至50年代初期,附近住户還常來華嚴寺上香、捨物、作法事、停放靈柩。寺廟後殿與整個東跨院就是停靈之處,棺材曾一度達幾十具之多。20世紀50年代初文物局調查時,華嚴寺主要建築還有山門、前後殿及東跨院。山門面闊三間九點九米,進深五點七米;前後殿均面闊五間,硬山調大脊筒瓦頂帶排山溝滴。四通石碑仍立於前殿院内。據居民回憶,大約在1958年左右,廟内殿房多被拆除。1985年調查時,大門改爲朝東,院内除尚存一座殿外,其餘均已拆除新建樓房,時原址上爲織染局小學,石碑皆已不存[6]。

2005年、2014年兩次調查時,發現織染局小學院内尚存大雄殿三間、東耳房三間,殿前西側還有厢房三間。院内兩株大樹,應也爲當年廟中之物。

[1]國立北平研究院《華嚴寺》,0367。

[2]北京市檔案館藏《北平市社會局·内六區華嚴寺僧人修然呈請登記廟産并接充主持及社會局的批示》,檔案號J2-8-190,1930-1942年,頁八十一至八十四。

[3]同上,頁六十至六十三。

[4]同上,頁九十七至九十八。

[5]北京市檔案館藏《北平市民政局·北平市各區寺廟總登記考查簿》,檔案號J3-1-237,1947-1948年,頁二十二。

[6]《北京文物勝迹大全(東城區卷)》,頁二百八十三頁。

織染局小學院内大雄殿（2005 年 9 月 如意攝）

華嚴寺記

（上　泐）
（上　泐）
（本行全泐）
王　（下　泐）
是佛
聖化
（下泐）

并書
迄今歷年久遠
於是善信官張阿
殿宇□□規制悉倣於舊而莊
兹寺成於五十二年十二月
興舊者之□同年而
氏所著因果報應之
佛而即□

京662《華嚴寺碑》陽

萬古流芳

內務府總管織染局

信官

費揚古　花色
多爾吉　馬成□
伯起　楊進朝
赫達基　偏周
蔣王玉　□□□
王起生

郎中張□□
員外薩哈連
烏林達加六級□□

信官

韓勒漢
朱倫
羅米達

信士

沈五六
王之□
顏□□

華嚴寺

信士

勞弘爲　□□□　□□□
何勤□　蘇寧義　□□□
窩□□　偏頭　勞弘敬
阿玉世　得會　□□歷
你年哈　寶林　□　□
楊四黑　巴爾太　劉泰□
朱七六

信官

康三□　保奇
□國　福壽
□□興　□庫　元寧
□□弼　□□□
□　□　□保
（下泐）

信上

張永茂
侯文華
閻居敬
顏□珍
袁國□　王天佑
□□□　金進忠
夏國□　金洪
顏文炳　王進孝
孫爾□　于□祥
王國俊　閻□□
郭□□　王天善
陳□德
（下泐）

京662《華嚴寺碑》陰

華嚴寺碑

額題:華嚴寺記
年代:清康熙五十二年(1713)
原在地:東城區地安門内織染局胡同
拓片尺寸:身高108、寬60厘米,額寬21、高19厘米
書體:正書
拓片編號:京662
拓片録自:北京大學圖書館藏原拓片

【碑陽】

額題:華嚴寺記

碑文:

(全碑漫漶嚴重,無法辨識,僅可讀出部分殘字)

(上泐)并書$_{1}$

(上泐)迄今歷年久遠$_{2}$(本行全泐)$_{3}$王(下 泐)$_{4}$於是善信官張阿$_{5}$(泐)殿宇□□規制悉倣於舊而莊$_{6}$(泐)兹寺成於五十二年十二月$_{7}$(泐)興舊者之□同年而$_{8}$(泐)氏所著因果報應之$_{9}$是佛(泐)佛而即□$_{10}$聖化$_{11}$

(下泐)

【碑陰】

額題:萬古流芳

碑文:

内務府總管織染局:郎中張□□、員外薩哈連

烏林達加六級□□

信官:康三□、□國、□□興、□□弼、□□

信官:費揚古、花色、多爾吉、馬成□、伯起、楊進朝、赫達基、偏周、蔣王玉、□□□、王起生

信官:韓勒漢、朱倫、羅米達

信士:沈五六、王之□、顔□□

□庫:保奇、福壽、元寧、□□□、□保(下泐)

信士:勞弘爲、何勤□、寓□、阿玉世、你年哈、楊四黑、朱七六、□□□、蘇寧義、偏頭、得會、寶林、巴爾太、□□□、□□□、勞弘敬、□□歷、□□、劉泰□

信士:張永茂、侯文華、閻居敬、顔□珍、袁國□、□□□、夏國□、顔文炳、孫爾□、王國俊、郭□□、陳□德(下泐)、王天佑、金進忠、金洪、王進孝、于□祥、閻□□、王天善

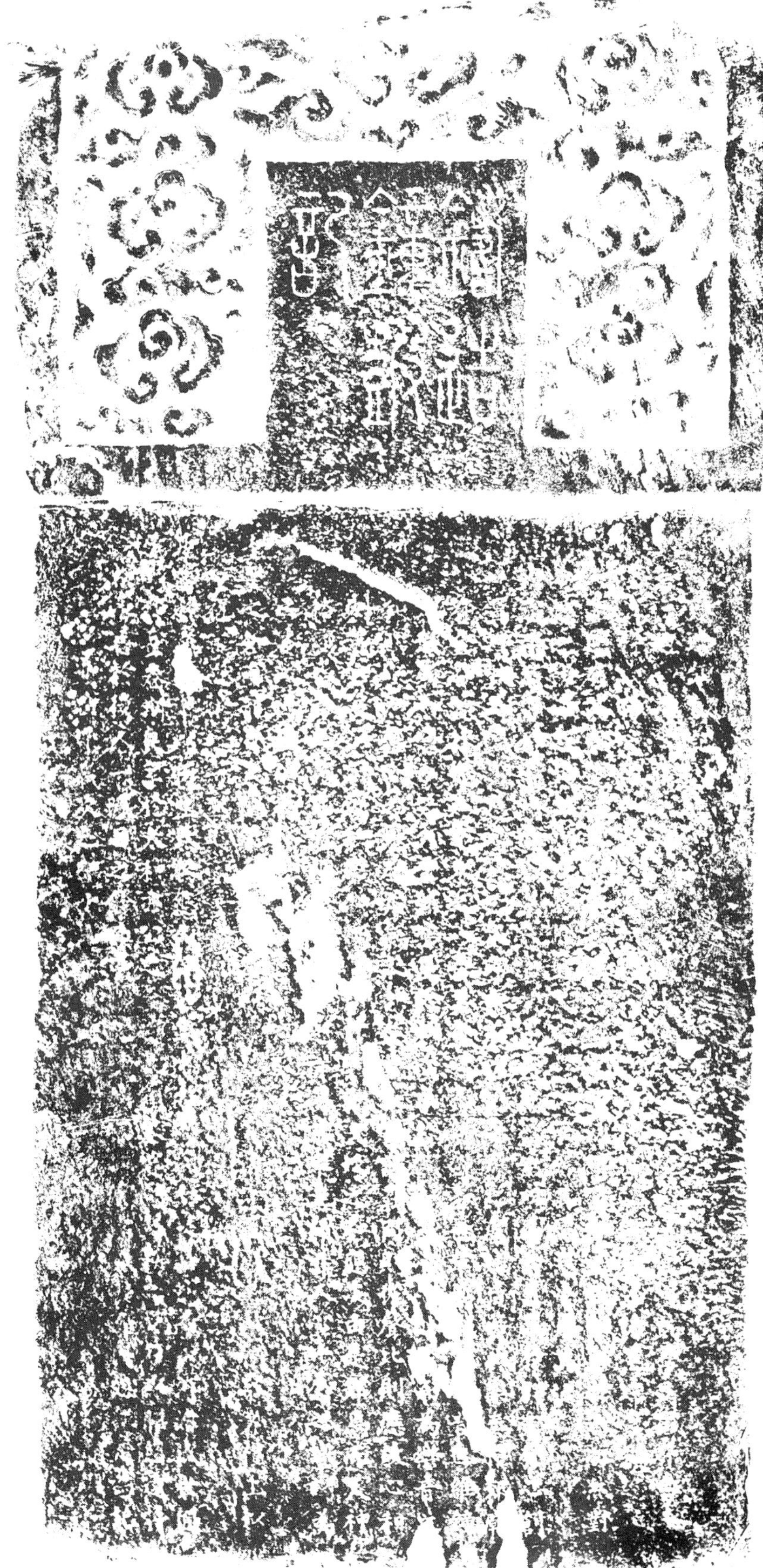

京 663《鑄造鐘鼓碑》陽

京663《鑄造鐘鼓碑》陰

鑄造鐘鼓記

通議（泐）撰并書

（上泐） 篆額 雖曰於人心然對

（上泐） 恐受用其誠

（上泐） 於群公發心創

□□□□□□□□□□□□□心□可無□□□□□之□□□夔典樂奏於郊廟

（上泐） 也革爲□□□音也維鐘

□□□□□入□□□□於□□□□□□無異於□□□□□□□□而爲樂音之

□□□然則□□□□□□□□□亦□□□者□□□□同則從聲比則應故心和

則□□□□□□□□□□□□□□□□□□則天地之和應矣由是郊焉而人神

格□□□□□必□□□□□□□□□之祥□□□□□□非人心一念之誠以爲

之□□□□□□□□□□□□□□□

聖□之□有□所心爲心□□□□□□□□□□□□□之□禮上以

祝□□□□□□□□□□□□□□□

聖壽於無疆□□以祈生民於悠久□□□□□□□□□□□□□□□□□者盛世□

於長春斯民等於太和亦公之至德□□□之□□□□□□□□□石以□悠遠將

□□□善於後人一□□之餘□□□□□□□□□□□□□□□□心□□爲記

□□□□歲次己卯□□□□□□

京663《鑄造鐘鼓碑》陽

御用監等監太監等官

華嚴古刹

□□
□□
周聰
金義
周昂
劉彪
葉彬

（右側
漫漶）
張聰
劉琦
劉勤
江榮
張瑞
王□
李仲□
陳清

（右側
漫漶）
□□
張籍
（漫漶）
劉恩
趙春
黎森
趙然
駱□
童杲
宋銘

（右側
漫漶）
劉英
（漫漶）
孟忠
車德
凌源
張倫
劉龍
藍儁

張宗
扈秀
崔成
李成
郭□
曹山
王萬
葉紹
□□
□□
張本
張純
尹得
劉奉
劉□

馬福
劉□
李□
□成
□□
張□
□學
安良
□安
□□
楊□
楊鋭
□□
王覺
劉□

時孟
姚智
□金
王□
□□
□空
陳昂
張保
張智
李進
□□
崔民
劉憲
劉環
艾貴

陝川
高穆
劉泰
劉玘

□火道人

戴瑰
□□
□□
□□
王□

高□
□□
藺□
李元
張□

京663《铸造鐘鼓碑》陰

鑄造鐘鼓碑

額題：鑄造鐘鼓記
年代：明正德十四年（1519）
原在地：東城區地安門内織染局胡同
拓片尺寸：通高 136、寬 61 厘米
書體：正書
拓片編號：京 663
拓片録自：《北京圖書館藏中國歷代石刻拓本匯編》第 60 卷 186–187 頁

【碑陽】

額題：鑄造鐘鼓記

碑文：

（全碑漫漶嚴重，無法辨識，僅可讀出部分殘字）

通議（泐）撰并書 1

（上泐）篆額 2

（上泐）雖曰於人心然對 3（上泐）恐受用其誠 4（上泐）於群公發心創 5 □□□□□□□□□□□□□心□可無□□□□□之□□□夔典樂奏於郊廟 6（上泐）也，革爲□□□音也維鐘 7 □□□□□入□□□□於□□□□□□無異於□□□□□□□□而爲樂音之 8 □□□然則□□□□□□□□□亦□□□者□□□□同則從聲比則應故心和 9 則□□□□□□□□□□□□□□□□□□則天地之和應矣。由是郊焉，而人神 10 格□□□□□必□□□□□□□□□之祥□□□□□□非人心一念之誠以爲 11 之□□□□□□□□□□□□□□□ 12 聖□之□有□所心爲心□□□□□□□□□□□□□之□禮上以 13 祝□□□□□□□□□□□□□□□ 14 聖壽於無疆，□□以祈生民於悠久，□□□□□□□□□□□□□□□□者盛世□ 15 於長春，斯民等於太和，亦公之至德□□□之□□□□□□□□□石以□悠遠，將 16 □□□善於後人一□□之餘□□□□□□□□□□□□□□□□心□□爲記。17

□□□□歲次己卯□□□□□□ 18

【碑陰】

額題：

碑文：

御用監等監太監等官 1 [1]：□□、□□、周聰、金義、周昂、劉彪、葉彬 2

---

〔1〕數字序號表示自上而下的横排題名序列。

（右側漫漶）張聰、劉琦、劉勤、江榮、張瑞、王□、李仲□、陳清 3
（右側漫漶）□□、張籍、（漫漶）劉恩、趙春、黎森、趙然、駱□、童杲、宋銘 4
（右側漫漶）劉英、（漫漶）孟忠、車德、凌源、張倫、劉龍、藍儁 5
張宗、扈秀、崔成、李成、郭□、曹山、王萬、葉紹、□□、□□、張本、張純、尹得、劉奉、劉□ 6
馬福、劉□、李□、□成、□□、張□、□學、安良、□安、□□、楊□、楊鋭、□□、王覺、劉□ 7
時孟、姚智、□金、王□、□□、□空、陳昂、張保、張智、李進、□□、崔民、劉憲、劉環、艾貴 8
陝川、高穆、劉泰、劉玘 9
華嚴古刹 10
□火道人：戴瑰、□□、□□、□□、王□、高□、□□、藺□、李元、張□ 11

内織染局大明正德
十四年六月吉日造

華嚴寺鐵鐘款識[1]

年代:明正德十四年(1519)
原在地:東城區地安門内織染局胡同
書體:正書
拓片録自:北京大學圖書館藏原拓片

【銘文】

内織染局
大明正德十四年六月吉日造

〔1〕北京大學圖書館與首都圖書館均注爲鐵鐘,但據1931年國立北平研究院的調查報告與民國寺廟住持自己的申報,此乃古銅所製銅鐘,非鐵鐘。今拓片標題照二圖書館題録,而廟志正文則據寺廟住持呈報改之。

大明
宣德
年製

華嚴寺鐵爐款識[1]

年代:明宣德年間
原在地:東城區地安門内織染局胡同
書體:正書
拓片録自:北京大學圖書館藏原拓片

【銘文】

大明宣德年製

〔1〕北京大學圖書館與首都圖書館均注爲鐵爐,但據1931年國立北平研究院的調查報告與民國寺廟住持自己的申報,此乃古銅所製銅爐,非鐵爐。今拓片標題照二圖書館題録,而廟志正文則據寺廟住持呈報改之。

京都地安門内東板
橋織染局佛道華
嚴寺衆等
敬獻
大清咸豐八年十月
穀旦　　　立

華嚴寺鐵磬款識

年代：清咸豐八年（1858）
原在地：東城區地安門内織染局胡同
書體：正書
拓片録自：北京大學圖書館藏原拓片

【銘文】

京都地安門内東板橋織染局佛道華嚴寺衆等敬獻
大清咸豐八年十月 穀旦 立

關帝廟(織染局)

關帝廟,原址約在今東城區織染局胡同二十四號的位置,寺廟建築現已不存。

此廟僅見於乾隆《京城全圖》,從圖上看,它位於織染局胡同中段南側小胡同内,恰在織染局北門外路西,僅有極小院落一所。東院墻上開門朝向織染局門外小胡同,院内僅北房三間。此後關帝廟無考,應久已不存。

2014年調查時,關帝廟所在地爲居民住家院落,寺廟建築全無踪迹,附近居民僅記得有興隆寺,而不知此處還有過關帝廟。

關帝廟（蠟庫）

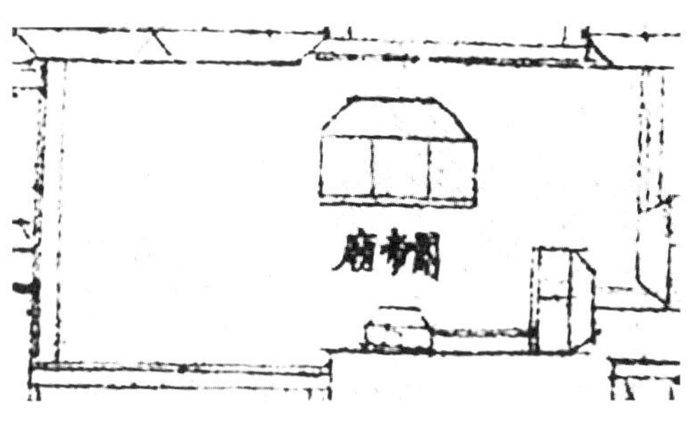

蠟庫關帝廟，可能也曾名五聖祠。原址約在今東城區東板橋東巷五號、七號的位置。寺廟建築現已不存。

此廟未知始建於何時。《日下舊聞考》等文獻中記，酒醋局南、内府庫北，蠟庫胡同内有五聖祠，祠中有磬一口，上鑄"内府供用庫五聖祠供奉"等字樣[1]。此五聖祠無考，但從方位上判斷，與此廟極爲接近，可能是其异名。如是，則此關帝廟當始建於明代。《雍正廟册》中載，蠟庫關帝廟爲大僧廟，有殿宇三間、禪房二間，住持祖英。《乾隆廟册》中未見登記。從乾隆《京城全圖》上看，此關帝廟位於蠟庫胡同北頭、酒醋局胡同南，東距織染局不遠。坐北朝南，雖只一進，但院落寬敞。南墻上有山門一座，似爲一間，内僅有南向大殿三間，東南巽位有西向房兩間。殿宇房間數目與《雍正廟册》所記毫厘不爽。

除此之外，蠟庫關帝廟再無考。老住户們説，至少自民國時期開始，此處就已是居民住家院落，西鄰曾爲馬厩。

2016年調查時，關帝廟所在位置現爲平房和一棟二層簡易樓，寺廟踪迹難尋。

[1]《日下舊聞考》卷三十九·皇城，頁六百一十五至六百一十六。《光緒順天府志》京師志十六·皇城寺觀，頁四百七十四。《宸垣識略》卷三，頁五十。

蓮社庵

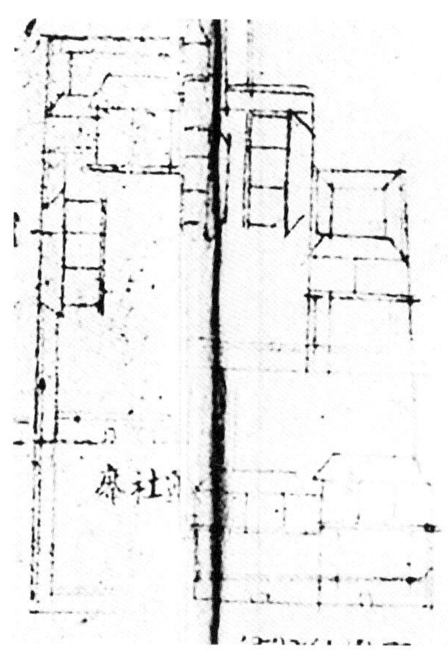

蓮社庵，可能曾爲玄帝廟，原址約位於今東城區大取燈胡同北口緑地處，寺廟建築現已不存。

此庵不知始建於何時，《雍正廟册》中記，取燈胡同内有玄帝廟一所，時爲大僧廟，有殿宇三間、禪房十四間，住持洪福。按：玄帝即真武，其廟常在南北向胡同之北頭，故此取燈胡同玄帝廟正位於蓮社庵所在地，二廟可能實爲同一。《乾隆廟册》中，蓮社庵或玄帝廟均無記録。從乾隆《京城全圖》上看，蓮社庵位於取燈兒胡同中間轉角處路北，因恰在兩排段交界地，建築格局多有不明。它坐北朝南，似有兩進院落。前院無房，中間院墻開門通向後院。後院内僅能看出有大殿三間，帶西耳房兩間，殿前有西房三間。院内是否還有其餘建築，東邊院落是否屬於此庵，均難以判斷。

此後蓮社庵再無考，可能已并入貝子弘晊府内。乾隆《京城全圖》上，蓮社庵北爲咸親王府，後成爲貝子弘晊府。弘晊乃康熙帝第二十四子誠親王允祕的第二子，乾隆二十八年（1763）封二等鎮國將軍。乾隆三十八年（1773），允祕薨逝，弘晊晋封貝子。其後綿勛襲爵貝子後，搬到寬街的誠親王府，此處由貝勒弘明的後裔居住。清末，弘晊府也曾被稱爲森公府、博公府、多公府，民國時期，北洋政府署國務總理、攝行總統職的顔惠慶曾居住於此，後又曾作北平研究院理化部等[1]。今日之貝子弘晊府大門外有影壁一道，恰在蓮社庵原址上。

2016年調查時，大取燈胡同北口有一小廣場，上有弘晊府影壁和健身器材，蓮社庵踪影難覓。

〔1〕參見馮其利《尋訪京城清王府》，頁一百五十至一百五十一。

興隆寺

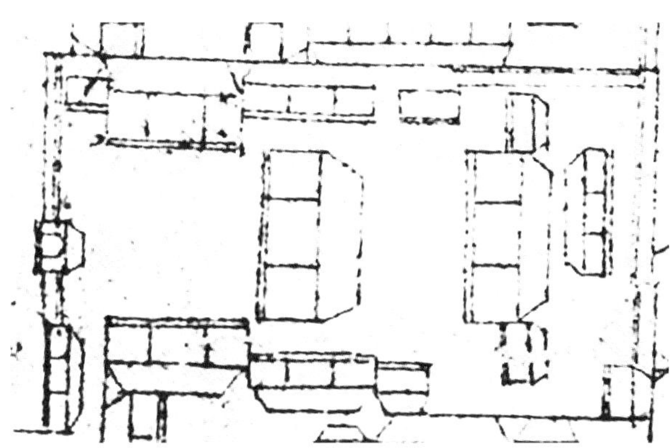

興隆寺,也名酒醋麵局佛堂、朝陽興隆寺,乾隆《京城全圖》繪其建築,但不見廟名標註。原址在内六區酒醋局十一號[1](今爲東城區東板橋東巷六號、甲六號),寺廟建築現存部分。

民國寺廟住持稱興隆寺始建於明弘治年間[2],此説雖然無據,但《光緒順天府志》亦稱其爲酒醋局太監所立[3],明代始建當無疑。《日下舊聞考》等文獻中記:酒醋局胡同内興隆寺有爐一,上鑄酒醋麵局佛堂供奉字樣[4]。然此爐至民國時已不見踪影,廟内明代法物衹有明萬曆年間造鐵磬一口。據《明史·職官志》記:酒醋麵局,掌宫内食用酒醋糖醬麵豆諸物,與御酒房不相統轄[5]。清初時此局已廢,然興隆寺仍存。《雍正廟册》中記東酒醋局有興隆寺,爲大僧廟,有殿宇十三間、禪房十五間,住持法號心雅。《乾隆廟册》登記時,住持换成了僧人廣瑞。從乾隆《京城全圖》上看,興隆寺位於酒醋局胡同中段丁字路口東,坐東朝西,有三進院落。首有山門一座一間,院墻南端有西向小房三間。第一進

〔1〕《故都變遷記略》記興隆寺的民國地址爲東板橋大街。見《故都變遷記略》頁三十七“興隆寺在東板橋大街”。此處采用民國寺廟登記檔案中的地址。

〔2〕北京市檔案館藏《北平市社會局·興隆寺住持僧恒玉送寺廟登記表及社會局的批示》,檔案號J2-8-1051,1936-1941年,頁二十三。

〔3〕《光緒順天府志》京師志十六·皇城寺觀,頁四百七十四。

〔4〕《日下舊聞考》卷三十九·皇城,頁六百一十五。另見《宸垣識略》卷三·皇城一,頁五十一。《燕都叢考》,第二編·内六區各街市,頁四百六十六。文獻大多記廟内此銘文刻於爐上,唯《北京市志稿·宗教志》中稱此銘文刻於鐘上,今不予采信。見吴廷燮等編《北京市志稿·宗教志》,北京:北京燕山出版社,1998年,頁六十三。

〔5〕《明史·職官志三》,四庫全書本,卷七十四·志五十,頁三十一。

院内有正殿三間，前有南北配殿各三間，其中北配殿帶西耳房一間。配殿東側均有過道房各三間，通向第二進院内，其中南過道房東帶小耳房一間；第二進院内有後殿三間帶南北耳房各一間，院北有北小房一間；後殿後還有第三進院，院内有東向倒座房三間，東南角有東向小房一間。殿宇房間數目與《雍正廟册》所記幾乎分毫不差，可以基本確定爲興隆寺，《京城全圖》漏標廟名。

清咸豐六年（1856），興隆寺正殿曾經重修，是年七月，長白弟子曾維薰手書“慈雲永護”殿額一方。至清末光緒三年（1877），恒玉接師傳授，繼任興隆寺住持。恒玉原籍北平，俗姓周，家中務農爲生，同治三年（1864），年僅七歲就在興隆寺出家，一直在寺内生活到民國二十八年（1939）去世。他接任住持的同一年，信士弟子張新慶爲廟内華佗神前貢獻錫爐一座。

20世紀30年代初北平研究院調查時，興隆寺建築格局與雍正、乾隆年間相比變化不大，衹是正院南多了一所小跨院，兩院均有山門出入。南院山門是正門，南向，但其内爲南跨院。西側院墻上開旁門，西向，入内後北轉即正院。正院仍三進，最西端有華佗殿一座一間，東向開門，内供華佗塑像，像前奉光緒三年所鑄之錫爐與錫蠟扦。東爲正殿三間，木額“慈雲永護”，内供泥塑釋迦佛一尊，左觀音一尊，右娘娘三尊，前面小銅佛像九尊，法物僅錫五供一份。殿前南北配殿各三間，南殿供泥塑關帝一尊，北殿供觀音三尊；第二進院内有後殿三間，内供泥塑達摩像一尊，萬曆年間造鐵磬一口即奉於達摩像前[1]。廟内佛殿群房共三十一間，除供奉佛像外，餘房均出租[2]。

至民國二十八年，恒玉圓寂，生前因貧未曾收徒，唯有徒侄詮果，時任北新橋寶公寺住持[3]。詮果長期幫忙料理興隆寺廟務，但此時不在京，直到民國三十年（1941）他纔正式接任住持[4]。1947年民政局登記時，詮果仍任廟内住持[5]。

詮果雖任住持，但他平時并不在興隆寺内居住，廟内僧尼另有其人。至今，老住户們對興隆寺内僧尼印象深刻，他們説，興隆寺分南北兩院。北院是正院，歸一位叫廣生的僧人管理，他就住在後院，身體不好，平時不大與街坊來往，主要依靠房租生活，後來去了廣化寺。老住户們還記得正院西殿僅一間，他們稱其爲藥王殿，説殿内存放蠟扦、鼓等法物，梁間壁上還有彩繪。正殿三間，正中供奉大佛像一尊，骨頭用藏香製成，心肝肚肺俱全，皆爲經文、藏香、金銀等。前面九尊小銅佛，遍體鍍金。南院是跨院，原爲興隆寺的一部分，大約20世紀50年代時，一位女居士將其買下。街坊們將這位女居士稱爲“老當家的”，説她是前清某貴胄之妻，因家庭不睦出家，先買下了護國寺街無量寺，無量寺被拆後，她就搬到此院内居住。從這些描述來看，這位女居士可能就是原籍北平的居士許恒仁[6]。許恒仁住在興隆寺内，仍維持廣泛的社會交際，老太太、小姑子們來找她借宿、上香的很多，她靠香火錢維持生活，同時還收有幾個徒弟。爲增加居住面積，她在南院内新建東房三間，對院内格局改動較大。有人説，“文化大革命”期間，她被活活打死。

20世紀50年代初文物調查時，興隆寺保存尚完好，主要建築有山門一間、倒座殿一間，前後殿各三間，南北配殿各三間，均爲硬山箍頭脊筒瓦頂。1985年調查時，山門已拆除，但主要殿宇尚存，時已爲居民院落[7]。

---

〔1〕國立北平研究院《興隆寺》，0375。

〔2〕北京市檔案館藏《北平市社會局·興隆寺住持僧恒玉送寺廟登記表及社會局的批示》，檔案號J2-8-1051，1936-1941年，頁二十三至二十四。

〔3〕參見《北京内城寺廟碑刻志》卷三，頁三十七至四十八，“寶公寺”條。

〔4〕北京市檔案館藏《北平市社會局·興隆寺住持僧恒玉送寺廟登記表及社會局的批示》，檔案號J2-8-1051，1936-1941年，頁三十五至四十。

〔5〕北京市檔案館藏《北平市民政局·北平市各區寺廟總登記考查簿》，檔案號J3-1-237，1947-1948年，頁二十一。

〔6〕參見《北京内城寺廟碑刻志》卷四，頁七百零九至七百一十。

〔7〕《北京文物勝迹大全（東城區卷）》，頁三百二十九。另見《中國文物地圖集（北京分册·下）》，頁三十一。

2005年、2014年、2017年三次調查時，興隆寺主要殿宇仍存，北院内計有前後大殿各三間，南北配殿各三間，院内還有棗樹、松樹、柏樹爲古樹。受1976年地震影響，除佛殿外其它群房均有較大改動，南院尤甚，已無原廟建築，現仍爲住家院落。

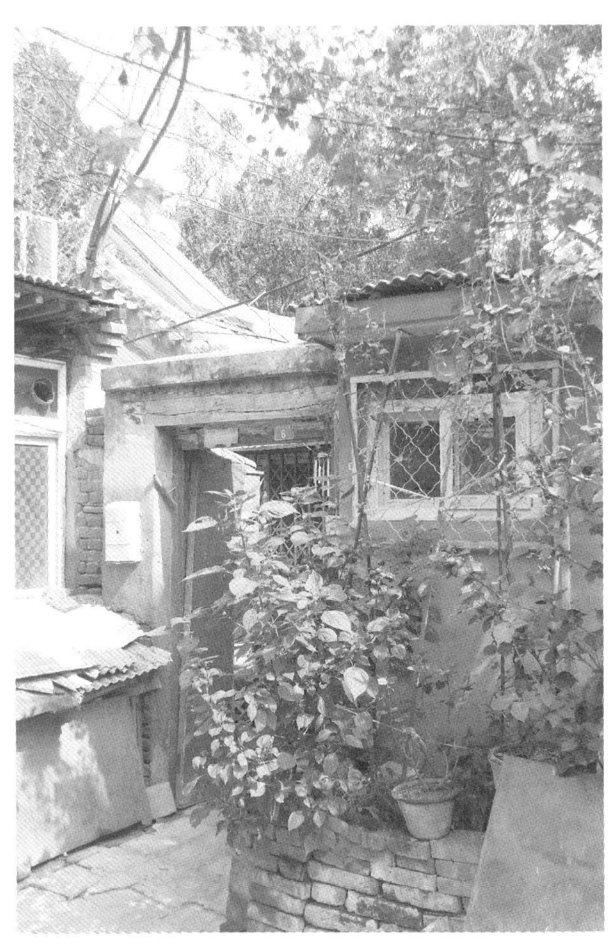

興隆寺門口（2013年10月 曉松攝）

鐘鼓司

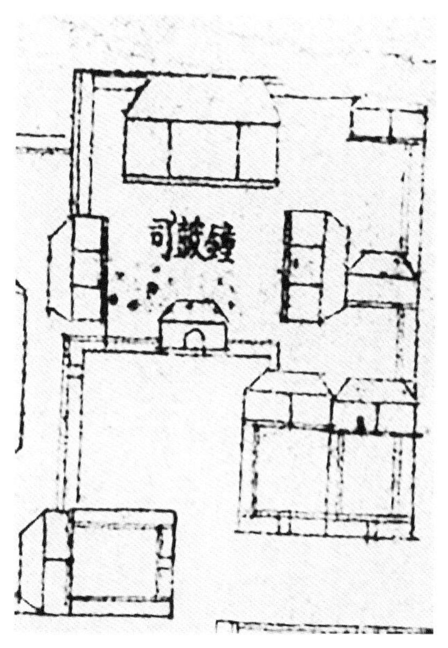

鐘鼓司，亦作鐘鼓寺、鐘鼓司佛堂，原址在内六區鐘鼓寺胡同十四號（今爲東城區鐘鼓胡同十七號），寺廟建築現存部分。

鐘鼓司應始建於明代，諸文獻均稱此寺即明鐘鼓司廨[1]。據《明史·職官志》記，鐘鼓司掌印太監一員，僉書、司房、學藝官無定員，掌管出朝鐘鼓及内樂、傳奇、過錦、打稻諸雜戲[2]。内廷諸戲劇俱隸鐘鼓司，皆習相傳院本，沿金元之舊，以故其事多與教坊相通[3]。據《日下舊聞考》引《穀城山房筆塵》記：内官諸署指鐘鼓司爲東衙門，賤而不居[4]。

清順治十三年（1656），改鐘鼓司爲禮儀監，但鐘鼓寺仍存[5]。《雍正廟册》中記，鐘鼓司佛堂爲大僧廟，有殿宇四間、禪房七間，住持隆慶。《乾隆廟册》登記時，廟名已寫作“鐘鼓寺”，仍爲大僧廟，住持法福。從乾隆《京城全圖》上看，鐘鼓司位於關東店胡同北頭，坐北朝南，僅有一進院落。南有山門一座一間，後爲正殿三間，前有東西配殿各三間。東配殿東墻後有南向小房一間，院落東北角亦有南向小房二

[1]《日下舊聞考》卷三十九·皇城，頁六百一十七。《宸垣識略》卷三·皇城一，頁五十。《京師坊巷志稿》卷上，頁三十五。《燕都叢考》，第二編·内六區各街市，頁四百六十六。

[2]《明史·職官志三》，四庫全書本，卷七十四·志五十，頁三十一。

[3]《萬曆野獲編》補遺卷一，“禁中演戲”條。（明）沈德符《萬曆野獲編》，北京：中華書局，1959年，頁八百五十七。

[4]《日下舊聞考》卷三十九·皇城，頁六百一十七。

[5]（清）鄂爾泰等修《八旗通志（初集）》，長春：東北師範大學出版社，1985年，頁七百七十三。

間。佛殿群房數量與《雍正廟册》所記相差不遠。

此後鐘鼓司不見於歷代寺廟登記記録，可能早已非祭祀之所。但老住户稱，清末時曾有宫女在此處出家。至民國初年，此處已成爲北京大學宿舍。1917 年，胡適回國任北京大學教授，1918 年 5 月，江冬秀來京與丈夫團聚，是月，胡適與江冬秀搬至此院内居住[1]。

2014 年調查時，鐘鼓司原建築尚存南向正殿三間、東西厢房各三間、南房四間半，除正殿爲筒瓦頂外，其餘均爲平瓦，院内還有兩株槐樹。建築格局與《京城全圖》所繪變化不大。現爲居民住家院落。

鐘鼓司正殿（2013 年 10 月 曉松攝）

〔1〕中國人民政治協商會議北京市西城區委員會文史資料委員會編《胡同春秋》，北京：中國文史出版社，2002 年，頁一百九十八。

龍王廟

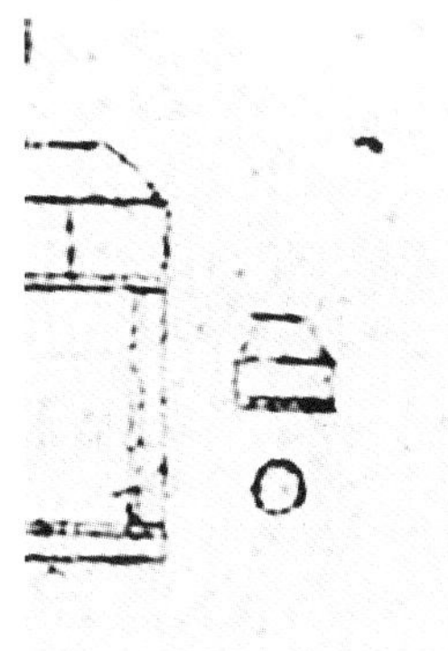

龍王廟，廟名不見於乾隆《京城全圖》，但圖上確實畫出其廟房及水井。原址曾一度爲水簸箕胡同三號，今爲東城區水簸箕胡同甲五號織染局小學校園東南角位置處。寺廟建築現已不存。

龍王廟不知始建於何時，乾隆《京城全圖》在織染局胡同東口路北繪有水井一眼，北有小房一所，雖未注廟名，但應即此龍王廟。清光緒二十二年（1896），龍王廟廟産歸西鄰華嚴庵管理，有白字一紙爲證，但惜其詳情無考[1]。1931年國立北平研究院調查時，此處僅當街小廟一間，已無神像[2]。1932年，華嚴寺僧人用磚瓦將小廟封閉[3]。但1945年警察局調查時，發現廟門又重新打開，雖仍只一間殿，但内奉龍王神像[4]。20世紀50年代文物調查記録，龍王廟坐北朝南，面闊三米五，進深三米四，硬山筒瓦頂，門前水井仍在使用[5]。

老住户們回憶，龍王廟屬於華嚴寺廟産，亦有香火。廟前水井一眼，却爲苦水，人們日常飲用水都從别處拉來。後因建織染局小學而拆除。80年代調查時，小廟廟房已無存[6]，蓋其地時已并入織染局小學範圍内。

2005年調查時，龍王廟踪影難覓，水井業已不存，其原址時爲小賣部。2014至2018年調查時，小賣部無存，被納入織染局小學校園東南角内。

〔1〕北京市檔案館藏《北平市社會局·内六區華嚴寺僧人修然呈請登記廟産并接充主持及社會局的批示》，檔案號J2-8-190，1930-1942年，頁四。另參見本排段“華嚴庵”條。

〔2〕國立北平研究院《龍王廟》，0370。

〔3〕北京市檔案館藏《北平市社會局·内六區華嚴寺僧人修然呈請登記廟産并接充主持及社會局的批示》，檔案號J2-8-190，1930-1942年，頁十。

〔4〕首都圖書館藏《北平寺廟調查一覽表》。

〔5〕《北京文物勝迹大全（東城區卷）》，頁三百。

〔6〕同上。

關帝廟（吉安所）

關帝廟，不見於乾隆《京城全圖》，原址在内六區吉安所左巷十三號（今爲東城區吉安所左巷一號），寺廟建築現已不存。

民國時廟主稱此廟始建於清乾隆四十三年（1778），但并無它據。有史可查的最早記録，是山門石額載此廟曾於清咸豐二年（1852）重修。至民國十四年（1925）時，和尚志昆將關帝廟賣給了旗人道士智功棟。智功棟原名費智泰，中年入道，智功棟是其道號。他買下關帝廟後，家人都搬入居住。民國十八年（1929），智功棟去世，其子在此之前亦已去世，只剩下孫子費寶書及其母。母子二人生活陷入極度貧困中，只能將關帝廟不斷拆除變賣[1]。至1931年北平研究院調查時，關帝廟僅剩東房一間、東棚一間，南向山門仍在，上有石額"忠義威顯關聖禪林"，此外廟内神像、法器一應俱無[2]。爲生活所迫，費寶書到西單華興成衣鋪學徒，母親到天津公安局支科長家中幫傭，關帝廟租與楊全鳳開設天寶順煤棧[3]。

此後關帝廟再無記載。至今人們還記得關帝廟内開設的煤棧。老住户説，煤廠老闆姓楊，人稱"楊掌櫃"，附近幾條胡同的人均賴此煤鋪取煤。其後人現在還住在三眼井胡同内。楊掌櫃曾告訴街坊，煤棧原來的確是座廟，但年深日久，街坊們并未親眼所見。

2016年調查時，煤廠并也無存，關帝廟原址上是一座三層小樓。

---

〔1〕北京市檔案館藏《北平市社會局·内六區老爺廟費寶書登記廟産的呈及社會局的批示（附寺廟登記表）》，檔案號J2-8-845，1934年，頁十九至二十五。

〔2〕國立北平研究院《關帝廟》，0357。

〔3〕北京市檔案館藏《北平市社會局·内六區老爺廟費寶書登記廟産的呈及社會局的批示（附寺廟登記表）》，檔案號J2-8-845，1934年，頁十九至二十五。

五排六段

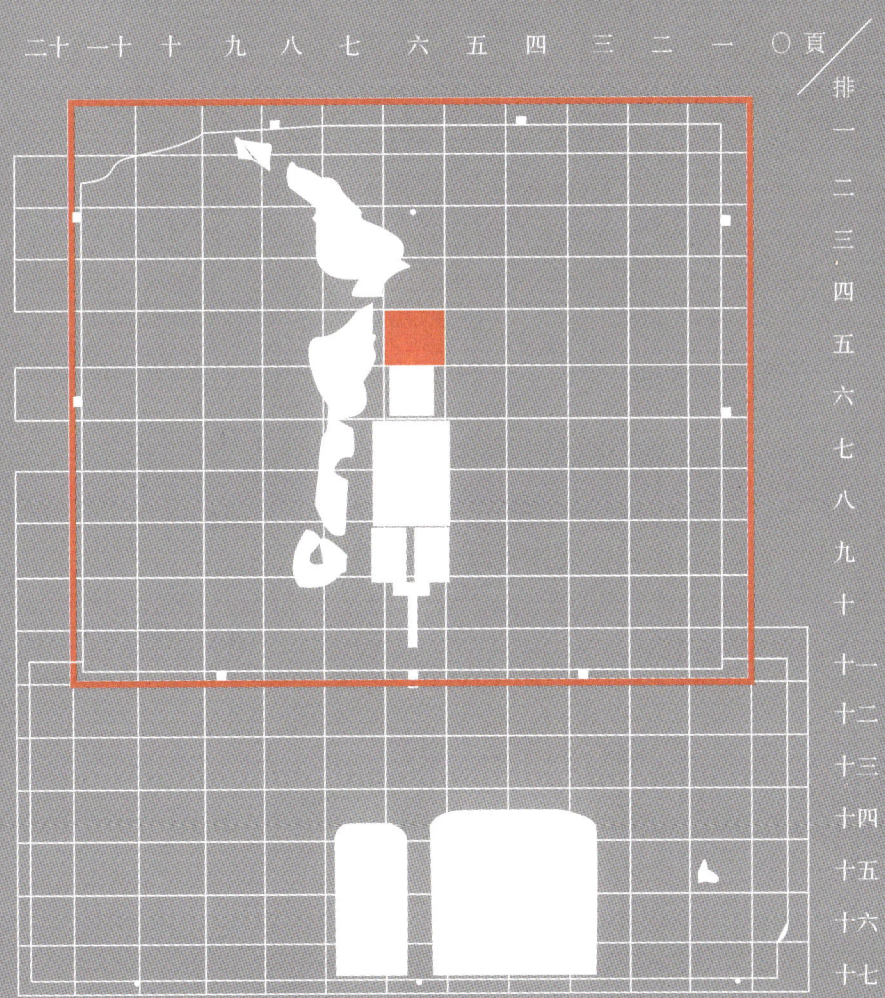

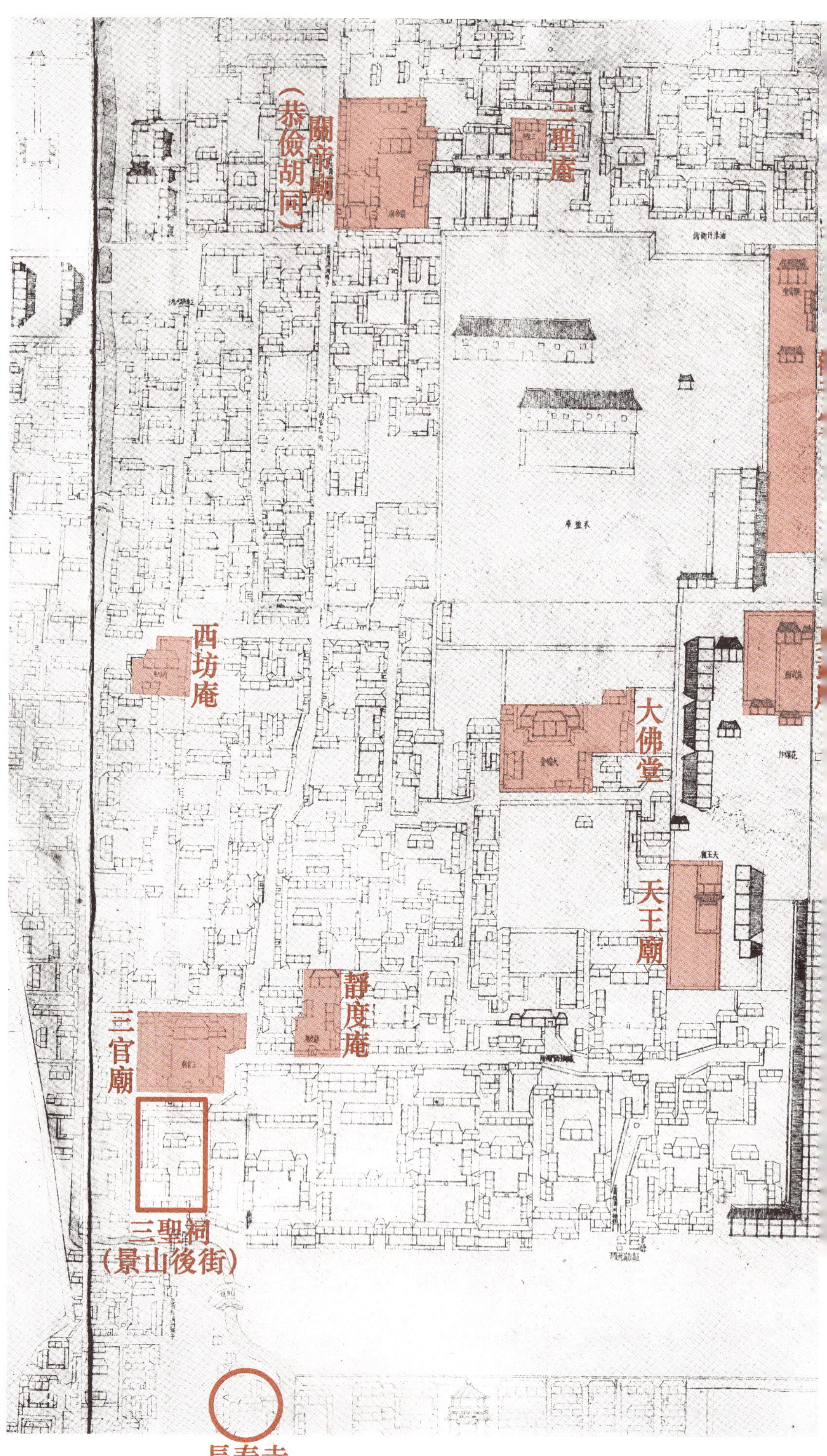
關帝廟
（恭儉胡同）
三聖庵
西坊庵
大佛堂
天王廟
靜度庵
三官廟
三聖祠
（景山後街）
長春寺

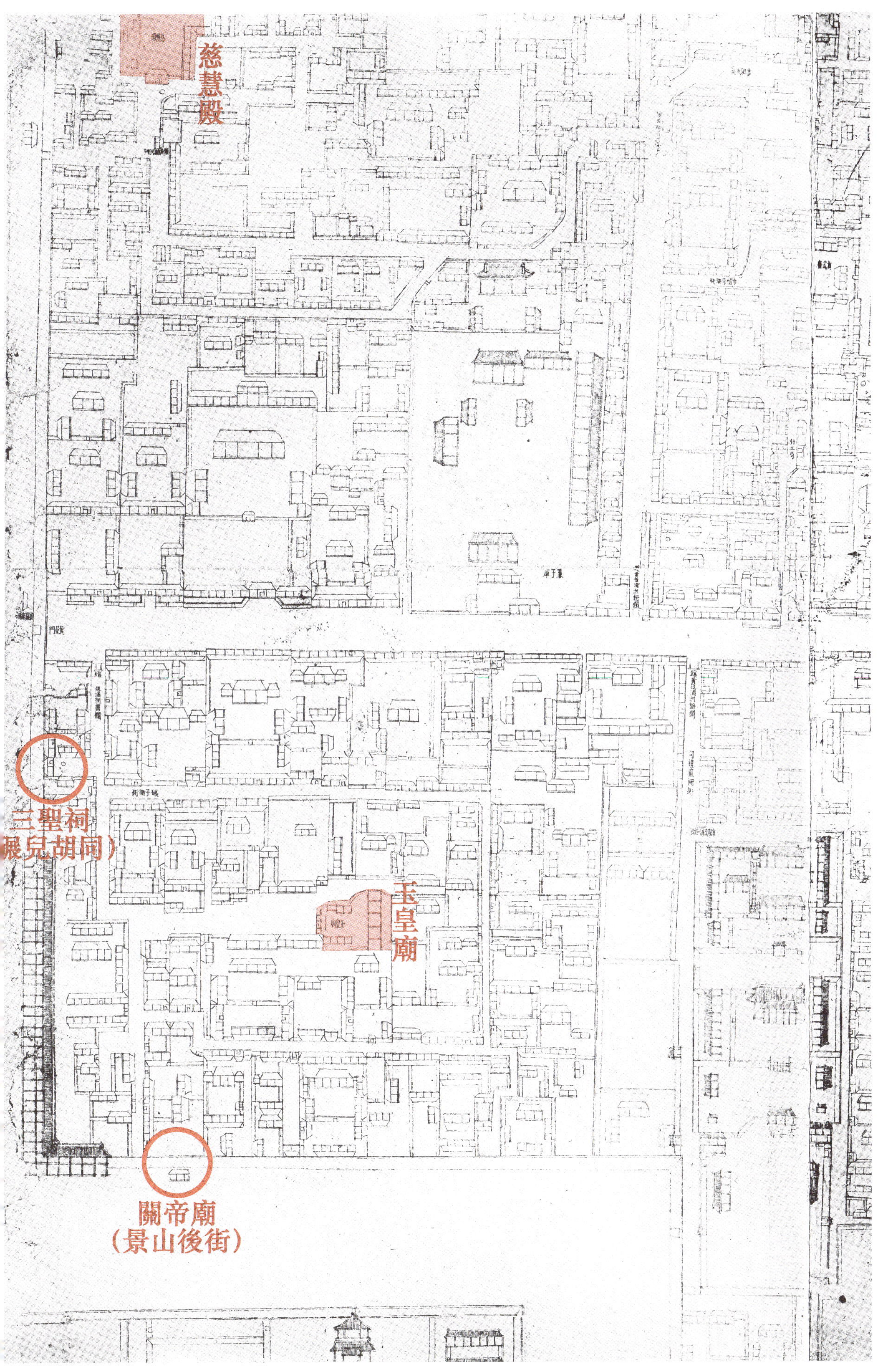
慈慧殿
三聖祠
（屜兒胡同）
玉皇廟
關帝廟
（景山後街）

慈慧殿

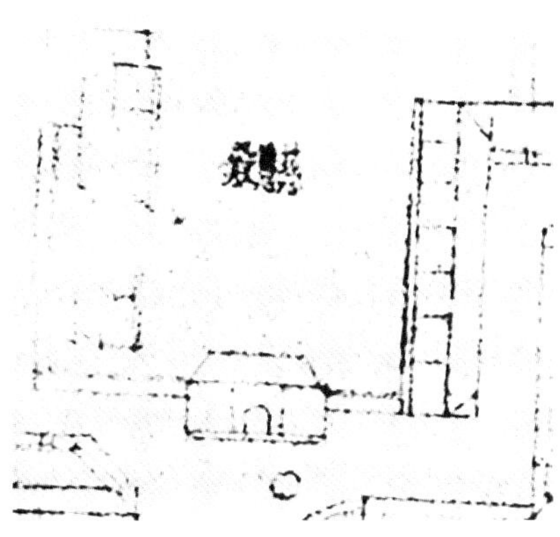

慈慧殿，曾訛爲慈菇殿[1]，又名慈慧寺、慈慧禪林、護國龍泉慈慧寺，原址在内六區北月牙胡同六號（今爲東城區北月牙胡同十一號），寺廟建築現存部分。寺内曾有碑石四通，《日下舊聞考》等文獻中記其二，一碑篆額"司設監"三字，餘文模糊不可讀。另一碑爲康熙間重修碑，碑文中云明宫監以梵宇爲私廨[2]。然此二碑今已不可考，碑石拓片皆已不存。宣統三年（1911），寺内立碑二通，其中一通爲張之漢撰、楊世勇書《慈慧寺碑》，另一通陽爲僧道階撰《慈慧寺（中興）碑》，陰爲僧常真撰《慈慧寺碑》。後碑於 2005 年 3 月 29 日由東城區文物部門運至鐘樓收存[3]。

慈慧殿莫詳所始，歷代北京文獻皆記其曾爲明司設監私廨。《明史·職官志》記：司設監，掌印太監一員，總理、管理、僉書等無定員。掌鹵簿、儀仗、帷幕之事[4]。記此寺爲司設監内私廨之碑今已不可考，民國時寺廟住持登記，廟内有明嘉靖年間木質五供一份，由廟内歷代傳承，或爲之證[5]。

至清初，司設監廢，此地遂以寺得名曰"慈慧殿"[6]。康熙年間，寺曾重

[1] 此訛稱見《京師坊巷志稿》《光緒順天府志》等文獻。

[2]《京師坊巷志稿》卷上，頁三十八。《光緒順天府志》京師志十六·寺觀一·皇城寺觀，頁四百七十四。《日下舊聞考》卷三十九·皇城，頁六百一十四。《宸垣識略》卷三，頁五十一。《北京市志稿·宗教志 名迹志》，頁六十三。《北平廟宇通檢》，頁九十五。《故都變遷記略》，頁三十七。

[3] 盧彦主編《北京東城年鑒 2005》，北京：民族出版社，2005 年，頁二百九十二。

[4]《明史·職官志三》，四庫全書本，卷七十四·志五十，頁三十一。

[5] 北京市檔案館藏《北平市社會局·内六區慈慧寺僧人修起關於繼任住持的呈文及社會局的批示》，檔案號 J2-8-180，1930-1937 年，頁五。

[6]《光緒順天府志》京師志十六·寺觀一·皇城寺觀，頁四百七十四。

修，然碑記今已無存。僅據宣統三年《慈慧寺碑》知重修時住持爲僧漪真[1]。民國時廟内曾有鐵鐘一口，爲康熙二十五年（1686）所鑄，可能與當時重修有關。據《雍正廟册》記，後門内慈慧殿爲大僧廟，有殿宇六間、禪房十四間，住持法號廣湛。《乾隆廟册》登記慈慧殿仍爲大僧廟，住持心德。乾隆《京城全圖》上，慈慧殿恰在兩排之間，模糊不清，僅能看出寺在一南北走向胡同（即歷代文獻所記之慈慧殿胡同）北頭，坐北朝南，有山門三間，門前水井一眼。前院内有東房一座共七間，西房兩座，各三間。再北之建築格局均缺。

至清末時，慈明曾住持寺中四十餘年。清光緒十八年（1892）廟内鑄鐵鼎一座、光緒二十三年（1897），慈明又鑄鐵磬一口，獻於山門殿關帝聖前，然時局動盪、民生日艱，廟宇殿傾壁圮、蕭令已極，慈明圓寂後將廟産傳給徒侄俊祥。庚子之變（1900）時，俊祥爲德兵所迫不敢歸寺，願以一百五十兩銀賣給僧人常真。常真，號達通禪師，奉天廣寧人，於奉天千山龍泉寺落髮爲僧，傳毘盧派，在北京西郊香界寺受具足戒，曾住持香界寺下院吉祥庵，此時正移住慈慧殿不遠處的大佛寺[2]。俊祥與之有交，乃堅請常真接任慈慧寺住持。常真住持吉祥庵時，曾有内監某人攜銀逃難，因懼怕被搜出罹難，故將銀兩存於常真處。内監久而不歸，常真取出銀兩，恰够買慈慧寺之費。於是常真接任慈慧寺住持，因寺内徒然四壁，每日只能募米自炊、蕭然瓶鉢，乃意欲重修。然恰逢光緒新政，僧人坐關掩鎖等苦化緣均被視爲違法，常真無化緣之徒，此事只得擱置。一日，僧人見佛殿前古槐上有喜鵲結巢，念微禽尚能營室而佛門弟子却不能安佛所栖，心受震動，於是在佛前立下宏願，要重整廟宇、妥安佛靈。兵部正郎祝川原任大施主，代爲募化親友，并叮囑常真先拆舊廟再募緣資。然不想舊廟雖拆、資尚未集時，祝川却駕鶴西去。常真無法，只能自行托鉢勸募，居然集够資財，將前殿三楹、正殿三楹同時建起。祝川之子又慷慨解囊，捐助二百餘兩，莊嚴塑像、繪畫佛像。至光緒三十二年（1906）九月，慈慧寺終於重建完成。因常真出自千山龍泉寺，乃將廟名改爲“護國龍泉慈慧寺”。從光緒三十三年（1907）開始，常真趁赴奉天萬壽寺傳戒之機，在錦州、廣寧、遼陽等多處化緣，爲大悲觀音像重塑金身，又將配殿、圍墻等依次修整。至宣統元年（1909），复在正殿後建後樓二層各三間，帶左右耳房兩間。後樓上層奉釋迦佛、三十三祖師與龍泉祖堂，下層奉阿彌陀佛。至此，慈慧寺終於重修告竣，非復荒凉景象，欽加二品銜花翎湖南衡永郴桂道錫齡阿乃爲大殿手書木額“慈昭寰海”[3]。是年，民國名僧，後任法源寺住持的道階和尚因請龍藏入京，曾受邀住慈慧寺。後又應龍泉寺之請，再入都講《大乘起信論》，受達通禪師之邀撰《慈慧寺（中興）碑》[4]。常真將多餘僧房租與來京學生，光緒庚戌年（1910），奉天學生張之漢來京應試，住在廟内，後己酉科爲優貢生，乃爲常真作《慈慧寺碑》，述其重修始末，同樣來自奉天的優廩生楊世勇書碑[5]。

民國四年（1915），因王谷氏無力焚修，將自置家廟安樂堂胡同極樂寺[6]送給常真作爲下院。常真圓寂後，二廟廟産傳與安慧。民國十九年（1930）二月，安慧病逝於協和醫院，無法嗣繼承，乃由同宗商議，請來自遼寧海城的僧人修起繼任兩寺住持。修起，字證果，時任宣外果子巷張相公廟

[1] 清宣統三年（1911）《慈慧寺碑》，京660，《北京圖書館藏中國歷代石刻拓本匯編》卷九十，頁八十二至八十三。

[2] 見乾隆《京城全圖》六排五段大佛寺。

[3] 常真修廟原委，見清宣統三年（1911）《慈慧寺碑》。

[4] 清宣統三年（1911）《慈慧寺（中興）碑》，京658，《北京圖書館藏中國歷代石刻拓本匯編》卷九十，頁八十一。

[5] 即清宣統三年（1911）《慈慧寺碑》。

[6] 參見《北京内城寺廟碑刻志》第四卷（上），“安樂堂”條，頁三百三十六至三百四十。

住持，是安慧之宗派的宗長[1]。他繼任住持後，并不住慈慧寺，另由僧人慧三看管廟産。此時慈慧寺共兩進，山門南向，石額“護國龍泉慈慧禪林”。山門殿三間，内供泥塑關帝一尊，左右立像四座，神前有灰漆五供一份、鐵磬一口。後面韋陀一尊，木質金身。第一進院内有北殿三間，木額“慈航普渡”，乃光緒三十二年（1906）大殿重修後所立。殿内奉木像金身千手佛神像，蓮花座，前有銅五供一份，上有宣統三年木額“慈昭寰海”。殿前院内立光緒十八年（1892）鐵鼎，後有二碑，左碑爲《重修慈慧寺碑記》，右碑爲《慈慧寺（中興）碑記》（與《慈慧寺碑》同刻一石）。千手佛殿後經一小過道通向後佛樓，時樓内僅供釋迦銅佛，左右耳房均爲住房[2]。院内槐樹兩株、山門前左方水井一眼、院内水井一眼。另有墳地一畝半，坐落於安定門外小營南[3]。

修起接廟後，慈慧殿繼續對外出租給學生作爲宿舍。也許與常真、修起都來自奉天有關，大量東北流亡北平的學生都聚集在慈慧寺内，李大釗的子女也曾在此居住，地下黨組織常在這裏接頭、開會研究工作[4]。1931年，中國共産黨領導的“中國左翼戲劇家聯盟北平分盟”（簡稱“北平劇聯”）成立，其機關和排演場就設在慈慧寺。1932年，聶耳北上北平，參加了北平劇聯的活動，電影《聶耳》（1959年）拍攝這段歷史時，曾在慈慧寺實地取景。據當年劇團參與者回憶，廟内有位山東籍僧人叫智能，時年約四十左右，受學生影響閲讀革命書籍，并經學生介紹參加了革命互濟會。智能利用他僧人的身份從事地下工作，例如到獄中聯絡地下黨員、用僧袍隱藏攜帶傳單等。1933年，慈慧寺被當局搜查，智能還俗到唐山當了工人[5]。

民國二十六年（1937），修起病重，由廣濟寺顯宗和尚等人主持，將他名下三廟分與三人：張相公廟由修起之徒住持、極樂寺由修起徒孫住持，而慈慧寺則由修起的摯友：廣濟寺内同事，時爲法源寺執事的常範住持[6]。

1947年，常範最後一次在北平市民政局登記[7]，其後再不見慈慧寺檔案。老住户們對寺内和尚印象很深，説寺内香火很旺，初一十五常有人燒香上供，僧人亦會將供品分與附近兒童。他們還記得山東和尚智能，説他俗家姓崔，參加過地下黨，經常與人在寺中秘密開會。但智能走後，新來的僧人不守清規，與某國民黨官員之妾有染。1949年以前僧人弃寺而逃，其姐妹接管廟産，來慈慧寺中做了尼姑，不久後，廟産歸公，成爲景山服裝廠的廠房[8]。1960年代，爲挖防空洞，寺内兩株遮天蔽日的古槐被斫去，石碑一通也被移走。1985年調查時，此寺尚存正殿和配殿[9]。但不久後山門殿被拆，其原址新建兩層樓的北月賓館。

---

〔1〕北京市檔案館藏《北平市社會局·内六區慈慧寺僧人修起關於繼任住持的呈文及社會局的批示》，檔案號J2-8-180，1930-1937年，頁十八至二十五。

〔2〕國立北平研究院《慈慧寺》，0379。

〔3〕北京市檔案館藏《北平市社會局·内六區慈慧寺僧人修起關於繼任住持的呈文及社會局的批示》，檔案號J2-8-180，1930-1937年，頁四。

〔4〕參見北京燕山出版社編《古都藝海擷英》，北京：北京燕山出版社，1996年，頁五百三十八。中共北京市委黨史研究室《北京革命史簡明詞典》，北京：北京出版社，1992年，頁四百三十。

〔5〕孔海珠《于伶传論》，上海：上海人民出版社，2014年，頁五十六至五十七。

〔6〕北京市檔案館藏《北平市社會局·内六區慈慧寺僧人修起關於繼任住持的呈文及社會局的批示》，檔案號J2-8-180，1930-1937年，頁八十三至八十四。

〔7〕北京市檔案館藏《北平市民政局·北平市各區寺廟總登記考查簿》，檔案號J3-1-237，1947-1948年，頁三十五。

〔8〕直至20世紀90年代仍如此，參見中共北京市委黨史研究室《北京革命史簡明詞典》，北京：北京出版社，1992年，頁四百三十。

〔9〕《北京文物勝迹大全（東城區卷）》，頁二百五十二。《中國文物地圖集（北京分册·下）》，頁三十三。

2004年調查時,慈慧寺尚存正殿三間,對外出租用作辦公室,後罩樓仍在,爲木質,時被定爲危房,正擬拆除。除此之外還有西厢房一間、東厢房三間,尚爲筒瓦建築。2008年時,後罩樓原址翻建,仍爲兩層各三間。2014年調查,正殿、後罩樓與厢房仍存。慈慧寺原址被分成兩個院落,門牌均爲北月牙胡同十一號,但一爲北月賓館,一爲住家院落,相互之間并不相通。

電影《聶耳》中的慈慧寺外景(1959年)

電影《聶耳》中的慈慧寺内景(1959年)

慈慧寺後殿（2013 年 10 月 曉松攝）

京 660《慈慧寺碑》陽

今將捐助修建佛樓刻立碑記
諸善士芳名列登於後
欽加二品銜花翎直隸通永道 錫齡阿 助銀三十兩
欽命花翎二品銜甘肅鞏秦階道 恆啟 助銀五十兩
花翎二品銜候選道 楊煥宸 助銀五十兩
信士弟子 厲真孝 助銀一百兩
花翎二品頂戴上駟院正卿 文照 助銀一百兩
頭品頂戴花翎前古城城守尉元奮延恩輕車都尉勅舊佐領 雙林 助銀三十兩
奏事處行走內務府郎中 明謙 助銀二十兩
奉天遼陽千山龍泉寺老方丈 慧航 助洋五十元
奉天遼陽州大和尚 運淨 助洋七十元
奉天萬壽寺老和尚 常鎮 助洋五十元
奉天萬壽寺監院和尚 淨純 助洋五十元
奉天錦州毘盧菴和尚 明心 助銀四十兩
直隸房山縣南大廟大方 清天 助銀碑料二十兩
蕭興達 助銀一百兩
俞世榮 助銀三十兩

王福　英祿　周雲階　席茂亭　牛德銓　徐竹軒 各助銀拾兩
王廼賡　任祚縣　李得和　王居士　張文瑞
東永興 例年佈施傢伙作
石太監　任太監　勝居　潤清　義祥　乾清宮 各助銀四兩
張茂亭　崑山　劉華 各助銀弍兩
趙玉峯 助銀二十兩
關居士　李子厚 各助洋二十元
同義石廠 助銀三兩

劉永寬 助鼎爐紋銀壹二兩
李得和　王得祿　趙芝山 各助銀十兩
王子元　吉爾杭阿　王玉山　王秀山 各助銀壹兩
興泉湧 例年佈施布棚
趙厚菴 助銀十五兩
金德剛　劉玉如　張景年　王蘭溪 各助銀十兩
周通　王永和　張世光　劉海亭　李慶溥　誠靄軒　馬吉亭　齊廷相 各助銀四兩

張桐軒　韓當順　連仲　松壽　王祥安　陳澤川 各助銀弍兩
崔德沛　汪子授　張顯臣　曹銘　單德恆
沈子衡 助石料五丈
周錫起　劉文祥　奕壽　邵澤田 各助銀壹兩
劉德勝　李本固　戴連順　董松和　谷子純　姜玉山

大清宣統三年歲次辛亥六月　日

京660《慈慧寺碑》陰

永垂
不朽

重修慈慧寺碑記

華嚴寶讃云法不孤起道不虚行續佛慧命必有其人韙哉言乎蓋於達通禪師修復慈慧佛寺益信之矣寺在京師
地安門内左偏創始年代莫可考前明司設監以寺爲廨其地嚮呼司設監監廢後以寺得名曰慈慧殿至今仍之明
宮監勢最張據爲私廨意當時寺必宏廓碑碣無存莫徵舊址
國初由僧寮住持自漪真和尚修葺後遞傳慈明垂四十年殿傾壁圮蕭零已極慈明圓寂付徒姪俊祥主香火益即荒
落旋值庚子之變
鑾輿西幸聯軍入京俊祥因越清規犯外禁爲德兵所迫不敢歸寺計欲遠遁苦無資斧潜往大佛寺堅請兑香火於達通
禪師達通禪師者法名常真奉天廣寧人生具佛慧壯悟空門祝髮千山龍泉寺爲毗盧派僧出受京師香界寺法戒
時由香界下院吉祥庵移住大佛寺俊祥先與有言故往求焉達師前住吉祥庵有某内監携百五十金逃難懼外兵
搜出賈禍委金師處孑身逃去久之不返金無所歸而俊祥索兑資適符此數爰以畀之寺遂歸達師住持鐘魚僅存
榛礫山積塵封佛座烟冷僧厨募米自炊蕭然瓶鉢每日奉佛外自晨迄夕躬自掃除累月始净潔而檐廊歲久瓦脱
棟垂雨溜金身佛光黯黮思欲募化重修正值
朝廷鋭行新法凡坐觀拖鎖等苦行皆干時禁枯守残敝幾歷星霜一日見殿前古槐雙鵲結巢其上慨然動念以爲鵲
本微禽尚能結巢以息身爲佛弟子顧不能募修梵宇曾微禽之不若矣遂發願佛前誓重修建精誠所積有感斯通
時恩公祝川官兵部正郎都下搢紳多與有舊許集親友爲募善緣且囑先拆廟而後募緣則資易集達師如言拆迄
而恩公遽以疾卒達師逾不得已迺自出勸募諸信士苦口苦心咸爲感動布金種福集成善緣將前殿三楹正殿三
楹同時建起而塑畫之費尚無出恩公之公子繼其父志慨助二百金莊岩粗具乃告落成時光緒三十二年九月也
次年達師應奉天萬壽寺傳戒之緣逾道至錦州廣寧遼陽等處復募集多資重金大悲菩薩法身配殿圍墻亦以次
修整宣統紀元復撙節餘資於殿後隙地建樓三楹耳以平臺兩間上祀釋迦佛及三十三祖并龍泉祖堂下奉阿彌
陀佛殿閣琳瑯佛光焕發非復荒凉景象矣歲庚戌應試來都借榻兹寺達師爲述其源委如右余因有感焉佛自漢
代入中華其間盛衰顯晦倚伏循環誰實爲之皈依佛法之人爲之也庚子變起三寶韜光佛教式微莫此爲極使非
有貞心苦行百折不回如達師者其能於晦盲否塞之秋緜延釋氏宗傳於一綫乎而慈慧數百年之古刹得免陷於
劫塵墟爲瓦礫固達師維持佛界之功然猶顯焉者也續佛慧命必有其人微達師其誰與歸耶是爲記

花翎提舉銜選用分州己酉科優貢生奉天張之漢撰文

宣統三年六月上旬　奉天寧遠州優廩生楊世勇敬書

京660《慈慧寺碑》陽

萬善同歸

今將捐助修建佛樓刻立碑記

諸善士芳名列登於後

欽加二品銜花翎直隸通永道 錫齡阿 助銀三十兩
欽命花翎二品銜甘肅鞏秦階道 恒啓 助銀五十兩
花翎二品銜候選道 楊焕宸 助銀五十兩
信士弟子 厲真孝 助銀一百兩
花翎二品頂戴上駟院正卿 文照 助銀一百兩
頭品頂戴花翎前古城城守尉元裔延恩輕車都尉勛舊佐領 雙林 助銀三十兩
奏事處行走內務府郎中 明謙 助銀二十兩
奉天遼陽千山龍泉寺老方丈 思航 助洋五十元
奉天遼陽州長安寺大和尚 至净 助洋七十元
奉天萬壽寺老和尚 常鎮 助洋五十元
奉天萬壽寺監院和尚 净純 助洋五十元
奉天錦州毗盧庵和尚 明心 助銀四十兩
直隸房山縣南大廟方丈 清天 助碑料兩樽銀二十兩
蕭興達 助銀一百兩
俞世榮 助銀三十兩

王福
英禄
周雲階
席茂亭
牛德銓
徐竹軒 各助銀拾兩
王廼賡
任祚緜
李得和
王居士
張文瑞
東永興例年布施傢伙作
石太監膳房潤清
任太監義祥乾清宮副督 各助銀四兩
張茂亭
崑都 各助銀貳兩
劉華亭
趙玉峰 助銀二十兩
闞居士
李子厚 各助洋七十元
同義石廠 助銀三兩

劉永寬 助鼎炉壹樽紋銀二兩
李得和
王得禄
趙芝山 各助銀十兩
王子元
吉爾杭阿
王玉山
王秀山 各助銀壹兩
興泉湧例年布施布棚
趙厚庵 助銀十五兩
金德剛
劉玉如
張景年
王蘭溪 各助銀十兩
周通
王永和
張世光
劉海亭
李慶溥
誠靄軒 各助銀四兩
馬吉亭
齊廷相

張桐軒
韓當順
連仲
松壽
王祥安
陳澤川 各助銀貳兩
崔德沛
汪子授
張顯臣
曹銘
單德恒
沈子衡 助石料五丈
周錫起
劉文祥
奕壽
邵澤田 各助銀壹兩
劉德勝
李本固
戴連順
董松和
谷子純
姜玉山

大清宣統三年歲次辛亥六月 日

京660《慈慧寺碑》陰

慈慧寺碑

額題:永垂不朽
首題:重修慈慧寺碑記
年代:清宣統三年(1911)六月上旬
原在地:東城區地安門内大街慈慧胡同
拓片尺寸:碑陽高118、寬62厘米,碑額高16、寬14厘米
書體:正書
撰人:張之漢
書人:楊世勇
《目録》:頁377
拓片編號:京660
拓片録自:《北京圖書館藏中國歷代石刻拓本匯編》第90卷82–83頁

【碑陽】

額題:永垂不朽

碑文:

重修慈慧寺碑記 1

《華嚴寶讚》云:法不孤起,道不虛行,續佛慧命,必有其人。韙哉言乎。蓋於達通禪師修復慈慧佛寺,益信之矣。寺在京師 2 地安門内左偏,創始年代莫可考。前明司設監以寺爲廨,其地嚮呼司設監。監廢後,以寺得名,曰慈慧殿,至今仍之。明 3 宫監勢最張,據爲私廨。意當時寺必宏廓。碑碣無存,莫徵舊址。4 國初由僧寮住持。自漪真和尚修葺後,遞傳慈明,垂四十年,殿傾壁圮,蕭零已極。慈明圓寂,付徒姪俊祥主香火,益即荒 5 落。旋值庚子之變,6 鑾輿西幸,聯軍入京,俊祥因越清規、犯外禁,爲德兵所迫,不敢歸寺,計欲遠遁。苦無資斧,潛往大佛寺,堅請兑香火於達通 7 禪師。達通禪師者,法名常真,奉天廣寧人,生具佛慧,壯悟空門,祝髮千山龍泉寺,爲毗盧派僧,出受京師香界寺法戒,8 時由香界下院吉祥庵移住大佛寺。俊祥先與有言,故往求焉。達師前住吉祥庵,有某内監攜百五十金逃難,懼外兵 9 搜出賈禍,委金師處,孑身逃去,久之不返,金無所歸,而俊祥索兑資,適符此數,爰以畀之,寺遂歸達師住持。鐘魚僅存,10 榛礫山積,塵封佛座,烟冷僧厨,募米自炊,蕭然瓶鉢。每日奉佛外,自晨迄夕,躬自掃除,累月始净潔。而檐廊歲久,瓦脱 11 棟垂,雨溜金身,佛光黯黮,思欲募化重修,正值 12 朝廷鋭行新法,凡坐觀拖鎖等苦行皆干時禁,枯守残敝,幾歷星霜。一日見殿前古槐,雙鵲結巢其上,慨然動念,以爲鵲 13 本微禽,尚能結巢以息。身爲佛弟子,顧不能募修梵宇,曾微禽之不若矣。遂發願佛前,誓重修建,精誠所積,有感斯通。14 時恩公祝川官兵部正郎,都下搢紳,多與有舊,許集親友,爲募善緣,且囑先拆廟而後募緣,則資易集。達師如言拆迄,15 而恩公遽以疾卒。達師逾不得已,迺自出勸募諸信士,苦口苦心,咸爲感動,布金種福,集成善緣,將前殿三楹、正殿三 16 楹

同時建起，而塑畫之費尚無出。恩公之公子繼其父志，慨助二百金，莊嚴粗具，乃告落成，時光緒三十二年九月也。17 次年達師應奉天萬壽寺傳戒之緣，逾道至錦州、廣寧、遼陽等處，復募集多資，重金大悲菩薩法身，配殿、圍墻亦以次 18 修整。宣統紀元，復撙節餘資，於殿後隙地建樓三楹，耳以平臺兩間，上祀釋迦佛及三十三祖并龍泉祖堂，下奉阿彌 19 陀佛。殿閣琳瑯，佛光煥發，非復荒凉景象矣。歲庚戌應試來都，借榻兹寺，達師爲述其源委如右。余因有感焉：佛自漢 20 代入中華，其間盛衰顯晦，倚伏循環，誰實爲之？皈依佛法之人爲之也。庚子變起，三寶韜光，佛教式微，莫此爲極。使非 21 有真心苦行、百折不回如達師者，其能於晦盲否塞之秋，緜延釋氏宗傳於一綫乎？而慈慧數百年之古刹得免陷於 22 劫塵、墟爲瓦礫，固達師維持佛界之功，然猶顯焉者也。續佛慧命，必有其人，微達師，其誰與歸耶？是爲記。23

花翎提舉銜選用分州己酉科優貢生奉天張之漢撰文。24

宣統三年六月上旬奉天寧遠州優廩生楊世勇敬書。25

【碑陰】

額題：萬善同歸

碑文：

今將捐助修建佛樓刻立碑記諸善士芳名列登於後：

欽加二品銜花翎直隷通永道錫齡阿助銀三十兩，欽命花翎二品銜甘肅鞏秦階道恒啓助銀五十兩，花翎二品銜候選道楊焕宸助銀五十兩，信士弟子厲真孝助銀一百兩，花翎二品頂戴上駟院正卿文照助銀一百兩，頭品頂戴花翎前古城城守尉元裔延恩輕車都尉勛舊佐領雙林助銀三十兩，奏事處行走内務府郎中明謙助銀二十兩，奉天遼陽千山龍泉寺老方丈思航助洋五十元，奉天遼陽州長安寺大和尚至净助洋七十元，奉天萬壽寺老和尚常鎮助洋五十元，奉天萬壽寺監院和尚净純助洋五十元，奉天錦州毗盧庵和尚明心助銀四十兩，直隷房山縣南大廟方丈清天碑料兩樽、銀二十兩，蕭興達助銀一百兩，俞世榮助銀三十兩。1[1]

王福、英禄、周雲階、席茂亭、牛德銓、徐竹軒、王廼賡、任祚緜、李得和、王居士、張文瑞各助銀拾兩，東永興例年布施傢伙作，石太監、任太監、膳房潤清、義祥、乾清宮副督各助銀四兩，張茂亭、崑都、劉華亭各助銀貳兩，趙玉峰助銀二十兩，闞居士、李子厚各助洋二十元，同義石廠助銀三兩。2

劉永寬助鼎炉壹樽、紋銀二兩，李得和、王得禄、趙芝山、王子元、吉爾杭阿各助銀十兩，王玉山、王秀山各助銀壹兩，興泉湧例年布施布棚，趙厚庵助銀十五兩，金德剛、劉玉如、張景年、王蘭溪、周通、王永和各助銀十兩，張世光、劉海亭、李慶溥、誠靄軒、馬吉亭、齊廷相各助銀四兩。3

張桐軒、韓當順、連仲、松壽、王祥安、陳澤川、崔德沛、汪子授、張顯臣、曹銘、單德恒各助銀貳兩，沈子衡助石料五丈，周錫起、劉文祥、奕壽、邵澤田、劉德勝、李本固、戴連順、董松和、谷子純、姜玉山各助銀壹两。4

大清宣統三年歲次辛亥六月日。

〔1〕數字序號表示自上而下的横排題名序列。

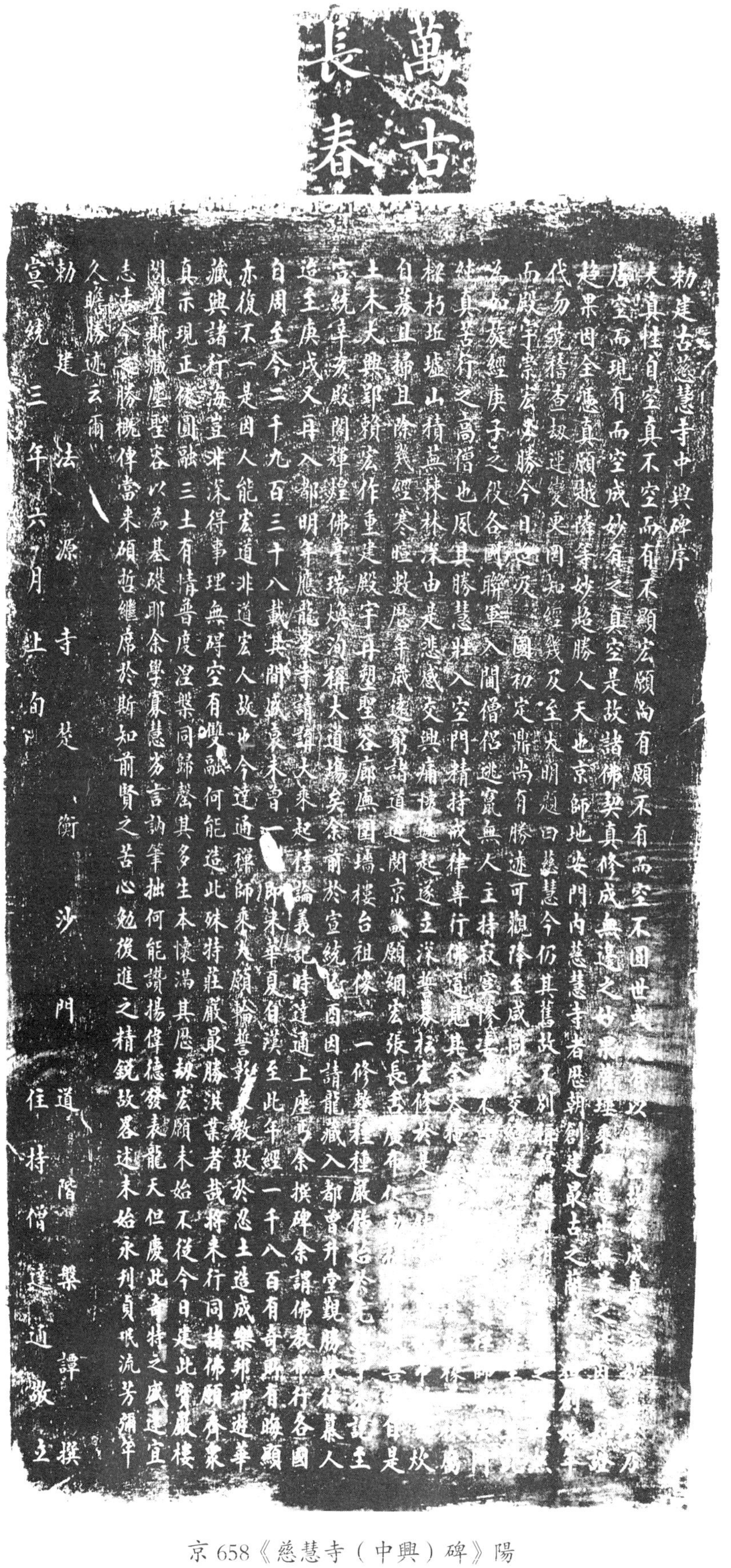

京658《慈慧寺（中興）碑》陽

萬古長春

敕建古慈慧寺中興碑序

夫真性自空真不空而有不顯宏願向有願不有而空不圓世或虔有以悟空故有成真空之妙有聖乃
居空而現有而空成妙有之真空是故諸佛契真修成無邊之妙果薩埵乘願造出無量之勝因故知證
趨果因全憑真願越鄰等妙超勝人天也京師地安門内慈慧寺者歷朝創建最古之蘭若也但創始年
代勿克稽查劫運變更罔知經幾及至大明題曰慈慧今仍其舊故不別稱竊溯前朝成□□之□碑然
而殿宇崇宏必勝今日迨及　國初定鼎尚有勝迹可觀降至咸同際交絶無烟厨可爨蕭凉□□莫此
爲加旋經庚子之役各國聯軍入闖僧侶逃竄無人主持寂寞慘凄更不可觀矣□有達通禪師者法門
純真苦行之高僧也夙其勝慧壯入空門精持戒律專行佛道見其金容掩色□□□□瓦解椽□棟腐
樑朽丘墟山積蕪棘林深由是悲感交興痛懷遞起遂立深誓募捐宏修於是一鉢隻□□□□□自炊
自募且掃且除幾經寒暄數歷年歲遠窮諸道近閱京畿願網宏張長舌廣布化動捐信集成善緣自是
土木大興郢賴宏作重建殿宇再塑聖容廊廡園墻樓臺祖像一一修整種種嚴飾始於光緒丁未訖至
宣統辛亥殿閣輝煌佛毫瑞焕洵稱大道場矣余前於宣統己酉因請龍藏入都曾升堂覲勝歎德慕人
迨至庚戌又再入都明年應龍泉寺請講大乘起信論義記時達通上座丐余撰碑余謂佛教布行各國
自周至今二千九百三十八載其間盛衰未曾一□即來華夏自漢至此年經一千八百有奇所有晦顯
亦復不一是因人能宏道非道宏人故也今達通禪師乘大願輪誓彰象教故於忍土造成樂邦神游華
藏興諸行海豈非深得事理無碍空有雙融何能造此殊特莊嚴最勝洪業者哉將來行同諸佛願齊衆
真示現正依圓融三土有情普度涅槃同歸罄其多生本懷滿其歷劫宏願未始不從今日建此寶嚴樓
閣塑斯藏塵聖容以爲基礎耶余學寡慧劣言訥筆拙何能讚揚偉德發表龍天但慶此奇特之盛逢宜
志古今之勝概俾當來碩哲繼席於斯知前賢之苦心勉後進之精鋭故略述未始永刊貞珉流芳彌年
久瞻勝迹云爾

敕　建　法　源　寺　楚　衡　沙　門　道　階　槃　譚　撰

宣　統　三　年　六　月　上　旬　　　住　持　僧　達　通　敬　立

京658《慈慧寺（中興）碑》陽

慈慧寺(中興)碑

額題:萬古長春
首題:敕建古慈慧寺中興碑序
年代:清宣統三年(1911)
原在地:東城區地安門内大街北月牙胡同
拓片尺寸:碑陽高 119、寬 66 厘米,碑額高 17、寬 15 厘米
書體:楷書
撰人:道階
《目録》:頁 376
拓片編號:京 658
拓片録自:《北京圖書館藏中國歷代石刻拓本匯編》第 90 卷 81 頁

【碑陽】
額題:萬古長春
碑文:

敕建古慈慧寺中興碑序 1

夫真性自空,真不空而有不顯;宏願向有,願不有而空不圓。世或虔有以悟空,故有成真空之妙有。聖乃 2 居空而現有,而空成妙有之真空。是故諸佛契真,修成無邊之妙果;薩埵乘願,造出無量之勝因。故知證 3 趨果因,全憑真願,越鄰等妙,超勝人天也。京師地安門内慈慧寺者,歷朝創建最古之蘭若也。但創始年 4 代勿克稽查,劫運變更,罔知經幾。及至大明,題曰慈慧,今仍其舊,故不別稱。竊溯前朝成□□之□碑,然 5 而殿宇崇宏,必勝今日。迨及國初定鼎,尚有勝迹可觀,降至咸同際,交絶無烟厨可爨,蕭凉□□莫此 6 爲加。旋經庚子之役,各國聯軍入闕,僧侣逃竄,無人主持,寂寞慘凄,更不可觀矣。□有達通禪師者,法門 7 純真苦行之高僧也,夙其勝慧,壯入空門,精持戒律,專行佛道,见其金容掩色,□□□□瓦解椽□,棟腐 8 樑朽,丘墟山積,蕪棘林深,由是悲感交興,痛懷遽起,遂立深誓,募捐宏修。於是一鉢隻□□□□□,自炊 9 自募,且掃且除,幾經寒暄,數歷年歲,遠窮諸道,近閱京畿,願網宏張,長舌廣布,化動捐信,集成善緣。自是 10 土木大興,郢賴宏作,重建殿宇,再塑聖容,廊廡闌墻,樓臺祖像,一一修整,種種嚴飾。始於光緒丁未,訖至 11 宣統辛亥。殿閣輝煌,佛毫瑞焕,洵稱大道場矣。余前於宣統己酉因請龍藏入都,曾升堂覲胜,歎德慕人。12 迨至庚戌又再入都,明年應龍泉寺請,講《大乘起信論》義記。時達通上座,丐余撰碑。余謂佛教布行各國,13 自周至今二千九百三十八載,其間盛衰未曾一□。即來華夏,自漢至此,年經一千八百有奇,所有晦顯,14 亦復不一,是因人能宏道,非道宏人故也。今達通禪師乘大願輪,誓彰象教,故於忍土,造成樂邦,神游華 15 藏,興諸行海,豈非深得事理無碍,空有雙融,何能造此殊特莊嚴最勝洪業者哉。將來行同諸佛,願齊衆 16 真,示現正依,圓融三土,有情普度,涅槃同歸,罄其多生本懷,滿其歷劫宏願,未始不從

今日建此寶嚴樓17閣，塑斯藏塵聖容以爲基礎耶。余學寡慧劣，言訥筆拙，何能讚揚偉德，發表龍天。但慶此奇特之盛逢，宜18志古今之勝概。俾當來碩哲，繼席於斯，知前賢之苦心，勉後進之精鋭。故略述末始，永刊貞珉，流芳彌年，19久瞻勝迹云爾。20

敕建法源寺楚衡沙門道階槃譚撰。21

宣統三年六月上旬住持僧達通敬立。22

重建慈慧寺碑

京師地安門內左偏有慈慧寺焉志乘弗載碑碣無存始末得之傳聞老道其髣髴園林

肇建遠當勝國之初厥衛張橫當屬中官所據[illegible]魚而屈指已閱滄桑望松檜而驚心再

經劫火爾其近依日下高踞衛中對山爐餘概夫全勝[illegible]伽藍之記只數飛陽祇樹給孤

之園賓居王舍清池皓月春分太液之波寶樹天花香接[illegible]苑盖亦[illegible]之梵境欲界

之仙都與然而景山南顧忽爾百年聯艦西來可憐一炬天人[illegible]仰風雨[illegible]春草自萋夕

陽不弔五色琉璃之氣蕩作寒灰七重闌楯之場鞠為茂草蛛絲宛轉青[illegible]者積之烟鴿糞

縱橫白滿如來之座過而式者吁其喟矣且夫道之隆污者數也否極則泰未事之興廢者

人也識至而神感園中墻址趙逸識太康之磚地下鐘聲段暉拾光明之宅曹溪彫敝慈山

乃得中興放西傾頹雲惠為之建立山香花世界獨存清淨於千秋烟雨樓臺不共盛衰於

六代也　常真幼慕藏乘長持戒律蜀鶴啼羅遼鶴歸來悼山式微力圖光復屬檀信之善願

報諸佛之深恩腋集十方心焦累歲金容灼灼更觀丈六之身玉宇沉沉再現大千之界差

幸涅槃劫脫完我前修更思法矩貽垂詒茲來者永依色相恭將西域之經略述因緣壽彼

南山之石

重修工程及地址　計廟前東西寬九丈二尺廟後東西寬拾丈伍尺南北長拾叁丈

極北建佛樓三間耳以平台兩間偏東正房兩間迤南東廂兩間大殿三間耳房兩間

東西廂各三間前殿三間東西配耳各兩間山門前槐樹兩株左水井一眼廟內水井

一眼

住持僧常真謹識

大清宣統三年歲次辛亥　月　日建

京659《慈慧寺碑》陰

千秋
永固

重建慈慧寺碑

京師地安門内左偏有慈慧寺焉志乘弗載碑碣無存始末得之傳聞父老道其髣髴園林肇建遠當勝國之初厰衛張横噹屬中官所據□鐘魚而屈指已閱滄桑望松檜而驚心再經劫火爾其近依日下高踞衢中對此燼餘概夫全勝□□伽藍之記只數雒陽祇樹給孤之園寳居王舍清池皓月春分太液之波寶树天花香接上林□苑蓋亦塵寰之梵境欲界之仙都與然而景山南顧忽爾百年聯艦西來可憐一炬天人悲仰風雨飄摇春草自萋夕陽不吊五色琉璃之氣蕩作寒灰七重闌楯之場鞠爲茂草蛛絲宛轉青埋香積之烟鴿糞縱横白滿如來之座過而式者吁其喟矣且夫道之隆污者數也否極則泰來事之興廢者人也誠至而神感園中塔址趙逸識太康之磚地下鐘聲段暉捨光明之宅曹溪彫敝憨山乃得中興放西傾頹雲惠爲之建立此香花世界獨存清净於千秋烟雨樓臺不共盛衰於六代也常真幼慕藏乘長持戒律蜀鵑啼罷遼鶴歸來悼此式微力圖光復屬檀信之善願報諸佛之深恩腋集十方心焦累歲金容灼灼更觀丈六之身玉宇沉沉再现大千之界差幸涅槃劫脱完我前修更思法矩昭垂詔兹來者永依色相參將西域之經略述因緣壽彼南山之石

重修工程及地址　計廟前東西寛九丈二尺廟後东西寛捌丈伍尺南北長拾叁丈極北建佛樓三間耳以平臺兩間偏東正房兩間迤南東厢兩間大殿三間耳房兩間東西厢各三間前殿三間東西配耳各兩間山門前槐樹兩株左水井一眼廟内水井一眼

住持僧常真謹識

大清宣統三年歲次辛亥　月　日建

京659《慈慧寺碑》陰

慈慧寺碑

額題：千秋永固
首題：重建慈慧寺碑
年代：清宣統三年（1911）
原在地：東城區地安門内大街北月牙胡同
拓片尺寸：碑陽高 120、寬 65 厘米，碑額高 15、寬 16 厘米
書體：楷書
撰人：常真
《目録》：頁 377
拓片編號：京 659
拓片録自：《北京圖書館藏中國歷代石刻拓本匯編》第 90 卷 125 頁

【碑陽】
額題：千秋永固
碑文：

重建慈慧寺碑 *1*

京師地安門内左偏有慈慧寺焉，志乘弗載，碑碣無存，始末得之傳聞，父老道其髣髴。園林 *2* 肇建，遠當勝國之初。厰衛張横嘗屬中官所據。□鐘魚而屈指，已閲滄桑；望松檜而驚心，再 *3* 經劫火。爾其近依日下，高踞衢中，對此燼餘，概夫全勝。□□伽藍之記，只數雒陽；祇樹給孤 *4* 之園，實居王舍。清池皓月，春分太液之波，寶树天花；香接上林□苑。蓋亦塵寰之梵境，欲界 *5* 之仙都與。然而景山南顧，忽爾百年，聯艦西來，可憐一炬。天人悲仰，風雨飄摇，春草自萋，夕 *6* 陽不吊。五色琉璃之氣蕩作寒灰，七重闌楯之場鞠爲茂草。蛛絲宛轉，青埋香積之烟；鴿糞 *7* 縱横，白滿如來之座。過而式者，吁其喟矣。且夫道之隆污者，數也，否極則泰來；事之興廢者，*8* 人也，誠至而神感。園中塔址，趙逸識太康之磚；地下鐘聲，段暉捨光明之宅。曹溪彫敝，憨山 *9* 乃得中興；放西傾頽，雲惠爲之建立。此香花世界，獨存清净於千秋，烟雨樓臺，不共盛衰於 *10* 六代也。常真幼慕藏乘，長持戒律。蜀鵑啼罷，遼鶴歸來，悼此式微，力圖光復。屬檀信之善願，*11* 報諸佛之深恩。腋集十方，心焦累歲。金容灼灼，更覩丈六之身；玉宇沉沉，再现大千之界。差 *12* 幸涅槃劫脱，完我前修；更思法矩昭垂，詔兹來者。永依色相，參將西域之經；略述因緣，壽彼 *13* 南山之石。*14*

重修工程及地址：計廟前東西寬九丈二尺，廟後东西寬捌丈伍尺，南北長拾叁丈。*15* 極北建佛樓三間，耳以平臺兩間，偏東正房兩間，迤南東厢兩間。大殿三間，耳房兩間，*16* 東西厢各三間。前殿三間，東西配耳各兩間。山門前槐樹兩株，左水井一眼，廟内水井 *17* 一眼。*18*

住持僧常真謹識。*19*

大清宣統三年歲次辛亥月日建。*20*

三聖庵

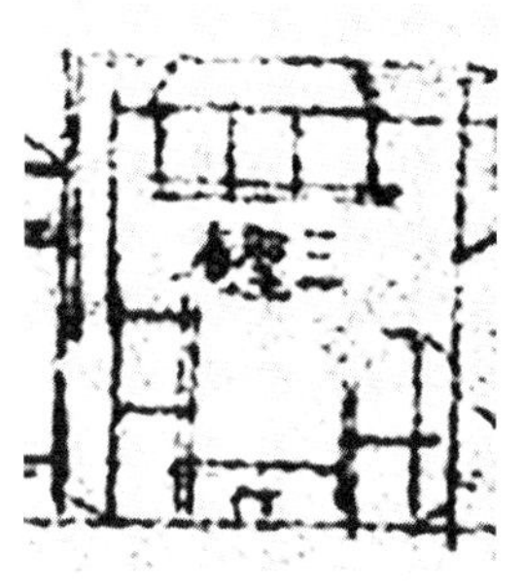

三聖庵，原址約在今西城區油漆作胡同三十二號位置，寺廟建築今已不存。

此庵未知始建何時，《雍正廟册》中有載，油漆作胡同三聖庵，爲大僧廟，有殿宇三間、禪房八間，住持性成。《乾隆廟册》登記時，住持换成了通泰。從乾隆《京城全圖》上看，油漆作胡同内多曲折，三聖庵乃位於其東西向岔道中路北，坐北朝南，僅有一進院落。無山門，在南院墻上開門出入，内僅有北殿三間，前有東西房各二間，較之《雍正廟册》所記規模似又有縮小。

此後三聖庵再無考，應早已傾圮。2005 年與 2014 年調查時，此院基本保持《京城全圖》上三合院的格局，但早已非寺廟建築，而爲清代民房樣式。其原址上現爲住家院落。

關帝廟（恭儉胡同）

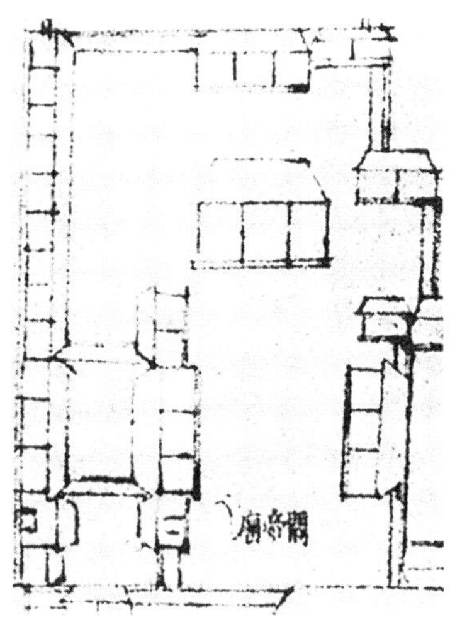

關帝廟，亦名大馬關帝廟，原址在内六區恭儉胡同五十六號（今爲西城區恭儉胡同十八號），寺廟建築現存比較完整。廟内原有碑刻一通，爲清康熙二十四年（1685）《關帝廟碑》。

民國寺廟住持稱此關帝廟建於明萬曆二十四年（1596）四月，屬募建。廟内的確曾有明萬曆二十五（1597）年四月所鑄鐵鐘一口，但并無他據。有史可查的最早記録，是清康熙二十四年内監楊思明重修關帝廟。楊思明乃清初老臣，自清季鼎立便隨侍禁中，歷奉太宗、世祖、聖祖三朝，曾任上膳、内官、御馬、上方院等處掌印務太監。年老告退後，得康熙帝恩惠賜予此關帝廟，侍香火以養老。此時廟内殿宇頹圮、法物不全，楊思明乃捐出己俸，創置山門供器等，并延請印旭法師住持，依其出家爲僧，得法號寂曇。他侄子名下家童二人，亦得趙州和尚印可剃度，法名普仁、普義，隨他在廟中焚修香火。《關帝廟碑》中記當時與他一起修廟的衆人中，除了他兩位侄子楊魁春、楊茂春外，還有同爲内官的二人，他的義男、義孫及其名下記名者共七人，侄婿四人，在廟中服侍的運力與執勞五人，簇擁衆多、親友不少，聲勢浩大[1]。楊思明出家後傳臨濟宗，在《關帝廟碑》碑陰刻臨濟宗字輩譜。

《雍正廟册》登記時，内官監關帝廟仍爲大僧廟，有殿宇六間、禪房十四間，住持廣聞。在《乾隆廟册》中，此廟已記名爲“大馬關帝廟”，住持僧人法號本致。從乾隆《京城全圖》上看，關帝廟位於内官監胡同北段路東，坐北朝南，主院二進，另有西小跨院兩所。外山門開在内官監胡同上，西向，門後爲

〔1〕清康熙二十四年（1685）《關帝廟碑》，京652，《北京圖書館藏中國歷代石刻拓本匯編》卷六十四，頁七十六至七十七。

西小跨院,向東至盡頭爲内山門,東向,進門後方爲正院。院内甚寬敞,中間有大殿三間,前有東西配房各三間,西配房南即内山門,北有小耳房二間,房後亦有小西跨院一所,中無房屋。東配房北有南向小房一間,再北亦有南向房二間。大殿後有後殿三間帶東小耳房二間。

清乾隆四十四年(1779),廟内鑄鐵鼎一座,立於正殿前院内。嘉慶二十三年(1818)十二月初八日,大殿内新添鐵磬一口。清道光二年(1822),後殿土地殿似有大規模重修添建之舉,是年二月初二土地公聖誕之期,殿内新鑄鐵磬一口、鐵爐一座[1]。清光緒二十年(1894),年僅五歲的北平人陳永惠出家爲道士,法號陳教得。關帝廟以他的名義被買下,作爲其焚修之所。光緒二十八年(1902),關帝廟以陳教得的名義重修。

1931年北平研究院調查時,寺廟格局與乾隆《京城全圖》所繪大致無异,仍有内外二山門。外山門仍西向,但内山門改成南向,左右院墻上各開小門一道。院内仍兩進,大殿三間帶東西耳房各一間,木額"護國佑民",爲光緒二十八年重修時所立。殿内供關帝泥像一尊,方面大耳、雙眉微蹙,二目微睜、目光下視。五綹墨髯,黑而濃密,仿佛以真人毛髮所制。神像頭戴冕旒冠、身披龍袍,腰束玉帶。龍袍織繡精美,下部爲江崖海水紋,上飾有蝙蝠、如意雲紋、牡丹等。周倉牽馬立於左側,粗眉環眼,眉頭緊皺,頭微微右傾。身材壯碩,孔武有力,腰束皮帶,右手叉腰,左手牽馬韁繩。其裹腿雕刻細緻,戰袍上繪有大朵牡丹。關平侍立另側,左右大馬兩匹,"大馬關帝廟"蓋由此得名。神前奉嘉慶年鐵磬及銅爐、蠟燭扦等,明萬曆年鐵鐘亦在内。殿前東西配房各三間,西房帶南耳房二間,東南房二間,院内有乾隆年間所造鐵鼎及康熙《關帝廟碑》;第二進院内有後殿三間帶東耳房二間,供土地泥像,神前有灰漆五供一份,道光年間鐵磬一口,院内有道光二年鐵爐一座。殿前有南向西房二間。正院東還有跨院一所,内有北房二間、東房五間[2]。此時陳教得仍然是寺廟住持,但他并不住在廟内,而是住在地安門外後井胡同一號[3]。廟内佛殿群房共三十間,除供神外餘房皆出租。樹木尤多,有古槐二株、龍爪槐二株、柳樹一株、松樹一株[4]。民國三十五年(1946),陳教得羽化,其徒陳衍緒接充住持。雖名曰師徒,但時年二十三歲的陳衍緒與陳教得一樣,都住在後井胡同一號[5]。

1947年,陳衍緒在民政局登記[6]。此後再不見大馬關帝廟檔案。檔案中没有提及陳教得與陳衍緒的身份,但老住户清楚記得他們都是太監道士,關帝廟算是他們的家廟。也就是説,自康熙二十四年楊思明重修之後,此廟一直是太監養老的香火院,衹是太監們何時由佛入道,今天已不可確知。與楊思明一樣,陳衍緒也與家族成員保持密切關係,他自己住在後井胡同,關帝廟由其弟弟一家居住并負責收租。20世紀40年代末至50年代,關帝廟香火尚旺,此院居民均有拜關帝的習慣,尤其是正月初一清晨,必先到關帝聖前磕頭燒香後,方纔回家給長者磕頭拜年。這一習俗一直持續到文革期間,神像被砸碎纔斷絶。與之相比,土地殿却冷清廖落,甚至有些靈异。據説,曾有人爲了避暑睡在後殿内,但醒來後却發現自己身處院中。除前後殿外,其餘廟房均對外出租,40年代末院内已有皮匠、織布廠工人、洋車夫、説書人等近二十餘户居民租住,表面大家都是普通百姓,但其實一位修鞋匠曾是地下黨員,後來當了縣長,而另一位説書人則因特務罪被槍斃。"文化大革命"期間,關帝、土地,連同大馬在内全被砸毁,院内鐵鼎等法物亦無存。關帝殿原爲黄瓦、土地殿原爲緑瓦,後殿再北還有一片空地,在70年代以後均不存。

---

〔1〕參見國立北平研究院《大馬關帝廟》,0060。

〔2〕同上。

〔3〕北京市檔案館藏《北平市社會局·内六區大馬關帝廟住持陳教得送寺廟登記表及社會局的批示》,檔案號J2-8-952,1936-1941年,頁一。

〔4〕同上,頁十二。

〔5〕同上,頁二十二至二十六。

〔6〕北京市檔案館藏《北平市民政局·北平市各區寺廟總登記考查簿》,檔案號J3-1-237,1947-1948年,頁八。

《中國文物地圖集(北京分册)》中記大馬關帝廟正殿與後殿現存,但地址記爲恭儉胡同五十八號,與實地調查情況不符[1]。2008年左右,房管局曾對關帝廟原樣整體翻建,僅有部分建築構件得到保留。2014年調查時,關帝廟基本保持民國時建築格局。除外山門已拆外,正院兩進院落、内山門及左右便門均尚存,其北有正殿三間帶左右各兩間耳房,東西配房各六間。再北有土地殿三間,東耳房三間、西側房兩間。廟内舊有古樹,今僅剩東北角一株槐樹。

大馬關帝廟黄瓦大殿(2013年10月 曉松攝)

〔1〕《中國文物地圖集(北京分册·下)》,頁八十一。

京 652《關帝廟碑》陽

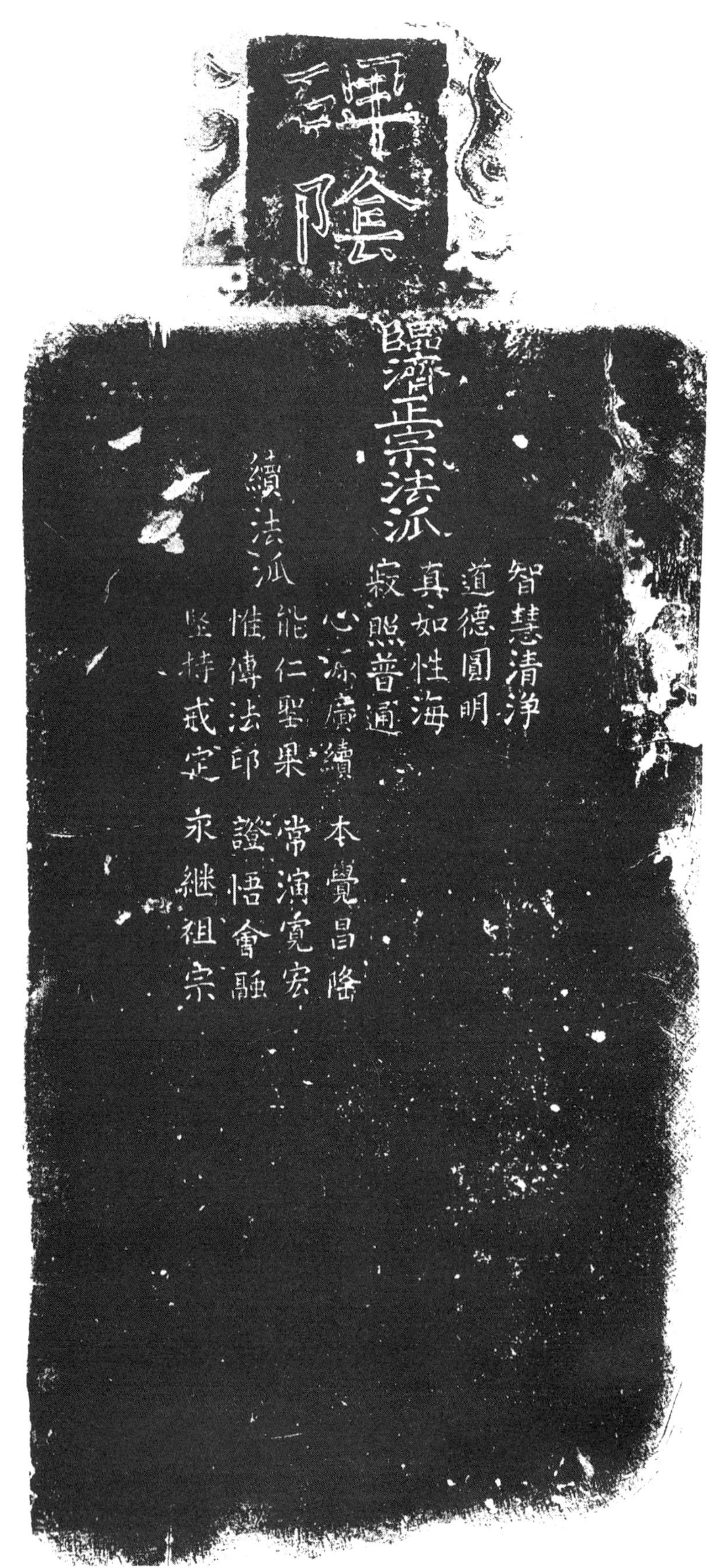

碑陰

臨濟正宗法派

智慧清淨
道德圓明
真如性海
寂照普通

續法派

心源廣續　本覺昌隆
能仁聖果　常演寬宏
惟傳法印　證悟會融
堅持戒定　永繼祖宗

京652《關帝廟碑》陰

善流億祀

重修鐵匠營内官監關帝廟功竣紀善碑記

傳臨濟正宗續趙州□□沙門行渡撰

傳臨濟賢首講演三藏沙門元徹書丹

原任掌上膳内官御馬上方院等處印務太監楊思明虔立石

恭惟

聖神叵測懋□難量禀正直而福國裕民參天地而化育群生兹因思明荷蒙

聖恩溥覆德澤無疆自我

皇清定鼎克勤慎奉　三帝服劳日久念恤年老恩惠此地得侍香火思目睹

殿宇等圮頽捐俸重修創置山門供器俱全仍慮磬聲不振禮誦乏人恭延

印旭法師住持依止取法名寂曇復蒙趙州和尚印可同侄名下公然擬議

家童二人剃捨爲僧法名普仁義永遠焚修香火也廟内基業分明恐後人争

取以斯爲鑒祈　神之格思不可度思是以爲記　時

大清康熙貳拾肆年歲次乙丑秋衣月　吉旦立同侄 楊魁春 茂春

同官 侯思義 李尚玉　義男劉揚名　名下 曹守忠 閆進忠 王朝卿 石應春 童德　孫楊良弼　運力 何寶 來旺

任偕 黃党寶 黃有功 王得金 竺道會　執勞 郭郡 李齡 侯登　匠人馬化龍刊

京652《關帝廟碑》陽

碑陰

臨濟正宗法派

智慧清净
道德圓明
真如性海
寂照普通

續法派

心源廣續　本覺昌隆
能仁聖果　常演寬宏
惟傳法印　證悟會融
堅持戒定　永繼祖宗

京652《關帝廟碑》陰

關帝廟碑

額題：善流億祀
首題：重修鐵匠營内官監關帝廟功竣紀善碑記
年代：清康熙二十四年（1685）七月
原在地：西城區地安門西大街恭儉胡同
拓片尺寸：碑陽高 84、寬 50 厘米，碑額高 17、寬 16 厘米；碑陰高 80、寬 46 厘米，碑額高 18、寬 20 厘米
書體：楷書
撰人：（僧）行渡
書人：（僧）元徹
《目録》：頁 276
拓片編號：京 652
拓片録自：《北京圖書館藏中國歷代石刻拓本匯編》第 64 卷 76–77 頁

【碑陽】

額題：善流億祀

碑文：

重修鐵匠營内官監關帝廟功竣紀善碑記 1

傳臨濟正宗續趙州□□沙門行渡撰。2

傳臨濟賢首講演三藏沙門元徹書丹。3

原任掌上膳内官御馬上方院等處印務太監楊思明虔立石。4

恭惟 5 聖神叵測，懋□難量，禀正直而福國裕民，参天地而化育群生。兹因思明荷蒙 6 聖恩溥覆，德澤無疆。自我 7 皇清定鼎，克勤慎奉三帝，服劳日久，念恤年老，恩惠此地，得侍香火。思目睹 8 殿宇等圮頹，捐俸重修，創置山門供器俱全。仍慮磬聲不振，禮誦乏人，恭延 9 印旭法師住持，依止取法名寂曇。復蒙趙州和尚印可同侄名下公然擬議 10 家童二人剃捨爲僧，法名普仁、普義，永遠焚修香火也。廟内基業分明，恐後人争 11 取，以斯爲鑒。祈神之格，思不可度，思是以爲記。

時 12 大清康熙貳拾肆年歲次乙丑秋衣月吉旦立。13 同侄楊魁春、茂春，14 同官侯思義、李尚玉，義男劉揚名，名下曹守忠、石應春、閻進忠、童德、王朝卿，孫：楊良弼，運力：何寶、來旺，15 侄偦：黄党寶、竺道會、黄有功、王得金，執勞：郭郡、侯登、李齡。

匠人馬化龍刊。16

【碑陰】

額題:碑陰

碑文:

臨濟正宗法派:智慧清净、道德圓明、真如性海、寂照普通。

續法派:心源廣續、本覺昌隆、能仁聖果、常演寬宏、惟傳法印、證悟會融、堅持戒定、永繼祖宗。

觀音堂

觀音堂，亦名米鹽庫觀音庵，原址約在今西城區油漆作胡同二號院内東房的位置，寺廟建築現已不存。

此觀音堂緊鄰米鹽庫東墻，且建築規制相當，應爲米鹽庫的附屬寺廟。米鹽庫在明代乃屬内官監管轄[1]，清順治十一年（1654）置十三衙門時沿置，初名鹽庫。康熙四十八年（1709），設郎中三員，無品級庫首領一員，筆帖士三員。五十三年（1714），添設六品庫首領一員，無品級庫首領三員，筆帖式四員。五十四年（1715），改名米鹽庫。雍正元年（1723），添設筆帖式六員[2]。《雍正廟册》中記：米鹽庫觀音庵爲大僧廟，有殿宇六間、禪房七間，住持元澤。至雍正五年（1727）奏准，米鹽庫衙門全裁[3]。觀音堂可能從此再無香火，故《乾隆廟册》中已無登記。但乾隆《京城全圖》上仍繪出了觀音堂的建築，它坐北朝南，有一狹長院落。無山門，在北院墻西頭開便門一道，通向油漆作胡同。院内有前殿三間、正殿三間，東房三間帶二耳房，無西房。較之《雍正廟册》所記少了兩間禪房。

至清末，米鹽庫久廢，此地俗稱米糧庫胡同，《光緒順天府志》載："米糧庫，疑即明之米鹽庫"[4]，可見庫與廟之湮没已久。

至民國年間，觀音堂原址部分曾爲陳宗藩之淑園。據陳氏自記，民國十二年（1923），陳宗藩擇地於地安門之左米糧庫胡同東口，建十畝餘、坐北朝南的私人宅第"淑園"，建房屋數十間、園圃數十弓，從其叙述來看，淑園位置

［1］見《明史·職官志三》，四庫全書本，卷七十四·志五十，頁三十一。

［2］《八旗通志（初集）》，卷四十一·職官志八，頁七百七十九。

［3］同上。

［4］《光緒順天府志》，京師志十三·坊巷上，頁三百四十四。

正在原觀音堂所在地,或是其原址的一部分。民國十六年(1927),内務部拆賣皇城墻,將米糧庫東口之西黄瓦門拆卸,陳宗藩個人出資購得東皇城城墻一段,使之予以保存[1]。1937年,陳氏將淑園賣掉,遷居北月牙胡同,此宅後被改建爲"清源醫院"[2]。

2016年調查,觀音堂所在地雖是平房建築,但寺廟原迹蕩然無存,現爲居民住家。

〔1〕《燕都叢考》第七章·内六區各街市,頁四百五十一至四百五十二。

〔2〕參見郭京寧《穿越皇城》,上海:上海古籍出版社,2014年,頁二百八十至二百八十一。

西坊庵

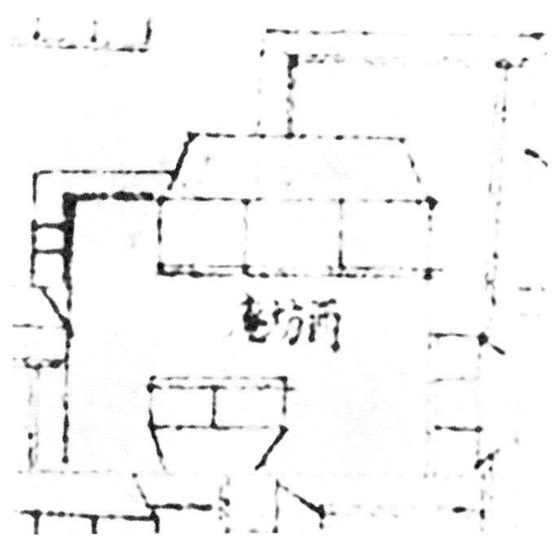

西坊庵，也寫作西方庵，民國時亦名素雲觀或西方素雲觀。原址有兩個門牌，北門爲内六區内官監胡同甲二十九號（現爲西城區恭儉四巷二號院），西門在北海北夾道三號（現已無門），寺廟建築已全部翻建，但部分保留原有格局。

西坊庵莫詳所始，《雍正廟册》中登記：内官監西方庵，爲大僧廟，有殿宇三間、禪房四間，住持普受。《乾隆廟册》登記時，住持换成了僧人通徹。從乾隆《京城全圖》上看，西坊庵位於内官監胡同西側，迤西臨水渠，即後來的北海北夾道。全庵僅一進院落，無山門，在西院墻北端開隨墻門一所。院内北殿三間南向，倒座南房兩小間、東房三間。房屋數量與《雍正廟册》所記基本相合。

至晚清時，西坊庵已成爲劉誠印家廟。劉誠印，人稱“印劉”，亦名劉多生，道號素雲，是清末著名太監道士。他原籍山東即墨，明代時家族遷往直隸東光縣，咸豐年間始任敬事房掌壓太監，同治七年（1868）入白雲觀，拜張耕雲爲師，與白雲觀後任住持高仁峒乃同時受戒的同門。光緒初年，劉誠印開創了“龍門岔支霍山派”，派下弟子全是太監道士〔1〕。劉誠印在北京修廟多處，例如鐘樓後宏恩觀〔2〕、三皇廟〔3〕、地安門東大街關帝廟〔4〕等。他買下西方庵後將其重修，并更名爲“西方素雲觀”〔5〕。

〔1〕參見《劉素雲道行碑》，李養正編著《新編北京白雲觀志》，北京：宗教文化出版社，2003年，頁七百一十四。

〔2〕《北京内城寺廟碑刻志》卷二，“清净寺”條，頁五百五十一至五百六十五。

〔3〕《北京内城寺廟碑刻志》卷二，“三皇廟”條，頁五百七十至五百七十六。

〔4〕《北京内城寺廟碑刻志》卷四·上册，“關帝廟”條，頁二百七十三至二百七十五。

〔5〕國立北平研究院《素雲觀》，0064。

民國十八年（1929），王德山從劉德崑手中買下此廟，從此素雲觀成爲王德山家廟。但1931年國立北平研究院調查時，廟内住户還認爲此廟“系印劉家廟，現歸王德山私産”[1]。此時廟内山門西向，石額“重修西方素雲觀”，兩側石聯曰“呼吸靈機起大道，闡揚正教營玄風”。院内僅大殿三間，供銅真武、泥關帝像各一小尊。殿外有東西耳房各二間、東西配房各三間。廟内還有磚井一眼、槐樹一株，除佛殿供佛外，餘房全部出租[2]。

1947年北平市民政局調查時，已不見素雲觀登記，其後更難覓檔案。據臨近老住户回憶，此庵雖只一進，但正院之東尚有跨院，早已是居民院落。正院内有北殿三間帶東西耳房各一間，20世紀50年代還有神像，“文革”期間纔被砸毁。前有東西配房各四間。東跨院内無廟房，均爲住房。“文化大革命”期間人口湧入，此廟成爲大雜院，地下挖了防空洞，建築格局被改變。21世紀初轉爲私産，全院翻建，又恢復到民國時的建築格局，但院内原有大楊樹一株被斫去，其地改建爲亭臺。

2014年調查時，西坊庵原址上是私人住宅，原廟格局基本保留，但建築全部翻蓋。

〔1〕國立北平研究院《素雲觀》，0064。

〔2〕同上。另見北京市檔案館藏《北平市社會局·内四區元通觀、内六區素雲觀、西郊區永泉觀、西郊區吉祥觀馬占波送寺廟登記表及社會局的批示》，檔案號J2-8-931，1936-1940年，頁二十一至二十二。

真武廟

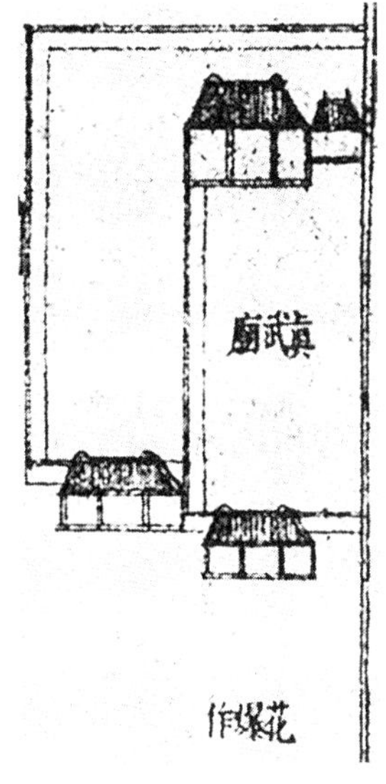

真武廟，原址約在今西城區米糧庫胡同二號的位置，寺廟建築現已不存。

除乾隆《京城全圖》外，此真武廟不見於任何記載。從圖上看，真武廟乃花爆作内屬寺廟，坐北朝南，僅一進院落，内有正殿三間，東耳房一間。南墻外有南向小房三間，其西亦有南向房三間，難以判斷是否屬於真武廟。明萬曆二十九年（1601）《三聖祠碑》中記：火藥職司下屬有衆多烟火花爆作坊[1]。按《明史·職官志》所記，火藥作在明代屬内官監，則此花爆作也爲内官監下屬機構[2]。清順治十七年（1660），改内官監爲宣徽院。順治十八年（1661），裁十三衙門而置内務府，内官監無存，火藥等作歸内務府内工部下[3]。康熙十六年（1677）内工部改稱營造司，花爆作仍隸其下[4]。

真武廟何時傾圮，今已不可考。但民國時期，米糧庫胡同東口曾住過很多名人，包括陳宗藩、陳垣、傅斯年、梁思成、林徽因、胡適等。1977年，鄧小平復出後也在米糧庫胡同一至三號院内住過二十年，説明此處早已是民居住宅[5]。

2016年調查時，真武廟原址上爲民國時期的平房建築，現爲居民住家院落。

---

〔1〕明萬曆二十九年（1601）《三聖祠碑》，京656，《北京圖書館藏中國歷代石刻拓本匯編》卷五十八，頁一百二十四至一百二十五。參見本排段"三聖祠（景山後街）"條。另，《日下舊聞考》也記此碑上有"花炮局"，見《日下舊聞考》卷四十一·皇城，頁六百三十七。

〔2〕《明史·職官志三》，四庫全書本，卷七十四·志五十，頁三十一。

〔3〕《八旗通志（初集）》，卷四十一·職官志八，頁七百七十三。

〔4〕參見尹鈞科等《古代北京城市管理》，北京：同心出版社，2002年，頁八十九。

〔5〕郭京寧《穿越皇城》，頁二百八十至二百八十三。

大佛堂

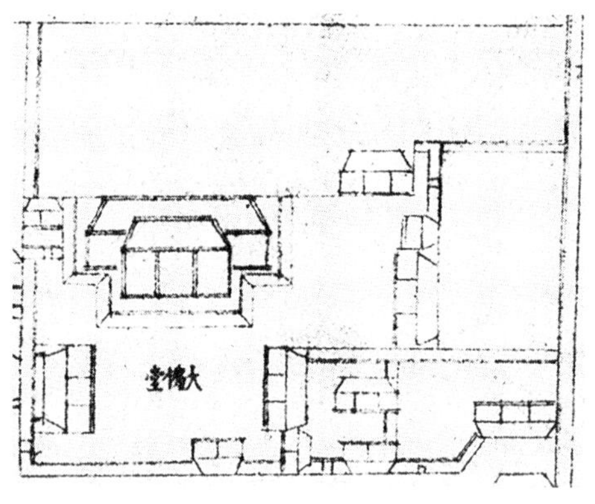

大佛堂,原址位於今西城區米糧庫胡同六號、八號的位置。寺廟建築現已不存。廟内原有碑刻一通,歷代文獻多提及,然今已無存,亦未有拓片存世。

大佛堂應爲明内官監内附屬建築,據《日下舊聞考》記,内官監胡同内有大佛堂,其碑記備列黄瓦門營造庫、米鹽庫、油漆作、外鐵作、婚禮作、東行、西行、西瓦廠、石廠、黑窑廠、神木廠、鑄鐘廠、供應廠、備用廠、金殿廠、稻田廠、蜂窩廠、東花房、馬鞍房、琉璃局、外冰窖等名目[1]。當時大佛堂應是内官監下各匠作共同參與祭祀之所,故其碑刻上所列題名與明史所載多合。按《明史·職官志》記:内官監掌印太監一員,總理、管理、僉書、典簿、掌司、寫字、監工無定員。掌木石、瓦工、塔材等十作及米鹽庫、營造庫、皇壇庫,凡國家營造宫室陵墓并銅錫、妝奩、器用暨水窖諸事[2]。清順治十七年(1660),内官監改爲宣徽院。順治十八年(1661)置内務府,内官監裁撤[3]。

内官監雖廢,但大佛堂猶存。《雍正廟册》登記時,大佛堂爲大僧廟,有殿宇五間、禪房十四間,住持德善。《乾隆廟册》登記住持爲僧人本治。從乾隆《京城全圖》上看,大佛堂位於米鹽庫南、花爆作西,坐北朝南,有兩進院落和一所東跨院。無山門,在西墻南端開隨墻門出入,第一進院内有正殿三間,前帶抱厦三間,似是以示莊重尊貴,整座大殿全部繚以圍垣,輕易無法進入。殿西有小北房二間,前有圍墻與正院隔開,墻上開便門出入。殿前有東西配房各三間,東配房帶南小耳房兩間。院南有倒座小南房兩間。經東房北之

〔1〕《日下舊聞考》卷四十一·皇城,頁六百三十七。

〔2〕《明史·職官志三》卷七十四·志五十,四庫全書本,頁三十一。

〔3〕《八旗通志(初集)》卷四十一·職官志八,頁七百七十三。

夾道,在正殿之東有東房三間帶北耳房一間,其北再北房三間。房東有院墻一道,上開門通往東跨院,院内無房。大殿之後爲後院,亦無房屋建築。

此後大佛堂再無考,可能内官監久廢後,大佛堂亦因失去支持來源而傾圮。

2016 年調查時,大佛堂原址所在地剛重修一新,據説以前曾是居委會,現在要開設私人會所,已毫無寺廟痕迹。

天王廟

天王廟，其原址約在今西城區地安門内大街四十號院内，寺廟建築今已不存。

天王廟始建時間不詳，僅見於乾隆《京城全圖》。從圖上看，它位於花爆作内，可能是其附屬寺廟。廟坐南朝北，僅有正殿三間，似爲歇山式建築。殿外即墻垣，圍成一座四方院落，南北院墻上皆開門可出入。門外亦一方院落，然内并無房屋。此後再無天王廟只語記録，應傾圮已久。

2016年調查時，天王廟原址上是部隊大院，難以進入。

玉皇廟

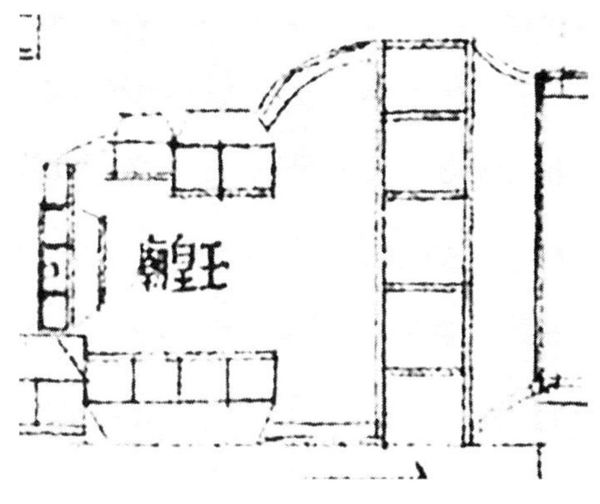

玉皇廟，原址約在今東城區碾子胡同四十九號，寺廟建築現已不存。

此廟僅見於乾隆《京城全圖》，從圖上看，玉皇廟位於碾子胡同南側岔路中，此路東西走向，玉皇廟在東段路中，胡同自廟後縮至半寬，廟乃有當街之勢，似與風水有關。廟坐東朝西，山門三間正對道路，中一間上開門出入。院内僅一進，最東有正殿五間，前有南房四間，北房兩間帶西耳房一間。

此後玉皇廟再無考，應早已傾圮。據説，在20世紀60年代以後，玉皇廟北房位置曾一度做過工廠，後重改回住宅。

2016年調查時，玉皇廟所在地爲住家院落。雖已毫無廟房痕迹，但建築格局與《京城全圖》所繪仍非常相似。老住户們均説，近百年來此處房屋向來如此，均爲西向開門，門内一小三合院。

静度庵

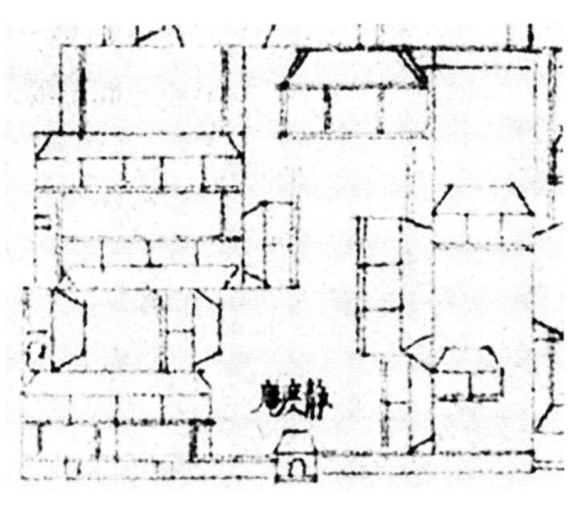

静度庵，亦名净土庵，原址在今西城區地安門内大街四十一號院内，寺廟建築現已不存。

静度庵始建時間不詳，《雍正廟册》中記其地址爲内官監，可能與附近其它寺廟一樣，它也與明内官監有關，故入清後隨監廢而漸傾圮。據《雍正廟册》所記，時此庵爲大僧廟，有殿宇三間、禪房六間，住持寂慶。《乾隆廟册》登記住持爲僧人照恩。從乾隆《京城全圖》中看，静度庵位於内官監胡同南口路東，鐵獅子衙門胡同（清末更名太平街）路北，坐北朝南，僅有一進院落。首有山門一座一間，院内有正殿三間，前有東房三間帶南耳房二間、西房兩小間。房屋殿宇數目與《雍正廟册》所記相差不遠。

此後静度庵再無考，應久已傾圮。

2016 年調查時，静度庵原址在部隊大院内，難以進入。

三官廟

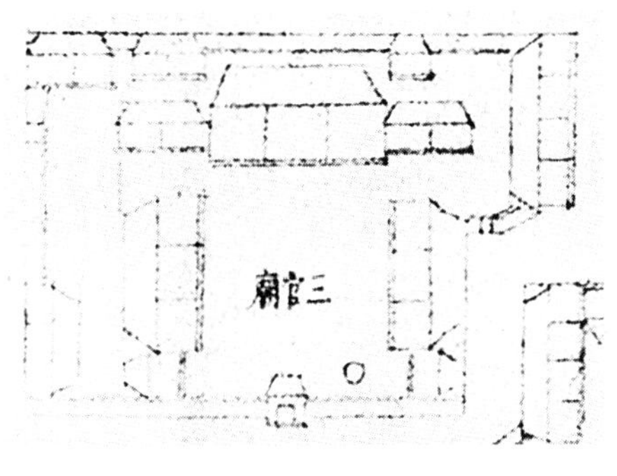

三官廟,原址爲内六區恭儉胡同三十七號(今爲西城區恭儉胡同四十三號),寺廟建築格局現存比較完整。

民國廟主稱三官廟始建於明代,此説雖無據,但其地處内官監胡同,或與明内官監有關。《雍正廟册》中記:内官監三官廟,爲大僧廟,有殿宇九間、禪房七間,住持傳洪。《乾隆廟册》登記三官廟住持爲傳弘,很可能與雍正時住持爲同一人。從乾隆《京城全圖》上看,此時三官廟規模不小,位於内官監胡同南口路西,正對鐵獅子衙門胡同西口,有東西兩路院落。東院是正院,南有山門一座一間,門内東側有水井一眼,正北爲大殿三間南向,東西各帶兩間小耳房,前有東西配殿各三間,均帶南小耳房一間。大殿耳房後各有小房一座,東小房一間、西小房兩間。除此之外,東配殿往北的東院墻上開便門一處可出入。西院頗窄,在西院墻偏北處開隨墻門,門後有小北房兩間,院南端有西房兩間西向。殿宇數量與《雍正廟册》相比保持不變,而房屋數量有所增加。

至清末光緒二十二年(1896),禁城内重華宫[1]太監買下三官廟南一道之隔的火神廟[2],同時將此廟也買下,歸火神廟管轄,歷年修葺。自光緒二十九年(1903)起,三官廟被租給東永興賃貨鋪(亦作喜轎鋪)作爲堆房,每年得租金二百六十四吊錢[3]。鋪掌張振卿,分别於1929年和1947年兩次

〔1〕重華宫,坐落在禁城北墻附近、御花園以西,曾是乾隆登基前的住所。除慈禧曾短暫居住過數日外,這裏似乎不再有人居住,僅有數名太監被命在此負責修理維持。

〔2〕參見本排段“三聖祠(景山後街)”條。

〔3〕北京市檔案館藏《北平市社會局·内六區三官廟民人張進蘭關於登記廟産的呈請及社會局的批示》,檔案號J2-8-400,1932-1940年,頁五。另參見《北京寺廟歷史資料》頁二百六十五。

以廟主身份在政府登記，還曾於 1931 年爲火神廟擔保〔1〕。1931 年北平研究院調查時，三官廟的規模已大大縮小。山門南向，院内有大殿三間，供天、地、水三官泥像，殿東西帶東西耳房各一間。殿前有東西配房各三間，時仍爲東永興堆房〔2〕。同在重華宫内當差的兩名太監：來自河北滄縣的王蘭山與河北静海縣的張進蘭時任三官廟管理人，但他們并不住廟内，而是住在火神廟中。民國二十七年（1938），王蘭山在火神廟病逝，張進蘭回到原籍静海縣居住，於是另一名太監道士梅順安要求接任三官廟管理人。梅順安本爲太后宫中當散差的太監，出宫後栖止於鼓樓後宏恩觀〔3〕内，乃宏恩觀首任住持崔住江的師弟。崔住江去世後，梅順安曾一度擔任宏恩觀住持，1930 年，他因錯過寺廟登記手續而被革去住持之職，道衆推舉石善寶繼任〔4〕。此次他要求接管三官廟，石善寶也出面爲他擔保。初次申請時，社會局考慮到王蘭山尚有遺孀在世，而張進蘭現在静海，未曾言明，故駁回了梅順安的請求。石善寶等再次出面保證，聲稱已得到二人同意，梅順安方纔接管廟産〔5〕。

1945 年警察局登記時，記三官廟爲王姓家廟〔6〕。1947 年民政局登記廟主是張振卿，均不見梅順安之名〔7〕。

老住户們説，此廟本爲太監所修，但年代久遠，無人見過。他們説此廟供的是“三神”，即財神、水神和火神，恭儉胡同這一帶是爲皇家服務的匠人聚集地，工匠有時也會此廟拜這三神。自民國末起，廟院内就已成爲住家院落，既無僧尼、亦無太監道士。山門早拆〔8〕，2005 年全院翻建，正殿屋頂與墻面更换，但内部木結構仍保留。此次重修時挖出原山門遺址，又原地原樣重建。

2016 年調查時，三官廟基本保持原有格局建築，現存山門一間、正殿及東西配殿各三間。

---

〔1〕參見北京市檔案館藏《北平市民政局·北平市寺廟登記目録》，檔案號 J3-1-260，1929 年。北京市檔案館藏《北平市民政局·北平市各區寺廟總登記考查簿》，檔案號 J3-1-237，1947-1948 年，頁三十四。

〔2〕國立北平研究院“三官廟”，0066。

〔3〕參見《北京内城寺廟碑刻志》卷二，“清净寺”條，頁五百五十一至五百六十五。

〔4〕同上。另參見北京市檔案館藏《北平市社會局·内五區宏恩觀住持石善寶送寺廟登記表及社會局的批示》，檔案號 J2-8-1075，1936-1944 年。

〔5〕北京市檔案館藏《北平市社會局·内六區三官廟民人張進蘭關於登記廟産的呈請及社會局的批示》，檔案號 J2-8-400，1932-1940 年，頁四十六至六十一。

〔6〕首都圖書館藏《北平寺廟調查一覽表》。

〔7〕北京市檔案館藏《北平市民政局·北平市各區寺廟總登記考查簿》，檔案號 J3-1-237，1947-1948 年，頁三十四。

〔8〕《中國文物地圖集（北京分册·下）》亦登記此廟無山門。參見此書頁一百零四。

三官廟正殿（2005 年 9 月 如意攝）

三聖祠（碾兒胡同）

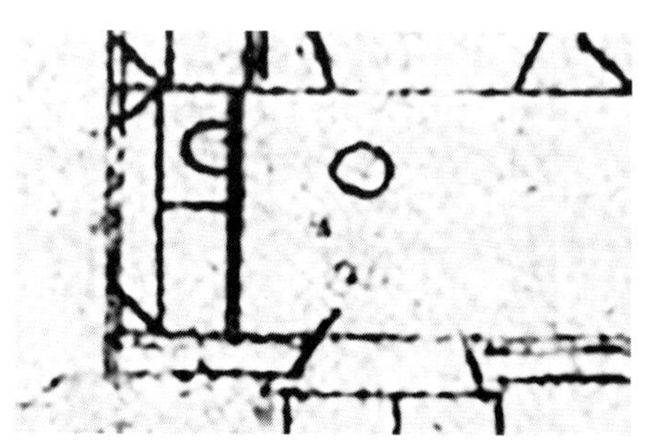

三聖祠，乾隆《京城全圖》上未註名，但似已繪出此廟形象。廟原址爲内六區碾兒胡同二號（今在東城區地安門内大街四十號内一號樓的範圍）。

三聖祠始建不詳，應緣井而生、主祀龍王。乾隆《京城全圖》上在其原址處，繪有水井一眼，井西小屋二楹東向，北一間上開門，可能即是此三聖祠。1931年北平研究院調查時，見碾兒胡同二號有小廟一大間，山門東向，木額“三聖祠”，内供龍王、馬王與土地，均泥塑神像。地下站像數尊，高矮不等。法物僅破供桌一張，香爐等一概皆無。殿前水井一眼，去廟不遠。當時廟歸孔士奎看管[1]。1945年警察局調查時尚見三聖祠，但此時殿内僅存龍王神像，并已改爲姜姓家廟[2]。

據老住户們回憶，民國末年時，三聖祠所在地附近，沿地安門内大街均爲廊房，大多并非商鋪，而是清潔工等窮苦人居住。1953年，總政開始興建大樓，碾子胡同西頭的水井被壓在大樓底下。1955年，碾子胡同整個西端被封閉，另改出口通向黄化門街，三聖祠與水井更踪迹難尋。

2016年調查時，三聖祠原址上是總政大樓。

〔1〕國立北平研究院《三聖祠》，0407。

〔2〕首都圖書館藏《北平寺廟調查一覽表》。

三聖祠(景山後街)

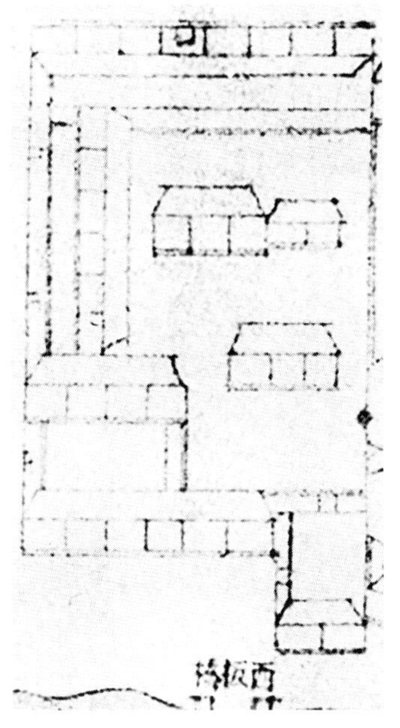

三聖祠,清代後多稱火神廟,20世紀40年代改名慶雲寺[1]。乾隆《京城全圖》上不見標註,但建築似已繪出。原址在内六區景山後街十八號(今爲西城區景山後街十號),寺廟建築現存部分。廟内原有碑刻六通,刻於四方石上,分别是:明萬曆二十九年(1601)《三聖祠碑》,清乾隆二十二年(1757)《三聖祠碑》、清嘉慶十五年(1810)《三聖祠題名碑》與清道光十年(1830)《三聖祠題名碑》,三碑同刻一石,还有清光緒三十三年(1907)《火神廟碑》,以及民國三十一年(1942)《慶雲寺碑》。

三聖祠始建於明萬曆二十九年(1601),據是年所立之《三聖祠碑》記載,時内官監總理太監王勛,久已發心建造神祠,以供奉護佑諸作的神明,更思應於靠近糧倉或火器之地祭祀火神,以防火灾發生。故于火藥職司内擇吉地、建廟宇,始於萬曆二十九年三月初一日動工,是年五月十五日工竣。廟内奉火神(南方熒惑火德真君)、王靈官(赤心忠良隆恩真君)和關帝(護國崇寧至德真君)三聖。碑陰列捐資者二十一名,六名内官監總理太監位列頂端、繼之爲五位火藥作掌作,十位司房所官名列最末[2]。

入清以後,三聖祠得敕封更名爲火神廟。《雍正廟册》中記載,内官監火神廟爲大僧廟,殿宇六間、禪房十間,住持通喜。雍正六年(1728)夏,廟内造

[1] 本文内容多源自(法)吕敏(Marianne Bujard)《慶雲寺小考》,收入(法)吕敏(Marianne Bujard)、陸康(Luca Gabbiani)主編《香火新緣:明清至民國時期中國城市的寺廟與市民》,北京:中信出版社,2018年,頁二百七十三至三百零五。

[2] 明萬曆二十九年(1601)《三聖祠碑》,京656,《北京圖書館藏中國歷代石刻拓本匯編》卷五十八,頁一百二十四至一百二十五。

大圓鐵爐一口。《乾隆廟册》登記地址爲西板橋,住持湛泰。乾隆二十二年(1757),寺廟再次重修,新設山門石額曰"敕賜火神廟,乾隆丁丑年秋七月吉旦"[1],更立《三聖祠碑》一通。碑文中雖未明言捐資首事者,然"則凡備役掖庭,一心宸陛者,亦必爲神所樂佑"等句,暗示修廟人仍爲禁中執事太監[2]。次年(1758),廟内鑄大鐵鼎一口。

五十餘年後的嘉慶十五年(1810),火神廟再次重修,乾清宫與重華宫的百餘名太監共同參與,刻名於乾隆二十二年碑陰。碑左爲宫殿監官銜而在乾清宫當值的太监。乾清宫屬"内朝"三大殿之一,曾用作接見大廳,來自這裡的捐贈者們被分成三等:宫殿監都領侍及他的兩位副手爲首,十位執首侍居中,最末的四十六人無官銜,僅是乾清宫的普通太監。養心殿太監列名於右。養心殿位於乾清宫西南,是皇帝居住和處理國家政務的地方。這里的太監捐贈者們分兩等,三位首領居於頂端,下列四十六名,不分品級[3]。

僅僅二十年後的道光十年(1830),禁城中數處宫殿的太監們又合力修廟,其職務姓名刻於乾隆二十二年《三聖祠碑》正文下方。首行列名者爲各殿、門首領太監,其中養心殿三人、坤寧宫[4]二人、弘德殿[5]、乾清門[6]、隆福門[7]、遵義門[8]、啓祥宫[9]、咸福宫[10]和慈寧宫[11]各一人。奏事處[12]的一名首领和两名守卫"誇蘭達"[13]參與捐贈,除此之外還有敬事房[14]、四執庫[15]、兆祥所[16],與熟火處[17]的大太監。第二排中衹有兩名太監首領,均來自於北小花園(乾隆住所西的消閒之所),此外二、三排中的四十餘名捐資者,全是養心殿普通太監[18]。從地理上説,所有太監當值的地方都相去不遠,集中在二百平方米以内的區域中,可被視爲皇帝近侍。他們的捐贈保證了廟産豐厚,火神廟因此有能力延請然明、王德喜二人在廟内焚修打掃。

至清光緒年間,火神廟已成重華宫太監的專有公産。據民國時寺廟所有人張進蘭聲稱,光緒二十二年(1896),楊林將廟産交付於他,自此他與另一太監祁順全共同管理火神廟。五年後

〔1〕北京市檔案館藏《僞北平市公安局·火神廟》,檔案號 J181-15-375。另參見《北京寺廟歷史資料》,頁二百零四。

〔2〕清乾隆二十二年(1757)《三聖祠碑》,京 653-1,《北京圖書館藏中國歷代石刻拓本匯編》卷七十一,頁一百零九。

〔3〕清嘉慶十五年(1810)《三聖祠題名碑》,京 655,《北京圖書館藏中國歷代石刻拓本匯編》卷七十八,頁六十九。

〔4〕位於"内朝"之北,爲皇帝大婚之所。

〔5〕位於乾清宫正西,爲皇帝讀書處。

〔6〕"内朝"南門。

〔7〕"内朝"西門。

〔8〕養心殿東南方小門。

〔9〕也叫太極殿,位於養心殿正後方。

〔10〕位於啓祥宫之北。

〔11〕皇后寢宫,位於養心殿之西。

〔12〕位於軍機處北鄰,後者乃朝中重臣的辦公地點。

〔13〕滿文 Kūwaran da 的漢文音譯,"營長"之意。

〔14〕此處記録皇帝侍寢嬪妃的姓名,以保證孕胎乃皇族血脉。

〔15〕和敬事房一樣,位於禁城北部、御花園東。

〔16〕爲嬪妃家人入宫探親之所,近東北角樓處。

〔17〕其職能是照看遍布禁城的銅鍋或鐵鍋,隨時添水、以防火災。

〔18〕清道光十年(1830)《三聖祠碑》,京 653-1,《北京圖書館藏中國歷代石刻拓本匯編》卷七十一,頁一百零九。

(1901)祁順全去世,他成爲唯一的廟主[1]。而清光緒三十三年(1907)的《火神廟碑》中却一再强調廟産爲重華宫太監公有。碑文中,太監們先頌火神護佑之功,督促信徒應虔誠祭祀,次則强調該廟與北鄰三官廟[2]同屬重華宫太監公産。碑陰亦題名,首列太監總管一人及兩名首領,後鎸二十七人姓名,張進蘭赫然在列,另有王蘭山、張有喜之名,亦是民國時期廟産的争奪者[3]。另外,清光緒二十九年(1903)廟内似乎還有添建。正殿中原有是年營造司各庫作敬獻錫五供一份,是年五月造鐵磬一口,似乎除了重華宫太監之外,另有其他禁内執事者在此祭祀。

1931年國立北平研究院調查時,火神廟的管理者是太監劉滋修。此時山門南向,石額"敕賜火神廟"。北殿三間爲火神殿,内仍供火神、關帝與靈官三聖泥像,均坐高四尺。火神相貌凶惡,束冠,方面大耳,兩鬢角頭髮上束,刷子眉、環眼,額頭正中有第三隻眼。獅鼻闊口、牙齒外露、鬍鬚濃密。手中持劍,身披天衣,但爲外層雲紋錦袍所覆蓋。身後壁畫繪二龍戲珠,龍身矯健,一上一下,圍繞火珠盤旋。右上方雲龍口中吐水,非常生動。馬童、周倉、關平等像旁立。前設光緒二十九年錫五供與鐵磬。正殿東西耳房各一間。殿左立萬曆二十九年《三聖祠碑》、光緒三十三年《火神廟碑》。殿右立乾隆二十二年《三聖祠碑》。東西配房各三間,無神像。院中有雍正年造圓鐵爐一口、乾隆年造鐵鼎一口、槐樹一株。東西小房各一間,又各有小北房一間。

1933年,張進蘭在北平市社會局領廟照契據,但太監張燕喜[4]之弟張書田却將此廟契盗走。與此同時,王蘭山也上報社會局,稱自己纔是火神廟廟主。社會局經查詢後,認定他與張進蘭同爲寺廟管理人。1936年12月王蘭山去世,其遺孀王文氏以張進蘭長期不在廟,而在天津附近原籍居住爲由,要求獲得火神廟和三官廟的所有權,并找到本街煤鋪作保[5]。她的申請被駁回,原因是張進蘭作爲合法的管廟人,當時仍在人世。其後,張進蘭又反訴王文氏欲奪廟産。經過雙方對質和審議後,社會局决定采取折衷,同意張進蘭和王文蘭遺孀共同管理寺廟[6]。

1937年,火神廟被賣與尼僧寬玄。寬玄,俗家姓傅,1932年24歲時剃度出家,投入廣慈寺[7]中,依妙道(亦名常參)爲徒。她的父親名叫傅文和,法號文顯通,出生於1870年左右,曾開設文和花生店。自買下此廟後,他就與女兒寬玄、寬祺一同居住在火神廟中。到1947年時,同住廟内的還有一個年輕學徒及一家租户[8]。寬玄自入主火神廟後,她與父親將廟名改爲"慶雲寺",一爲符合佛教傳統,二因廟近景山,取日出山側、薄霧環繞之意。廟内神像也有了很大變動:釋迦主佛供在大殿内,火神居於旁側,成爲護法神。此後兩年,慶雲寺依次添修院墻、屏門、修理廟旗、修補後墻,最後又添蓋了三間中殿,這些修廟申請均得到社會局的正式批準[9]。1942年的《慶雲寺碑》表明,自寬玄接廟後,慶雲寺得到了北京佛教界名僧和知識精英的關注、探訪與支持。《慶雲寺碑》的撰碑人马振彪是安徽桐城人,生于19世纪末,20世纪60年代逝於北京。作爲《易經》研究大師馬其昶(1855–1930)的侄子和學生,他也是《易經》專家,并曾在北平中國大學國學系执教,同時也是宏

[1]《北京寺廟歷史資料》,頁二百零四。

[2]參見本排段"三官廟"條。

[3]清光緒三十三年(1907)的《火神廟碑》,京657,《北京圖書館藏中國歷代石刻拓本匯編》卷八十九,頁一百二十二。

[4]光緒三十三年《火神廟碑》中有太監"張有喜"之名,可能是"張燕喜"的筆誤。

[5]景山東街路南聚昌永煤鋪,鋪掌孫德魁。

[6]北京市檔案館藏《北平市社會局·内六區火神廟民人張進蘭關於登記廟産的呈文及社會局的批示》,檔案號J2-8-405,1932–1937年。

[7]參見《北京内城寺廟碑刻志》卷二,"廣慈寺"條,頁三百九十六至四百零四。

[8]北京市檔案館藏《北平市政府警察局·内六區分局户口調查表》,檔案號J181-6-1351,1947年。

[9]北京市檔案館藏《北平市社會局·内六區景山後大街慶雲寺住持覺立關於添修院墻屏門的呈及社會局的批示》,檔案號J2-8-1233,1938–1939年。

慈佛學院的教師[1]。

在《慶雲寺碑》中,馬振彪著力稱頌尼僧妙道(亦名常參)苦節清修、朝山禮佛的一生,將其比爲佛教第一位比丘尼憍曇彌——釋迦牟尼之姨母。她的兒子顯宗,從年幼時便隨母遍禮群山,後投高僧道階(1866–1934)[2]門下,1928年成爲廣濟寺住持。碑文中還提及,文顯通欽佩於妙道的經歷與修持,遂命自己的兩個女兒出家爲尼,購置慶雲寺後重修一新,俾使二女修行并供奉妙道神主。1942年,顯宗陪馬振彪一起來到慶雲寺,見妙道遺像懸於殿中,二尼日夜焚香,堅信是妙道的護佑使寺廟重新復興[3]。

據老住户們説,寬玄和寬祺是因爲目睹嫂子難産,因恐懼而决定終生不嫁。也有人説,二人是因"克夫"纔皈依佛門。還有人回憶,傅文和的花生店坐落於府右街,他并非衹有二女,其次子曾就讀于西什庫小學。日據時期,大鐵香爐被日本人搶走,但底座尚存。爲修建防空洞,幾處磚砌側門、山門,以及正殿前臺階均被拆除。但直到1956年公私合營之前,每到初一、十五,附近居民仍常到廟内燒香,當時正殿的關帝、周倉、關平泥像,後殿三聖佛像仍完好,中殿之前還有一座兩米高的小神龕——狐仙樓[4]。1957年,寺廟被房産局接管,寬祺還俗并結婚,寬玄隨她一起搬走,姐妹二人曾一度住在鼓樓一帶。1976年地震後,廟内空地處搭滿臨時建築,新的居民不斷搬入,至2009年時,廟内共有十幾户。

2006年至2017年調查時,慶雲寺中尚存中軸綫上大殿兩座、東房一座,均面闊三間。廟内旗杆久已不存,石碑及所有法物均已不見蹤迹。現爲居民住家院落。

---

〔1〕見黄夏年編《民國佛教期刊文獻集成》,全國圖書館文獻縮微複製中心,卷二十七,頁二百八十七至二百八十九、四百八十五至四百八十六。

〔2〕民國時期佛教重要高僧,1911年成爲法源寺住持,曾推動編輯《新續高僧傳四集》,含自北宋到清末的高僧傳略。見喻謙編《新續高僧傳四集》,北平:北洋印刷局,1923年。

〔3〕民國三十一年(1942)《慶雲寺碑》,京4151,《北京圖書館藏中國歷代石刻拓本匯編》,卷一百頁十七。

〔4〕狐仙樓屬"四大門"信仰,崇拜狐狸、黄鼠狼、蛇和刺猬,直到今天仍然興旺。參見Li Wei-tsu,《On the Cult of the Four Sacred Animals (Szu Ta Men) in the Neighborhood of Peking》, *Folklore Studies*, 7, 1948, p. 1–94.

慶雲寺門洞（2005 年 9 月　吕敏攝）

慶雲寺老住户（2013 年 10 月　曉松攝）

慶雲寺前殿（2013 年 10 月　曉松攝）

建立三聖神祠碑記

茲内府内監公署所屬作分曰火藥職司造作烟火花爆等器供貢

上用托

天神之垂光賴

神明之默佑槩監仰需無由報答斯時本監管理王公輩發心虔誠蓋造謂我

國家獨隆祀神之典盡至誠感格衷享四時祭奠之敬就于本所吉地建立

三聖神祠一座内供

南方熒惑火德真君

赤心忠良隆恩真君

護國崇寧至德真君獨此三神者威靈赫赫顯應昭昭祈之輒然有感禱之速報無

過善善惡惡錫福降殃私語虧心若雷如電以出察也孰不仰瞻匡立其祠於

萬歷二十九年三月朔日起公監視布畫損施工料至本年五月望後落成

殿宇煇煌粧嚴明燿日每焚修香火上祝

當今永延萬世下保官衆咸吉和平欲可徵文弗足備撰謹將始結而勒石也以播

其遐萬古不朽矣故云留芳于後者

萬歷歲次辛丑仲冬朔日立

京656《三聖祠碑》陽

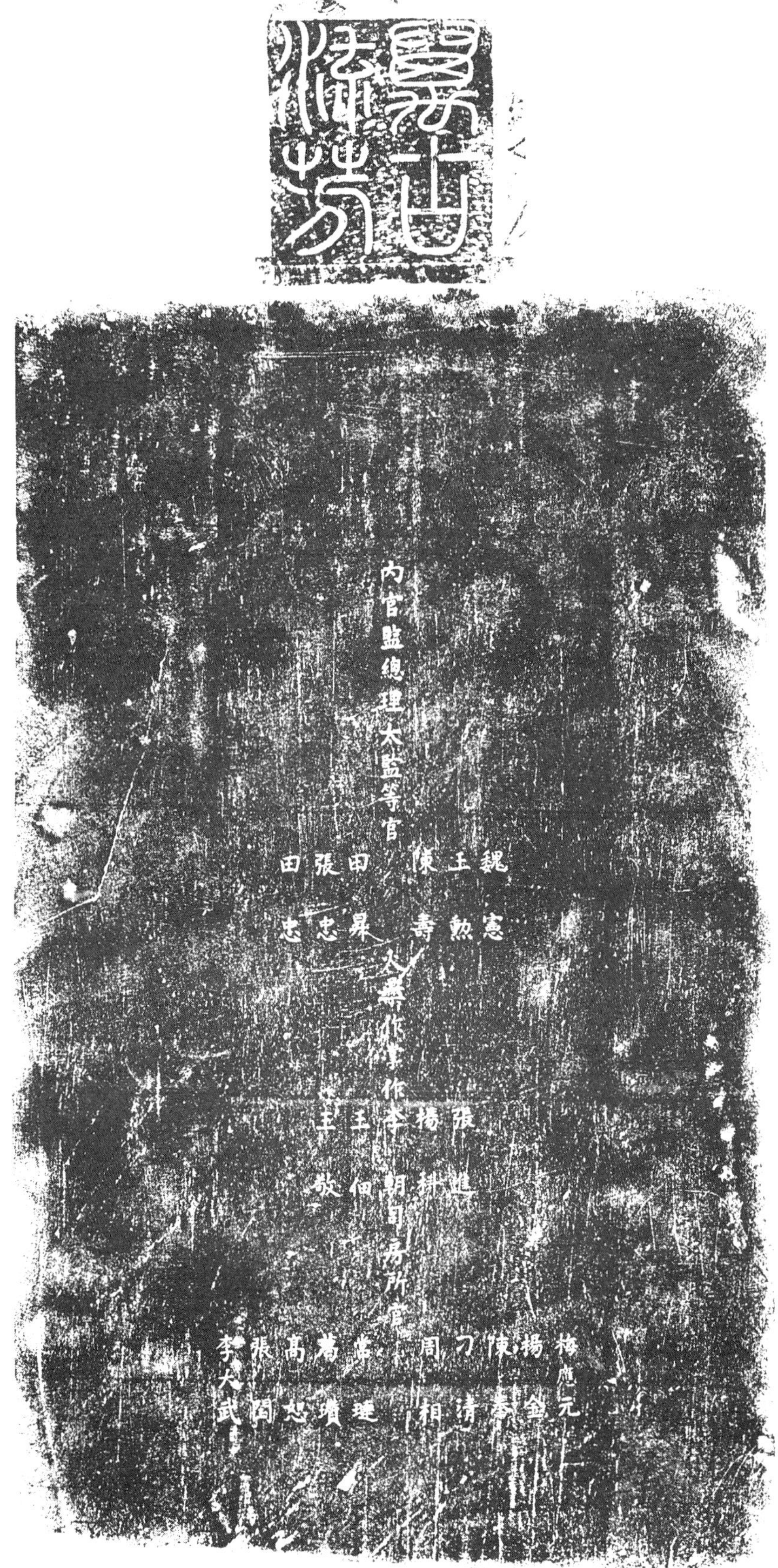

京656《三圣祠碑》阴

三聖神祠

建立三聖神祠碑記
兹内府内監公署所屬作分曰火藥職司造作烟火花爆等器供貢
上用托
天神之垂光賴
神明之默佑概監仰霑無由報答斯時本監管理王公輩發心虔誠蓋造謂我
國家獨隆祀神之典盡至誠感格衷享四時祭奠之敬就於本所吉地建立
三聖神祠一座内供
南方熒惑火德真君
赤心忠良隆恩真君
護國崇寧至德真君獨此三神者威靈赫赫顯應昭昭祈之輒然有感禱之速報無
過善善惡惡錫福降殃私語虧心若雷如電以出察也孰不仰瞻匡立其祠於
萬曆二十九年三月朔日起公監視布畫捐施工料至本年五月望後落成
殿宇輝煌莊嚴明燿日每焚修香火上祝
當今永延萬世下保官衆咸吉和平欲可徵文弗足修撰謹將始結而勒石也以播
其遐萬古不朽矣故云留芳於後者
萬曆歲次辛丑仲冬朔日立

京656《三聖祠碑》陽

萬古流芳

内官監總理太監等官

魏憲
王勳
陳壽
田昇
張忠
田忠

火藥作掌作

張進
楊科
李朝
王佃
王敬

司房所官

梅應元
楊金
陳奉
刁清
周相
常璉
葛瓚
高恕
張閏
李大武

京656《三聖祠碑》陰

三聖祠碑

額題：三聖神祠
首題：建立三聖神祠碑記
年代：明萬曆二十九年（1601）十一月一日
原在地：北京東城區景山後街碾兒胡同火神廟
拓片尺寸：碑陽長116、寬67厘米，額長28、寬20厘米；碑陰長116、寬67厘米，額長28、寬20厘米
書體：楷書
《目録》：頁249
拓片録自：《北京圖書館藏歷代石刻拓片匯編》第58卷124–125頁
北圖編號：京656

【碑陽】

碑額：三聖神祠

碑文：

建立三聖神祠碑記 1

玆内府内監公署所屬作分曰火藥，職司造作烟火、花爆等器供貢 2 上用。托天神之垂光，賴 3 神明之默佑。概監仰霑，無由報答。斯時本監管理王公輩發心虔誠蓋造，謂我 4 國家獨隆祀神之典，盡至誠感格，衷享四時祭奠之敬，就於本所吉地建立 5 三聖神祠一座，内供 6 南方熒惑火德真君、7 赤心忠良隆恩真君、8 護國崇寧至德真君。獨此三神者威靈赫赫，顯應昭昭，祈之輒然有感，禱之速報無 9 過，善善惡惡，錫福降殃，私語虧心，若雷如電以出察也，孰不仰瞻。匡立其祠於 10 萬曆二十九年三月朔日起，公監視布晝捐施工料，至本年五月望後落成。11 殿宇輝煌，莊嚴明燿，日每焚修香火，上祝 12 當今永延萬世，下保官衆咸吉和平。欲可徵文，弗足修撰，謹將始結而勒石也，以播 13 其遐萬古不朽矣。故云留芳於後者。14

萬曆歲次辛丑仲冬朔日立 15

【碑陰】

碑額：萬古流芳

碑文：

内官監總理太監等官：魏憲、王勲、陳壽、田昇、張忠、田忠。

火藥作掌作：張進、楊科、李朝、王佃、王敬。

司房所官：梅應元、楊金、陳奉、刁清、周相、常璉、葛瓚、高恕、張閏、李大武

重修三聖祠記

皇居上規紫極繚垣閣道皆百靈所拱護也昭布森列具
在左右豈羣下所得而私者哉顧神以翼衛為職則
凡備役於庭一心
宸陛者亦必為神所樂佑火藥作所三聖一祠創署舊矣
中所奉者曰南方熒熾火德真君赤心忠良隆恩真
君護國崇寧至德真君按周禮太宰所屬宮伯掌王
公次八舍以授職事宮正則春秋以木鐸脩火禁夫
國有事典神與俱寸刹在
禁近之內供奉之役所尤乃心
皇極者哉則其必為神之所在而祠而祀之也宜矣閱歲
祠宇漸[illegible]蝕處無以棲神而飭敬爰鳩工重葺之今
則檐構新整儀象肅穆於以擁福
聖王以波及羣下衆善等實竊有厚幸焉
乾隆歲次丁丑八月朔日竣成

養心殿首領許進朝 楊長齡
奏事處首領許福喜
諳蘭達吳東通 劉國泰
坤寧宮首領何進喜
弘德殿首領鄧[illegible]安
敬事房首領張和
咸福宮首領劉玉成
啟祥宮首領王福
遵義門首領郭兆喜
隆福門首領蘇進壽
乾清門首領唐進保
坤寧宮首領王永忠
首領何得祿
慈寧宮 王永清
四執庫 竇有亮
兆祥所 任德亮
熟火處 趙祥
道光歲次庚寅 月

北小花園首領王雙福
養心殿衆太監等 徐進祿
打掃處 呂祥
董富成 蘇得
門保成
周雙用
翟喜
吳永祥
韓玉登
馬進忠
李進福
宋進壽
劉添祿
許進喜
劉書
劉二喜
陳進喜
吳廷槐
王祥
李進喜
馬吉昇
張廷貴
吉日重修

鄧福來
王進忠
蕭國忠
楊洪秀
趙文興
趙[illegible]祥
白玉
李音福
張[illegible]英
王三福
張常山
鄭太平
[illegible]祿
王凌雲
[illegible]全
李長慶
趙順
田平安
折
焚修僧然明
王得喜

京 653-1《三聖祠碑》陽

重修三聖祠碑

重修三聖祠記

皇居上規紫極繚垣閣道皆百靈所拱護也昭布森列具
在左右豈群下所得而私者哉顧神以翼衛爲職則
凡備役掖庭一心
宸陛者亦必爲神所樂佑火藥作所三聖一祠創署舊矣
中所奉者曰南方熒惑火德真君赤心忠良隆恩真
君護國崇寧至德真君按周禮太宰所屬宮伯掌王
八次八舍以授職事宮正則春秋以木鐸修火禁夫
國有事典神與俱守矧在
禁近之内供奉之役所尤乃心
皇極者哉則其必爲神之所在而祠而祀之也宜矣閱歲
祠宇漸損蝕慮無以栖神而飭敬爰鳩工重葺之今
則檐構新整儀象肅穆於以擁福
聖主以波及群下衆善等實竊有厚幸焉
乾隆歲次丁丑八月朔日竣成

養心殿首領 佟喜 許進朝 楊長齡
奏事處首領許福喜
誇蘭達 吴秉通 劉國泰
坤寧宮首領何進喜
弘德殿首領鄧玉安
敬事房首領張　和
咸福宮首領劉玉成
啟祥宮首領王　福
遵義門首領郭兆喜
隆福門首領蘇進壽
乾清門首領唐進保
坤寧宮首領王永忠
首領何得禄
慈寧宮　王永清
四執庫　竇有亮
兆祥所　任德亮
熟火處　趙　祥
道光歲次庚寅　月

養心殿衆太監等
北小花園
領首王雙禧
打掃處
董富成

徐進禄　鄧福來
呂　祥　王進忠
薛　得　蕭國志
閻保成　楊洪秀
周雙用　趙文魁
翟　喜　趙得祥
吴永祥　白　玉
韓玉登　支日福
馬進忠　張永生
李進福　王三福
宋進壽　張常山
劉添禄　郭太平
許進喜　李　禄
劉　書　王慶雲
劉二喜　李　全
陳進喜　李長慶
吴廷槐　趙　順
王　祥　田平安
李進喜　打掃
馬吉昇　焚修僧然　明
張廷貴　王得喜
日重修

京653-1《三聖祠碑》陽

三聖祠碑

額題:重修三聖祠碑
首題:重修三聖祠記
年代:清乾隆二十二年(1757)、清道光十年(1830)
原在地:東城區景山後街碾子胡同
拓片尺寸:碑陽高 110、寬 66 厘米,碑額高 32、寬 40 厘米
書體:楷書
拓片録自:《北京圖書館藏中國歷代石刻拓本匯編》卷 71 頁 109
北圖編號:京 653-1

【碑陽】

額題:重修三聖祠碑

碑文:

重修三聖祠記 1 [1]

皇居上規紫極,繚垣閣道皆百靈所拱護也。昭布森列,具 2 在左右。豈群下所得而私者哉。顧神以翼衛爲職,則 3 凡備役掖庭,一心 4 宸陛者,亦必爲神所樂佑。火藥作所三聖一祠,創署舊矣。5 中所奉者,曰南方熒惑火德真君、赤心忠良隆恩真 6 君、護國崇寧至德真君。按《周禮》太宰所屬宮伯,掌王 7 八次八舍,以授職事,宮正則春秋以木鐸修火禁。夫 8 國有事典,神與俱守,矧在 9 禁近之内供奉之役所,尤乃心 10 皇極者哉。則其必爲神之所在,而祠而祀之也宜矣。閲歲 11 祠宇漸損蝕,慮無以栖神而飭敬,爰鳩工重葺之。今 12 則檐構新整,儀象肅穆,於以擁福 13 聖主,以波及群下衆善等。實竊有厚幸焉。14

乾隆次丁丑八月朔日竣成。15

養心殿首領佟喜、許進朝、楊長齡,奏事處首領許福喜,誇蘭達:吴秉通、劉國泰,坤寧宮首領何進喜,弘德殿首領鄧玉安,敬事房首領張和,咸福宮首領劉玉成,啟祥宮首領王福,遵義門首領郭兆喜,隆福門首領蘇進壽,乾清門首領唐進保,坤寧宮首領王永忠,首領何得禄,慈寧宮王永清,四執庫竇有亮,兆祥所任德亮,熟火處趙祥,北小花園首領王雙禧,打掃處董富成。養心殿衆太監等:徐進禄、吕祥、薛得、閻保成、周雙用、翟喜、吴永祥、韓玉登、馬進忠、李進福、宋進壽、劉添禄、許進喜、劉書、劉二喜、陳進喜、吴廷槐、王祥、李進喜、馬吉昇、張廷貴、鄧福來、王進忠、蕭國忠、楊洪秀、趙文魁、趙得祥、白玉、支日福、張永生、王三福、張常山、郭太平、李禄、王慶雲、李全、李長慶、趙順、田平安。

打掃焚修僧然明、王得喜。

道光歲次庚寅 月 日重修

〔1〕序號爲碑陽上半碑文行數。碑下半題名按横排順序列名。

京655《三聖祠題名碑》陰

垂之永久

乾清宮殿監督領侍劉　玉
正　侍魏　珠
副　侍潘　鳳
執首侍李　金太監
催　總

張永泰　王吉祥　文　岱　楊　茂　王明貴　孫從善　劉文玉　郝進朝　李文照

陳麒麟　陳興邦　蔣　魁　劉　瑞　朱興邦　劉存玉　王　崐　劉進朝　張德明　黃文瑞　陳進忠

王　玉　丁進玉　王輔龍　李有德　張　春　趙義德　于　京　徐　慎　高進忠　胡進忠　李　福

王　喜　王成玉　楊天喜　韓朝奉　蔣進朝　趙天義　劉　福　徐德禄　唐國泰　劉保成　王　明

陳國泰　李明德　張進禄　張進玉　張成義　何　保　王玉璽　張進福　石保壽　崔進禄　宋保安　劉士德　李　福

焚修僧湛　泰

養心殿　首領白永安太監
詹東舟
劉義文

孔成禄　葉明亮　盧　忠　盧奉德　張進喜　曹　謙　徐進禄　張進禄　宋　喜　阮進喜　王進孝

劉長保　佟　喜　賀官保　楊昌齡　許進朝　薛　平　王　福　蘇進壽　王來雙　吕　祥　何慶禄

薛　德　閻保成　馬貴麟　周雙用　錢進喜　高尚志　孫洪亮　吕　喜　趙德成　郭兆喜　王　明

馬進忠　翟　喜　張世英　童迎喜　吴吉祥　韓玉登　郭　生　劉進喜　閻　□　□□福　王永清　張　勝　張進福

焚修僧□□□

嘉慶庚午年菊月重修

京655《三聖祠題名碑》陰

三聖祠題名碑

額題:垂之永久
年代:清嘉慶十五年(1810)九月刻
原在地:北京東城區景山後街碾子胡同
拓片尺寸:碑陽高105、寬69厘米,額高28、寬21厘米
書體:楷書
拓片録自:《北京圖書館藏中國歷代石刻拓本匯編》卷78頁69,刻於乾隆二十二年八月一日《三聖祠碑》之陰
《目録》:頁330-331
拓片編號:京655

【碑陰】
額題:垂之永久
碑文:
乾清宫殿監督領侍:劉玉
正侍:魏珠
副侍:潘鳳
執首侍:張永泰、王吉祥、文岱、楊茂、王明貴、李金、孫從善、劉文玉、郝進朝
催總:李文照
太監:陳麒麟、陳興邦、蔣魁、劉瑞、朱興邦、劉存玉、王崐、劉進朝、張德明、黄文瑞、陳進忠、王玉、丁進玉、王輔龍、李有德、張春、趙義德、于京、徐慎、高進忠、胡進忠、李福、王喜、王成玉、楊天喜、韓朝奉、蔣進朝、趙天義、劉福、徐德禄、唐國泰、劉保成、王明、陳國泰、李明德、張進禄、張進玉、張成義、何保、王玉璽、張進福、石保壽、崔進禄、宋保安、劉士德、李福
焚修僧:湛泰
養心殿首領:詹東舟、白永安、劉義文
太監:孔成禄、葉明亮、盧忠、盧奉德、張進喜、曹謙、徐進禄、張進禄、宋喜、阮進喜、王進孝、劉長保、佟喜、賀官保、楊昌齡、許進朝、薛平、王福、蘇進壽、王來雙、吕祥、何慶禄、薛德、閻保成、馬貴麟、周雙用、錢進喜、高尚志、孫洪亮、吕喜、趙德成、郭兆喜、王明、馬進忠、翟喜、張世英、童迎喜、吴吉祥、韓玉登、郭生、劉進喜、閻□、□□福、王永清、張勝、張進福
焚修僧:□□□
嘉慶庚午年菊月重修

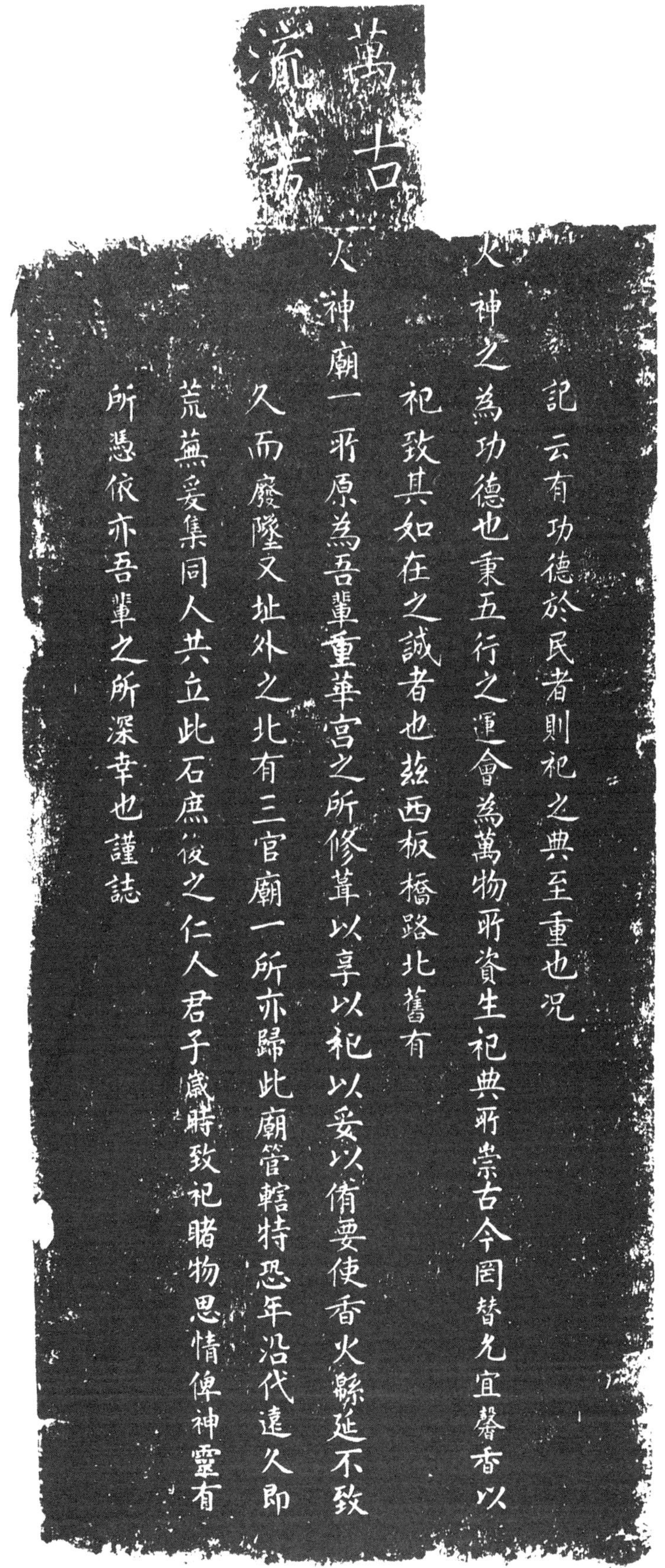
萬古流芳
記云有功德於民者則祀之典至重也況
火神之爲功德也秉五行之運會爲萬物所資生祀典所崇古今罔替允宜馨香以
祀致其如在之誠者也茲西板橋路北舊有
火神廟一所原爲吾輩重華宮之所修葺以享以祀以妥以侑要使香火綿延不致
久而廢墜又址外之北有三官廟一所亦歸此廟管轄特恐年沿代遠久即
荒蕪爰集同人共立此石庶後之仁人君子歲時致祀睹物思情俾神靈有
所憑依亦吾輩之所深幸也謹誌

京657《火神廟碑》陽

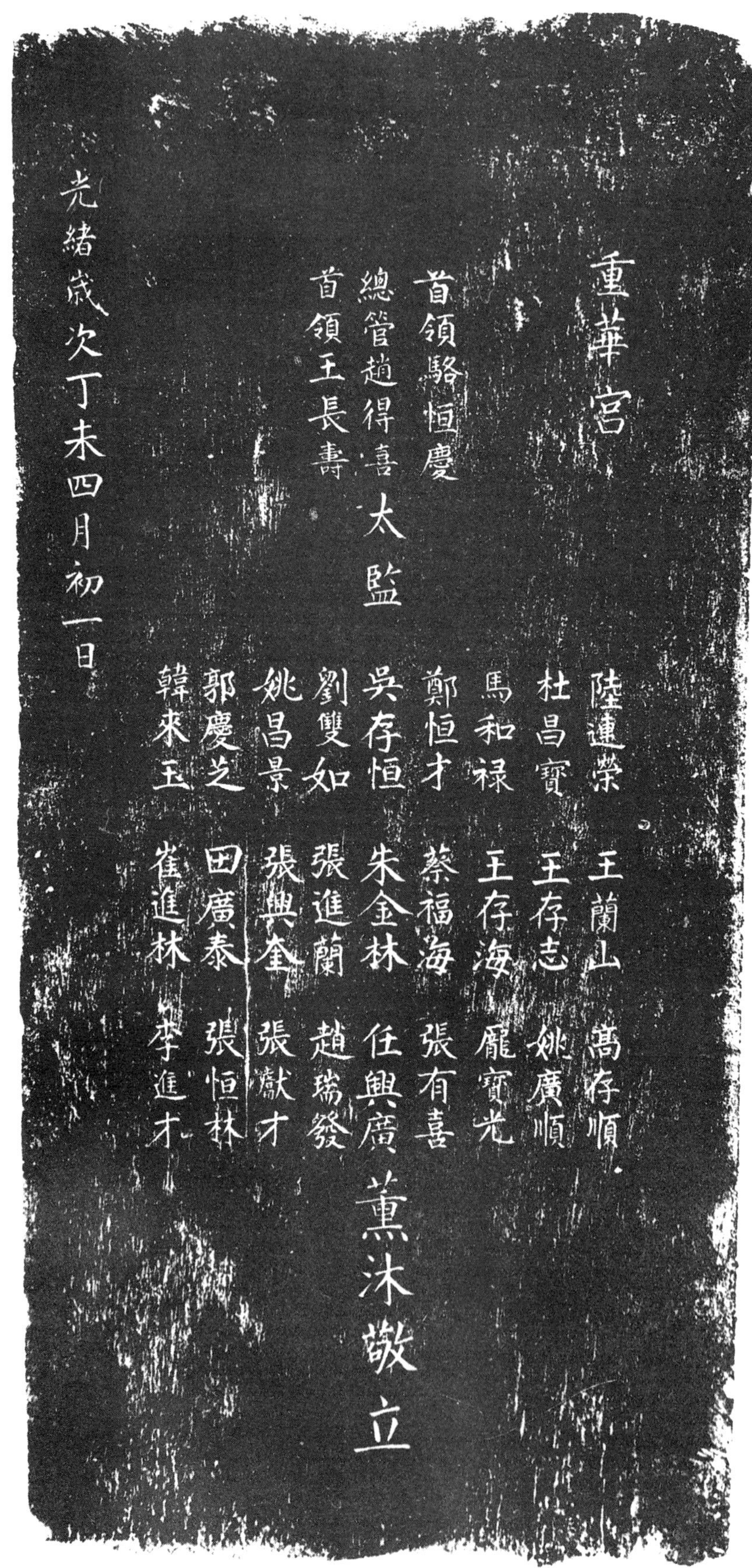

重華宮

首領駱恒慶

總管趙得喜 太監

首領王長壽

陸連榮　王蘭山　嵩存順

杜昌寶　王存志　姚廣順

馬和祿　王存海　龐寶光

鄭恒才　蔡福海　張有喜

吳存恒　朱金林　任興廣　薰沐敬立

劉雙如　張進蘭　趙瑞發

姚昌景　張興奎　張獻才

郭慶芝　田廣泰　張恒林

韓來玉　崔進林　李進才

光緒歲次丁未四月初一日

京657《火神廟碑》陰

萬古流芳

記云有功德於民者則祀之典至重也況
火神之爲功德也秉五行之運會爲萬物所資生祀典所崇古今罔替允宜馨香以
祀致其如在之誠者也兹西板橋路北舊有
火神廟一所原爲吾輩重華宮之所修葺以享以祀以妥以侑要使香火緜延不致
久而廢墜又址外之北有三官廟一所亦歸此廟管轄特恐年沿代遠久即
荒蕪爰集同人共立此石庶後之仁人君子歲時致祀睹物思情俾神靈有
所憑依亦吾輩之所深幸也謹誌

京657《火神廟碑》陽

重華宮

首领駱恒慶

總管趙得喜　太監

首領王長壽

陸連榮　王蘭山　高存順

杜昌寶　王存志　姚廣順

馬和禄　王存海　麗寶光

鄭恒才　蔡福海　張有喜

吴存恒　朱金林　任興廣　薰沐敬立

劉雙如　张進蘭　趙瑞發

姚昌景　張興奎　張獻才

郭慶芝　田廣泰　張恒林

韓來玉　崔進林　李進才

光緒歲次丁未四月初一日

京657《火神廟碑》陰

火神廟碑

額題:萬古流芳
年代:清光緒三十三年(1907)
原在地:東城區火藥局胡同
拓片尺寸:碑陽高128、寬60厘米,碑額高22、寬17厘米;碑陰高128、寬60厘米
書體:楷書
《目録》:頁375
拓片録自:《北京圖書館藏中國歷代石刻拓本滙編》第89卷122頁
拓片編號:京657

【碑陽】

額題:萬古流芳

碑文:

記云:有功德於民者則祀之,典至重也。况1火神之爲功德也,秉五行之運會,爲萬物所資生,祀典所崇,古今罔替,允宜馨香以2祀,致其如在之誠者也。兹西板橋路北舊有3火神廟一所,原爲吾輩重華宫之所修葺,以享以祀,以妥以侑,要使香火緜延,不致4久而廢墜。又址外之北有三官廟一所,亦歸此廟管轄,特恐年沿代遠,久即5荒蕪,爰集同人,共立此石。庶後之仁人君子,歲時致祀,睹物思情,俾神靈有6所憑依,亦吾輩之所深幸也。謹誌。7

【碑陰】

碑文:

重華宫首领駱恒慶、總管趙得喜、首領王長壽

太監:陸連榮、杜昌賓、馬和禄、鄭恒才、吴存恒、劉雙如、姚昌景、郭慶芝、韓來玉、王蘭山、王存志、王存海、蔡福海、朱金林、张進蘭、張興奎、田廣泰、崔進林、高存順、姚廣順、龐寶光、張有喜、任興廣、趙瑞發、張獻才、張恒林、李進才,薰沐敬立

光緒歲次丁未四月初一日。

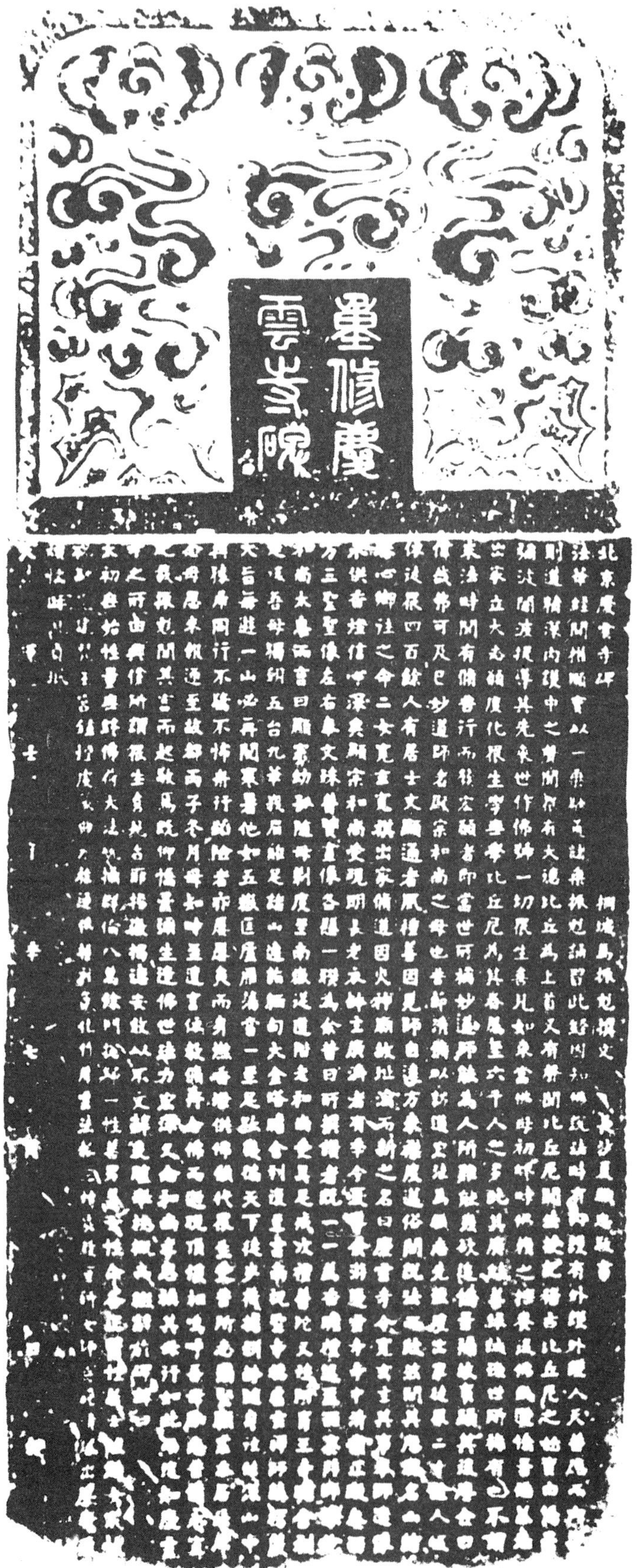

京 4151《慶雲寺碑》陽

重修慶雲寺碑

北京慶云寺碑　　　　　　桐城馬振彪撰文　　長沙夏職忠敬書

法華經開權顯實以一乘融通諸乘振彪誦習此經因知佛説法時有内護有外護外護人天普應而内護
則道精深内護中之聲聞衆有大德比丘爲上首又有聲聞比丘尼聞法授記稽古比丘尼之始實由憍曇
彌波闍波提導其先來世作佛號一切衆生喜見如來當佛母初終時佛賴之撫養後佛成道憍曇彌慕法
出家立大志願度化衆生學無學比丘尼爲其眷屬至六千人之多此其廣結善縁誠後世所稀有也不謂
末法時聞有修苦行而發宏願者即當世所稱妙道師能爲人所難能幾欲追憍曇彌故事躡其後塵僉曰
偉哉弗可及已妙道師者顯宗和尚之母也苦節清修以訪道宏法爲職志先後度出家徒衆二十餘人皈
依徒衆四百餘人有居士文顯通者夙種善因見師自遠方來襟度邁俗聞説法而欣然聞其歷游名山諸
勝心鄉往之命二女寬玄寬祺出家修道因火神廟故址淪而新之名曰慶雲寺令寬玄主其事奉師遺像
永供香燈信心深矣顯宗和尚受現明長老衣鉢主廣濟者有季今夏導余游慶雲寺寺中清肅正殿奉西
方三聖聖像左右奉文殊普賢畫像各懸一聯爲余昔日所撰讚者既一一薦香瞻禮退至西寮拜師像訖
和尚太息而言曰顯宗幼即隨母剃度至南嶽從道階老和尚受具足戒次禮普陀又往阿育王寺瞻舍利
是後吾母獨朝五台九華峨眉雞足諸山遠詣緬甸大金塔瞻舍利復至雲南祝聖寺聽虛雲禪師講楞嚴
大旨每游一山必再閱寒暑他如五嶽匡盧雁蕩嘗一至足迹幾徧天下徒步荷擔瓶鉢隨身往往深山中
與猿虎同行不驚不怖舟行蹈險者亦屢屢矣而身燃香燈供佛願代衆生受苦所志彌堅顯宗忝居法席
念母恩未報迎至故都丙子冬月母知時至遺言依教修行念佛而逝現頂煖相嗚呼吾母勵志苦修永宜
紀載振彪聞其言而起敬焉既仰憍曇彌生逢佛世法力宏深又念和尚孝思稱其母行如此而後知慶雲
寺之所由興儻所謂衆生喜見者耶揚徽揭德安敢以不文辭爰臚舉梗概而綴辭於碑辭曰
太初無始性量無終佛荷大法統攝群倫八萬餘門總歸一性善男善女性命各正醫性居士能識女宗恢
祝融宅建梵王宮鑪烟虔篆曲水橋通佛捲侵氛化作慶雲法輪三轉象教重新女師垂範清風出塵警彼
頑懦視此貞珉

天　運　壬　午　年　七　月　日　穀　旦

京 4151《慶雲寺碑》陽

慶雲寺碑

額題:重修慶雲寺碑
首題:北京慶雲寺碑
年代:民國三十一年(1942)七月
原在地:北京市西城區景山後街
拓片尺寸:碑陽高177、寬72厘米
書體:楷書
撰人:馬振彪
書人:夏職忠
《目録》:頁390
拓片編號:京4151
拓片録自:國家圖書館藏原拓片。另參見《北京圖書館藏中國歷代石刻拓本匯編》第100卷71頁

【碑陽】

額題:重修慶雲寺碑

碑文:

北京慶云寺碑

桐城馬振彪撰文,長沙夏職忠敬書。/1

法華經開權顯實,以一乘融通諸乘。振彪誦習此經,因知佛説法時,有内護、有外護。外護人天普應而内護/2則道精深。内護中之聲聞衆有大德比丘爲上首,又有聲聞比丘尼聞法授記。稽古比丘尼之始,實由憍曇/3彌波闍波提導。其先,來世作佛,號一切衆生喜見如來。當佛母初終時,佛賴之撫養,後佛成道,憍曇彌慕法/4出家,立大志願度化衆生。學無學比丘尼爲其眷屬至六千人之多。此其廣結善緣,誠後世所稀有也。不謂/5末法時,聞有修苦行而發宏願者,即當世所稱妙道師。能爲人所難能,幾欲追憍曇彌故事躡其後塵。僉曰/6偉哉,弗可及已。妙道師者,顯宗和尚之母也,苦節清修,以訪道宏法爲職志。先後度出家徒衆二十餘人皈/7依,徒衆四百餘人。有居士文顯通者,夙種善因,見師自遠方來,襟度邁俗。聞説法而欣然,聞其歷游名山諸/8勝,心鄉往之,命二女寬玄寬祺出家修道。因火神廟故址瀹而新之,名曰:慶雲寺。令寬玄主其事,奉師遺像,/9永供香燈,信心深矣。顯宗和尚受現明長老衣鉢,主廣濟者有季,今夏導余游慶雲寺,寺中清肅,正殿奉西/10方三聖聖像,左右奉文殊普賢畫像,各懸一聯,爲余昔日所撰讚者。既一一薦香瞻禮,退至西寮,拜師像訖。/11和尚太息而言曰:顯宗幼即隨母剃度,至南嶽從道階老和尚受具足戒,次禮普陀,又往阿育王寺瞻舍利/12。是後吾母獨朝五台、九華、峨眉、雞足諸山,遠詣緬甸大金塔瞻舍利,復至雲南祝聖寺聽虚雲禪師講楞嚴/13大旨。每游一山必再閲寒暑,他如五嶽、匡盧、雁蕩,嘗一至,足迹幾徧天下。徒步荷擔,瓶鉢隨身,往往深山中/14與猿虎同行,不驚不怖。舟行蹈險者,亦屢屢矣。而身燃香燈供佛,願代衆生受苦,所志彌堅。顯宗

忝居法席，15 念母恩未報，迎至故都。丙子冬月，母知時至，遺言依教修行，念佛而逝，現頂煖相。嗚呼！吾母勵志苦修，永宜 16 紀載。振彪聞其言而起敬焉，既仰憍曇彌生逢佛世，法力宏深，又念和尚孝思，稱其母行如此。而後知慶雲 17 寺之所由興，儻所謂衆生喜見者耶？揚徽揭德，安敢以不文辭。爰臚舉梗概而綴辭於碑。辭曰：18

太初無始，性量無終。佛荷大法，統攝群倫。八萬餘門，總歸一性。善男善女，性命各正。醫性居士，能識女宗。恢 19 祝融宅，建梵王宫。鑪烟虔篆，曲水橋通。佛捲侵氛，化作慶雲。法輪三轉，象教重新。女師垂範，清風出塵。警彼 20 頑懦，視此貞珉。21

天運壬午年七月　日　穀旦 22

關帝廟（景山後街）

關帝廟，不見於乾隆《京城全圖》，原址在内六區景山後大街二號（今約在東城區地安門内大街與景山後街交界處的景山加油站附近），寺廟建築現已不存。

此廟可能始建於清，爲清内務府三旗公建。清光緒二十八年（1902）重修。民國三年（1914）開始，時年僅十一歲的那文玉成爲寺廟管理人，歷次在公安局和社會局登記[1]。1931年北平研究院調查時，此廟山門南向，木額"重修關帝廟"，僅殿宇一間，東房三間。殿内供泥塑關帝坐像一尊，周倉、關平及二馬童旁立。神前僅紅供桌一張、木五供一份[2]。1938年北平特别市公署編《北京街衢坊巷之概略》中，清楚的繪出了這所關帝廟（見下圖）。1945年警察局調查時，將此關帝廟記爲當街廟，當時僅一間殿，神像法物均全無[3]。

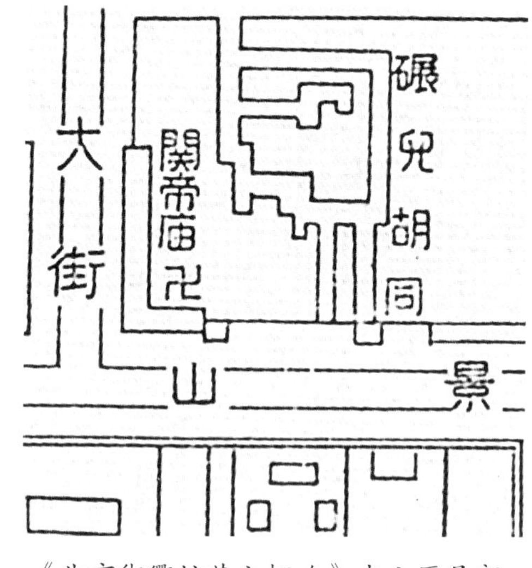

《北京街衢坊巷之概略》内六區局部

據附近老住户回憶，民國末年，此廟已成民居，由居無定所的貧苦人居住，曾有"打小鼓的"[4]董姓寄居其中。雖無神像，但附近居民有時仍會去上香，都叫它爲"小廟"。

此後關帝廟再無考，2016年調查時，關帝廟原址已是加油站門前空地與馬路。

---

〔1〕北京市檔案館藏《北平市社會局·内六區關帝廟那文玉登記廟産的呈及社會局的批示（附寺廟登記表）》，檔案號J2-8-732，1932-1940年，頁四至七。

〔2〕國立北平研究院《關帝廟》，0359。另參見上引檔案。

〔3〕首都圖書館藏《北平寺廟調查一覽表》。

〔4〕北京俗語，指收賣舊貨與破爛的小商販。

長春寺

長春寺，不見於乾隆《京城全圖》，原址爲内六區西板橋大街二十六號（曾一度改爲西城區景山西街二號，現已無門牌）。寺廟建築現已不存。

長春寺始建時間不詳。廟内曾有雍正十二年（1734）冬月造鐵磬一口、道光二十九年（1849）五月造圓鐵爐一座，未知是否廟内原有之物。至清末，此寺僅兩間，民國六年（1917），北海仿膳茶點社的創始人趙仁齋與其友人盧俊峰（亦名盧世增）二人集資，將其買下後重修，更名爲"長春寺"，并延請嘉興寺[1]僧人覺賢在内住持焚修。覺賢俗家亦姓趙，是年方十歲，四年前剛在圓廣寺内受戒落髮。民國八年（1919），覺賢赴大連游方，隨後任大連財神廟住持，再未回京。而次年，盧俊峰也因病身故。趙仁齋成爲長春寺唯一管理人，另延請居士梁滌塵居住照管，但梁滌塵不負任何責任，所有呈報登記仍由趙仁齋出名[2]。

1931年北平研究院調查時，長春寺山門西向，石額"長春寺"，内有兩進院落。第一進院落内僅南北住房各二間，經二道門後達後院。院内有東殿三間帶耳房二間，木額"佛光普照"，即民國六年重修時所立。殿内立關帝坐像一尊，左藥王、右財神，均有二童子隨侍。神前錫五供三份、木魚一口、銅磬一口，廊下懸雍正時鐵鐘，立鼓一口。殿前南北配房各三間，内供土地等神像共十二尊，院内有鐵鼎一座、道光年間圓鐵爐一口[3]。

1937年，盧俊峰的孫子盧健侯提出，趙仁齋曾在他祖父手下當差，此長春寺乃其祖父獨立修成，應由盧家享有完全權利，并爲此訴至北平市法院。然經最高法院裁定，此廟房基爲公地，祗是歷年來爲長春寺所占有。而修廟之資乃由盧、趙兩家共同承擔，盧家廟產折合不足五百元，不予立案，駁回上

〔1〕參見《北京内城寺廟碑刻志》卷四，"嘉興寺"條，頁五百零八至五百一十七。

〔2〕北京市檔案館藏《北平市社會局·内六區長春寺管理人趙仁齋送寺廟登記表及社會局的批示》，檔案號J2-8-1124，1936年，頁四至十三。

〔3〕國立北平研究院《長春寺》，0039。

訴，三審訴訟費用由盧健侯承擔[1]。趙仁齋及其子趙令武仍負責管理長春寺。與此同時，梁滌塵在長春寺内組織"太虚蓮社念佛堂"[2]，民國十二年（1923），新成立的兩檔白紙會與太虚蓮社居士一同在東岳廟中獻祭[3]，1941年，廣濟寺現明和尚圓寂，太虚蓮社也以長春寺的名義出席其喪禮法會[4]。

1945年警察局寺廟調查時尚見此廟，此時它僅一層殿，内供關帝、財神、藥王與土地夫婦。鐵鐘仍在，無僧人，警察局記其爲"梁氏家廟"，應與居士梁滌塵有關[5]。

附近老住户還記得這座廟的來歷，説它是仿膳創始人趙仁齋給自己的三兒子修的，也許就是檔案中所記的僧人覺賢。廟内雖奉關帝，但人稱"小財神廟"，蓋關帝亦擔財神之職也。據説趙家人在1949年前後遠走臺灣，此廟已與他家無甚關係。

2005年調查時，長春寺尚存正殿三間，坐東朝西，時爲住宅。然2016年回訪時，此廟已拆，現爲景山西街停車場。

〔1〕參見（僞）臨時政府行政委員會公報處編《北平僞中華民國臨時政府公報》，第十三册，1940年1月11日第一二四號，北京：國家圖書館出版社，2010年，頁一百一十九至一百二十一。

〔2〕此名稱見《北京市志稿·宗教志 名迹志》，頁一百五十六。

〔3〕民國十二年（1923）《白紙會碑》，京1002，原在東岳廟内，據國家圖書館藏原拓片。另據袁冰凌《北京東岳廟香會》，《法國漢學》第七輯，北京：中華書局，2002年，頁三百九十七至四百二十六。

〔4〕常人春著《近世名人大出殯》，北京：北京燕山出版社，1997年，頁三百七十五。

〔5〕首都圖書館藏《北平寺廟調查一覽表》。

長春寺舊景（2005 年 9 月　吕敏攝）

長春寺墻邊與老住户交談（2005 年 9 月　吕敏攝）

五排七段

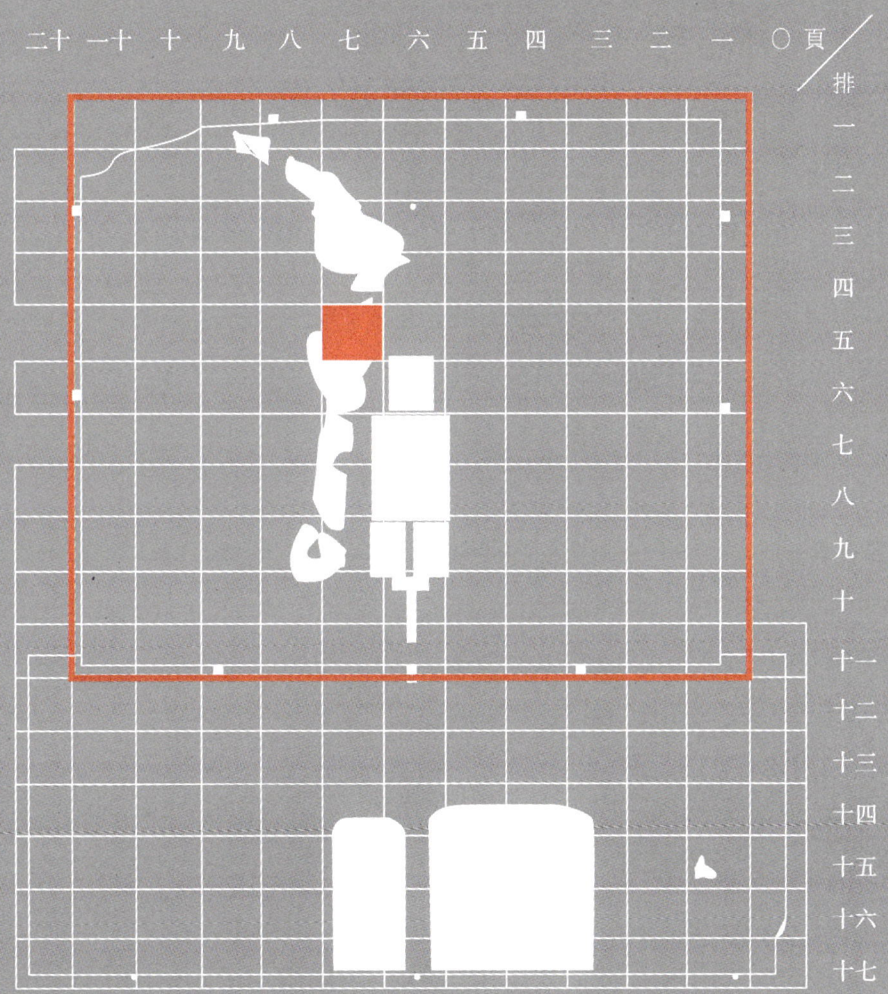

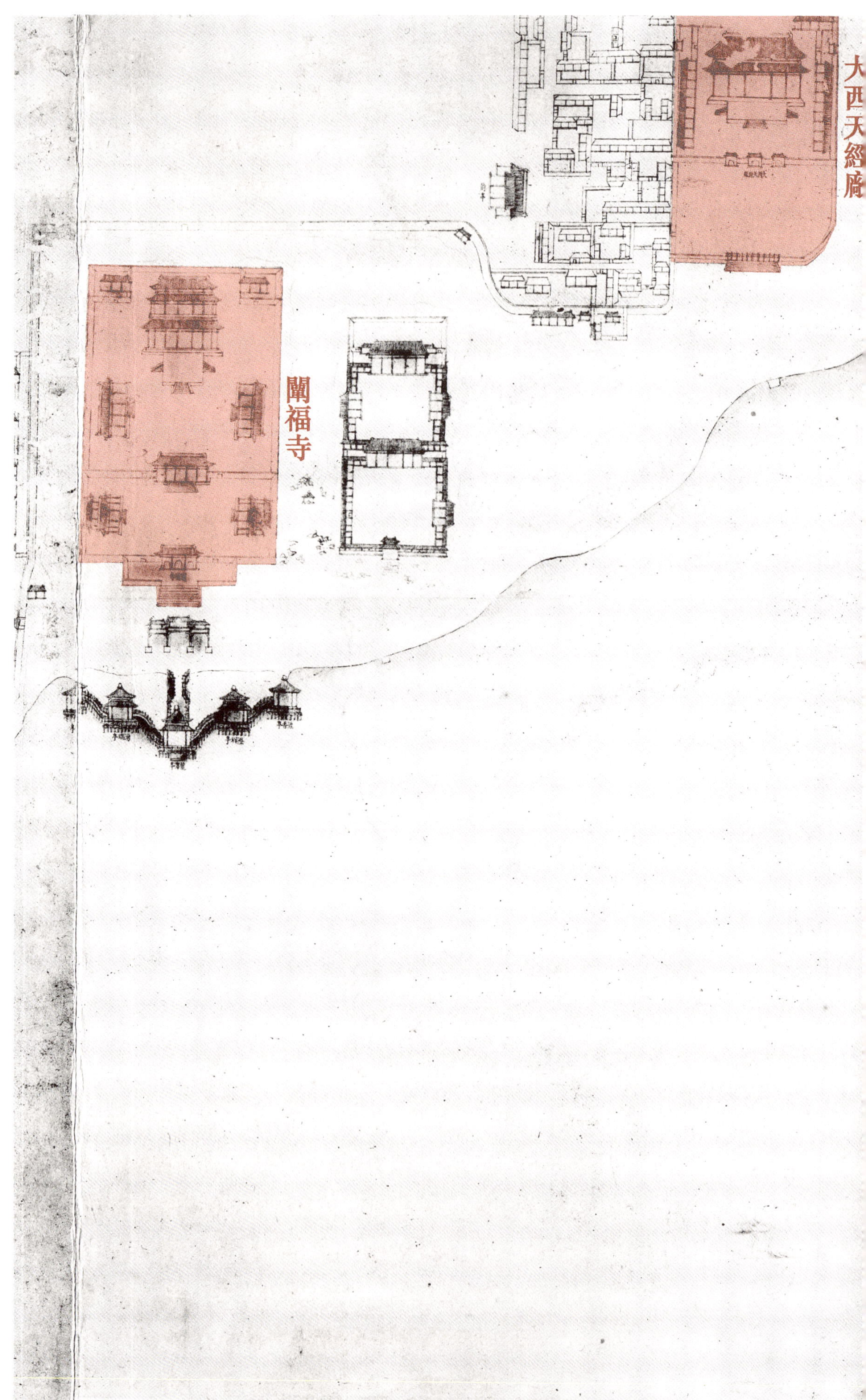
大西天經廠
闡福寺

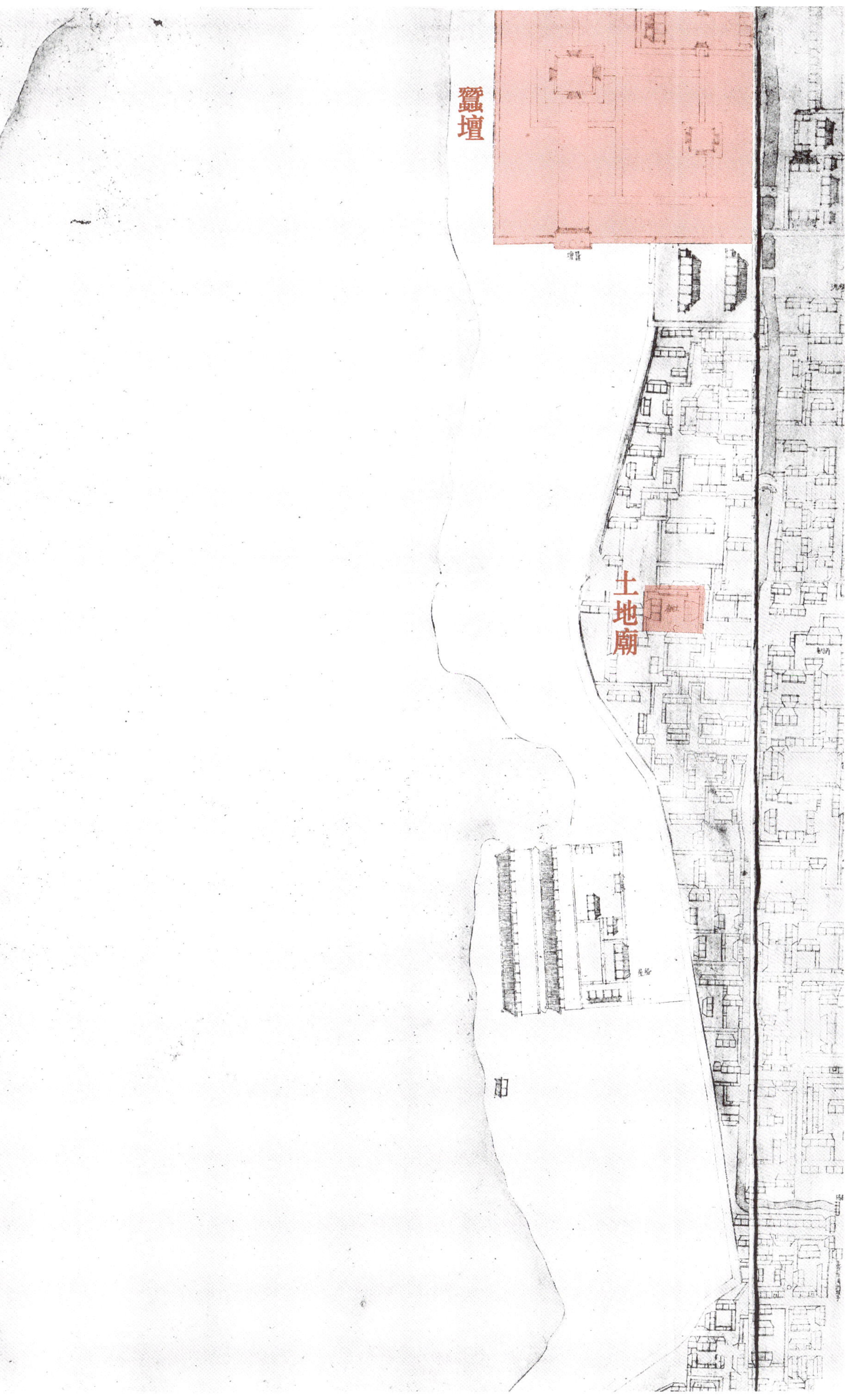
蠶壇
土地廟

西苑寺廟列表

乾隆《京城全圖》五排七段的大部分區域位於今北海公園範圍内，即清西苑最北端。西苑東鄰景山故宫，北接什刹海，包括今北海與中南海兩處，亦俗稱“三海”。

一般認爲，西苑始建於金代，爲皇家離宫太寧宫，當時範圍包括今北海、中海地區。元中統三年（1262）至至元三年（1266）期間，元世祖對瓊華島進行了大規模的擴建，至元八年（1271），瓊華島更名爲萬壽山（或萬歲山），成爲元大都城内最重要的宫苑園林。至明永樂間，西苑進一步擴建，萬歲山及東、北、西沿岸均不斷擴修，南海上堆起小島南臺，即今之瀛臺。至清代初期，西苑範圍縮小至三海及其周邊，《金鰲退食筆記》載：“禁中人呼瀛臺南爲‘南海’，蕉園爲‘中海’，五龍亭爲‘北海’[1]”，而兔兒山、大光明殿、玉熙宫、清馥殿等處不再屬於西苑内。從乾隆《京城全圖》上看，今日北海東岸濠濮間、畫舫齋，北海北岸大圓鏡智殿、真實般若殿，以及極樂世界、萬佛樓所在地區，當時皆在北海苑垣之外。直到乾隆帝大興土木、營建不斷，纔奠定了今日所見西苑的基本格局。光緒十一年（1885），慈禧下令修葺三海，然而工程未竟，八國聯軍就侵占了北京。光緒二十六年（1900），八國聯軍駐軍三海，次年撤出。民國二年（1913），總統府衛隊“拱衛軍”入駐。民國十四年（1925），北海辟爲公園，而中南海則一直爲政府使用。自北海開放後，原有廟宇壇祠雖未恢復，但古迹仍在，近來有民衆自發祭拜，附近居民亦有常去佛前奉祀者。

西苑内歷代皆有以“殿”“宫”“寺”等爲名的祭祀場所，下表以今日三海範圍爲界，簡略列出了它們的情況。在民國十四年以前，這些場所都不對普通市民開放，故未寫作詳細廟志，僅簡述其始建及當下情況，歷代變遷從略。明代曾一度屬於西苑内的寺廟，如大光明殿[2]等，見本叢書相應廟志。本排段内土地廟，其原址如今亦在北海内，但因乾隆《京城全圖》繪製時，它尚

〔1〕（清）高士奇著《金鰲退食筆記》卷上，北京：北京古籍出版社，1982年，頁一百一十八。

〔2〕見乾隆《京城全圖》七排八段。

在西苑界外，故亦單獨撰廟志以説明。西苑内還有大量碑文石刻，但大多與祭祀無關，本表内僅列出與祭祀有關者之年代題名[1]。

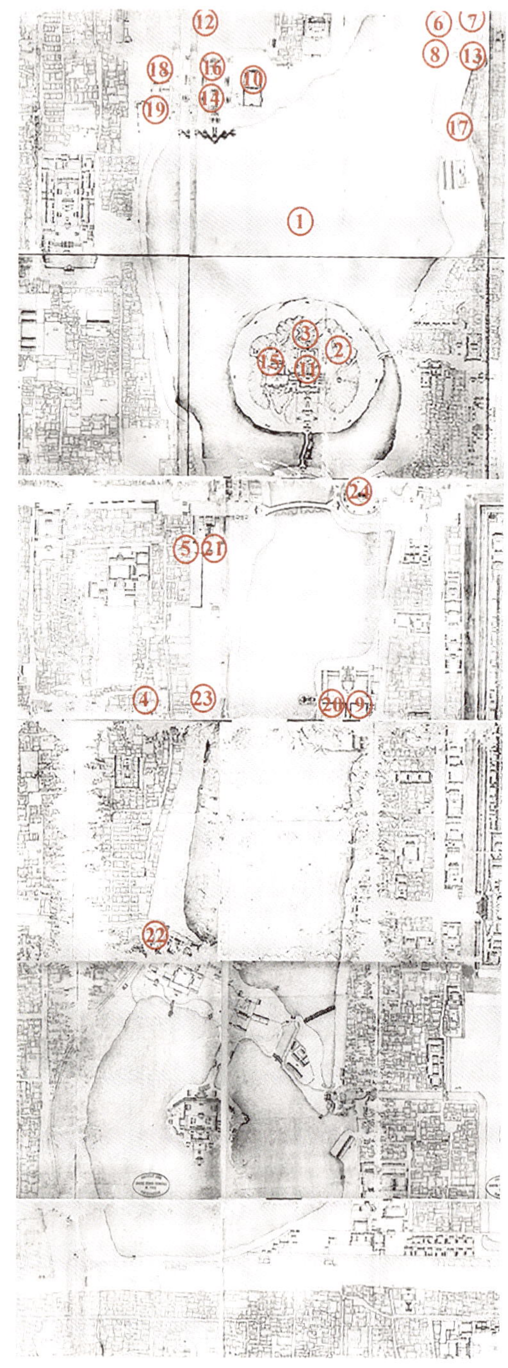

西苑寺廟分布圖

〔1〕本節所涉及内容若無特殊説明，皆參考北海景山公園管理處編《北海景山公園志》，北京：中國林業出版社，2002年。李峥：《平地起蓬瀛，城市而林壑——北京西苑歷史變遷研究》，天津大學碩士論文，指導教師：王其亨，2006年。下不再另注。

編號	名稱	位置	始建時間	存廢	簡述	碑刻
1	邱處機館所	太寧宮東	金大定二十八年（1188）	廢。	大定二十八年詔邱處機赴京師，築館於萬寧宮之西。	
2	萬安宮	瓊華島	蒙古太祖二十二年（1227）	早廢，即今之永安寺所在地。	金貞佑二年（1214），蒙古軍隊占領中都。蒙古太祖十九年（1224），成吉思汗下旨將瓊華島及周圍數十頃土地賜予邱處機作爲道院。三年後，又有旨以瓊華島爲萬安宮，召天下出家善人皆來焉。但在邱處機去世後，殿宇已日漸荒蕪。直至元中統三年（1262），元世祖重修瓊華島。	
3	仁智殿等	瓊華島（萬壽山）	元至元八年（1271）	仁智殿至明仍存其名，清改普安殿（見清高宗《御製白塔山總記》），屬永安寺内。	元至元八年（1271），瓊華島更名萬壽山，成爲元帝舉行佛教法事的重要地方。《元史》載："（至元八年五月）已巳，修佛事於瓊華島"[1]。至元十二年（1275），遣大臣索羅等備法仗、羽架、音伎、四衆奉迎旃檀佛像，居於萬壽山仁智殿。至元二十一年（1284）二月，立法竿於大内萬壽山，高百尺。此後英宗、文宗各朝，萬壽山苑均有佛事活動的記載。	

4	土穀壇	仁壽宮南	明嘉靖十年（1531）	先爲帝社帝稷之壇，後又營永壽宮於此。明世宗殯天後未期月，西苑宮殿皆毁，唯土穀壇無逸殿保留。萬曆甲申年間，無逸殿失火後曾重修。現在中南海範圍内，情況待考。	《日下舊聞考》卷三十六："嘉靖十年，上於西苑隙地立帝社帝稷之壇，用仲春、仲秋次戊日，上躬行祈報禮。……蓋天子私社稷也。"[2]壇中以無逸殿爲核心，翼以豳風亭。"後日事玄修，即於其地營永壽宮，雖設官如故，而主上所創春祈秋報大典悉遣官代行。"[3]	
5	明先蠶壇（親蠶殿）	中海西北隅	明嘉靖十年（1531）三月	清雍正元年改爲時應宮，在中南海範圍内。	《日下舊聞考》卷三十六："親蠶殿在萬壽宮西南，有齋宮、具服殿、蠶室、繭館，皆如古制。……十年三月，改築壇於西苑仁壽宮側。壇高二尺六寸，四出陛，廣六尺四寸，東爲采桑壇……東爲具服殿，北爲蠶室，又爲從室以居蠶婦。"[4]	
6	金海神祠（宏濟神祠）	湧泉亭（湧玉亭），北海北水口處。	明嘉靖十五年（1536）始建，嘉靖二十二年（1543）更名宏濟神祠。	清乾隆年間改建爲先蠶壇。	《明世宗實録》："嘉靖十五年（1536），上召禮部尚書夏言於無逸殿，諭之曰：'西海子歲以午日奉兩宮游宴，止行望祀，宜特建祠宇。'言退，乃上疏曰：'……海子出源西山，繞出甕山后，匯爲七裡泊，東入都城，瀦爲積水潭，南出玉河，入大通河，轉漕亦賴其力。比之五祀，其功較大，禮宜特祀。請於北閘口湧玉亭後隙地建祠，以答神貺。'"[5]《日下舊聞考》卷三十六："嘉靖十五年，建金海神祠於大内西苑湧泉亭以祀宣靈宏濟之神、水府之神、司舟之神。二十二年改名宏濟神祠。"[6]	

7	雷霆洪應殿	北海北水口處	明嘉靖二十二年(1543)四月	乾隆年間被納入先蠶壇範圍内。	《日下舊聞考》卷三十六:"雷霆洪應之殿有壇城、轟雷軒……俱嘉靖二十二年三月懸額。"[7]	
8	雩殿	宏濟祠前	明嘉靖二十二年(1543)四月	曾一度爲清先蠶壇的一部分,乾隆十年(1745)改爲闡福寺。	《日下舊聞考》卷三十六:"嘉靖癸卯夏四月,新作雩殿成……前爲雩禱之壇,後爲太素殿,以奉祖宗列聖神御。"[8]	
9	崇智殿	中海東岸椒園内	明天順年間建	明嘉靖四十四年(1565)改爲五雷殿。清改爲萬善殿。今在中南海範圍内。	《金鰲退食筆記》載:"芭蕉園自太液池東行半裡許,蒲葦盈水,榆柳被岸,松檜蒼翠,果樹分羅。中崇闥廣砌,一殿穹窿,以黄金雙龍作頂,纓絡懸綴,雕櫳綺牕,朱楹玉檻,望而敞豁,舊曰崇智殿。"[9]《春明夢餘録·宫闕》卷六:"崇智殿嘉靖四十四年二月二十六日拆蓋,五雷殿牌。"[10]《酌中志·大内規制紀略》:"橋之東岸再南曰五雷殿,即椒園也,凡修《實録》成,於此焚草。"[11]	
10	大西天經廠(西天梵境)	闡福寺以東	明萬曆年間始建	清乾隆二十四年(1759)擴建并更名爲西天梵境,現存,在北海公園内。	明代時用作翻譯和印刷《大藏經》所用。《金鰲退食筆記》載:"大西天經廠在五龍亭東北,山門臨太液池,南向。第二層殿曰大慈真如寶殿。"[12]乾隆年間,在保留大慈真如寶殿的基礎上,在這一帶經營了西天梵境一組,又稱"大西天"。乾隆十八年(1753)曾建琉璃寶塔,然乾隆二十三年(1758)失火,寶塔及周圍殿宇被焚燬。火災後重建,除琉璃寶塔易爲琉璃閣外,還重建了山門"華嚴清界"殿、方亭四座及周圍連廊,并重修了大慈真如寶殿等。	1. 清乾隆二十四年(1759)立天王殿前左側經幢,刻《金剛般若波羅密經》 2. 清乾隆二十四年(1759)立天王殿前右側經幢,刻《佛説藥師如來本願經》 3. 清乾隆四十二年(1777)立《七佛塔碑記》

11	白塔寺（永安寺）	瓊華島	清順治八年（1651）	清乾隆六年（1741）改稱永安寺。現存，在北海公園內。	順治八年（1651），應西域喇嘛惱木汗所請，在瓊華島上興建了一座喇嘛塔及附屬的白塔寺。同時建成的還有普安殿、聖果殿、宗鏡殿、正覺殿、轉角房、順山房等一組建築，與白塔合稱白塔寺。康熙十八年（1679）及雍正八年（1730），白塔先後被地震破壞，兩次修復工程均爲拆卸重建。康熙二十一年（1682）以後每年十月二十五日，在白塔寺内燃燈祈福。自山下燃燈至塔頂，燈光羅列，恍如星斗。諸喇嘛執經梵唄，吹大法螺。余者左持有柄圓鼓，右執彎槌齊擊之。乾隆八年（1743），永安寺擴建工程告竣，在原白塔寺的基礎上添建了法輪殿、鐘鼓樓、山門、龍光一紫照牌樓等建置。民國年間佛教同願會在此成立菩提學會，會址設在普安殿。1964年遷出。	1. 清順治八年（1651）《順治建塔碑》 2. 清雍正十一年（1733）《雍正修塔碑》 3. 清乾隆三十九年（1774）《白塔山總記碑》 4. 清乾隆三十九年（1774）《白塔山四面記碑》
12	河神廟			可能清中期已不存。	見於康熙朝《皇城宫殿衙署圖》，在今闡福寺北。	
13	先蠶壇	北海東北角，原明代宏濟神祠遺址	清乾隆七年（1742）	明宏濟神祠舊址，現存，爲北海幼兒園。	清康熙朝曾在西苑中海豐澤園東側建蠶舍，雍正十三年（1735）又在北郊安定門外修建了一座先蠶祠。乾隆七年（1742），正式議定親蠶典禮事宜，擇在西苑東北角原明代宏濟神祠的基址上新建先蠶壇。	

14	闡福寺	五龍亭以北	清乾隆十年（1745）	明太素殿舊址，現存部分，在北海公園内。	五龍亭以北爲明代太素殿遺址。清康熙年間，聖祖常奉其母后避暑於此，後逐漸成爲皇族游園休憩之所。乾隆七年建先蠶壇後，這裏曾作爲先蠶壇的繭館，每年初夏，後妃們在這裏舉行"受繭禮"。後乾隆帝的母親孝聖太后認爲此處清静，宜建成佛寺，乾隆帝遂遵母命，諭旨就其址改爲佛殿。闡福寺工程始於乾隆十年（1745），至乾隆十一年（1746）完竣，新建牌樓、山門、天王殿、大佛殿、鐘鼓樓、配殿、井亭等建置。1900年八國聯軍入侵北京，將大佛殿内金絲楠木大佛身上珠寶全部挖走，民國八年（1919），闡福寺駐軍失火，大佛殿、後殿、八方亭等建築遭焚毁。	1. 清乾隆十二年（1747）《御製闡福寺大佛詩碑》 2. 清乾隆十二年（1747）《御製闡福寺碑》
15	水精域	瓊島西坡	清乾隆十八年（1753）	現存，在北海公園永安寺内。	乾隆十八年（1753），在西苑擴建過程中，工人在瓊島西坡掘出一口古井，井中尚能汲水。乾隆帝認爲，這座古井應該是元代水景遺物，正可作爲他新營造的瓊島西坡水景的水源，便命人在古井之上修建佛殿三間，稱爲水精域。嗣後乾隆又御製《古井記》，刻于水精域北墻之上。	1. 清乾隆十八年（1753）《永安寺古井記》
16	大西天西所	大西天經廠西側	乾隆十六年（1751）左右	民國八年（1919）因駐軍失火被焚，整個組群僅剩下九龍壁。2003年重建恢復。現在北海公園内。	大西天西側原是一片旗民住房，并不在西苑範圍之内。乾隆在經營北岸時將這一帶納入北海，拆除原有民房，修建了大圓鏡智寶殿、九龍壁等一組建築，因位於大西天西側，也稱大西天西所。《國朝宫史》記載："西天梵境之西，有琉璃墻如屏障，墻北爲真諦門。門内爲大圓鏡智寶殿。……殿后有亭曰寶網雲亭。亭北及左右屋宇四十三楹，皆貯四藏經板之所也。"〔13〕	

17	龍王廟			乾隆二十四年(1759)拆挪,現無存,原址處大約在今北海皇家郵驛處。	原位於画舫斋迤西沿太液池岸,僅三間,廟前旗杆兩座。《日下舊聞考》記:"水殿之北有龍王廟,廟後小渠亙之,自太液池注水入春雨林塘者也,上有橋,橋南北坊各一。"[14]	
18	萬佛樓	闡福寺迤西	乾隆三十二年(1767)開工興建,三十五年(1770)告竣	部分現存,在北海公園内。	乾隆帝爲其母孝聖皇太后祝福祈壽所建。包括山門、牌樓、石幢、東西配樓即寶積樓、鬘輝樓等、東所、西所等。萬佛樓建成當年,内外王公大臣鑄一萬四千餘尊無量壽佛爲乾隆帝慶壽,萬佛樓因此得名。1900年八國聯軍侵占北京時被劫掠一空。今僅剩普慶門、寶積樓、妙相亭、致爽樓幾處建築。	1. 乾隆三十五年(1770)立普慶門内東側經幢,刻《金剛般若波羅密經》 2. 乾隆三十五年(1770)立普慶門内西側經幢,刻《佛説藥師如來本願經》 3. 乾隆三十五年(1770)《御製萬佛樓成瞻禮詩碑》,1987年移至極樂世界大殿南 4. 乾隆二十九年(1764)《聖因寺十六尊者像記》 5. 乾隆三十五年(1770)《御製貫休畫十六應真像贊》等
19	極樂世界(小西天)	萬佛樓普慶門前	乾隆三十三年(1768)開工興建,三十五年(1770)告竣	部分現存,在北海公園内。	乾隆帝爲其母孝聖皇太后祝福祈壽所建,是一組壇城式建築。《日下舊聞考》卷二十八:"極樂世界殿前駕白石橋,環流爲坊四座……四面各有方樓一,正中爲佛殿。"[15]殿内原有泥塑須彌山一座,又名極樂世界山。1952年被拆除,1993年重塑。	

20	萬善殿	中海東岸，原五雷殿	清順治八年（1651）	現存，在中南海内，現狀待考。	順治八年（1651），順治帝迎請景忠山別山法師於萬善殿。憨璞性聰、玉林通琇、木陳道忞等多位高僧曾駐錫於此。《金鰲退食筆記》載："每歲中元建盂蘭道場，自十三日至十五日放河燈。使小内監持荷葉，燃燭其中，青碧熠熠，羅列兩岸，以數千計。又用琉璃作荷花燈數千盞，隨波上下。中流駕龍舟，奏梵樂，作禪誦，自瀛臺南過金鰲玉蝀橋，繞萬歲山至五龍亭而回。河漢微凉，秋蟾正潔，苑中勝事也。"[16]乾隆三十五年（1770）大修萬善殿，添建朗心樓和悦性樓等，并改爲密宗佛殿。	
21	時應宫	中海西北隅，明先蠶壇舊址	雍正元年（1723）	1950年代拆	爲祭祀龍神，祈佑風調雨順而建。《日下舊聞考》卷二十五："時應宫在紫光閣後，雍正元年建。前殿祀四海、四瀆諸龍神像，東西爲鐘鼓樓，正殿祀順天佑畿時應龍神之像，後殿祀八方龍王神像。前殿恭懸世宗憲皇帝御書額曰瑞澤霑和，福華門外即金鰲玉棟橋也。"[17]	
22	佛宇	中海豐澤園附近	不詳	在中南海内，現狀待考。	《日下舊聞考》："由竹汀折而西爲棕亭。又由樓南下，有佛宇一所。（臣等謹按）佛宇臨池北向，額曰大圓鏡中。殿内額曰智珠慧照。"[18]	

23	紫光閣	中海西岸	始建於明,康熙時擴建,乾隆二十五年(1760)新修	在中南海内,現狀待考。	《日下舊聞考》:"乾隆二十五年,上嘉在事諸臣之績,因葺新期閣,圖功臣……一百人於閣内。"閣内四周墻壁上懸掛著在平定準回戰役中有功之臣一百人的畫像,正中立乾隆諭旨碑一座,碑陽刻乾隆十七年三月二十日上諭,碑陰刻乾隆二十四年四月二十五日和九月二十五日兩道上諭。樓上陳列得勝靈纛和繳獲的軍器。紫光閣後與武成殿間有轉角游廊相連,壁間刻乾隆御製詩。回廊三十四間,除東邊一間爲垂花門外,其餘各間均有石刻,共計三十五塊。	1. 乾隆二十四年(1759)《御製平定伊犁及平定回部告成太學碑文》 2. 乾隆十四年(1749)《御製平定兩金川告成太學碑文》 3. 乾隆四十一年(1776)《御製報捷凱歌十首》 4. 乾隆十七年(1752)《上谕》碑(与下碑共刻一石) 5. 乾隆二十四年(1759)《上谕》碑(与上碑共刻一石)
24	團城		始建於金代,晚清時成爲佛堂	現存,在北海公園内。	慈禧太后在承光殿中供奉玉佛,團城始爲佛堂。	1. 乾隆十一年(1746)《御製玉甕詩》

〔1〕(明)宋濂等《元史》,清乾隆武英殿刻本,卷七,"本紀"第七。
〔2〕《日下舊聞考》卷三十六,宫室,頁五百五十九。
〔3〕同上,頁五百六十一。
〔4〕同上,頁五百六十二至五百六十三。
〔5〕《世宗肅皇帝實録》,卷一百七十九,嘉靖十四年九月二日。
〔6〕《日下舊聞考》卷三十六,"宫室",頁五百七十。
〔7〕同上,頁五百七十。此段後有"臣等謹按:今紫禁城西有昭顯廟,即其舊基",疑非。
〔8〕同上,頁五百七十一。
〔9〕(清)高士奇《金鰲退食筆記》卷上,頁一百二十七。
〔10〕(清)孫承澤《春明夢餘録》卷六"宫闕",北京:北京古籍出版社,1992年,頁八十八。
〔11〕(明)劉若愚《酌中志》卷十七"大内規制紀略",北京:北京古籍出版社,1994年,頁一百四十一。
〔12〕《金鰲退食筆記》卷下,頁一百三十九。
〔13〕(清)鄂爾泰、張廷玉等編《國朝宫史》卷十六,宫殿六,北京:北京古籍出版社,1994年,頁三百八十。
〔14〕《日下舊聞考》卷二十八,國朝宫室·西苑八,頁三百九十一。
〔15〕同上,頁三百九十七。
〔16〕《金鰲退食筆記》卷上,頁一百二十八。
〔17〕《日下舊聞考》卷二十五,國朝宫室,頁三百五十四。
〔18〕《日下舊聞考》卷二十三,國朝宫室,頁三百二十五。

土地廟

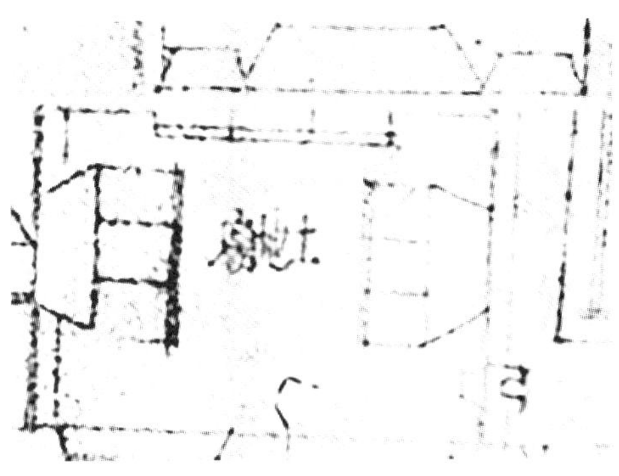

土地廟,原址已并入今北海公園範圍内,約在今北海公園内蠶壇南蠶壇商店一帶,寺廟建築早已不存。

土地廟始建時間不詳,從乾隆《京城全圖》上看,此時土地廟位於西苑北海東墻外,坐西朝東,僅一進院落。東墻南隅有山門一座一間,院内有倒座西向殿房三間、東向大殿三間,北房三間帶西小耳房一間。

乾隆十六年(1751)開始,西苑大工,對太液池東岸景物進行了重點經營。原西苑東墻沿海岸而設,此時整體東移,緊鄰墻外的土地廟、水道和康熙時狀元蔡升元的宅邸都被納入西苑範圍内[1]。

今土地廟原址仍在北海公園内,原建築早已不存。

〔1〕參見李峥:《平地起蓬瀛,城市而林壑——北京西苑歷史變遷研究》,頁六十九。

五排八段

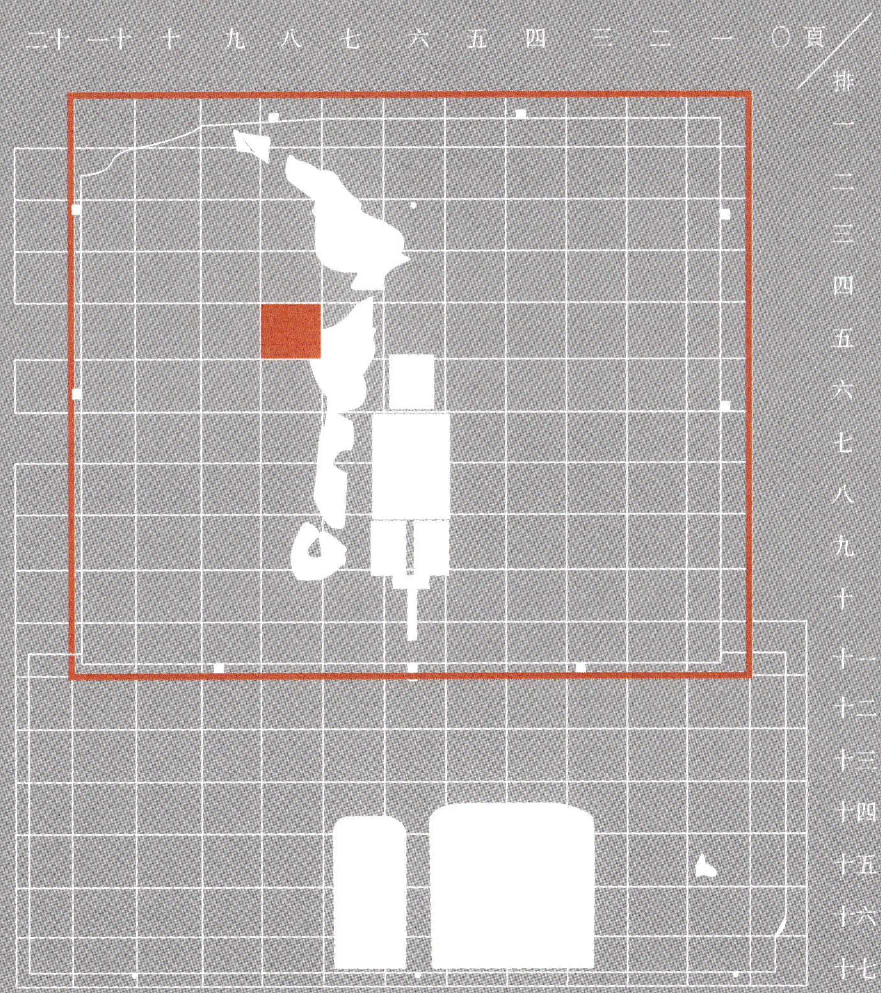

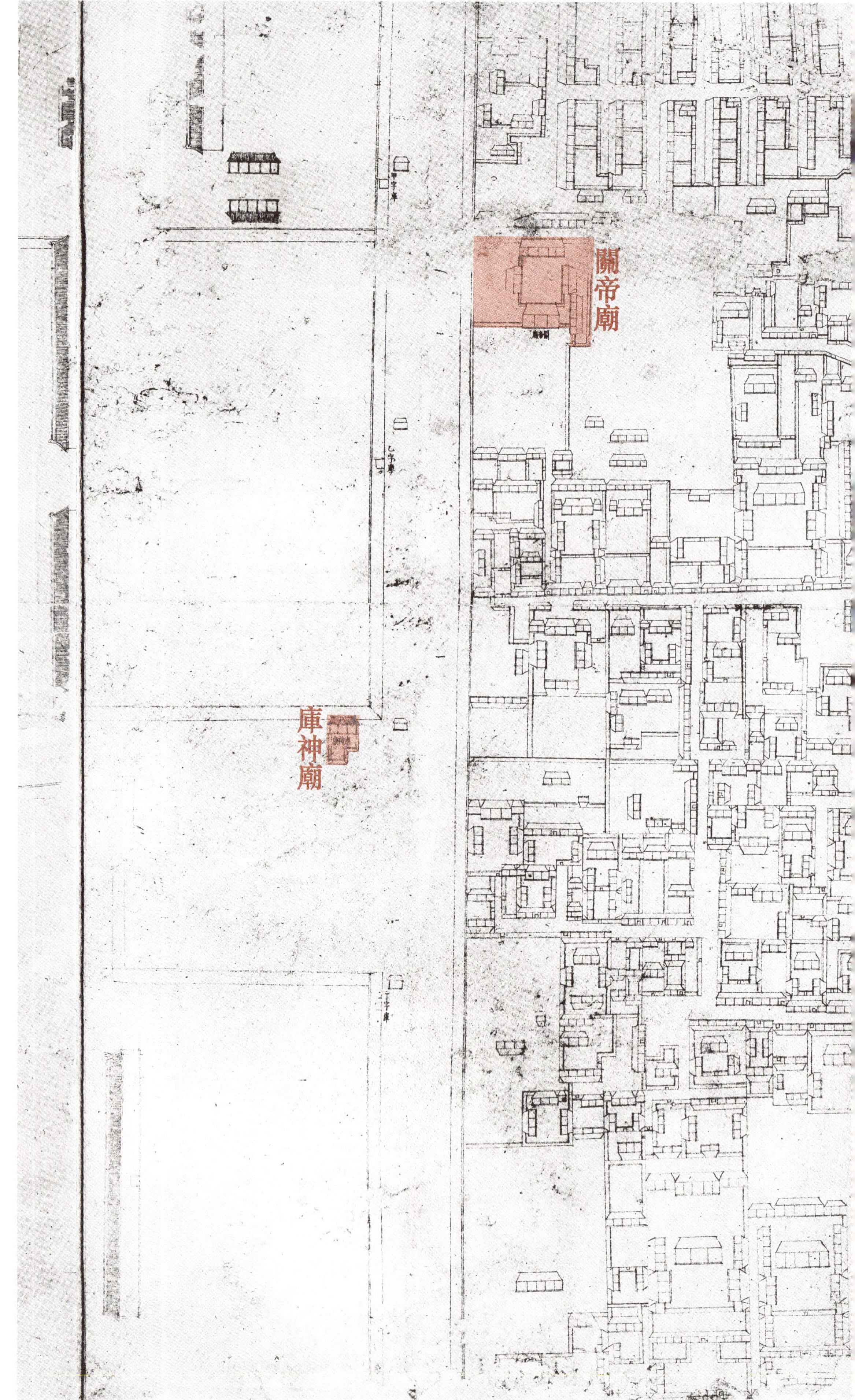
關帝廟
庫神廟

仁壽寺

關帝廟

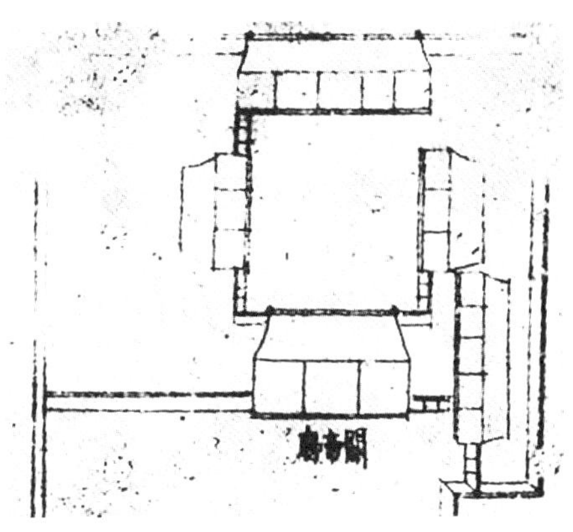

關帝廟,原址約在今西城區西什庫大街八號北大第一醫院急診部門口處,寺廟建築現已不存。

此廟始建情況不詳,僅見於乾隆《京城全圖》。從圖上看,它位於乙字庫北端東墻外,與西什庫一街之隔,也許是其附屬寺廟。據《明英宗實録》記,正統四年(1439)八月,新造天財甲、乙、丙、丁等庫成,欲盤移庫藏,命魏國公徐顯宗行在户部右侍郎吴壐總理其事[1],關帝廟應在此之後建立。按《京城全圖》所繪,關帝廟坐北朝南,有兩進院落。無山門,正殿前有極敞院落一所,殿左右均有圍墻,東墻開門可通後院。後院兩重,呈回字形,最北有後殿五間,前有東西配房各三間,全以墻垣相連,開三道隨墻門出入。東配房南還有東房五間,直達南院。

此後關帝廟再無考,可能久已傾圮。

2016年調查時,廟踪迹全無,其原址現爲廣場,擠滿來醫院問診的汽車與人流。

〔1〕《英宗睿皇帝實録》,卷五十八,正統四年八月二十一日。

庫神廟

庫神廟，原址約在今西城區西什庫大街七號北京大學第一醫院第二住院部大樓北側處，寺廟建築現已不存。

此廟僅見於乾隆《京城全圖》，從圖上看，它恰在西什庫之丁字庫的東南巽位，應即守衛丁字庫之庫神廟。《明史·職官志》記：丁字庫，掌貯生漆、桐油等物[1]。按《京城全圖》所繪，丁字庫庫神廟僅一進，院落極小，呈丁字形。無山門，東院墻上開便門出入。内僅大殿三間。入清後，十庫尚存，但逐漸無人過問，常年封存。晚清民國時，十庫之地變動極大，逐漸爲機關、醫院、學校等使用，此庫神廟應早已傾圮。

2016年調查時，庫神廟所在地爲小廣場，寺廟踪影全無。

〔1〕《明史·職官志三》卷七十四·志五十，四庫全書本，頁三十 ·。

弘仁寺

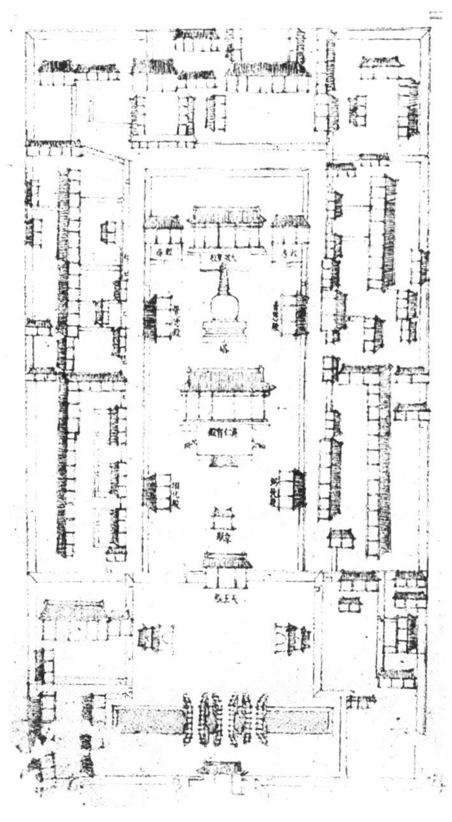

弘仁寺，亦作宏仁寺，俗稱旃檀寺，以供奉佛教瑞像旃檀佛而得名。原址位於舊皇城内養蜂夾道（今西城區愛民街國家機關大院範圍内），寺廟建築現已不存。廟内原有碑刻五通，分别爲康熙五年（1666）御製《弘仁寺碑》、康熙六十年（1721）《御製旃檀佛西來歷代傳祀記》碑（漢、滿、蒙三體），以及乾隆二十五年（1760）《重修弘仁寺碑》和《御製詩旃檀寶相贊》碑（均爲滿、漢、蒙、藏四體）[1]。另外，乾隆三十九年（1774）乾隆帝還曾有《御製過弘仁寺瞻禮詩》，《光緒順天府志》中將其列入"御碑"目中，然未見有拓片或石刻登記，是否曾立石尚存疑。

弘仁寺舊址爲明清馥殿，始建於明嘉靖十一年三月[2]，時亦爲皇帝行香之所。《日下舊聞考》中記："又建清馥殿爲行香之所，每建金籙大醮壇，則上自躬至焉。"[3]明末廢，清康熙四年（1665），清聖祖玄燁在其遺址上建寺，專門用於供奉從城西鷲峰寺移來的旃檀瑞像。據康熙帝《御製旃檀佛西來歷代傳祀記》中載，優填王遣匠人雕刻瑞像後，旃檀像流轉龜兹、

〔1〕乾隆二十五年的這兩通御碑，拓片存於國家圖書館中，富地博物館編《拓本聚瑛》一書中亦有著録。

〔2〕"嘉靖十一年三月初三日，清馥殿添牌。"見《春明夢餘録》卷六，頁七十九。

〔3〕《日下舊聞考》卷三十六·宫室，頁五百五十九。

涼州、長安、江南、汴京、燕京，直至供奉於京城鷲峰寺[1]。因“栴檀像自佛初成道刻表以來，屢著靈异，尤當景崇”，故創建殿宇加以供奉，以呵護宗社，福祐生民[2]。是年玄燁尚未親政，弘仁寺之創應與其皇祖母孝莊太皇太后有關[3]。

根據佛教史料，旃檀瑞像是佛教中最早的佛造像，乃世之重寶。據明《帝京景物略》“鷲峰寺”條載，其“像高五尺許，寒暑晨昏不一色，大抵近沉碧。萬曆中，慈聖太后始傅以金。相傳爲旃檀香木，似木耳，扣之磬然者石，濡者土，堅者金，輕者髹漆。柔可受爪者乃木。鵠立上視，後瞻若仰，前瞻若俯，衣紋水波，骨法見其表，左手舒而植，右手舒而垂，肘掌皆微弓，指微張而膚合，三十二相中鵝王掌也。”[4]玄燁將旃檀像移至弘仁寺後，“乃派名畫家，在弘仁寺内，用寫真的法子，照木像描畫而成的珍貴作品”，即《旃檀佛畫佛》，幅長一丈六尺，曾藏于雍和宮照佛樓内[5]。從此圖上看，旃檀佛立於祥雲環繞的蓮臺之上，面貌慈善可親，目光平視（或上視），右手上舉施無畏印，左手下垂施與願印。佛身袈裟貼體，凸顯出軀幹，衣紋如水波般周匝細密，若“曹衣出水”。繪畫中的瑞像與《帝京景物略》的描述幾無二致。惜該畫像在民國時亦不知所蹤，僅存照片。另外，《鴻雪因緣圖記》中亦有旃檀佛畫像，作者麟慶稱“瑞像因缘，亦传信万世矣”，然旃檀佛頭戴五佛冠，與《旃檀佛畫佛》中之形象相去甚遠，恐非繪者親眼所見之作品[6]。

清康熙年間繪製的《旃檀佛畫佛》，引自《舊都文物略》[7]

〔1〕清康熙六十年（1721）《御製旃檀佛西來歷代傳祀記》，據《拓本聚珙》録文，另參見《日下舊聞考》卷五十，頁六百四十八至六百四十九。馬芷庠《老北京旅行指南》，北京：北京燕山出版社，1997年，頁一百五十二至一百五十三。

〔2〕清康熙五年（1666）《弘仁寺碑文》，據《日下舊聞考》卷五十，頁六百四十八。

〔3〕（法）沙怡然（Isabelle Charleux）《從北印度到布裡亞特：蒙古人視野中的旃檀佛像》，《故宮博物院院刊》2011年第2期，頁八十三。

〔4〕（明）劉侗、于奕正《帝京景物略》，北京：北京出版社，1963年，頁一百五十八。

〔5〕金梁編纂，牛力耕校訂《雍和宮志略》，北京：中國藏學出版社，1994年，頁二百九十五至二百九十六。

〔6〕（清）麟慶《鴻雪因緣圖記》，清道光二十九年（1849）刻本，第六冊，頁四十二。

〔7〕湯用彬《舊都文物略》，北京：北京古籍出版社，2000年，頁一百四十三。

《鴻雪因緣圖記》中的“旃檀紀瑞”

康熙年間，弘仁寺初創時即坐北朝南，寺前有二坊，東曰廣恩敷化，西曰普度能仁。中軸建築依次是山門、方池上并排三座橋梁、天王殿、慈仁寶殿和大雄寶殿，其兩側則是鐘鼓二樓及兩座主殿的配殿。配殿后分別有兩排排房，各十二間。至乾隆年間，弘仁寺規模不斷增大，從乾隆《京城全圖》上看，弘仁寺規模十分巨闊，總體佈局可分左、中、右三路。中路爲佛教儀式等活動區域，殿宇主要供奉諸佛菩薩聖像。進入弘仁寺大門數武，白石方池，上跨三梁，池北爲第一進院落，正北三間爲天王殿，東西兩側分別爲鐘鼓二樓。天王殿兩側各有一小門可通往第二進院落。天王殿後爲一間韋陀殿，韋陀殿北向正對慈仁寶殿，此殿歇山頂，面闊五間，前有露臺，著名的旃檀瑞像便供奉於此殿中。[1]慈仁寶殿東西兩側分別是弼教殿和翊化殿，各三間。慈仁寶殿後爲第三進院落，正北爲大雄寶殿，亦爲歇山頂，面闊五間，左右各三間屋宇，有院墻圍成單獨小院落，是爲經房。院落東西兩側分別是普慧殿和覺德殿，亦各三間，院正中爲一瓶狀藏式佛塔，高三丈。大雄寶殿後爲一片空地，後有圍墻。左右兩路及中路佛殿後房屋密集，且多有圍墻隔斷或圍出獨立院落，共計大小房屋約二百五十四間，主要有駐京大喇嘛的佛倉、僧房及喇嘛印務處等[2]。

〔1〕（清）麟慶《鴻雪因緣圖記》卷三，“旃檀紀瑞”，道光二十七年（1847）版。樊國梁的《老北京那些事兒》則記載旃檀瑞像供奉在後面的大雄寶殿内。（法）樊國梁（Alphonse Favier）著，陳曉徑譯《老北京那些事兒》，北京：中央編譯出版社，2010年，頁十八。

〔2〕“專設喇嘛印務處 喇嘛印務處專設 弘仁寺另擇清淨嚴密處作爲印庫收貯藏印信”，見《欽定理藩院則例》卷五十六，喇嘛事例一，頁七百一十二。

據内務府檔案，乾隆二年(1737)曾對弘仁寺的油飾彩畫進行修繕[1]，然至乾隆二十五年(1760)，弘仁寺建成已近百年，"丹雘之焕者日以剝，龍象之獰者日以削"，乾隆帝於是興工大修。時值皇太后七旬大壽，以及皇帝本人五十誕辰，重修之費用出自内帑，歷時八個月而竣工[2]。重修後乾隆帝親自撰碑以記，并題有《旃檀寶相贊》詩一首[3]。據麟慶的《鴻雪因緣圖記》所載，在大雄寶殿後還有一座雲陰樓，然乾隆十五年繪製的《京城全圖》中并無雲陰樓，故該樓可能建於乾隆二十五年重修之時[4]。除此之外，韋陀殿、喇嘛塔以及左右兩路衆多房屋可能均建於此時。

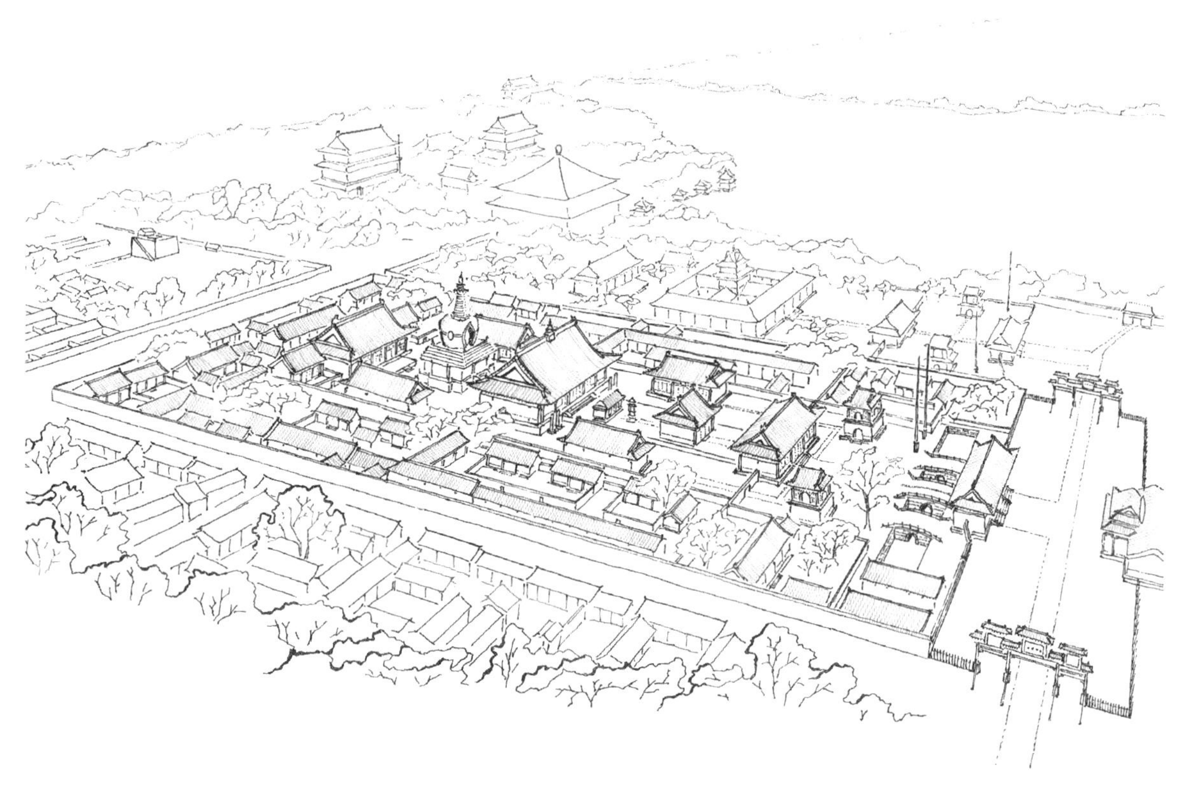

弘仁寺復原圖(李緯文繪)

【繪圖説明：弘仁寺建築群的四至在今天已難從街巷肌理上識别。能向我們提供其基址位置信息的史料主要有三種：一是康熙年間繪製的《皇城宫殿衙署圖》、二是乾隆年間繪製的《京城全

〔1〕中國第一歷史檔案館藏《録副雍乾朝内務府奏案·奏爲弘仁寺修理告竣照例獻供演戲事》，乾隆二年十一月，檔案號05-0017-029。

〔2〕乾隆二十五年(1760)《重修弘仁寺碑》，原碑有漢滿藏文三體，據《日下舊聞考》卷四十，頁六百四十九至六百五十。

〔3〕乾隆二十五年(1760)《御製詩旃檀寶相贊》碑，原碑有漢滿藏三體，據《日下舊聞考》卷四十，頁至六百五十。

〔4〕(清)麟慶《鴻雪因緣圖記》卷三，"旃檀紀瑞"，道光二十七年(1847)版。《欽定日下舊聞考》亦載此樓，"後樓額曰雲陰樓"，《日下舊聞考》卷四十，頁六百四十六。

圖》、三是一張由德國遠征軍在1900至1901年測繪刊行的中德雙語《北京全圖》。最後這張地圖雖然比例尺較小,但却以比較高的精度表現了皇城各主要建築群的墻壇和平面格局。根據這些史料,我們可以對昔日的弘仁寺進行比較可靠的定位。乾隆《京城全圖》對整座建築群的各個單體建築有著細緻的描摹,然而信息仍不充分。幸而,在北京成爲攝影術的表現對象至弘仁寺被毁這一段短暫的歷史時期中,這座建築群爲我們留下了若干影像資料。例如費莉絲·比托(Felice Beato)在景山頂上的照片,北堂主教樊國梁(Alphonse Favier)的精裝著作《Péking : histoire et description》中的照片等。通過這張復原圖,我們還希望展現這座曾經雄踞于北海西岸的大刹的周邊環境,例如仁壽寺、北海五龍亭等。】

弘仁寺乃藏傳佛教寺院,清代格魯派佛教事務的主要管理中心——喇嘛印務處便設於此,歷來爲歷世噶拉(勒)丹錫哷圖呼圖克圖所管轄,首位駐京者即噶拉(勒)丹錫哷圖呼圖克圖二世(或五世)羅桑丹白尼瑪貝桑布(1689—1762)。他於雍正十二年(1734)奉命來京,住西黄寺[1]。次年(1735)開始擔任弘仁寺住持[2]。作爲一所皇家寺院,弘仁寺是帝王會見蒙古、藏族大喇嘛的重要場所,故亦爲蒙古、藏族僧侶及普通信衆來京朝聖的聖地[3]。每年新年的正月初四至初八、佛誕的四月初四至初八,弘仁寺都會舉行誦經法會,規模巨大,唸經喇嘛常有數百人之多。如乾隆元年(1736)十二月二十七日總管内務府"奏爲明年正月弘仁寺喇嘛念經派内務府總管一員事"的奏摺中載,乾隆二年正月初四至初八,喇嘛四百名在弘仁寺念伊魯爾經[4]。此外,視皇帝是否在紫禁城而定,四月初八的佛誕當日南府學生還會獻戲一日,"如遇皇上在圓明園,永寧寺系南府學生承應,弘仁寺系怡親王之戲承應;皇上在宮内,弘仁寺系南府學生承應,永寧寺系怡親王之戲承應。"[5]乾、嘉兩朝,每年皇帝的萬壽聖節,弘仁寺依例誦萬壽經五日,每年誦經的呼圖克圖、紥薩克喇嘛、達喇嘛等的人數或有增減,但誦經的一千九百五十名小喇嘛則爲定數,所耗銀錢約在一千七百餘兩左右[6]。除誦經、獻戲之外,弘仁寺每年的正月初八爲迎祥驅祟、禳災祈福所舉行的跳布(步)紥(打鬼)習俗一直延續到清末[7]。

〔1〕阿旺洛卓嘉措貝桑布爲真正的一世噶拉(勒)丹錫哷圖呼圖克圖,其前的三任爲後世追認。羅桑丹白尼瑪貝桑布爲阿旺洛卓嘉措的轉世,所以爲二世。如果加上追認的三位,總排行則爲五世。參見[日]若松寬著,房建昌譯:《噶勒丹錫哷圖呼圖克圖考——清代駐京呼圖克圖研究》,《蒙古學資料與情報》1990年第3期,頁十八。

〔2〕(法)沙怡然《從北印度到布裡亞特:蒙古人視野中的旃檀佛像》,《故宮博物院院刊》2011年第2期,頁八十七,注釋3。

〔3〕同上,頁九十八。

〔4〕中國第一歷史檔案館藏《録副雍乾朝内務府奏案·奏爲明年正月弘仁寺喇嘛念經派内務府總管一員事》,乾隆元年十二月二十七日,檔案號05-0010-030。

〔5〕中國第一歷史檔案館藏《録副雍乾朝内務府奏案·奏爲弘仁寺等演戲事》,乾隆二十二年三月初九日,檔案號05-0153-032。

〔6〕中國第一歷史檔案館藏《録副雍乾朝内務府奏案·奏爲弘仁寺念萬壽經事》,乾隆五十七年八月十七日,檔案號05-0442-019;中國第一歷史檔案館藏《内務府奏案·奏爲弘仁寺念萬壽經事》,嘉慶二十四年十月初六日,檔案號05-0605-015。

〔7〕(清)潘榮陛、(清)富察敦崇《帝京歲時紀勝·燕京歲時記》,北京:北京古籍出版社,1981年,頁八至九。《老北京那些事兒》,頁二十。《北平風俗類征·歲時》記弘仁寺的跳布紥爲正月初六日舉行。參見李家瑞編,李誠、董潔整理《北平風俗類征》,北京:北京出版社,2010年,頁四十。

PAGODE DE TCHAN-T'AN-SSE (P. 357).

《Péking : histoire et description》一書中的旃檀寺照片[1]

光緒二十六年(1900)庚子之役,弘仁寺毁於兵燹,從鷲峰寺移來的旃檀瑞像亦下落不明,寺内大雄寶殿前的藏式佛塔毁于宣統元年(1909)。弘仁寺被毁後,攝政王載灃就寺址改建爲禁衛軍辦事處。然寺内喇嘛仍在,額定數量爲三十七名,移居地安門外福祥寺[2]。最後一任住錫弘仁寺的葛勒丹錫呼圖呼圖克圖是商卓特巴劄薩克車臣綽爾濟,本姓陳,諱羅藏散丹,號慶林,原籍甘肅,於清同治末年來北京,掛單於資福院。旋陞任達喇嘛并劄薩克之職(喇嘛印務處掌印)。民國四年(1915),袁世凱令賞給車臣綽爾濟名號,民國十六年(1927)六月十八日圓寂[3]。

民國後,弘仁寺舊址爲隸屬於統率辦事處的模範團駐地,其團本部設於北海,1914年10月23日正式成立,在弘仁寺成立辦公處[4]。1924年張作霖控制北京政權,旃檀寺成爲奉軍兵營,日軍侵華期間亦曾駐紮兵營於此。1950年代中期,就旃檀寺故地建國防部大樓,由梁思成設計,綠琉璃瓦屋頂,具中國古建風格。2016年實地調查時,旃檀寺舊址仍在愛民街國防部範圍内。

---

[1] Alphonse Favier, *Péking : histoire et description*, Péking : Imprimerie des lazaristes au Pé-t'ang, 1897年,頁三百六十八至三百六十九之間插圖。

[2] 参見《北京内城寺廟碑刻志》第四卷,"福祥寺"條,頁二百三十至二百四十四。

[3] 妙舟法師《蒙藏佛教史》,蘇州:江蘇廣陵古籍刻印社,1997年,頁七十六。

[4] 杜春和等編《北洋軍閥史料選輯》,北京:中國社會科學出版社,1981年,頁九十四。張宇《從模範團的建立看袁世凱的"去北洋化"》,安慶師範學院學報(社會科學版)2013年第4期,頁一百一十九。

御製弘仁寺碑

年代:清康熙五年(1666)
原在地:西城區弘仁寺内
撰人:(清)聖祖玄燁
拓片録自:《日下舊聞考》第40卷648頁

【碑陽】

碑文:

聖祖御製弘仁寺碑文

朕惟佛教之興,其來已久,使人遷善去惡,陰翊德化,不可忽也。兹旃檀像自佛初成道刻表以來,屢著靈異,尤當景崇。今特擇景山西之善地,創建殿宇,於康熙四年十月二十七日自鷲峯寺遷移供奉,配以菩薩從神,爲宗社永呵護,生民祈福佑,威儀不遠,資瞻禮焉。是用敕名弘仁,勒諸貞珉,以志不朽云。

康熙六十年（1721）《御製旃檀佛西來歷代傳祀記》碑

御製栴檀佛西來歷代傳祀記

朕聞佛法誘善懲惡有裨世教故歷代尊崇流傳靈異厥跡甚著按元翰林學士程鉅夫栴檀佛像記佛道成思報母恩遂升忉利天爲母說法優填王欲見無由乃刻栴檀爲像佛自忉利復下人間見所刻像摩頂受記曰我滅度千年後汝往震旦廣利人天自是像在西土一千二百八十餘年龜茲六十八年涼州一十四年長安一十七年江南一百七十三年淮南三百六十七年復至江南二十一年汴京一百七十六年北至燕京供聖安寺十二年又北至上京大儲慶寺二十年南還燕宮内殿五十四年元丁丑歲三月燕宮火復還聖安寺五十九年至元十二年乙亥迎供萬壽山仁智殿二十六年己丑遷大聖壽萬安寺後殿又按明萬曆間釋紹乾瑞像來儀記明初自萬安寺遷慶壽寺嘉靖十七年寺焚遷鷲峰寺一百二十八年康熙四年創建弘仁寺自鷲峯寺迎供至今又五十七年矣計自優填王造像之歲當周穆王十二年辛卯至康熙六十年辛丑凡二千七百一十餘年昭昭瑞像肇自西方流傳中土光明瑩潔今古常存考歷代之往跡昭新創之宏規勒諸貞珉以記盛事垂之永久用誌不朽云

康熙六十年三月吉日

康熙六十年（1721）《御製旃檀佛西來歷代傳祀記》碑

御製旃檀佛西來歷代傳祀碑

首體:御製栴檀佛西來歷代傳祀記
年代:康熙六十年(1721)三月
原在地:西城區弘仁寺内
書體:漢滿蒙三體
撰人:(清)聖祖玄燁
拓片録自:《拓本聚瑛》T26

【碑陽】

碑文:

御製栴檀佛西來歷代傳祀記/

朕聞佛法誘善懲惡,有裨世教,故歷代尊崇,流傳靈異,厥跡甚著。按元翰林學士程鉅夫栴檀佛像記:佛道成思報母恩,遂升忉利天,爲母說法。優填王欲見無由,乃刻栴檀爲像。佛自忉利復下人間,見所刻像,摩/2頂受記曰:我滅度千年後,汝往震旦,廣利人天。自是像在西土一千二百八十餘年,龜兹六十八年,涼州一十四年,長安一十七年,江南一百七十三年,淮南三百六十七年,復至江南二十一年,汴京一百七十六/3年,北至燕京供聖安寺十二年,又北至上京大儲慶寺二十年,南還燕宫内殿五十四年,元丁丑歲三月燕宫火,復還聖安寺五十九年,至元十二年乙亥,迎供萬壽山仁智殿,二十六年己丑,遷大聖壽萬安寺後/4殿。又按明萬曆間釋紹乾瑞像來儀記:明初自萬安寺遷慶壽寺,嘉靖十七年寺焚,遷鷲峰寺一百二十八年,康熙四年創建弘仁寺,自鷲峯寺迎供至今又五十七年矣。計自優填王造像之歲,當周穆王十二年/5辛卯,至康熙六十年辛丑,凡二千七百一十餘年。昭昭瑞像,肇自西方,流傳中土,光明瑩潔,今古常存。考歷代之往跡,昭新創之宏規,勒諸貞珉,以記盛事,垂之永久,用誌不朽云。/6

康熙六十年三月吉旦/7

【满文轉寫】

han i araha jan tan fucihi wargi baci jihe jalan jalan i juktehe be ejehe bithe/1

bi donjici fucihi i doro sain be yarhūdame ehe be targabume, jalan i tacihiyan de tusa ojoro jakade, tuttu jalan jalan tukiyeme wesihuleme, encu hacin i ferguwecuke be selgiyebuhe ulanduha, terei yabun umesi iletulehebi. yuwan gurun i han lin hiyoši ceng gioi fu i jan tan fucihi i arbun be ejehe bithede fucihi, doro, be mutebuhe manggi, emei baili be kirulaki seme, gūsin ilan abka de/2 wesifi emei jalin doro be giyangnara de, io tiyen gurun i wang acaki seci ildun akū ofi, jan tan moo be folome arbun weilehe. fucihi, gūsin ilan abka ci dasame jalan de wasinjifi, foloho arbun be sabufi, uju be bišume ejebume henduhengge, bi, burubufi minggan aniya oho manggi, si dergi ergi bade genefi, abka, niyalma de ambarame tusa ara sehe. tereci arbun wargi bade emu minggan/3 juwe tanggū jakūnju aniya funceme bihe, kio dzi gurun de ninju jakūn aniya, liyang jeo de juwan duin aniya, cang an de juwan nadan aniya, giyangnan de emu tanggū nadanju ilan aniya, hūwai nan de ilan tanggū ninju nadan aniya ofi, dasame giyangnan de isinafi, orin emu aniya, biyan ging de emu tanggū nadanju ninggun aniya, amasi yen ging de isinjifi, šeng an sy de dobohongge juwan₄ juwe aniya, geli amasi šang ging ni amba cu ging sy de isinafi, orin aniya, julesi yen ging ni gung ni dorgi diyan de bederefi, susai duin aniya yuwan gurun i fulahūn ihan aniya ilan biyade, yen ging ni gung tuwa daha manggi, dasame šeng an sy de bederefi susai uyun aniya jy yuwan i juwan juweci aniya niohon ulgiyan, wan šeo šan alin i žin jy diyan de okdome gajifi doboho, orin₅ ningguci aniya sohon ihan, amba šeng šeo wan an sy i amargi diyan de guribuhe, geli baicaci, ming gurun i wan li forgon i hūwašan šoo giyan i ferguwecuke arbun i ebunjihe be ejehe bithede, ming gurun i sucungga forgon de, wan an sy ci king šeo sy de guribuhe, giya jing ni juwan nadaci aniya sy, tuwa de deijibure jakade, jio fung sy de guribufi, emu tanggū orin jakūn aniya bihe sehebi,₆ elhe taifin i duici aniya, fukjin amba gosingga sy be weilehe manggi, jio fung sy ci okdome gajifi dobohoci, ere erinde isibume geli susai nadan aniya oho. io tiyan gurun i wang ni deribume arbun weilehe aniya, jeo gurun i mu wang ni juwan juweci aniya šahūn gūlmahūn bihe, elhe taifin i ninjuci aniya šahūn ihan de isibume bodoci, uheri juwe minggan nadan tanggū juwan aniya₇ funceme ohobi. gehun iletu ferguwecuke arbun deribume wargi baci tucifi, dulimbai gurun de selgiyebume ulanjifi, eldengge genggiyen gincihiyan bolgo, julhe de enteheme bimbi. jalan jalan i duleke yabun be baicafi, ice weilehe amba durun be iletuleme akdun wehe de folofi, wesihun baita be ejeme, goro goidame tutabufi, mohon akū be temgetulekini seme araha.₈

elhe taifin i ninjuci aniya ilan biyai sain inenggi ₉

【蒙古文轉寫】

qaγan-u bicigsen zantan juu. baraγun γajar-aca iregsen ba üy-e üy-e-dür takiγsan temdeglegsen namtar ₁

bi sonosbasu. burqan-u sasin sayin-iyar udurid-un maγu-yi usadγan yerü yirtincü-yin surγaγuli-dur masi tusa boluγsan-iyar teyin kü üy-e üy-e-dü degedülen takiju. eldeb jüil-ün γayiqamsiγ delgeregül-ün ulamjilabai. tegün-ü yabudal inü masi ilerejüküi. yuwan ulus-un qan li hiosi tüsimel ceng kioi fu zantan juu-yin laγšan-i temdeglegsen namtar-tur burqan bodi qutuγ-i bütügegsen-ü qoyin-a eke-yin aci-yi qariγulsuγai kemen γucin ₂

γurban tngri-yin oron-dur ögede bolju eke jögen tula nom üiledküi-dür urayin-a qaγan jolγasuγai kemebesü-ber iltay-a-yin tula burqan-u laγšan-i zantan modo-dur seyiljü bayiγulbai. burqan γucin γurban tngri-yin oron-aca baγuju zambudiib-tur ögede bol-un seyilügsen burqan-u laγšan-i üjejü oroi-yi inü adislan bosiγ jarliγ büri-ün ju-i irwan boluγad mingγan on boluγsan-u qoyin-a. ci doron-a jüg-dür odcü tngri ₃

kömün-dür yekede tusa üiled kemebei tendece laγšan tegün juu inu. baraγun γajar-tur nigen mingγan qoyar jaγun ayan ilegüü on boluluγ-a ciu zi ulus-tur jiran nayiman on. liyang jeo-dur arban dörben on. cang an-dur arban doloγan on. giyangnan-dur nigen jaγun dalan γurban on. quwai nan-dur γurban jaγun jiran doloγan on boluγad. takin giyangnan-dur kürcü qorin nigen on. biyan ging-dur nigen jaγun dalan jirγuγan on. umar-a jüg yan ging-dur kürcü ireged. seng an se süm-e-dür ₄ arban qoyar on. takibai. basa umar-a jüg sang ging-un yeke cu bing se süm-e-dür kürcü qorin on boluγad emün-e jüg yan ging-un dotoγadu ordo qarsi-dur qariju ireged tabin dörben on. yuwan ulus-un ulaγcin üker on qabur-un segül sar-a-dur yan ging-un ordo qarsi tüimer sitaγsan-u qoyin-a takiju seng an se süm-e-dür ireged tabin yisün on. je yuwan-u arban qoyaduγar on kökegcin γaqai wan šeu šan aγula-u ren je diyan neretü qarsi-dur jalaju takibai qorin 5

jirγuduγar on qaraγcin üker yeke šeng šeo wan an se süm-e-yin qoyitu qarsi-dur jalaju takibai. basa bayicaγabasu ming ulus-un wan li qaγan-u caγ-un suu buyan neretü quušang γayiqamsiγ laγšan juu ögede bolju iregsen-i temdeglegsen namtar-tur ming ulus-un angqan caγ-tur wan an se süm-e-ece cing seo se süm-e-dür jalaju takibai. giy-a jing qaγan-u arban doloduγar on-dur tere süm-e anu tüimer sitaγsan-iyar jiu feng se süm-e-dür jalaju. nigen jaγun qorin nayiman on boluluγ-a kemejüküi. 6

engke amuγulang-un dörbedüger on-dur tulγur yeke örösiyel-tü süm-e-yi bayiγuluγsan-u qoyin-a jiu feng se-ece jalaγad takiγsan-aca ene caγ-tur kürtele jici tabin doloγan on bolbai. udayiq-a qaγan-u ekilejü laγšan tegün jeu-yi bayiγuluγsan on inu jeu ulus-un muu wang-un arban qoyaduγar on caγaγcin taulai ajuγu. engke amuγulang-un jiraduγar on caγaγcin üker kurtele toγalabasu bugüde qoyar mingγan doloγan jaγun arban ilegüü on boljuqui. todorqay-a iledkegsen 7

γayiqamsiγ tu laγšan inu eng terigün baraγun γajar-aca γarcu bür-ün dumdadu ulus-tur delgeregül-ün ulamjilaju ireged coγ jibqulang üjesküleng tu gerel inu erdem-ece inaγsi edüge-dür kürtele önide orosijuqui. üy-e üy-e-yin ögcigsen yabudal-i kinaju yeke tölöb-i sinecilen ilerkey-e bolγaju. kösige cilaγun-dur seyilüged erkim üiles-ün caγlasi ügei-yi temdeglejü öni egüride orosiqui-yin temdeg boltuqai kemen bicibai. 8

engke amuγulang-un jiraduγar on qabur-un segül sar-a-yin sayin edür 9

乾隆二十五年（1760）《重修弘仁寺碑文》陽

乾隆二十五年（1760）《重修弘仁寺碑文》陰

重修弘仁寺碑文

弘仁寺者康熙四年奉

敕所建移供鷲峯寺旃檀瑞相於斯我

皇祖再世如來現轉輪王相以金仙象教流傳資翊治化因而遠溯靈踪俾人天廣利迄今垂及百年丹雘之煥者日以剥龍象之獰者日以削敬惟開歳爲

聖慈七旬大慶今歳又朕五十誕辰思所以繩

寳構祝

鴻禧者爰以孟陬之吉出内府帑重加修葺閲八月訖工展禮爲贊有瑞紀庚辰重輪奐奇從辛卯肇胚胎之句盖誌實也朕惟君子體仁則爲弘世尊闡仁則爲能彼弟子之未韕師學者尚不知何爲弘而爲能有似與仁背弛宜乎儒者之辟爲異端矣我

皇祖内外一如本末共貫六十一年深仁厚澤普被蒼生則其弘也爲何如抑其能也爲何如此寺之建豈徒以人天福德供養世尊已哉經言世尊具三十二相八十種好然若以色見聲求即毗首天匠徒勞畫炭無有似處設諸淨信一舉念皈依亦得即睹百千萬億化身所謂即心即佛不可言同何況云異而彼優填王橅範瑞相譬如日光月光本來圓滿一切衆生扣槃捫籥今將與操熒爝者求羲馭曷若引金燧以晞陽將與挹涓勺者擬望舒曷若懸方諸而衍潤矧爾時授記真容威德自在乃者勝幡法鼓莊嚴端好非謂與諸天寳網種種供養無二無別以是助宣政教永闡慈仁即現無量壽身而爲說法則猶我

皇祖上爲

宗社延厤下爲蒼黎祈祐之

志而瑞相因緣詳著

皇祖御銘者此不復書

乾隆二十有五年歳在庚辰仲秋月之吉御筆

乾隆二十五年（1760）《重修弘仁寺碑文》陽

འཇིག་རྟེན་གྱི་ཁམས་ཐམས་ཅད་ཁྱབ་་པར་བྱེད་པ་འདི་མཐ·····
···ས་པར་མཛད། ཀྱི་མེ་སྙིང་རྗེ་ངེས་པར་རྫོགས་པར་མཛད། འདི་རྣམས་
ཐམས་ཅད་ལྷ་མི་ཡོངས་ཀྱི་བསོད་ནམས་ཀྱི་གསོས་སུ་གྱུར་པ་ཤ་སྟག་གོ་སྙམ་ནས་མཆོད་ཡུལ་
དམ་པ་རྣམ་འདྲེན་རྒྱལ་བའི་ལྷ་ཁང་འདི་བཞེངས་སོ། རྒྱལ་བའི་བཀར། འགྲོ་བའི་
འདྲེན་པ་སངས་རྒྱས་བཅོམ་ལྡན་འདས་ནི་མཚན་བཟང་པོ་སུམ་ཅུ་རྩ་གཉིས་དང་དཔེ་བྱད་བཟང་པོ་
བརྒྱད་ཅུ་ཕུན་སུམ་ཚོགས་པའོ་ཞེས་གསུངས་སོ། གལ་ཏེ་སྐུ་ལ་སངས་རྒྱས་བལྟ་བར་
བྱ་ཞིང་གསུང་ལས་སངས་རྒྱས་བཙལ་བར་བྱ་སྙམ་ན། བེ་ཤྭ་ཀརྨ་ངལ་བ་དོན་མེད་པར་
གྱུར་ཏེ་ཇི་ལྟར་སངས་རྒྱས་ཉིད་དང་འདྲ་བར་འགྱུར། ཡང་དག་དུ་ན་སྐྱེ་བོའི་བསོད་ནམས་
ཀྱི་བློ་བཅོས་མ་མ་ཡིན་པར་གུས་ཤིང་ཡིད་ཆེས་པ་ལས་སྐུ་དངོས་ཀྱི་སྤྲུལ་པ་བྱེ་བ་དཔག་མེད་
མཐོང་ཞིང་རྟེན་པར་འགྱུར་རོ། དེ་བཞིན་གཤེགས་པ་ནི་སེམས་དང་གཅིག་ཉིད་ཀྱང་མ་ཡིན་
ན་ཐ་དད་དུ་ག་ལ་ཡོད། རྒྱལ་པོ་ཨུ་དྲ་ཡཱ་ན་རིན་པོ་ཆེ་ལས་སྐུ་གཟུགས་བྱས་ཏེ་མཆོད་པ་ནི་
དཔེར་ན་ཉི་མ་དང་ཟླ་བའི་འོད་ཟེར་གདོད་མ་ནས་རང་བཞིན་རྣམ་པར་གསལ་བའི་ཆ་མཉམ་ཡང་མི་
ཤེས་པའི་འགྲོ་བ་རྣམས་རྒྱུད་མངས་སྤྲིང་ཞིང་སྤྲའི་ཡོངས་ཚུལ་ལ་བརྩི་བ་ལྟ་བུའོ། སྲིན་བུ་མེ་
ཁྱེར་གྱི་སྣང་བ་ཉི་མའི་འོད་ཟེར་དང་སྦྱར་བ་ནི་ཤིན་ཏུ་མི་འགྲིག་སྟེ་མེ་ཤེལ་རྟེན་པས་མི་རྟེན་པར་མི་
འགྱུར་བ་བཞིན་ནོ། ཉ་ཕྱིས་ཀྱང་ཆུ་བཙུ་བར་མི་ནུས་ན་ཆུ་ཟླ་སྐྱོག་གིས་བཙུ་བར་ག་ལ་ནུས།
དེའི་ཕྱིར་ལུང་དུ་བསྟན་པའི་དུས་ཀྱི་དོན་གྱི་སྙིང་པོ་རང་ལ་གནས་པ་སྟེ་ད་ལྟ་རྒྱལ་བའི་རྒྱལ་མཚན་
ཆོས་ཀྱི་ཛ་པོ་ཆེ་ཁྱད་པར་དུ་འཕགས་པ་ཟློས་ཤིང་ལེགས་པར་བཀོད་པའོ། ལྷ་ཡི་རིན་པོ་
ཆེ་དྲ་བའི་མཆོད་པ་སྣ་ཚོགས་ཀྱིས་མཉེས་པར་བྱེད་པ་དང་མཚུངས་པ་ལས་གཞན་མ་ཡིན་ཀྱང་
བཀོད་ལེགས་འདི་ཡིས་རྒྱལ་བའི་བསྟན་པ་རིན་པོ་ཆེ་དར་ཞིང་རྒྱས་པ་དང་། ཐུགས་
སྙིང་རྗེ་ཆེན་པོས་རབ་ཏུ་བརྟན་པའི་རྒྱལ་དབང་ཚེ་དཔག་མེད་མངོན་སུམ་དུ་འབྱོན་ཞིང་བསྟན་པ་
སྤེལ་བ་དང་མཚུངས་པར་གྱུར་ཏོ། ༄ རྒྱལ་པོ་མེས་པོ་ཉིད་ཡང་ ༄ ཡབ་མེས་ཀྱི་
དགོངས་པ་རྫོགས་ཤིང་བསོད་ནམས་ཀྱི་ཞིང་ས་རྒྱུན་མི་འཆད་པའི་ཕྱིར་དང་། མར་ཆབ་
འབབས་ཀྱི་སྐྱེ་བོ་མཐའ་དག་སྐྱོབ་པར་བྱེད་པའི་ ༄ ལྷག་བསམ་ལྷུན་གྱིས་གྲུབ་པའི་ཆེད་
དུ་ཡིན་ནོ། ཕུལ་བྱུང་སྐུ་གཟུགས་ཀྱི་བྱུང་ཚུལ་རྒྱས་པ་ནི་ ༄ རྒྱལ་པོ་མེས་པོས་
མཛད་པའི་ཕྱང་ཡིག་ནང་དུ་གསལ་བའི་ཕྱིར་འདི་ལ་འབྲུར་ནས་མ་བྲིས་སོ།

乾隆二十五年（1760）《重修弘仁寺碑文》陰

重修弘仁寺碑

首體：重修弘仁寺碑文
年代：乾隆二十五年（1760）
原在地：西城區弘仁寺内
書體：漢滿蒙藏四體
撰人：（清）高宗弘曆
拓片録自：《拓本聚瑛》T29、T30

【碑陽】

碑文：

重修弘仁寺碑文 *1*

弘仁寺者，康熙四年奉 *2* 敕所建，移供鷲峯寺旃檀瑞相於斯。我 *3* 皇祖再世如來，現轉輪王相，以金仙象教流傳，資翊治化，因而遠溯靈踪，俾人天廣利。迄今垂及百年，丹雘之煥者日以剥，龍象之獰者日以削。敬惟開歲爲 *4* 聖慈七旬大慶，今歲又朕五十誕辰，思所以繩 *5* 寶構、祝 *6* 鴻禧者。爰以孟陬之吉，出内府帑，重加修葺，閱八月訖工。展禮爲贊，有瑞紀庚辰重輪奐奇，從辛卯肇胚胎之句，盖誌實也。朕惟君子體仁則爲弘，世尊闡仁則爲能。彼弟子之未輮師學者，尚不知何爲弘而爲能，有似與仁背弛，宜乎儒者之辟爲異端矣。我 *7* 皇祖内外一如，本末共貫，六十一年深仁厚澤，普被蒼生，則其弘也爲何如，抑其能也爲何如。此寺之建，豈徒以人天福德供養世尊已哉。經言世尊具三十二相、八十種好，然若以色見聲求，即毗首天匠徒勞晝炭，無有似處。設諸淨信一舉念皈依，亦得即睹百 *8* 千萬億化身。所謂即心即佛，不可言同，何況云異。而彼優填王檝範瑞相，譬如日光月光，本來圓滿。一切衆生扣槃捫籥，今將與操熒爝者求羲馭，曷若引金燧以晞陽，將與挹涓勺者擬望舒，曷若懸方諸而衍潤？矧爾時授記真容，威德自在，乃者勝幡法鼓，*9* 莊嚴端好。非謂與諸天寶網種種供養無二無别。以是助宣政教，永闡慈仁，即現無量壽身而爲説法，則猶我 *10* 皇祖上爲 *11* 宗社延庥，下爲蒼黎祈祐之 *12* 志，而瑞相因緣詳著 *13* 皇祖御銘者，此不復書。*14*

乾隆二十有五年歲在庚辰仲秋月之吉御筆 *15*

【滿文轉寫】

dasame weilehe gosin be badarambuha juktehen i eldengge wehei bithe*1*

gosin be badarambuha juktehen serengge, elhe taifin i duici aniya,*2* hesei weilebuhengge, damin hadangga juktehen i jamdan moo i ferguwecuke lakšangga fucihi be solifi, ede juktehebi,*3* han mafa, dahūme tucike inekujihe fucihi, kurdun be forgošobure han i lakšan be iletuleme, aisin endurin i arbungga tacihiyan be badarambume selgiyeme, dasan wen de wehiyeme aisilame ofi, tuttu ferguwecuke ūren be solifi juktefi, abka niyalma de bireme tusa arahabi, te tanggū aniya hamika niruha šugilehengge ulhiyen i kobciha, yangselaha colihangge ulhiyen i fereke de isinahabi, gingguleme gūnici, ishun aniya[4] hūwang taiheo i nadanju se i amba urgun bime, ere aniya geli tob seme mini susai se de teisulebuhe, ede[5] ferguwecuke doro be sirame,[6] amba hūturi be jalbarire be gūnime ofi, tuttu aniya biyai sain inenggi, dorgi namun i menggun be acinggiyafi, dahūme dasatame weilebume deribuhe, jakūn biya de isinafi, weilen šanggaha turgunde gingguleme dorolofi maktacun araha, maktacun de eldembume icemleme ere šanyan muduri aniya de dasame weilebufi, enteheme ferguwecuku ūren ulahangge, ineku šahon gūlmahūn aniya sembi sere gisun bihe, cohome yargiyan be ejehengge, jalan i wesihun fucihi i gosin be fisembume mutehe be mutebuhe sembi. tenteke sefu i tacihiyan de šungkekū šabisa aibe badarambumbi, aibe mutebumbi sere be umai ulhire unde de baibi gosin ci jurcehe cashūlaha gese seme gūnime ofi, tuttu bithei urse milarabufi encu demun obuhabi,[7] han mafa i dorgi tulergi emu adali, da dube uhe hafu, ninju emu aniya otolo, ten i gosin jiramin fulehun, gubci geren ergengge de akūnaha be hargašaci, badarambuhangge yala ai gese bihe, mutebuhengge yala ai gese bihe, ere ainahai damu abka niyalma de hūturi erdemu isibuki seme, jalan i wesihun fucihi be juktere jalin ere juktehen weilebuhai fucihi nomun de jalan i wesihun fucihi de gūsin juwe lakšan, jakūnju sain nairak yongkiyahabi sehebi, aika dursun de saki jilgan de baiki seci, uthai bišugarma seme, mekele suilame dursuleme nirure dabala, aide adališame mutembini, unenggi sain fulehengge urse gūnin emgeri forofi hing seme akdara ohode, uthai tanggū minggan tumen bunai kūbulin beye be bahafi sabuci ombi, ere uthai[8] ineku mujilen ineku fucihi sehengge be, adali seci hono ojorakū bade, encu seci geli ombio, tuttu udarayana han i boobai ūren be dursuleme dobohongge duibuleci šun i elden, biya i elden, daci jalu yongkiyangga bime, geren ergengge nememe alikū be forime bileri be bišume baire adali te holton i elden be jafafi. šun i elden be baire anggala, tuwai buleku be tukiyefi, tuwa be gaire de isirakū, maša i muke be waidafi, biya i muru be kimcire anggala, tahūrai notho be forobufi, muke be gaire de isirakū, tere anggala nememe biwanggirit buhe fon i horonggo erdemungge jingkini arbun, da an i bimbime, te gincihiyan kiltan, šajingga tungken teksin sain i dasame yangselame weilebuhengge, umai abkai ratna dzala i[9] hacinggai juktehe ci ilgabun akū encu akū obuki serengge waka, ereni dasan tacihiyan be aisilame badarambure, gosin jilan be enteheme fisembure de, uthai mohon akū jalafungga fucihi beyei enggelenjifi, šajin be giyangnaha adali, ineku[10] han mafa dergi de,[11] mafari juktehen, boihoju jekuju i jalin hūturi be saniyabure, fejergi de, geren sahaliyan ujungga irgen i jalin kesi be baire[12] mujin i gese seme ofi kai. ferguwecuke lakšangga fucihi i da turgun oci,[13] han mafa i araha folon de yongkiyame tucibuhe de dahame, ede dabtame arara ba akū[14]

abkai wehiyehe orin sunjaci aniya šanyan muduri bolori dulimbai biyai sain inenggi han i arahangge[15]

【蒙古文轉寫】

（殘大部分，能辨識者如下）

-u temdeglegsen buyu. bi sedkibesü. erdemten sayid-un örösiyel-i dürsü bolγan badaraγulbai kememüi. yirtincü jögen-ü uduridγci burqan surtaqun-i delgeregülün cidabai kemen [1]

-yin uduriduγci burqan-dur γucin süni laγšan ayan sayin nayiraγ tegüsbei kemejüküi. kerbe dürsü-dür tanisuγai. daγun-dur erisügei kemebesü. yerü bisügerem [2]

gerel. ijaγur-aca dügüreng tegün böged qamuγ amitan düledte saba-yi deledcü kögjim-i ilijü erikü-lüge adali. edüge γal qoroqai-yin 3

yerü tngri-yin radn-a zala-yin jüil-yin takiγsan-aca ilγaburi ügei öber-e bolγasuγai kemekü inu busu. egün-iyer jasaγ surtaqun -i tusal- 4

【藏文轉寫】

（殘大部分，能辨識者如下）

'jig rten gyi khams thams cad khyab par byed pa 'di mth..... 1

....s par mdzad / kye me snying rje nges par rdzogs par mdzad / 'di rnams 2

thams cad lha mi yongs kyi bsod nams kyi gsos su gyur pa sha stag go snyam nas mchod yul 3

dam pa rnam 'dren rgyal ba'i lha khang 'di bzhengs so / rgyal ba'i bkar / 'gro ba'i 4

'dren pa sangs rgyas bcom ldan 'das ni mtshan bzang po sum cu rtsa gnyis dang dpe byad bzang po 5

brgyad cu phun sum tshogs pa'o zhes gsungs so / gal te sku la sangs rgyas blta bar 6

bya zhing gsung las sangs rgyas bcal bar bya snyam na / bi shwa karma ngal ba don med par 7

gyur te ji ltar sangs rgyas nyid dang 'dra bar 'gyur / yang dag du na skye bo'i bsod nams 8

kyi blo bcos ma ma yin par gus shing yid ches pa las sku dngos kyi sprul pa bye ba dpag med 9

mthong zhing rnyed par 'gyur ro / de bzhin gshegs pa ni sems dang gcig nyid kyang ma yin 10

na tha dad du ga la yod / rgyal po u dra yā na rin po che las sku gzugs byas te mchod pa ni 11

dper na nyi ma dang zla ba'i 'od zer gdod ma nas rang bzhin rnam par gsal ba'i cha mnyam yang mi 12

shes pa'i 'gro ba rnams rgyud mangs spreng zhing sgra'i yongs tshul la brtsi ba lta bu'o / srin bu me 13

khyer kyi snang ba nyi ma'i 'od zer dang sbyar ba ni shin tu mi 'grig ste me shel rnyed pas mi rnyed par mi 14

'gyur ba bzhin no / nya phyis kyang chu bcu bar mi nus na chu zla skyog gis bcu bar ga la nus / 15

de'i phyir lung du bstan pa'i dus kyi don gyi snying po rang la gnas pa ste da lta rgyal ba'i rgyal mtshan 16

chos kyi rnga bo che khyad par du 'phags pa zos shing legs par bkod pa'o / lha yi rin po 17

che dra ba'i mchod pa sna tshogs kyis mnyes par byed pa dang mtshungs pa las gzhan ma yin kyang 18

bkod legs 'di yis rgyal ba'i bstan pa rin po che dar zhing rgyas pa dang / thugs 19

snying rje chen pos rab tu brtan pa'i rgyal dbang tshe dpag med mngon sum du 'byon zhing bstan pa 20

spel ba dang mtshungs par gyur to / * rgyal po mes po nyid yar * yab mes kyi 21

dgongs pa rdzogs shing bsod nams kyi zhing sa rgyun mi 'chad pa'i phyir dang / mar chab 22

'bangs kyi skye bo mtha' dag skyob par byed pa'i * lhag bsam lhun gyis grub pa'i ched 23

du yin no / phul byung sku gzugs kyi byung tshul rgyas pa ni * rgyal po mes pos 24

mdzad pa'i spang yig nang du gsal ba'i phyir 'di la 'byar nas ma bris so 25

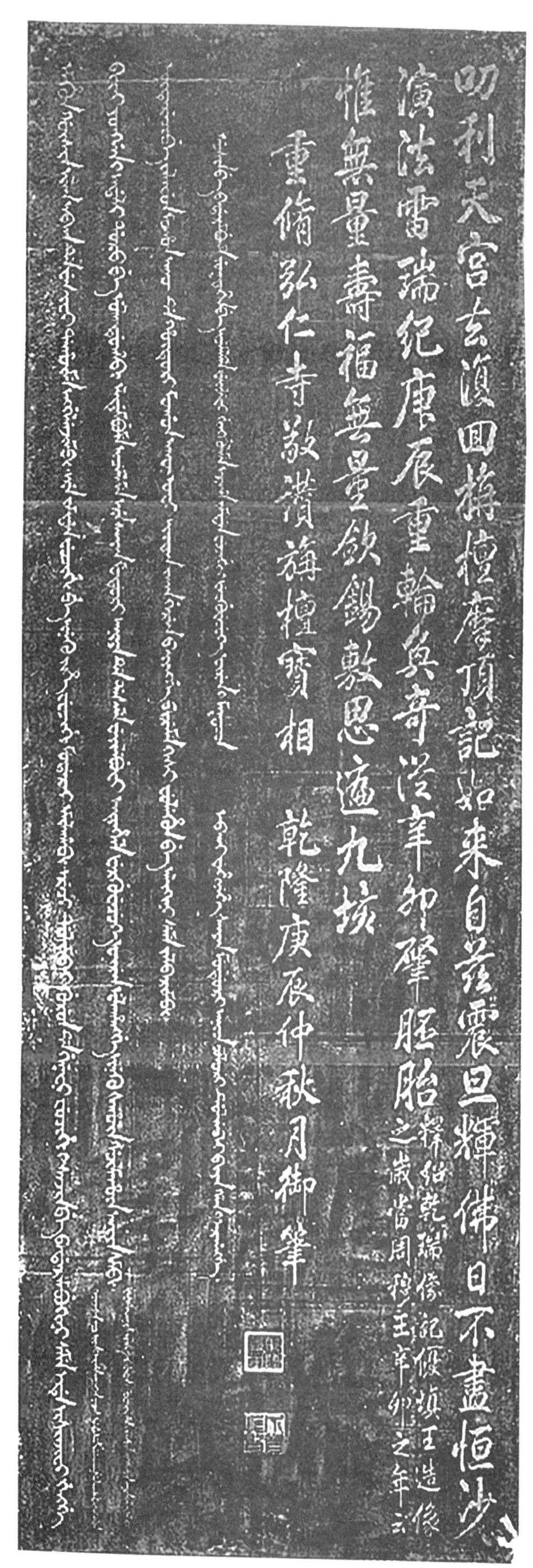

乾隆二十五年（1760）《御製詩旃檀寶相贊》陽

乾隆二十五年（1760）《御製詩旃檀寶相贊》陰

叨利天宮去復回旃檀摩頂記如來自茲震旦輝佛日不盡恒沙

演法雷瑞紀庚辰重輪奐奇從辛卯肇胚胎（釋紹乾瑞像記優填王造像之歲當周穆王辛卯之年云）

惟無量壽福無量欽錫敷思遍九垓

重修弘仁寺敬贊旃檀寶相　乾隆庚辰仲秋月御筆

乾隆二十五年（1760）《御製詩旃檀寶相贊》陽

༄༅། །རྒྱལ་བ་གསུམ་ b1
ཙུ་རྩ་གསུམ་གནས་ b2
ལས་ཐུགས་རྗེས་ b3
སྣར་གཤེགས་ཏེ། b4
ཙནྡན་སྐུ་བརྟན་སྤྱི་ b5
བོར་ཕྱུག་བཞུག་འདི་ b6
ལྟར་ལུང་བསྟན་ b7
མཛད། མདྣ་ཙོ་ནའི་ b8
ཡུལ་དུ་རྒྱལ་བསྟན་ b9
སྤྱེལ་བར་སོང་ཞེས་ b10
གསུངས། ཡུལ་འདིར་ b11
གངྒའི་བྱེ་སྙེད་དམ་ b12
པའི་ཆོས་ལུགས་དར་ b13
བར་མཛད། ལྕགས་ b14
འབྲུག་ལོ་ལ་ལྷ་ཁང་ b15
གསར་གསོས་བཀོད་ b16
པ་ཆེར་འཕགས་ b17
བསྐྲུན། ངོ་མཚར་རྟེན་ b18
འདི་ཐོག་མར་ལྕགས་ b19
ཡོས་ལོ་ལ་བསྐྲུན་ b20
ཞེས་བསྒྲགས། b21
གོ་ཁྲིན་ཧོ་ཤང་གིས་བྲིས་པའི་བྲིན་ཅན་རྟེན་གྱི་ b22
བརྗེད་བྱང་དུ་ཨུདྲ་ཡ་ན་རྒྱལ་པོའི་རྟེན་འདི་ b23
གསར་དུ་བཞེངས་པའི་ལོ་ནི་ཏིའུ་སྲིད་ཟུ་ཕང་ b24
གི་ལྕགས་ཡོས་ལོ་ངེས་པར་ཡིན་ཟེར་འདུག། b25
བསོད་ནམས་དཔག་ b26
མེད་ཐོབ་ཅིང་ཆེ་ཡང་ b27
དཔག་མེད་ངེས་པར་ b28
འབྱུང་། འགྲོ་ཀུན་བདེ་ b29
སྐྱིད་དཔལ་ལ་སྤྱོད་ b30
པར་ཤོག་ཅེས་གསོལ་ b31
བ་འདེབས། b32

ཐུགས་ a1
རྗེ་སྤྱེལ་ a2
བའི་ལྷ་ a3
ཁང་ a4
གསར་ a5
གསོས་ a6
བྱས་ཏེ་ a7
གུས་པས་ a8
རྩམས་ a9
པའི་ a10
ཙནྡན་ a11
ཇོ་བོའི་ a12
སྐུ་བརྟན་ a13
ངོ་མཚར་ a14
ཅན་གྱི་ a15
ཁ་བྱང་ a16
གནམ་ a17
སྐྱོང་གི་ a18
ལྕགས་ a19
འབྲུག་ a20
ལོའི་སྟོན་ a21
ཟླ་འབྲིང་ a22
པོའི་ཆོས་ a23
ལ་རྒྱལ་ a24
པོས་བྲིས་ a25
པའོ། a26

乾隆二十五年（1760）《御製詩旃檀寶相贊》陰

御製詩旃檀寶相贊

年代：乾隆二十五年（1760）
原在地：西城區弘仁寺内
書體：漢滿蒙藏四體
撰人：（清）高宗弘曆
拓片録自：《拓本聚瑛》T27、T28

【碑陽】

碑文：

叨利天宫去復回，旃檀摩頂記如來。自玆震旦輝佛日，不盡恒沙 *1* 演法雷。瑞紀庚辰重輪奂，奇從辛卯肇胚胎。（釋紹乾瑞像記優填王造像之歲當周穆王辛卯之年云）*2* 惟無量壽福無量，欽錫敷思遍九垓 *3*

重修弘仁寺敬贊旃檀寶相 乾隆庚辰仲秋月御筆 *4*

【滿文轉寫】

emhun gūsin ilan abka de wesifi dahūme enggelenjimbi, ere jamdan fucihi be ineku jihe fucihi mudarai amilahabi, ereci dulimbai gurun de genefi fucihi i šajin be badarambukini seme ede isinjifi g'angg'a *1* birai yonggan i adali doro be ulanduhabi, eldembume icemleme ere šanyan muduri aniya de dasame weilebufi, enteheme ferguwecuke ūren ulahangge ineku šahūn gūlmahūn aniya sembi, [hūwašan šoo kiyan i araha sabingga ūren i ejebun de udaryana han ūren be šanggabume weilehe aniya jing jeo gurun i mu wang han i šahūn gūlmahūn aniya bihe sehebi.] *2* eiterecibe jalafun mohon akū de hūturi mohon akū ofi, eiten jaka geren baingge bireme kesi fulehun be alikini seme jalbarimbi. *3*

gosin be badarambuha juktehen be icemleme weilefi gingguleme araha jamdan fucihi i ferguwecuke ūren i maktacun, abkai wehiyehe šanyan muduri aniya bolori dulimbai biya han i arahangge. *4*

【蒙古文轉寫】

burqan γucin γurban tngri-dur qaruγad aciraγsan-dur. bütügsen ene zantan sitügen-i tegüncilen iregsen-ü bey-e-ber jiwanggiridlajuqui. buyantu mahag zan-a oron-dur odcu burqan šasin-i delgeregülügdün kemegsen-i bütügen g'angga *1*

mören-ü qumaki toγatan šasin-i ulamjilajuqui. bürin-e sinedken ene caγan luu jil-dur takiju selbin üiledbei. bügün-e γayiqamsiγtu ene sitügen egüsken üileddügsen jil inu mön kü caγaγcin taulai jil kememüi. (quusang suu kiyan-u bicigsen adistid tu sitügen-ü temdegleltei. qan ene sitügen-i egüsken üiledügsen jil inu. coqoi jeo ulus-a u wang qan-u caγaγcin taulai jil kemejüküi) $_{2}$

buyan caγlasi ügei-dür nasun caγlasi ügei-yin tula. boda bügüde qotala tegüsged neyite-ber kesig öglig-i küliyetügei kemen jalbarimui. $_{3}$

örösiyel-i badaraγuluγci süm-e-yi sinedken üiledüged kiciyenggüilen jokiyaγsan zantan burqan-u γayiqamsiγtu sitügen-ü maγtaγal. tngri -yin tegüsügsen-ü caγan luu jil namur-un dumdadu sar-a qaγan-u bicigsen bolai. $_{4}$

【藏文轉寫】

thugs $_{a1}$ rje spel $_{a2}$ ba'i lha $_{a3}$ khang $_{a4}$ gsar $_{a5}$ gsos $_{a6}$ byas te $_{a7}$ gus pas $_{a8}$ rtsams $_{a9}$ pa'i $_{a10}$ tsandan $_{a11}$ jo bo'i $_{a12}$ sku brnyan $_{a13}$ ngo mtshar $_{a14}$ can gyi $_{a15}$ kha byang $_{a16}$ gnam $_{a17}$ skyong gi $_{a18}$ lcags $_{a19}$ 'brug $_{a20}$ lo'i ston $_{a21}$ zla 'bring $_{a22}$ po'i tshes $_{a23}$ la rgyal $_{a24}$ pos bris $_{a25}$ pa'o $_{a26}$

rgyal ba sum $_{b1}$ cu rtsa gsum gnas $_{b2}$ las thugs rjes $_{b3}$ slar gshegs te $_{b4}$ tsandan sku brnyan spyi $_{b5}$ bor phyag bzhag 'di $_{b6}$ ltar lung bstan $_{b7}$ mdzad / mahā tsi na'i $_{b8}$ yul du rgyal bstan $_{b9}$ spel bar song zhes $_{b10}$ gsungs / yul 'dir $_{b11}$ gangga'i bye snyed dam $_{b12}$ pa'i chos lugs dar $_{b13}$ bar mdzad / lcags $_{b14}$ 'brug lo la lha khang $_{b15}$ gsar gsos bkod $_{b16}$ pa cher 'phags $_{b17}$ bskrun / ngo mtshar rten $_{b18}$ 'di thog mar lcags $_{b19}$ yos lo la bskrun $_{b20}$ zhes bsgrags $_{b21}$ sho khyan ho shang gis bris pa'i byin can rten gyi $_{b22}$ brjed byang du udra yā na rgyal po'i rten 'di $_{b23}$ gsar du bzhengs pa'i lo ni ti'u srid mu wang $_{b24}$ gi lcags yos lo nges par ying zer 'dug $_{b25}$ bsod nams dpag $_{b26}$ med thob cing tshe yang $_{b27}$ dpag med nges par $_{b28}$ 'byung / 'gro kun bde $_{b29}$ skyid dpal la sbyod $_{b30}$ par shog ces gsol $_{b31}$ ba 'debs $_{b32}$

御製過弘仁寺瞻禮詩

年代:清乾隆三十九年(1774)
原在地:西城區弘仁寺内
撰人:(清)高宗弘曆
拓片録自:《日下舊聞考》第40卷650頁

【碑陽】

碑文:

乾隆三十九年御製過弘仁寺瞻禮作

飛來舍衛國,靈蹟孰能詳?如是相好在,經過瞻禮常。當春忍草秀,不夜慧燈光。設繹弘仁義,吾尤勉未遑。

仁壽寺

仁壽寺，不見於乾隆《京城全圖》。原址在内六區旃檀寺琉璃門四號（今西城區愛民街東國家機關大院内），寺廟建築現已不存。

仁壽寺建於清乾隆二十六年（1761），位於弘仁寺[1]正東，是乾隆帝爲五世葛爾丹錫埒呼圖克圖敕建的佛倉。第五世噶爾丹錫埒圖呼圖克圖，誕生於庫克瑙。少時赴藏習經，學成之後，適奉清世宗憲皇帝諭召，來京陛見，雍正十三年（1735）寵錫榮典，敕封爲慧悟禪師噶爾丹錫埒圖呼圖克圖，并敕建仁壽寺，作爲駐錫京師之佛倉。則仁壽寺之始建動議應於清雍正十三年（1735）。乾隆十六年（1751），奉旨赏给慧悟禅师印。乾隆二十六年（1761）二月七日，内務府營造司上報，弘仁寺、仁壽寺工程告竣，造黄册清單由各處收悉[2]。乾隆二十七年（1762），奉旨封商卓特巴札薩克喇嘛印[3]。

據《日下舊聞考》中描述，仁壽寺建築至少有山門與壇城式大殿。山門上懸“仁壽寺”額，爲乾隆帝御筆。大殿中圓外方，中央及八方供長壽佛，中有複壁，壁上悉供諸佛，東南西北各有一門，顯即藏傳佛教之曼荼罗（梵名mandala）式建築。四門均甃以白石，刻御書聯額。東額“最勝因緣”，聯曰：香臺圍繞花霏雨，毫相光明月印川。南額“總持壽世”，聯曰：螺髻齊瞻安樂相，珠胸全現吉祥文。西額“無邊功德”，聯曰：一切寶燈輝妙喜，大千圓鏡納須彌。北額曰“永駐祥輪”，聯曰：檀薰合證莊嚴具，龍護常資福德多[4]。

仁壽寺自建成之日，即專爲皇家服務，内務府負責其營造修葺，其儀式活動皆爲皇室舉行，而歷年得皇家御賜也極多。乾隆三十一年（1766），内務府呈報仁壽寺等處香供廟産錢糧等項，除支用造佛外，尚剩餘銀兩用於生

［1］參見本排段“弘仁寺”條。

［2］中國第一歷史檔案館藏《内務府奏銷檔·奏爲弘仁寺、仁壽寺工程告竣造具黄册》，乾隆二十六年二月七日，檔案號05-0163-043。

［3］以上關於五世葛爾丹錫埒呼圖克圖的生平，參見《北京市志稿》宗教志·卷四喇嘛教一，頁二百二十至二百二十一。釋妙舟《蒙藏佛教史》，揚州：廣陵書社，2009年，頁二百零三。

［4］《日下舊聞考》卷四十一，頁六百五十三。

息[1]。乾隆四十四年（1779），爲迎接六世班禪朝覲，總管内務府永瑢上奏，查明仁壽寺、嵩祝寺等十三廟向未設立儀仗，於是擬添執事十二對，官用三色緞傘三對，官用雜色緞筒（幡）三對，官用錦扁幡三對，官用黄雲緞傘三對[2]。除了大型儀式外，仁壽寺内亦有戲臺，歸内務府管轄。從内務府營造司搭建、修繕内廷戲臺而形成的工程檔案來看，仁壽寺戲臺的演出應頗多。例如，嘉慶元年（1796）曾爲弘仁寺唱戲租賃棚座、栓掛彩子料。嘉慶二年（1797）兩次爲仁壽寺念經應用戲臺造經彩棚彩畫清册。直到咸豐年間，仁壽寺戲臺的營造工程均不斷[3]。與此同時，歷年皇家御賜寺廟，仁壽寺均在其中。例如，嘉慶七年（1802）賜仁壽寺銅七珍一份、銅八寶一份[4]。嘉慶十年賞仁壽寺掛圖四軸[5]。嘉慶十一年（1806）分給仁壽寺八珍八寶、安掛香袋等[6]。仁壽寺與清廷的密切關係直到清末仍保持，道光年間，每年正月初一道光帝均派人至仁壽寺拈香。例如道光二十一年（1841）正月初一，道光帝遣裕誠至大光明殿、天慶宫與仁壽寺拈香[7]。

清光緒二十六年（1900），八國聯軍侵入北京，弘仁寺、仁壽寺、大光明殿均被焚毁。但當時仁壽寺似乎并未完全被毁於灰燼。1931年北平研究院調查時，在仁壽寺的原址上發現尚存寺廟殘迹。山門東向，然已焚毁，僅存小北房四間、石獅兩頭，歸北海闡福寺管轄，故調查人員記其廟名爲“闡福寺[8]”，然從位置判斷，應爲此仁壽寺殘迹無疑[9]。

此後仁壽寺與其西的弘仁寺一樣，曾一度爲禁衛軍駐地，1949年以後爲國家機關駐地。

2016年調查時，仁壽寺原址在國家機關大院内，無法入内。

---

〔1〕中國第一歷史檔案館藏《内務府奏銷檔·關於仁壽寺等處香供廟産錢糧等項支用造佛剩餘生息銀兩利銀數目》，乾隆三十一年十二月二十六日，檔案號05-0240-（05-051）。

〔2〕《内務府奏查明京城各廟應增修儀仗并需用工料銀兩情形折》，乾隆四十四年十二月十七日，收入中國第一歷史檔案館、中國藏學研究中心編《六世班禪朝覲檔案選編》，北京：中國藏學出版社，1996年，頁一百二十七至一百三十。

〔3〕參見《營造司戲臺建築工程册》，收入傅謹主編《京劇歷史文獻匯編·清代卷·續編》（清宫文獻·下），南京：鳳凰出版社，2013年，頁四百五十七至四百七十二。

〔4〕中國第一歷史檔案館藏《内務府奏銷檔·呈報由内交出瓷五供等項分給各寺廟數目清單》，嘉慶七年十一月初十日，檔案號05-0498-059。

〔5〕中國第一歷史檔案館藏《内務府奏銷檔·呈爲分掛各寺廟畫軸數目單》，嘉慶十年閏六月二十九日，檔案號05-0516-037。

〔6〕中國第一歷史檔案館藏《内務府奏銷檔·呈由内交出七珍八寶分各寺廟廟名單》，嘉慶十一年十月二十三日，檔案號05-0523-065。《内務府奏銷檔·呈爲由内交出香袋分掛各寺廟廟名單》，嘉慶十年十二月，檔案號05-0518-106。《内務府奏銷檔·呈爲寺廟十五處安掛香袋清單》，嘉慶十一年四月，檔案號05-0521-004。

〔7〕見《曾國藩全集》第十六册·日記一，長沙：岳麓書社，2011年，頁五十九。

〔8〕參見本書五排七段“西苑寺廟列表”内“闡福寺”。

〔9〕國立北平研究院《闡福寺》，0092。

五排九段

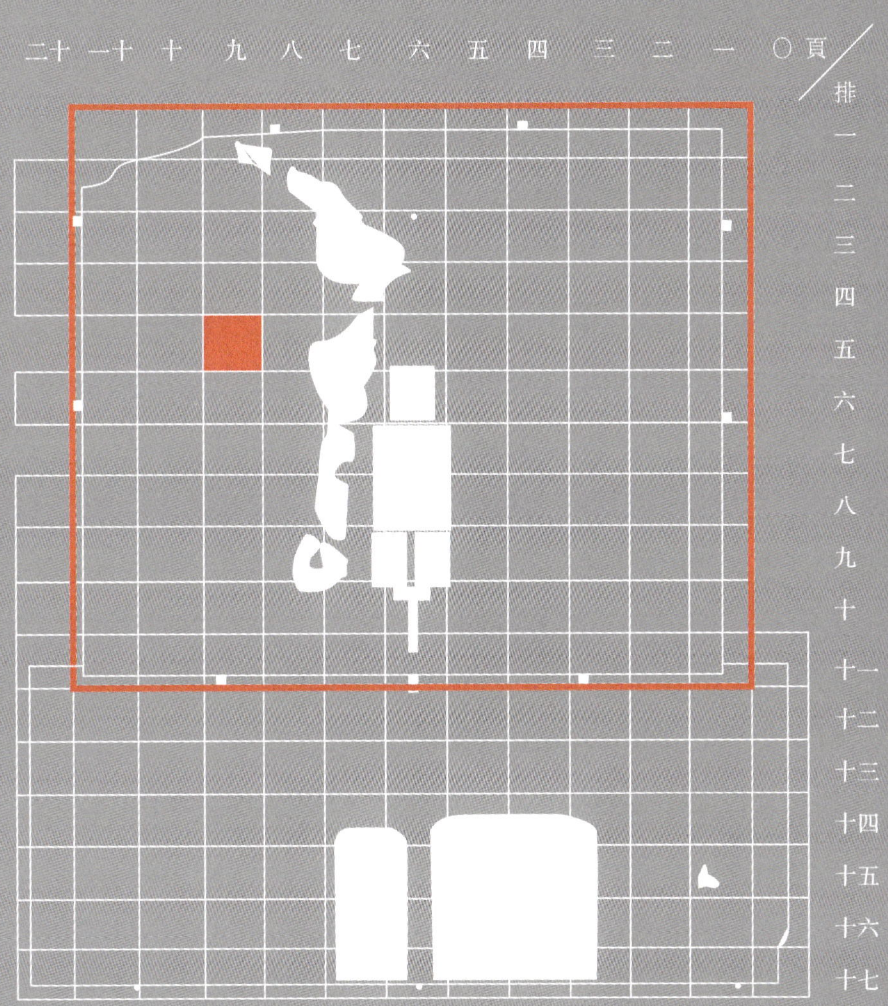

長壽庵
觀音庵
隆長寺

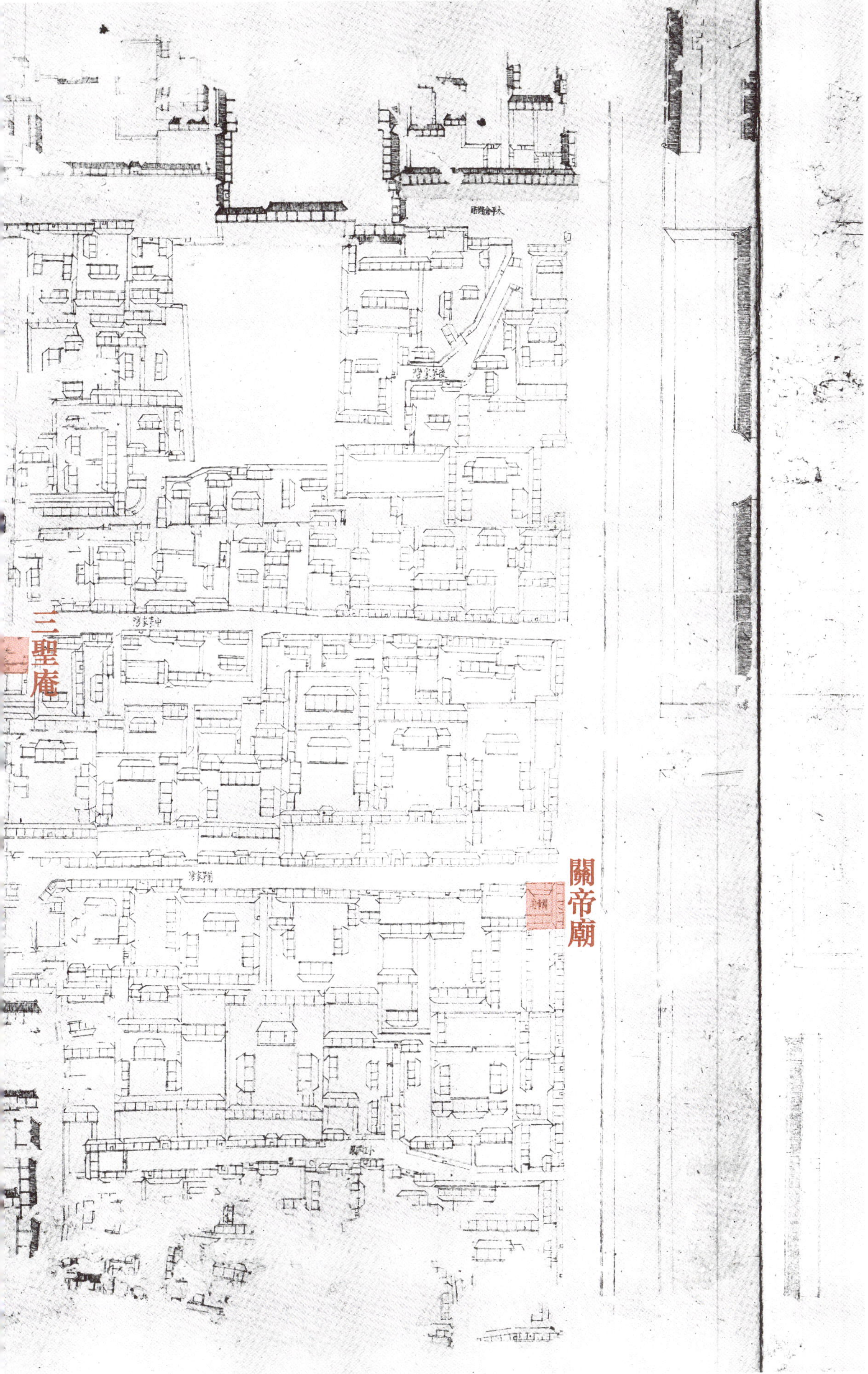
三聖庵
關帝廟

三聖庵

三聖庵，原址約在今西城區西四北大街中毛家灣三號的位置，寺廟建築現已不存。

此庵未知始建於何時，《雍正廟册》中載：毛家灣三聖庵爲大僧廟，有殿宇二間、禪房五間，住持實恒。《乾隆廟册》登記此庵仍爲大僧廟，住持際旺。從乾隆《京城全圖》上看，三聖庵位於中茅家灣（即毛家灣）胡同路南，坐南朝北，衹有一進很小的院落。北爲臨街房兩座共兩間，北向，難以判斷是否爲山門。院内僅有南房一座五間，亦北向。房屋數量恰與《雍正廟册》所記相合。

此後三聖庵再無考。老住户們説，大約在晚清民國時期，此地已是北洋政府最高法院最後一任院長余棨昌的住宅。20 世紀 50 年代初，高崗曾在這裏住過，後來成爲林彪住宅。此説法與《風雨毛家灣》中的考證一致[1]。

2014 年調查時，三聖庵原址上爲中央文獻研究室。

---

〔1〕宋德金《風雨毛家灣》，收入《歷史學家茶座》第三輯，濟南：山東人民出版社，2006 年，頁七十五至八十一。

關帝廟

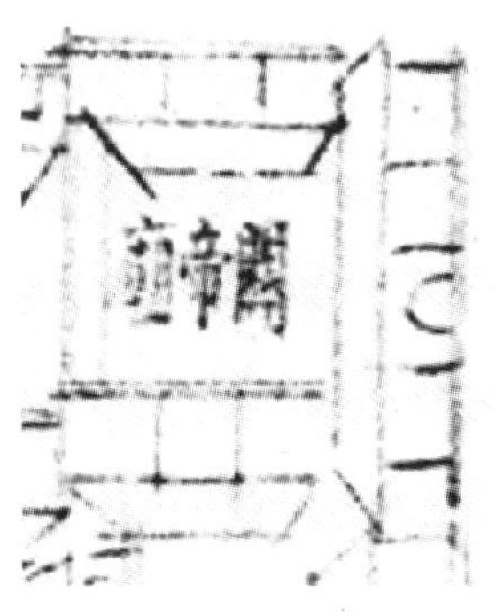

關帝廟,原址約在今西黄城根北街與前毛家灣交界處路口的西南角,寺廟建築現已不存。

此廟始建時間難考,《雍正廟册》中記毛家灣有關帝廟,時爲大僧廟,有殿宇五間、禪房五間,住持海玉。但《乾隆廟册》中已無此廟登記。從乾隆《京城全圖》上看,關帝廟山門東向,一座五間,正中開門,通向西皇城根。入内後僅一進院落,南北兩座殿房,均爲北向三間。房屋數量與《雍正廟册》中所記變化不大。

此後關帝廟再無考,應久已傾圮。

2005年至2016年調查時,關帝廟原址上是1955年建成的宿舍大樓。

觀音庵

觀音庵，俗稱當街廟，雍正年間也稱爲茶棚庵。原址約在今西城區西四北五條東口外，寺廟建築現已完全不存。

傳説，觀音庵始建於明代，爲明英宗所建。據清末崇彝《道咸以來朝野雜記》中記：西四牌樓北當街廟，位於石老娘胡同東口外、西大市街甬路中間，内供額森[1]牌位。據聞，明英宗北狩，後爲額森所放回。明英宗爲謝額森在大漠之義，在皇城西爲額森立廟，門朝北開[2]。然而此説應不確。清康熙《萬壽盛典初集》中清楚繪出了此觀音庵（詳見273頁圖），當時它并非坐南朝北，而是坐東朝西，僅正殿一座三間，殿門正對石老娘胡同，殿後有捲棚頂群房一座，似亦三間。此圖亦清楚繪出，殿内供奉并非額森牌位，而是須彌座上的一尊坐像，其上半部被“皇圖鞏固”四字幡旗所擋，但從一手置於膝蓋的姿態來看，可能是觀音自在像。從圖上看，清初時觀音庵可能也兼用作堆撥。庵南墻外有廊房，上搭凉棚，下設長凳，外列長槍等兵器，據劉小萌考證，此乃八旗基層執勤單位堆撥的特徵，下等旗兵在此執勤，負責維持治安、緝補盗賊、防範火灾[3]。然而觀音庵似乎也是四牌樓商人們的公共空間，廊道東南有柳樹一株，與堆撥長槍一起隔出一小方廣場，有人在這裏下棋、擺攤。圖上并記，值康熙帝萬壽節期間，“四牌樓北衆買賣人在此觀音庵恭諷《萬壽經》”[4]。庵外北面搭有巨大彩棚戲臺，裝飾華麗、富麗堂皇，足可見當時商人們的財力雄厚。

---

〔1〕即蒙古瓦剌部也先，第二十八代蒙古大汗。

〔2〕（清）崇彝《道咸以來朝野雜記》，頁三十五。

〔3〕劉小萌《清代北京旗人社會》，北京：中國社會科學出版社，2008年，頁五十八至六十一。

〔4〕《萬壽盛典初集》卷四十一，頁三十五。

《雍正廟册》中將觀音庵登記爲“茶棚庵”，這從側面證明，當時觀音庵的主要功能是供人歇息飲茶，故人直稱“茶棚”。寺廟格局此時尚未改變，仍是殿宇三間、禪房三間，住持爲僧人德藏。《乾隆廟册》登記住持法號際期。乾隆八年（1743），内務府總管海望奏稱，西四牌樓北邊觀音殿三間、僧房板廈三間，仍照舊址蓋造，共約需物料工價銀八百二十餘兩。但乾隆帝下旨：觀音庵今需修理，或蓋正殿、或蓋倒座，何必照舊樣式蓋造[1]。於是海望重繪觀音庵圖樣兩張，交太監張玉轉呈御覽後，奉旨重建觀音庵，將原有配殿改作正殿，自此觀音庵改爲北向[2]。從乾隆《京城全圖》上看，廟由坐東朝西改爲坐南朝北後，仍僅一進院落，無山門，北院墻上開隨墻門。内有北向大殿三間、前有東西配房各兩小間。原來的廊道凉棚不知是否仍存，庵外南側原爲小廣場的位置新建小院一所，内有南北兩座小房，均南向兩間。

至清末，《京師坊巷志稿》中還記西大市街街心有觀音庵，俗稱當街廟，有水井一眼[3]。崇彝已不知“觀音庵”之名，衹記其爲當街廟，説它殿宇不廣，當年車馬皆由廟之兩旁繞行，可惜他自己并未進殿看過，故未留下更多記録。大約民國三年（1914）左右，西四北大街大修馬路，觀音庵亦在此時被拆除[4]。但也有學者對此説法存疑，王永斌指出，直到民國六年（1917）出版的《北京市地圖》上還有“當街廟”之名[5]。

無論如何，此觀音庵在民國初已被拆，故其後不見於歷次寺廟調查。

2016年調查時，觀音庵所在地爲西四北大街馬路，原址處有下水道井口一眼。

---

〔1〕清乾隆八年十二月二十五日《觀音庵、普勝寺工程估銀》，見中研院近代史所藏内務府奏銷檔案，第二百一十册，頁二百五十五至二百五十六。

〔2〕同上。

〔3〕《京師坊巷志稿》卷上，頁一百三十九。

〔4〕（清）崇彝《道咸以來朝野雜記》，頁三十五。

〔5〕王永斌《北京的商業街和老字號》，北京：北京燕山出版社，1999年，頁九十三。

康熙《萬壽盛典初集》中的觀音庵

康熙《萬壽盛典初集》中的觀音庵細部（經拼合）

真武廟

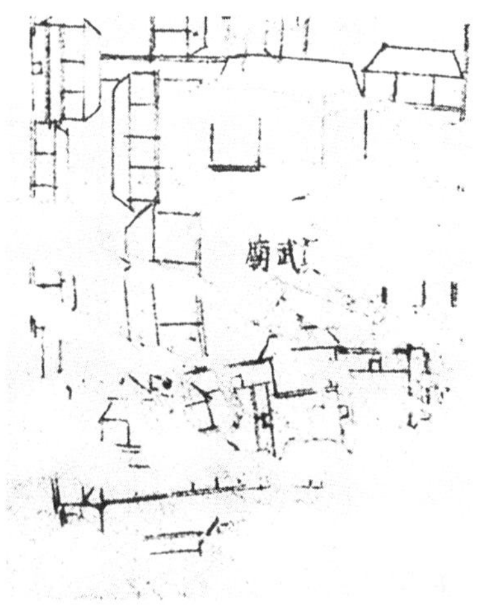

真武廟，原址爲内四區大紅羅廠四十六號（今前院爲西城區西四北大街一百零六號，後院爲一百一十六號）。廟内原有碑刻三通，分别是清乾隆三十年（1765）《馬王聖會碑》、清乾隆四十四年（1779）《財神會碑》和清道光二十九年（1849）《猪行公議條規碑》。寺廟建築現存部分。

民國寺廟住持稱，真武廟始建於明宣德年間，廟内大殿内確有真武小銅像一尊，龕額記其製於明宣德九年（1434）二月初九。清初歷史學家談遷則認爲此廟始創於明初。順治十一年（1654）八月乙酉日，他曾親身造訪真武廟，聞廟祝言，此廟乃明初時朝鮮國獻閹人一名，位列太監後所創。根據談遷的記録，此廟在明代爲鴻臚廠（後稱紅羅廠）太監之禁地，廠人塞閉山門，從西側開門入廟[1]。

入清以後，真武廟在西四地區相當有吸引力。清初順治年間，真武廟廟貌儼然，談遷親見大殿之後有壘石假山一處，巒洞昂伏、疏樹離立，感慨曰"使竹木蒙密，亦勝地也"[2]。康熙四十年（1701），廟内新添梵文小鐵鐘一口，上鑄梵文七行，銘文曰"□宜格隆興師傳造"，直到20世紀國立北平研究院調查時，這口鐘仍"聲音極清"。康熙五十三年（1714）的萬壽盛典期間，正紅旗滿洲、蒙古、漢軍都統等在此真武廟恭諷《萬壽經》，爲康熙帝慶祝六十大壽[3]。《雍正廟册》中記：紅羅廠真武廟，爲大僧廟，有殿宇十間、禪房六間，住持際隆。《乾隆廟册》登記時，住持换成了僧人際通。乾隆《京城全圖》上

〔1〕（明）談遷《北游録》，紀郵上，北京：中華書局，1960年，頁七十八。

〔2〕同上。

〔3〕《萬壽盛典初集》，卷四十一，頁三十三。

此處雖漫漶，但仍能看出，廟分兩進、坐北朝南。山門南向，門前一窄道，向西通向西四北大街出入。門内爲過道，左右墻上各開便門一道，通往東西跨院，惜院内房屋已無法看清，但北墻均有門通向正院。過道盡頭爲前殿一小間，後即正院，頗寬敞，有北殿三間，東西配殿各三間。西配殿北有西房四小間，東配殿北有小北房三間。寺廟格局與康熙《萬壽盛典初集》所繪幾乎無二，與《雍正廟册》所記亦相合，但後院似已不屬廟内，談遷所見之假山無踪迹。

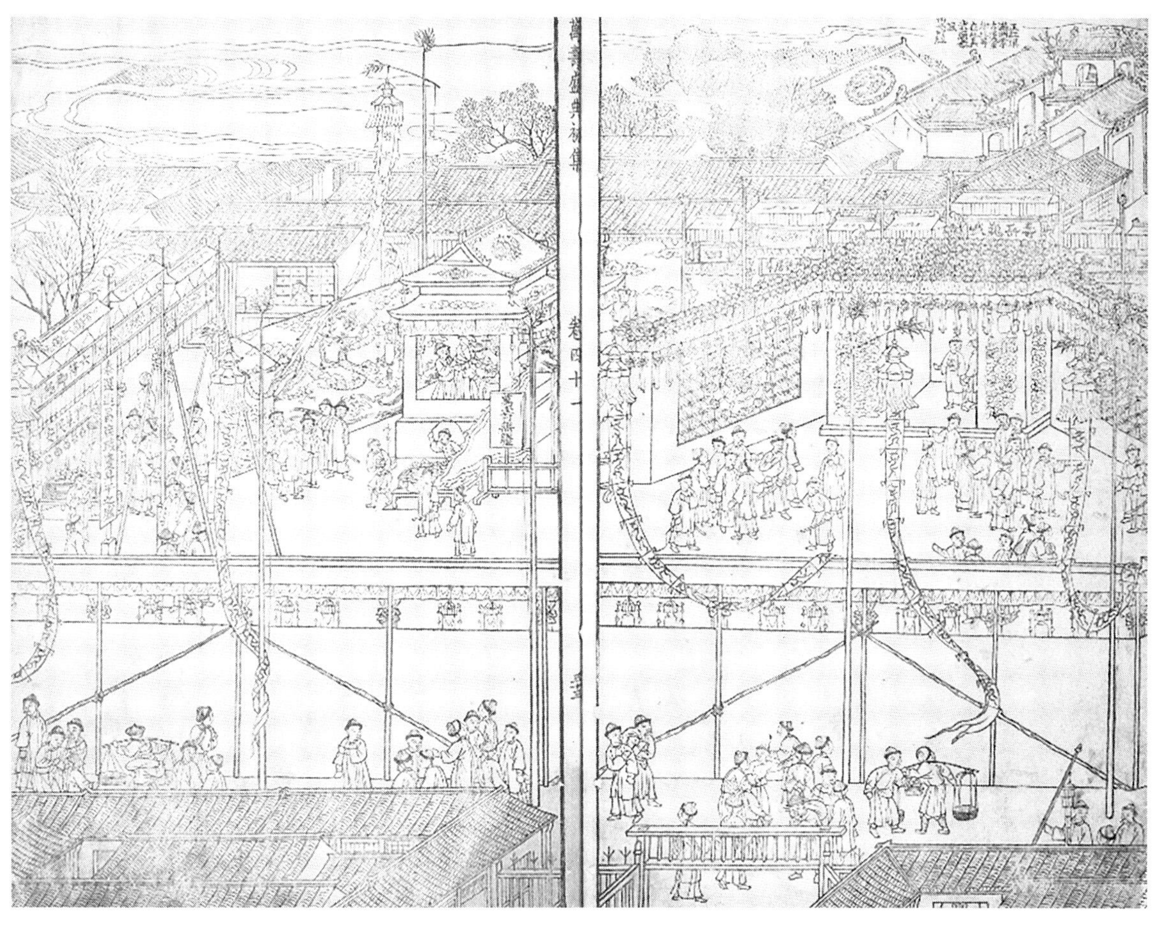

康熙《萬壽盛典初集》中的真武廟

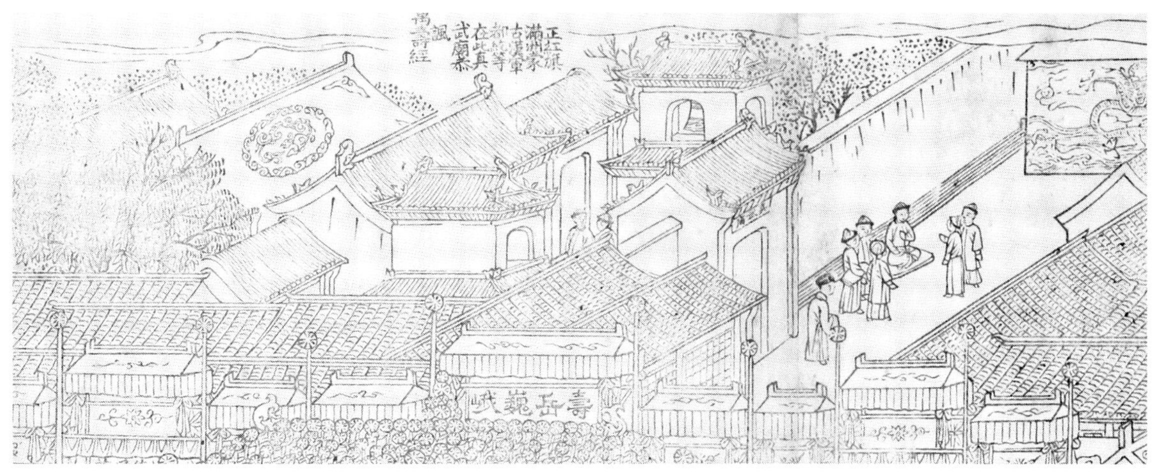

康熙《萬壽盛典初集》中的真武廟細部（經拼合）

乾隆以後真武廟仍是一方勝境,《京師坊巷志稿》中引康熙《宛平縣志》,記大小紅羅廠,井二,有真武廟[1]。而廟中各種題刻碑銘表明,它也曾是西市商人組織的祭祀聖地。自元代以來,西四牌樓一帶就是北京最重要的商業區之一,入清以後,真武廟附近有西馬市與西猪市。兩市商民行會都在真武廟中留下了祭祀活動的痕迹。乾隆二十年(1755),西馬市市民誠立真武廟馬王聖會,由内閣中書兼會典館編譯官加二級紀録二次舒世禄擔任正香首,正紅旗漢軍步軍協尉兼佐領紀録四次楊啓貴、正黄旗滿洲輕車都尉三保和御前太監張永泰擔任副香首,另有引善助會香首近百人,會衆人等數百人。馬王聖會中分工明確,除按助資列等外,亦有總理司房、總理都管等職。每年神誕之日,會中衆人各具分金、稱觴演戲,共襄善事,而神亦默佑,衆人皆履險如夷,從無失馭之患。於是十年後,正香首舒世禄再次爲慶會而作碑,是乃乾隆三十年(1765)的《馬王聖會碑》,碑陰題名即十年前初創時的會員名單[2]。同年,會中衆人可能還有重修添建之舉,財神殿上懸木額"雄風冠北",落款即爲"馬王永遠老會闔市衆善弟子"。

而猪市商人在真武廟中祭祀時間可能更早。清乾隆十九年(1754)孟冬,即有三聖會重修大殿,并立殿額"萬善同歸",由太子太保文淵閣大學士兼工部尚書兼禮部事務陳世倌敬書。碑刻資料證明,此三聖會即西猪市市民的商業組織。清乾隆四十四年(1779)《財神聖會碑》中説,"三聖財神老會,建設有年,市人每歲股餘資,稱觴演劇,仰答神庥,同行公慶,甚盛舉也"[3]。而從碑文來看,此三聖財神老會主要由猪行、屠行與錢莊行三行組成,除共同祭祀外,還是猪市交易中控制錢價的商業聯盟。清道光二十九年(1849),猪行衆人單獨在真武廟中立碑,重申本行會的行規,要求"年例凡我同行之人每年在財神獻戲一天。新開猪店者在財神聖前獻戲一天,設筵請客,同行之人方許上市生理。"[4]碑陰題名中的郭九猪店、陳李猪店都曾出現在《財神聖會碑》題名中,新郭猪店也有可能是《財神聖會碑》中辛郭猪店的异寫,則真武廟猪行與三聖財神老會之間有直接繼承關係[5]。

雖然西市商人們在真武廟内集會聚議,但寺廟仍歷來由僧人管理住持。清乾隆五十四年(1789),真武廟被"接管募建",當時立有手本,但惜其詳情已不可考[6]。至清末時,西市市場開始敗落,而真武廟亦爲京西香山天義醬園東家張姓所有。清光緒二十八年(1902),由於僧人管理不善,天義醬園張伯允延請京西模式口村承恩寺住持法安接任住持,法安再轉贈予其師弟——西山八大處靈光寺住持聖安。

1930–1931年國立北平研究院調查,真武廟大門仍西向,門上木額"敕修真武廟",内爲過道,盡頭處東壁上嵌乾隆三十年《馬王聖會碑》。仍有東小院,内有北房二間。小院北爲内山門,即乾隆《京城全圖》上所繪之正山門。門内財神殿一間,殿内左供馬王塑像四尊、右供財神塑像一尊,前有殘破木五供一份,上懸乾隆三十年馬王聖會所獻木額。後面立韋陀與王靈官神像。再北即大殿,三

〔1〕《京師坊巷志稿》卷上,頁九十。

〔2〕清乾隆三十年(1765)《馬王聖會碑》,京629,《北京圖書館藏中國歷代石刻拓本匯編》卷七十二,頁八十至八十一。

〔3〕清乾隆四十四年(1779)《財神會碑》,京1984,《北京圖書館藏中國歷代石刻拓本匯編》卷七十四,頁四十至四十一。

〔4〕清道光二十九年(1849)《猪行公議條規碑》,京1084,《北京圖書館藏中國歷代石刻拓本匯編》卷八十一,頁一百八十一至一百八十二。

〔5〕關於猪市商人祭祀組織的詳細情況,參見 Ju Xi, Temple Worship and Guilds in old Peking: A Case Study of Xisi's Zhenwu Temple and its Associations, 1779-1952, in : Luca Gabbiani ed., *Urban Life in China, 15th-20th centuries : Communities, Institutions, Representations.*, Paris : École française d'Extrême-Orient, 2016, pp. 179-197.

〔6〕參見北京市檔案館藏《僞北平特别市公安局·北平特别市公安局關於真武廟(僧)登記廟産問題的批》,檔案號J181-15-92,1928年,頁四十二至四十三。

間，外木額爲乾隆十九年三聖會所獻之“萬善同歸”，内木額爲“玄真殿”。殿内供木質金身彌勒像一尊，前有小佛三尊，木三供一份。神龕一座，内供真武坐像，方面，相貌威嚴，左腿盤於身前，右腿下垂，右手執劍，左手扶膝，肩披葉衣，坦腹跣足，身材胖碩。腰間系葉裙，手腕脚腕都戴有釧飾。前即宣德九年真武小銅像，禿頭黑髮，一手執劍，龜蛇印。龕上小横木額刻陽文御製百字聖號。左右龕内均無神像。康熙四十年的梵文小鐵鐘供此殿内。殿前東西配殿各三間，東爲關帝殿。院内二碑，左爲乾隆四十四年《財神聖會碑》、右爲道光二十九年《猪行公議條規碑》。另有古槐一株、小槐一株、榆樹一株。西北隅小跨院一所，内爲天義醬園，有北房三間、西房三間。東北隅亦小跨院，内爲油漆作住宅，北房、東房各三間。正院後有空院一所，南夾道内有井一眼[1]。

聖安對廟務頗爲上心，民國二十四年（1935），真武廟東房二間墻壁倒塌，他照舊修砌，并接修走廊。同時院内新建影壁及二門各一座[2]。不久後聖安圓寂，他的繼任住持叢棠在接任靈光寺住持的同時，也掌管了真武廟。但他并不住真武廟内，廟中另由聖安之徒普林居住。普林顯然已與張家没有來往，民國二十七年（1938），他控告天義醬園占據廟房、不交房租，一紙訴狀將醬園鋪長曲錫三訴上警察局[3]。民國二十八年（1939），承恩寺時任住持寶興再訴普林霸占廟産，要求收回真武廟産權，與靈光寺叢棠發生争執。天義醬園繼承人張墨穎被請出來，證明靈光寺取得廟産的合法性。但争端仍未解決，賢首宗只好公推第三人，即時任證果寺住持的寬廣代理住持。民國三十二年（1943），寬廣不堪普林騷擾，要求放弃住持真武廟。而聖安的曾徒孫、年僅十九歲的清山此時出面要求繼任，北京佛教協會以其年幼爲名拒絕了這一要求[4]。此後真武廟似乎一直無人住持，再不見於寺廟登記檔案。

老住户把真武廟叫做“天義廟”，他們記得很清楚，真武廟是天義醬園的廟産，并不知道還有僧人住持争訟之事。據他們回憶，1949年以後，真武廟是最早一批交出的廟産，革命清産委員會接管廟産後，於1950年租給大業油廠。然而不久後大業油廠在一場大火中焚燒殆盡，廟院被轉分給西四服裝合作社。1990年左右，服裝社虧本，便把土地租給私人，大殿中開設陽光旅館，其餘廟房均成爲居民住家。

2005至2014年調查期間，真武廟僅存大殿三間，仍爲陽光旅館，其它部分均爲住家院落，可能還有部分遺迹，但已完全無法辨識。

---

〔1〕國立北平研究院《真武廟》，0035。

〔2〕北京市檔案館藏《北平市社會局·内四區真武廟聖安關於修砌廟房的呈及社會局的批示》，檔案號J2-8-894，1935年，頁三。

〔3〕北京市檔案館藏《北平市警察局·北平特别市警察局關於僧人普林狀告曲錫三侵占廟産一案的指令》，檔案號J181-22-2952，1938年，頁三至四。

〔4〕北京市檔案館藏《北平市社會局·内四區真武廟僧人聖安呈請登記廟産及社會局的批示》，檔案號J2-8-176，1930-1941年，頁六十三至二百二十五。

京629《馬王聖會碑》陽

京629《馬王聖會碑》陰

馬王老會

嘗聞蜀中則祀蛇神吴中則祀蠶神　一以袪民害一以利民生也故凡有益於
民者皆在祀典敬以事之而非近於諂也明矣况夫天用莫如龍地用莫如馬而馬之爲物馴順爲良
神駿不測可以駕遠任重尤非他畜之所可比擬者雖然凡物不自靈□使□□以使之則馴順者寧
不習爲惡劣神駿者寧不變爲駑駘而駕遠任重之後又安足□則馬之□於□如此豈□其□而不
敬其神敬其神而不崇其祀也可乎今夫都城之内東西各有馬市承□□也西□□□□□□□□
武廟則馬神從祀其中由來舊矣非特持籌司市者盡具□享□誠而□□□□□□□□□□□□
夫王事或求駿骨而校射夫賓興或瓔纓從軍必需乎漢□或牽車□□□□□□□□□□□□□
以展虔心是以數十年來樂善之士附名於香燈之會者今難數□□□□□□□□□□□□□□
朝伊夕而敬神之心始終不替故能履險如夷從無□馭之患此□□□□□□□□□□□□□□
神貺之厚又安及此故附名於會末業已数幾哉當
神誕之日凡我同人各具分金共襄善事以竭其獻□之誠并請□□□□□□□□□□□□□□□
之良皆
神明之佑庶幾　靈貺永彰香燈之盛可垂於悠遠矣於是乎記
乾隆三十年二月　穀旦内閣中書舒世禄等敬立

京629《馬王聖會碑》陽

名垂今古

兹因西四牌樓西馬市内衆善公議報恩誠起真武廟馬王聖會

總理司房 蕭義元

總理都管 張德華

總理都管 阮五德

要□ 丁文堯 白名揚 查世興 阮義德 石明玉 馬應魁 王固興 王天簡 王國寧 王七

内閣票本中書兼會典館編譯官加二級紀録二次正香首舒世禄引善助會衆等香首

潘世華 王國貞 王德興 李成鳳 屈永□

正紅旗漢軍步軍協尉兼佐領紀録四次 楊啓貴

御前 太監 張永泰

正黄旗滿洲輕車都尉 三保

宋富業 丁陶氣 查黑達子 楊福 謝六十七 王住兒

王起鳳 王之學 劉紫福 □王 李秀公 王自正 盧□□ 趙秉正 熊□興 崔洪亮 郝□亮 崔國志 趙二達子 □旭學 劉碧 楊德茂 馬三保 閻□□ 劉三達子 蕭國泰 王君壁 石錢保 費承桂 劉天福 黃振紀 許□貴 □□□ 丁得禄 白成祥 高有義 李□賢 李常有 翟樑棟

王全義 董國棟 魏良臣 張鵬舉 謝朝作 屈明 張成鳳 鄭國春 孟鉦 路永泰 □如格 李金印 何世傑 來□ 郝殿臣 陳宗□ 陳國樑 白天相 宋任 闞二 張義貴 張鳳嶺 鄭國泰 段英 趙儀鳳 李常太 李二格 何德 蘇有禄 博萬□ 孫□ □國運 王人佑

湯自成 李何樊 賈十格 沈得榮 閻青連 董賢 王國用 陳子敬 賈常住 王之佐 李榮 宗殿臣 王三黑 陳□□ 曹五十三 龐二黑 賈世明

傅起龍 馬三 丘三 張五 陳昌□ 李彬仁 □廷□ 李名顯 高黑子 □弘基 王永泰 高煜 王連立 張國棟 年四 程九 丁三 高白 高旺 麻王 金者 朱二 朱三 張文英 張得 白老兒 魏朝惠 丁□ 劉六 翟四 田三 □□ 楊□□

朱五 丁六 張文英 丁□ 谷秀 孟鑑 路求泰 桂文成 張九懷 張斌 白明陞 翟方周 韓世林 劉傑 趙德 孫洪亮 □成章 孫□□ 孫章 夏國璧 戴明秀 陳義龍 李進德 杜佛保 朱滿囤 路常保 王栓柱 達劉 老寶白 夏二狗 高興 □□□ □□學

李慶雷 夏十 汪打春 金五忠 王明德 □□達子 蘇達子 馬兒 傅有真 郝德 芦保 倉王 王瑞龍 富有貴 陽瑞 徐萬成 李思恭 宋顯廷 張成福 魏德金 田德禄 楊萬珮 馮天祚 陳世禄 陳義盛 張明德 杜文潔 馬□□ 張□ 陳興業 楊茂盛 □□□ □□□

柳□全 張德 孟□ 王紀□ 張國璽 劉文魁 □英 陳世□ 楊學禮 楊福禄 鄭□慶 徐王 楊□宗 史□隆 徐國忠 史□榮 王英 高大來 □劉 金子亨 王昆 李二吾 趙□□ 謝天培 孫公碧 王惠文 楊天□ 王泰 李四 孫二 □五十四□四達子 □□□

王廷棟 宋尹兆 白達子 王□五 崔鐵柱 崔□柱 林文斌 □黑子 王老虎 王七十 陳文學 丘四 □□ 常□ 蔡□ 常明 平四尔 陳六達子 張二達子 鄭秉文 邴有禄 王□ 來福 白芳 陳九 趙二 陳福壽 高七一 劉保兒 王保兒 □三達子 高保兒

趙四保 陳七兒 白二達子 高有仁 高有禮 高有智 高七十 丘大小子 馬服 查大肚 查雪兒 楊二 楊三 丁秀 白世俊 丘兒 小白三 白達子 張國棟 二達子 五九兒 梁□兒 王門福 趙三 喜兒 楊柱兒 李班頭 □□□ 玉老 白達子 蟲兒 八十三 鄭□□

趙國瑞 趙世德 趙起龍 劉俊 楊□ 杜文學 孟七六 孟大焕 張洪 黃起龍 楊洪 王進□ 鄭炳文 張□周 張金山 白世俊 □根生 □七十六 李觀音保 □聖保住 張黑達子 孫五達子 代白達子 陳鑑 王老虎 陳五六 康五兒 楊落兒 周□□ 郭六一 閻保 李德壽 朱八子

段希禄 鄭鎖住 張希□ □連登 王明義 □□生 王明智 龐五兒 □太 閻德 李三保 王黑子 五德□ □□ □□ 王□□ 李□ 王希賢 王三 楊三兒 趙二愣 趙秋兒 胡士英 潘三兒 □二格 □同順 □□兒 □□□ □□□ □□□ □□□ □□□ □□□

□□□ □□□ 二奎 □□ 馬七十四 傅元寶 □□格 傅□寶 阿藍 三兒 四兒 高六狗 賈良才

乾隆二十年二月鎸上芳名有等次都有助立碣之資廿日同立

成造場刻字匠韓大福

京629《馬王聖會碑》陰

馬王聖會碑

額題:馬王老會
年代:碑陽刻於乾隆三十年(1765)二月,碑陰刻於乾隆二十年(1755)二月
原在地:北京西城區西四北大街真武廟
拓片尺寸:碑陽高150、寬85厘米,額高24、寬24厘米;碑陰高150、寬85厘米,額高24、寬24厘米
書體:正書
《目録》:頁309
拓片編號:京629
拓片録自:《北京圖書館藏中國歷代石刻拓本匯編》第72卷80–81頁

【碑陽】

額題:馬王老會

碑文:

嘗聞蜀中則祀蛇神,吴中則祀蠶神,一以袪民害,一以利民生也。故凡有益於 *1* 民者皆在祀典。敬以事之,而非近於諂也,明矣。况夫天用莫如龍,地用莫如馬。而馬之爲物,馴順爲良,*2* 神駿不測,可以駕遠任重,尤非他畜之所可比擬者。雖然凡物不自靈,□使□□以使之,則馴順者寧 *3* 不習爲惡劣,神駿者寧不變爲駑駘,而駕遠任重之後又安足□?則馬之利於□如此,豈□其□而不 *4* 敬其神,敬其神而不崇其祀也,可乎?今夫都城之内,東西各有馬市,承□□也,西□□□□□□□□□ *5* 武廟則馬神從祀其中,由來舊矣。非特持籌司市者,盡具□享□誠而□□□□□□□□□□□□□□。*6* 夫王事或求駿骨而校射,夫賓興或瓔轡從軍必需乎漢□,或牽車□□□□□□□□□□□□□□□ *7* 以展虔心。是以數十年來樂善之士,附名於香燈之會者,今難數□□□□□□□□□□□□□□□□□ *8* 朝伊夕,而敬神之心始終不替,故能履險如夷,從無失馭之患,此□□□□□□□□□□□□□□□□ *9* 神貺之厚,又安及此。故附名於會末業已数幾哉。當 *10* 神誕之日,凡我同人,各具分金,共襄善事,以竭其獻享之誠。并請□□□□□□□□□□□□□□□□□□ *11* 之良,皆 *12* 神明之佑,庶幾靈貺永彰,香燈之盛可垂於悠遠矣。於是乎記。*13*

乾隆三十年二月穀旦内閣中書舒世禄等敬立。*14*

【碑陰】

額題:名垂今古

碑文:

茲因西四牌樓西馬市内衆善公議報恩誠起真武廟馬王聖會。

總理司房:蕭義元。總理都管:張德華。總理都管:阮五德。

内閣票本中書兼會典館編譯官加二級紀録二次正香首舒世禄

正紅旗漢軍步軍協尉兼佐領紀録四次楊啓貴

御前太監張永泰

正黄旗滿洲輕車都尉三保

引善助會衆等香首：要□、丁文堯、白名揚、查世興、阮義德、石明玉、馬應魁、王固興、王天簡、王國寧、王七、潘世華、王國貞、王德興、李成鳳、屈永□、宋富業、丁陶氣、查黑達子、楊福、謝六十七、王住兒。

王起鳳、王之學、刘紫福、□王、李秀公、王自正、盧□□、趙秉正、熊□興、崔洪亮、郝□亮、崔國志、趙二達子、□旭學、刘碧、楊德茂、馬三保、閻□□、劉三達子、蕭國泰、王君壁、石錢保、費承桂、刘天福、黄振紀、許□貴、□□□、丁得禄、白成祥、高有義、李□賢、李常有、翟樑棟。

王全義、董國棟、魏良臣、張鵬舉、謝朝作、屈明、張成鳳、鄭國春、孟鉦、路永泰、□六格、李金印、何世傑、來□、郝殿臣、陳宗□、陳國樑、白天相、宋任、闞二、張義貴、張鳳嶺、鄭國泰、段英、趙儀鳳、李常太、李二格、何德、蘇有禄、博萬□、孫□、□國運、王人佑。

湯自成、李何樊、賈十格、沈得榮、閻青連、董賢、王國用、陳子敬、賈常住、王之佐、李榮、宗殿臣、王三黑、陳□□、曹五十三、龐二黑、賈世明。

傅起龍、馬三、丘三、張五、陳昌□、李彬仁、□廷□、李名顯、高黑子、□弘基、王永泰、高煜、王連立、張國棟、年四、程九、丁三、高白、高旺、麻王、金者、朱二、朱三、張文英、張得、白老兒、魏朝惠、丁□、劉六、翟四、田三、□□、楊□□。

朱五、丁六、張文英、丁□、谷秀、孟鑑、路求泰、桂文成、張九懷、張斌、白明陞、瞿方周、韓世林、劉傑、趙德、孫洪亮、□成章、孫□□、孫章、夏國璧、戴明秀、陳義龍、李進德、杜佛保、朱滿囤、路常保、工栓柱、達劉、老實白、夏二狗、高興、□□□、□□學。

李慶雷、夏十、汪打春、金五忠、王明德、□□達子、蘇達子、馬兒、傅有真、郝德、芦保、倉王、王瑞龍、富有貴、陽瑞、徐萬成、李思恭、宋顯廷、張成福、魏德金、田德禄、楊萬珮、馮天祚、陳世禄、陳義盛、張明德、杜文潔、馬□□、張□、陳興業、楊茂盛、□□□、□□□。

柳□全、張德、孟□、王紀□、張國璽、刘文魁、□英、陳世□、楊學禮、楊福禄、鄒□慶、徐王、楊□宗、史□隆、徐國忠、史□榮、王英、高大來、□刘、金子亨、王昆、李二吾、趙□□、謝天培、孫公碧、王惠文、楊天□、王泰、李四、孫二、□五十四、□□□。

王廷棟、宋尹兆、白達子、王□五、崔鐵柱、崔□柱、林文斌、□黑子、王老虎、王七十、陳文學、丘四、□□、常□、蔡□、常明、平四尔、陳六達子、張二達子、鄭秉文、邴有禄、王□、來福、白芳、陳九、趙二、陳福壽、高七一、刘保兒、王保兒、□三達子、□四達子、高保兒。

趙四保、陳七兒、白二達子、高有仁、高有禮、高有智、高七十、丘大小子、馬服、查大肚、查雪兒、楊二、楊三、丁秀、白世俊、丘兒、小白三、白達子、張國棟、二達子、五九兒、梁□兒、王門福、趙三、喜兒、楊柱兒、李班頭、□□□、玉老、白達子、蟲兒、八十三、鄭□□。

趙國瑞、趙世德、趙起龍、劉俊、楊□、杜文學、孟七六、孟大焕、張洪、黄起龍、楊洪、王進□、鄭炳文、張□周、張金山、白世俊、□根生、□七十六、李觀音保、□聖保住、張黑達子、孫五達子、代白達子、陳鑑、王老虎、陳五六、康五兒、楊落兒、周□□、郭六一、閻保、李德壽、朱八子。

段希禄、鄭鎖住、張希□、□連登、王明義、□□生、王明智、龐五兒、□太、閻德、李三保、王黑子、五德□、□□、□□、王□□、李□、王希賢、王三、楊三兒、趙二楞、趙秋兒、胡士英、潘三兒、□二格、□同順、□□兒、□□□、□□□、□□□、□□□、□□□、□□□。

□□□、□□□、二奎、□□、馬七十四、傅元寶、□□格、傅□寶、阿藍、三兒、四兒、高六狗、賈良才。

乾隆二十年二月鎸上芳名有等次都有助立碣之資廿日同立

成造場刻字匠韓大福

京 1084《財神聖會碑》陽

永垂
不朽

郭九店 晋源號 王九如 尉可卅 董璨 孫得 趙雨英 萬全館
劉三店 泰山號 于厚村 葛泰 王欣 李士芳 王士剛 樂尭天
辛楊店 中立號 周萱 張子正 鮮明珍 劉珠 孫烱 海陽號
辛郭店 周光業 趙斌 尉連有 張新學 祝玢 高蔚得 福成館
辛王店 宋天實 張公義 吳自祥 李文中 趙愰 孫紱 松竹居
孫楊店 劉景文 姜立㯳 王成德 劉琛 夏文赸 逢起夫 義合居
北劉店 霍光遠 于鳳麟 王士德 周士恂 辛有富 宋繼宗 通盛號
田興店 紀祥雲 周道遠 王明山 王釗 徐文煥 于澤泳 穿心館
候陳店 葉昇 張宗 董惟訏 宋學彥 劉玉 宋大勳 玉成館
李店 趙顯榮 劉世紳 宋立 劉萬汝 辛鈿 段来起 舜日館
陳李店 陳復禮 王印 祝坤 鄭廷柱 蕐可大 李九徵 泰裕館
北張店 羊永洽 吳炳 楊昇曾 王文顯 于尚仁 匡宜久 天和樓
永来號 陳昆 高承禄 楊興寮 董學情 王文弼 會元館 天興樓
又□號 王文教 曹大成 楊興宏 唐明 劉線三 三元館 萬德樓
中興號 辛欽 馬秀 李自貴 黃斌 姜鳳岡 大有居 韓恭
義興號 宋智 徐珍 蕭廣宣 王時 王大衡 天成館 王明德
藏興 張文
三行公議捐資敬立

京1084《財神聖會碑》陰

財神聖會

蓋聞
聖主郊天豕不後於牛羊
皇王養老彘必先乎雞犬此猪市之設與國家同其悠久上裕國課下便民生舉凡冠婚喪祭
公私宴會之需皆取給于是而屠圈錢鋪各商之業于是者亦借以獲贏餘而贍家計雖
係屠販微業實屬公私交濟行之既久輻輳愈多生意愈廣爰以庇佑之德歸之
神明而圖報焉
三聖財神老會建設有年市人每歲斂餘資稱觴演劇叩答
神庥同行公慶甚盛舉也顧爲市之道均則利其利溥專其利則利亡凡交易以成銀色平
頭□應一體屠者之□于錢鋪而錢鋪授之圈家而給散商民均不得意爲低昂私行增
減倘有罔財之心□□鋪户蠹惑商民以至彼此參商即不免香火廢墜甚非所以通商
貲貲國用而延
神廢也
龍飛乾隆□□丙午督理右翼税務監督大人　福甫下車嚴行飭諭定爲九九色銀一兩柒
錢平屠□照興不減不增永以爲例一特商販人等額首稱慶咸云自今以往利益維均
毋以錢爲□□□便其私圖而所以仰答
神庥聚亦得□舉而無廢爰勒諸石以垂永久使知市價之所以無僞而神人之以胥悦者
其來有自
大清乾隆肆拾肆年孟秋

京 1084《財神聖會碑》陽

永垂不朽

郭九店 晋源號 王九如 尉可州 董璨 孫得 趙雨英 萬全館
劉三店 泰山號 于厚村 高春 王欣 李士芳 王士剛 樂堯天
辛楊店 中立號 周宣 張子正 鮮明珍 劉珠 孫炯 海陽號
辛郭店 周光業 趙斌 尉連有 張新學 祝玢 高蔚得 福成館
辛王店 宋天寶 張公義 吴自祥 李文中 趙愃 孫紋 松竹居
孫楊店 劉景文 姜立業 王成德 劉琛 夏文起 遲起文 義合居
北劉店 崔光遠 于鳳麟 王士德 周士恂 辛有富 宋維宗 通盛號
田興店 紀祥雲 周道遠 王明山 王釗 徐文焕 于澤泳 穿心館
候陳店 董昇 張宗 董惟計 宋學彦 劉玉 宋大勛 玉成館
王李店 趙顯榮 劉世紳 宋立 劉萬收 辛鈿 段來起 舜日館
陳李店 陳復禮 王印 祝坤 郭廷柱 莊可大 李九徵 泰和館
北張店 羊永洽 吴炯 楊興官 王文顯 于尚仁 匡宜久 天和楼
永來號 陳遇時 高承禄 楊興寮 董學信 王文弼 會元館 天興楼
永茂號 王文教 曹大成 楊興宏 唐明 劉練三 三元館 萬德楼
中興號 辛欽 馬秀 李自貴 黄斌 姜鳳洲 大有居 韓泰
義興號 宋智 徐珍 蘭廣宣 王時 王大衡 天成館 王明德
藏興 張文 三行公議捐資敬立

京 1084《財神聖會碑》陰

財神聖會碑

額題:財神聖會
年代:乾隆四十四年(1779)七月
原在地:北京西城區西四北大街真武廟
拓片尺寸:碑陽高 85、寬 54 厘米,額高 15、寬 15 厘米;碑陰高 77、寬 53 厘米,額高 15、寬 15 厘米
書體:正書
《目録》:頁 315
拓片編號:京 1084
拓片録自:《北京圖書館藏中國歷代石刻拓本匯編》第 74 卷 40-41 頁,校以國家圖書館藏原拓片

【碑陽】

額題:財神聖會

碑文:

蓋聞 1 聖主郊天,豕不後於牛羊;2 皇王養老,彘必先乎雞犬。此猪市之設,與國家同其悠久。上裕國課,下便民生。舉凡冠婚喪祭 3 公私宴會之需,皆取給于是。而屠圈錢鋪各商之業於是者,亦借以獲贏餘而贍家計。雖 4 係屠販微業,實屬公私交濟,行之既久,輻輳愈多,生意愈廣,爰以庇佑之德歸之 5 神明而圖報焉。6

三聖財神老會建設有年,市人每歲斂餘資,稱觴演劇,叩答 7 神庥,同行公慶,甚盛舉也。顧爲市之道,均其利則利溥,專其利則利亡。凡交易以成,銀色平 8 頭□應一體,屠者之□於錢鋪,而錢鋪授之圈家而給散商民。均不得意爲低昂,私行增 9 減。倘有罔財之心,□□鋪户蠱惑商民,以至彼此參商,即不免香火廢墜,甚非所以通商 10 贇贇國用而延 11 神廢也。12 龍飛乾隆□□丙午,督理右翼税務監督大人福,甫下車,嚴行飭諭,定爲九九色銀一兩柒 13 錢,平屠□照興,不減不增,永以爲例。一特商販人等額首稱慶,咸云自今以往,利益維均 14 毋以錢爲□□□便其私圖而所以仰答 15 神庥。聚亦得□舉而無廢,爰勒諸石,以垂永久,使知市價之所以無僞而神人之以胥悦者 16 其來有自。17

大清乾隆肆拾肆年孟秋。18

【碑陰】:

額題:永垂不朽

碑文:

郭九店、劉三店、辛楊店、辛郭店、辛王店、孫楊店、北劉店、田興店、候陳店、王李店、陳李店、北張店、永來號、永茂號、中興號、義興號。

晋源號、泰山號、中立號、周光業、宋天寶、劉景文、崔光遠、紀祥雲、董昇、趙顯榮、陳復禮、羊永洽、陳遇時、王文教、辛欽、宋智、藏興。

王九如、于厚村、周宣、趙斌、張公義、姜立業、于鳳麟、周道遠、張宗、劉世紳、王印、吴炯、高承禄、曹火成、馬秀、徐珍、張文。

尉可州、高春、張子正、尉連有、吴自祥、王成德、王士德、王明山、董惟計、宋立、祝坤、楊興官、楊興寮、楊興宏、李自貴、蘭廣宣。

董璨、王欣、鮮明珍、張新學、李文中、劉琛、周士恂、王釗、宋學彦、劉萬收、郭廷柱、王文顯、董學信、唐明、黄斌、王時。

孫得、李士芳、劉珠、祝玐、趙愃、夏文起、辛有富、徐文焕、劉玉、辛鈿、莊可大、于尚仁、王文弼、劉練三、姜鳳洲、王大衡。

趙雨英、王士剛、孫炯、高蔚得、孫紋、遲起文、宋維宗、于澤泳、宋大勛、段來起、李九徵、匡宜久、會元館、三元館、大有居、天成館。

萬全館、樂堯天、海陽號、福成館、松竹居、義合居、通盛號、穿心館、玉成館、舜日館、泰和館、天和楼、天興楼、萬德楼、韓泰、王明德。

三行公議捐資敬立。

京 1091《猪行公議條規碑》陽

京 1091《猪行公議條規碑》陰

永垂
不朽

立議碑西城右翼猪市凡設立猪店者曾有議規原議年例凡我同行之人每年在
財神獻戲一天新開猪店者在
財神聖前獻戲一天設筵請客同行之人方許上市生理此議之後俱各遵守并無異説
近年北張羊王兩家開張之時并未獻戲請我同行此皆年遠日久議規未申以故
廢飭今同行公議重整行規以申舊制自議之後如有新開猪店必須在
財神聖前獻戲一天設筵請客方準上市生理如不獻戲請客同行之人該不准其上市
生理所有公議條例開列於後
一議各店輪流置年經理錢文
一議每年公擇一人助理置年
一議各店賣猪一口積錢六文
一議有新開猪店者亦遵公議
一議所積錢文每年於三月十六日公慶
財神聖前獻戲一天之用
自議之後如有半途廢飭不遵公議者公中不准其生理
道光二十九年九月十七日立

京1091《猪行公議條規碑》陽

財神
聖會
會末人等猪稅局
新李猪店曹瑤圃
郭九猪店郭宗孝
王文珍
王文珮
新郭猪店郭均
陳李猪店周永祥

京 1091《猪行公議條規碑》陰

猪行公議條規碑

額題：永垂不朽
年代：道光二十九年（1849）九月
原在地：西城區西四北大街真武廟
拓片尺寸：碑陽高100、寬55厘米，額高18、寬16厘米；碑陰高100、寬55厘米
書體：正書
《目録》：頁400
拓片編號：京1091
拓片録自：《北京圖書館藏中國歷代石刻拓本匯編》第81卷181–182頁。據國家圖書館藏原拓片校對

【碑陽】

額題：永垂不朽

碑文：

立議碑。西城右翼猪市，凡設立猪店者，曾有議規。原議年例：凡我同行之人每年在1財神獻戲一天。新開猪店者在2財神聖前獻戲一天，設筵請客。同行之人方許上市生理。此議之後，俱各遵守，并無異說。3

近年北張羊王兩家開張之時，并未獻戲請我同行。此皆年遠日久，議規未申，以故4廢飭。今同行公議，重整行規，以申舊制。自議之後，如有新開猪店，必須在5財神聖前獻戲一天，設筵請客，方準上市生理。如不獻戲請客，同行之人該不准其上市6生理。所有公議條例開列於後：7

一議各店輪流置年經理錢文；8
一議每年公擇一人助理置年；9
一議各店賣猪一口積錢六文；10
一議有新開猪店者亦遵公議；11
一議所積錢文每年於三月十六日公慶12財神聖前獻戲一天之用。13
自議之後，如有半途廢飭，不遵公議者，公中不准其生理。14
道光二十九年九月十七日立。15

【碑陰】

碑文：

財神聖會會末人等

猪税局：新李猪店曹瑶圃、郭九猪店郭宗孝、王文珍、王文珮、新郭猪店郭均、陳李猪店周永祥。

隆長寺

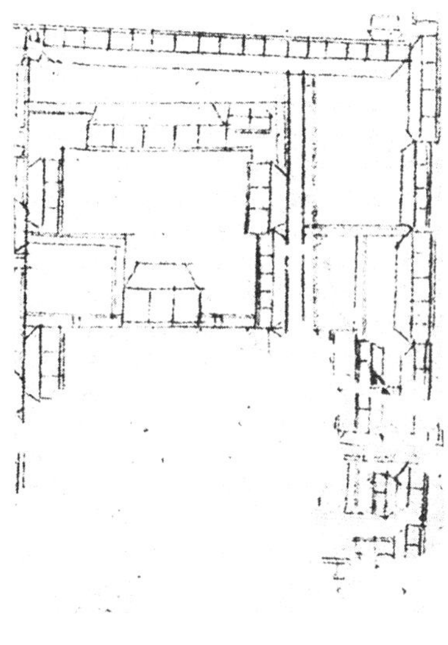

隆長寺，亦名聖祚隆長寺，乾隆《京城全圖》中此處有缺蠹，故不見廟名，但其建築已繪在圖上。原址在内四區西四報子胡同一號（今爲西城區西四北三條三號），寺内原有碑刻兩通，一爲明萬曆四十五年（1566）敕建碑，今已不存，拓片亦無，僅據《日下舊聞考》等文獻録其名[1]。另一通爲清乾隆二十一年（1756）御製《隆長寺詩刻》，碑現存寺内。寺廟建築現存。

因萬曆敕建碑之故，歷代文獻皆記隆長寺始建於明萬曆四十五年，有明一代爲漢經廠外廠。明代在地安門内有漢經廠，故此稱爲外廠[2]。或曰隆長寺自始建之初即爲京西御河北岸萬壽寺的下院。承德殊像寺鐘樓中曾有一銅鐘，有上下兩層銘文，上層曰："大明萬曆丁巳年六月吉旦，當今皇帝、中宫皇后王氏、皇貴妃鄭氏、順妃李氏，同發心誠心鑄造大銅鐘一口，萬壽寺下院敕建聖祚隆長寺供奉。"足證隆長寺與萬壽寺之關係，但尚不知此鐘何時流入承德[3]。萬壽寺始建於明萬曆五年（1577），乃明神宗替僧所居之處[4]，亦爲明神宗之母聖母慈聖宣文皇太后所下令修建的尊藏漢經香火院[5]。至明末崇禎年間，二寺仍保持上下院關係，但隆長寺已日趨荒蕪、無人管理。據《新法算書》中提及，

〔1〕《日下舊聞考》卷五十二·城市，頁八百三十一至八百四十二。

〔2〕參見《日下舊聞考》卷五十二·城市，頁八百三十一。《京師坊巷志稿》卷上，頁一百四十二。《宸垣識略》卷八·内城四，頁一百四十三。《光緒順天府志》卷十六·寺觀志，頁四百九十四。《燕都叢考》第五章·内四區各街市，頁三百五十五。《北京市志稿》八·宗教志，頁五十七。

〔3〕參見馮術林編著《承德寺廟與佛像》，北京：中國戲劇出版社，2001年，頁三百四十八。

〔4〕參見何孝榮《明代北京佛教寺院修建研究》（上），頁一百三十六。

〔5〕（明）劉侗、于奕正《帝京景物略》卷五，頁二百零二至二百零三。

崇禎年間徐光啓曾上書稱,羅雅谷、湯若望等人爲製造儀器算測嘔心瀝血,但并無田房可以安身。經順天府詳查,稱崇禎帝替僧法寶已故,遺下御賜絶産萬壽寺下院,計香火地二十頃、隆長寺并相連住房一段,"久屬游僧隱占,無人承頂",可以賜給湯若望等人居住。但一直并未執行,明崇禎八年(1635),督修曆法山東布政使李天經爲此事再次上疏恭懇聖恩[1]。

至清初,隆長寺仍保持舊有規模,但可能廟貌不展。它雖然緊鄰西四北大街,但康熙《萬壽盛典圖》中并未出現,顯係無人借廟賀壽。《雍正廟册》中記,隆長寺爲大僧廟,有殿宇十七間、禪房三十二間,住持法號本明。乾隆《京城全圖》上此處缺損,僅能看出後院兩進,南一進内有大殿三間,左右院墻上開門通向後院,前有西小房三間。後院内有後殿五間,東西配房各三間,東配房南有東小房五間,北有小北房兩間。從乾隆二十一年(1756)開始,爲了整肅京師景觀,和碩莊親王允禄主持重修京師廟宇,有僧人的廟宇由内務府出資修理,而已無寺僧且破舊頹敗的寺廟則一律拆毁。隆長寺所在的西城南路寺廟是最先開始動工改造的[2]。是年十一月初六日,由於隆長寺、藥王廟修理竣工,莊親王上奏,乾隆帝親自擇定是月二十二日爲隆長寺開光,并下旨令莊親王、誠親王預備獻戲,本寺僧人辦吉祥道場一永日[3]。乾隆帝親詣隆長寺拈香開光後,更揮毫留下詩作一首與聯額多處,詩作刻碑即《隆長寺詩刻》[4]。正殿木額"般若觀空"及左右對聯"妙諦不多禪一指,善緣無量佛千身",以及後殿木額"蓮花净界",也均出自乾隆御筆[5]。似乎也正是在此次重修後,隆長寺成爲西山戒壇寺下院。蓋《雍正廟册》中二寺住持尚不相同,而《乾隆廟册》登記時,隆長寺住持已换成戒壇寺住持了彙。另據包世軒考證,雍正乾隆時的戒臺寺住持成喆禪師年老後亦在隆長寺養老,後圓寂於乾隆二十五年(1760)[6]。清乾隆三十五年(1770),内務府查得隆長寺等十二處寺廟有"將房屋賃給開學館、拉弓以及商民居住者,核其情由,緣該廟僧道等香火淡薄,是以將房屋賃與人居住,希得房租以供日用之費"[7]。

其後,隆長寺住持歷來由戒臺寺(亦名萬壽戒臺寺)住持兼任。清同治四年(1865)閏五月初三日,廟内似曾有大添修,正殿内銅磬、後殿内鐵磬均是日所造。至民國六年(1917),僧人悟修任戒臺、隆長兩寺住持,他常住戒臺寺,將名章和廟照交由寺内知客僧复明保管[8]。1931年北平研究院調查時,見隆長寺山門仍南向,石額"敕建護國聖祚隆長寺",山門内有三進院落,第一進院内首有東鐘樓、西鼓樓,無梯可上,鼓已壞。鐘樓南有東小房一間,東車棚二間,鼓樓南有南棚三間,西車棚二間,又北房三間。鐘鼓樓後即前殿三間,爲天王殿,内有四大天王泥像、銅韋陀立像一尊,紅木家具。第二進院内有正殿三間,木額"大千佛殿",正中有千佛繞毘盧銅像,極大且珍貴。銅像整體呈塔形,最下方爲巨大的千葉蓮花臺,鼓形而上端略窄,每一蓮瓣上雕一尊結雙跏趺坐的釋迦佛像,

〔1〕參見(明)徐光啓等《新法算書》第一册,卷四·緣起四,四庫全書本。另參見何孝榮《明代北京佛教寺院修建研究》(上),頁一百三十七。

〔2〕中國第一歷史檔案館藏《内務府奏片·奏爲莊親王修理隆長寺餘銀交廣儲事》,乾隆二十三年十二月,檔案號05-0169-094。

〔3〕中國第一歷史檔案館藏《内務府奏片·莊親王奏爲隆長寺等處開光日期事》,乾隆二十一年十一月初六日,檔案號05-150-002、05-150-003。

〔4〕清乾隆二十一年(1756)《隆長寺詩刻》,京314,《北京圖書館藏中國歷代石刻拓本匯編》卷七十一,頁九十二。

〔5〕參見《日下舊聞考》卷五十二·城市,頁八百三十一。另見國立北平研究院《隆長寺》,0007。

〔6〕包世軒《北京佛教史地考》,北京:金城出版社,2014年,頁三百四十七。

〔7〕中國第一歷史檔案館藏《内務府奏片·奏爲會查粘修三官廟等處官管寺廟殿宇房間數目事》,乾隆三十五年五月二十二日,檔案號05-0277-031。

〔8〕北京市檔案館藏《北平市社會局·内四區隆長寺僧人悟修登記廟産的呈及社會局的批示》,檔案號J2-8-511,1931-1936年,頁四十五。

千葉蓮臺上脊背相對坐有四佛，面向四方。手結不同手印和持不同法器，分别爲北方不空成就佛，南方寶生佛，西方阿彌陀佛，東方阿閦佛。四佛頭頂較小的千葉蓮花臺，形制同下方蓮臺，最上端坐毗盧佛，面南背北，雙手結最上菩提印，頭戴五葉佛冠，寶冠飄帶呈“U”形。整體造型符合《梵網經》所言：“我今盧舍那，方作蓮花臺，周匝千花上，複現千釋迦，一花百億國，一國一釋迦，各坐菩提樹，一時成佛道。”千葉蓮花座座前供有華嚴三聖，中尊爲釋迦牟尼佛，坐於三層蓮瓣的蓮臺上，蓮臺下有三條身形矯健的龍托舉。佛結禪定印，面貌端嚴，雙目下垂。左右兩側分别爲文殊和普賢菩薩，頭戴寶冠，雙手持如意，亦坐於蓮臺之上，分别由象與青獅承托。此二尊菩薩像除蓮臺下的座騎不同外，余者幾乎完全相同。此華嚴三尊像，雕刻精美，技藝精湛，是難得的明代造像珍品。除此之外，還有銅質童子一人，神前設木漆五供一份，有蓋。兩旁供十二圓覺菩薩，二十四天神，均泥塑，另有銅質二十四羅漢像。後面供南海小木像、韋陀與托塔天王泥塑各一尊，木童子二人。殿内法物除同治四年銅磬外，還有磁爐、銅鐘、大小鼓各一座。殿前左側即乾隆御碑。東配殿三間爲“伽藍殿”，内供泥塑伽藍一尊，懸小鐵鐘一口。西配殿三間爲“祖師殿”，供達摩泥像一尊，時爲洋車工廠。院内古槐二株。殿左右爲東西夾道，内有東西房五間，過之則第三進院。院内有後殿五間，内供大悲一尊，童子二人，均銅質金身。神龕乃新修，神前設錫五供一份，同治四年鐵磬與磁爐一口置於供桌上。另有關帝一尊，周關侍立。木像小阿難、迦葉二尊。殿東西各有北房三間，前有東配殿三間，爲祖堂。西配殿三間。院内有柏樹二株，海棠三株、丁香二株、葡萄一架。屋宇整潔、草木葳蕤，環境極是清雅。根據社會局的調查記録，隆長寺内有銅像三十七尊、泥像三十八尊，佛像多明代精品，寶貴之處衆多[1]。

民國二十八年（1939）五月，悟修因霍亂去世，敏悟在戒臺寺接法座[2]。然而僅僅半年後，敏悟就因生活困難、無力維持，且舊病復發，堅辭兩寺住持，赴青島湛山寺居住，將住持一職交給了師叔，也是曾任過隆長寺監院的德明[3]。雖然住持更换頻仍，但隆長寺仍然在佛教界中保有較高的地位，是京城著名的停靈治喪寺廟。民國二十九年（1940）日據時期教育總署督辦湯爾和去世後，隆長寺除辦十三人禪經一壇外，湯氏的靈柩也暫厝於此[4]。據1944年北平市警察局調查記録，當時隆長寺内停有湯望等人靈柩六具，其中最早一具停放於此已有十年時間[5]。

民國三十四年（1945），德明圓寂，其徒慧遠繼任住持[6]。據老住户回憶，慧遠一直住在隆長寺内，再也没有回過戒臺寺。

1950年北平市民政局登記，慧遠仍任住持，此時隆長寺内有僧人三名，房屋五十五間[7]。1952年，隆長寺共有佛殿群房六十七間，其中殿宇僅九間，慧遠除在隆長寺内開辦織襪工廠一處外，還任衛生組長、防火隊員、合作社組長，另兼中蘇友好幹事與文化站委員[8]。他的後人説，當時隆長寺還經常接待來自山西五臺、四川、河北、河南等各地來的僧客。隆長寺内仍然可以停靈治喪，大殿内存放的壽材只增不減。老住户們回憶到，除了胡同裏的大小事務，慧遠還在院子裏種玉米、侍弄果

〔1〕北京市檔案館藏《北平市社會局·内四區隆長寺僧人悟修登記廟産的呈及社會局的批示》，檔案號J2-8-511，1931-1936年，頁三十六至三十九。

〔2〕同上，頁四十八至五十八。

〔3〕同上，頁六十五至七十六。

〔4〕常人春《紅白喜事——舊京婚喪禮俗》，北京：北京燕山出版社，1996年，頁四百四十七。常人春《近世名人大出殯》，頁二百九十四至三百零一。

〔5〕北京市檔案館藏《北平市警察局·北平市警察局内四區關於界内停靈處所調查表及領回尸體移葬的呈》，檔案號J183-002-25922，1944年。

〔6〕北京市檔案館藏《北平市社會局·内四區隆長寺僧人悟修登記廟産的呈及社會局的批示》，檔案號J2-8-511，1931-1936年，頁七十六至九十五。

〔7〕北京市檔案館藏《北平市民政局·北平市寺廟總登記簿（第一册）》，檔案號J3-1-203，1950年，頁二十六。

〔8〕北京市佛教協會藏《北京市民政局民族事務科·西四區僧尼寺廟登記表》，檔案號196-1-18，1952年。

樹，每届收穫之時便分給院内住户。

從 1956 年開始，慧遠忙碌的生活被徹底打亂。先是西城區物資局日雜公司經營部倉庫占用了隆長寺大殿。50 年代末 60 年代初，千佛繞毘盧銅像被移至法源寺内，其它佛像也陸續被拉走。1958 年，慧遠被集中到廣濟寺學習，從此離開了隆長寺，并在“文化大革命”期間去世。

1976年，隆長寺鼓樓被房管所拆改住房，院内開始見縫插針私搭亂建，原有格局被破壞。2008 年，大殿爲北京西四中聯電器公司的倉庫。2005 年至 2016 年調查時，隆長寺仍存山門、鐘樓、前殿、正殿與後殿。大殿屋頂尚完整，仍可見褪色琉璃瓦。乾隆御製詩碑被砌在一户人家的厨房墻内。雖然是西城區文物保護單位，但同時仍爲倉庫和居民院落。2019 年初，隆長寺開始騰退，住户多已搬走。

隆長寺山門石額“敕建護國聖祚隆長寺”（2013 年 9 月 曉松攝）

隆長寺山門（2004 年 4 月 如意攝）

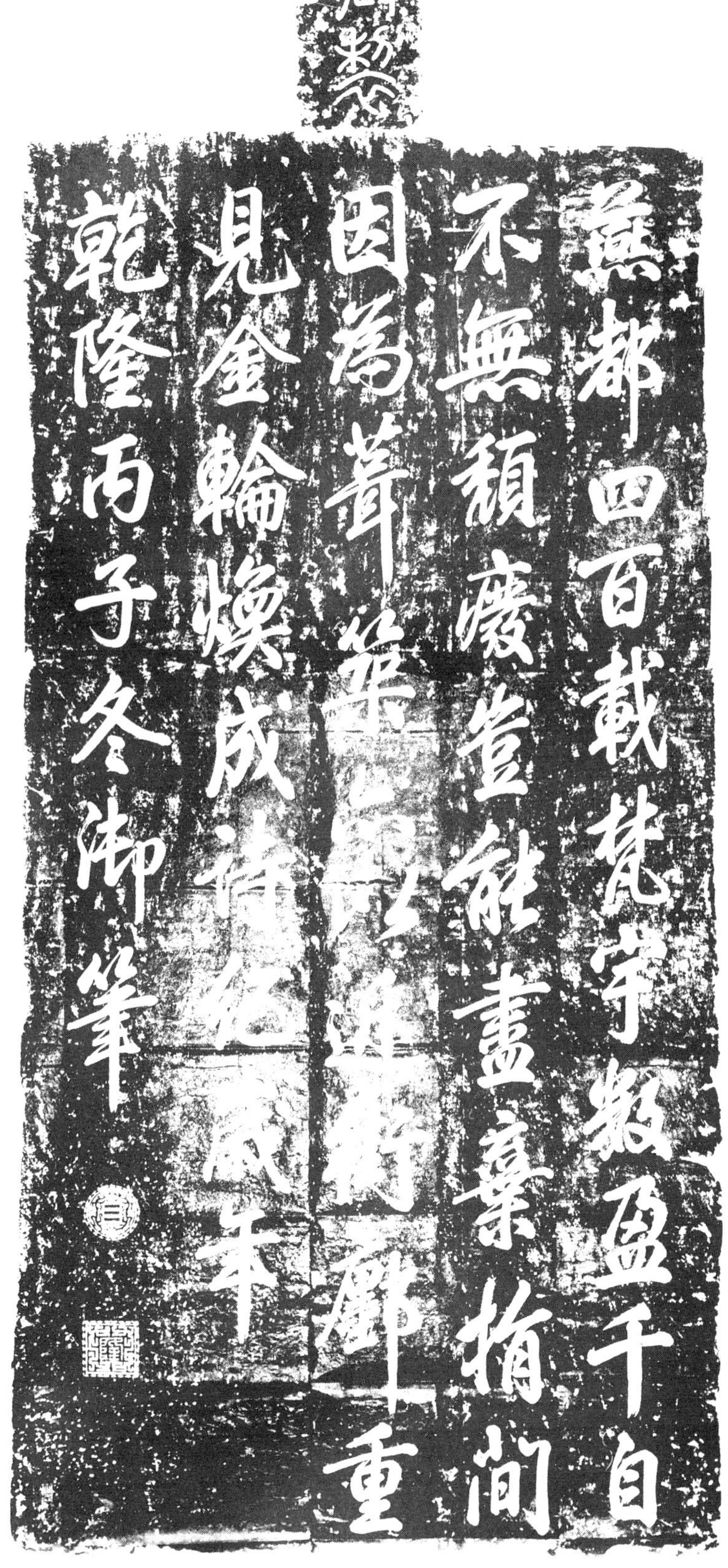

京 314《隆長寺詩刻》

御製

燕都四百載梵宇數盈千自
不無頽廢豈能盡棄捐間
因爲葺築亦以近街鄽重
見金輪煥成詩紀歲年

乾隆丙子冬御筆

京314《隆長寺詩刻》

隆長寺詩刻

額題:御製
年代:清乾隆二十一年(1756)冬
原在地:北京西城區報子胡同
拓片尺寸:碑陽高 205、寬 105 厘米;碑額高 32、寬 20 厘米
書體:行書
撰人:(清)高宗弘曆
書人:(清)高宗弘曆
《目録》:頁 467
拓片編號:京 314
拓片録自:《北京圖書館藏中國歷代石刻拓本匯編》卷 71 頁 92

【碑陽】

額題:御製

碑文:

燕都四百載,梵宇數盈千。自 1 不無頹廢,豈能盡棄捐?間 2 因爲葺築,亦以近街鄽。重 3
見金輪焕,成詩紀歲年。4

乾隆丙子冬御筆 5

長壽庵

長壽庵，清光緒三十三年（1907）後改爲寶禪寺。此庵不見於乾隆《京城全圖》標注，但繪圖時已存，許是其址恰在兩段交界處，多有缺漏不清之故（見左圖）。原址爲内四區武王侯胡同十八號（今爲西城區西四北大街北八條三十七號），寺廟建築現存部分，其餘已翻修。廟内原有石碑兩通，一通陽爲明萬曆年間《重修華藏彌陀寺碑》，陰爲明萬曆二十年（1592）《釋迦如來雙迹圖并記》，側爲清乾隆五十九年（1794）《長壽庵記》。另一通爲明代年月不詳之《寶産寺碑》。前一碑乃乾隆五十九年自西直門内華藏彌陀寺[1]移來，後一碑以"寶産"爲名，字多鑿去，應爲光緒三十三年時自寶禪寺[2]移來。現兩碑均存北京石刻藝術博物館[3]。

長壽庵始建時間不詳，庵内原有明萬曆二十九年（1601）鐵磬一口，但難證庵之歷史。清《雍正廟册》始有明確記載，記武安侯胡同長壽庵，爲尼僧廟，有殿宇十二間、禪房十五間，住持法號道祥。《乾隆廟册》登記時，尼僧道祥仍任住持。清乾隆五十八年（1793），華藏彌陀寺自幼出家的僧人廣文，因不滿該寺地當孔道，應酬繁多，非出家静養所宜。喜於長壽庵地僻人稀，乃於是年三月以錢二百緡買下廟産，又刻苦募化，得滿漢八人捐資，重修寺廟，數

---

〔1〕見《北京内城寺廟碑刻志（第二卷）》，"彌陀寺"條，頁八百二十一至八百二十二。

〔2〕見《北京内城寺廟碑刻志（第四卷·下）》，"寶禪寺"條，頁六百七十七至六百九十八。

〔3〕北京石刻藝術博物館編《北京石刻藝術博物館藏石刻拓片編目提要·索引》，北京：學苑出版社，2015年，頁七十。北京石刻藝術博物館編《北京石刻藝術博物館藏石刻拓片編目提要》，頁三百三十二、三百七十五至三百七十七。另參見《中國文物地圖集（北京分册·下）》，頁七十五至七十六。

月而完工。廣文乃將原立於華藏彌陀寺内的《釋迦如來雙迹圖》碑移入此廟，并在碑側新鎸文字，以紀創由。據碑文中説，廣文買廟之前，此庵已名爲“重修古刹十方長壽庵”，故其始創可能還在雍正之前[1]。

清道光十七年（1837），長壽庵住持大慧率徒重修三大士殿，立木額“覺岸慈航”以紀其事。同治七年（1868），獻鐵磬一口於廟内。至光緒三十三年（1907），農工商部在樂善園址開辦農事試驗場，占用了附近廣善寺之地。廣善寺於是遷至内四區寶禪寺街九號的寶禪寺内，而原寶禪寺僧則買下此長壽庵廟産後遷入，從此長壽庵更名寶禪寺[2]。

民國六年（1917），潤波接祥臨和尚之職，成爲長壽庵（現已更名寶禪寺）住持。此時殿宇房屋共四十五間，另有塋地七十八畝在宛平縣韓家川村。廟内房屋除自住出租外，還開辦學校，用作教室[3]。潤波在臨濟宗内地位不低，常年不在寺中，寶禪寺由其徒弟魁亮任監寺，實際行使住持之職。民國十九年（1930），在魁亮的主持下廟曾大修，大殿木額、兩側抱柱對聯以及後殿木額都是此次重修後所立，山右紱欽曹方來書。此時寶禪寺山門南向，木額“敕賜寶禪寺”，共有殿宇五重。山門即關帝殿，内供關帝一尊，後立韋陀，殿内有鐵鐘一口。第二進殿爲三大士殿，懸道光重修木額“覺岸慈航”，正供三大士佛銅像，阿難、迦葉旁立，前設木五供一份，上置同治七年鐵磬，另有鐵爐一座。第三進殿爲菩薩殿，殿後有木額曰“菩薩化身”，内供大悲觀音像一尊、大肚佛小像一尊，後設韋陀畫像，前有木五供一份，上置磁爐一口。殿前東爲禪堂、西爲祖堂。第四進殿爲大雄寶殿，中供釋迦佛木像，雙跏趺坐，禪定印。下坐三層蓮臺，蓮臺下亦有須彌座，一圈雲龍紋背光，前有五供，阿難迦葉在兩側，爲典型清代佛像特徵，衣紋流暢、做工精細。兩側十八羅漢，瀝粉貼金，另還有彌勒、菩薩、達摩祖師諸像，前設錫木五供一份，上有古銅香爐一座、萬曆年間磬一口。兩通石碑即立於殿前，院内還有古槐一株、楸樹二株，東爲客堂，西爲方丈。最後一進殿爲娘娘殿三間，内供子孫、眼光、天仙娘娘三尊[4]。除正供佛像神像外，廟内還有其他人寄存的泥塑神像若干，有的連寺僧也不清楚何時寄存，亦不予祭拜。

民國二十二年（1933），正覺寺住持至峰因無暇兼管廟務，故將正覺寺讓與潤波，它從此成爲寶禪寺下院[5]。至峰原本在西直門外有兩處下院：福慶寺與藥王廟，隨之也成爲寶禪寺廟産[6]。潤波將住持職務交給魁亮，自己受佛教協會之托，在廣化寺的後方醫院[7]中照料傷病員[8]。魁亮繼續治理廟務，中院原有西灰平房兩間，年久失修，滲漏不堪，魁亮將其照舊翻蓋。後院原有西瓦房一間，拆修後添蓋東西平房各二間[9]。但僅僅一年後，因爲自己祖廟雷音寺無人料理，難以兼顧，法魁又

[1] 清乾隆五十九年（1794）《長壽庵記》，京368，《北京圖書館藏中國歷代石刻拓本匯編》卷七十六，頁八十一。

[2] 參見《北京内城寺廟碑刻志（第四卷·下）》，“寶禪寺”條，頁六百七十七至六百九十八。

[3] 北京市檔案館藏《北平市社會局·内四區寶禪寺僧人潤波登記廟産、接充主持及社會局的批示》，檔案號J2-8-99，1930-1936年，頁十三至十五。

[4] 國立北平研究院《寶禪寺》，0112。

[5] 北京市檔案館藏《北平市社會局·内四區寶禪寺僧人潤波登記廟産、接充主持及社會局的批示》，檔案號J2-8-99，1930-1936年，頁一百一十四至一百二十三。

[6] 北京市檔案館藏《北平市民政局民族事務科·本市寺廟情况查詢記録》，檔案號196-1-4，1949年，頁十一。

[7] 1933年熱河失陷，遼吉黑後援會聯合婦女救護慰勞聯合會等，在廣化寺與西直門大街馮庸大學内開辦後方醫院。

[8] 北京市檔案館藏《北平市社會局·内四區寶禪寺僧人潤波登記廟産、接充主持及社會局的批示》，檔案號J2-8-99，1930-1936年，頁八十五至九十五。

[9] 同上，頁一百三十八。

將住持之職還給了潤波[1]。民國二十八年(1939),後院三間北房屋頂倒塌,潤波將其全部拆去,新蓋北房五間,開設念佛堂[2]。民國二十九年(1940),潤波將寶禪、正覺兩寺住持之職一并交予法徒學海繼承。學海亦是寶禪寺内最後一任住持。

學海,大約生於1900年左右,北平大興縣人,在崇外大興法華寺出家,十四歲在柏林寺受戒,與柏林寺住持福振乃同戒。據院内老住户回憶,他微胖,人緣極好,原住此院第三進東厢房内。據説學海在佛教界内地位很高,連趙樸初亦專程來過寶禪寺拜訪他。其俗家亦有實力,他自己就在前門有店鋪生意,廟内租户亦不交房租。這一説法亦得到檔案證明。1949年北平市民政局調查時,學海與另外一位僧人住在寶禪寺内,還有老伙計一人專門照料他倆。學海將五十四間房屋内的二十間租出,但已五個月不收房租。正覺寺共六十四間,全部租出,不收房租。祇有新租出的三間,每月收房租一百二十斤棒子麵。西直門外的福慶寺與藥王廟,每年收租草紙一百刀[3]。1952年調查,寶禪寺内除了學海外,還有一位叫宋永華的,可能是伙計。學海主要以房租爲生,同時兼任衛生防火組長。此次學海還登記寶禪寺附屬土地一處,在新街口南大街二百四十號後院[4]。此時據文物局的記録,寶禪寺山門面闊三間,筒瓦硬山調大脊,透雕二龍戲珠脊飾;前殿面闊三間,筒瓦硬山捲棚頂箍頭脊;中殿面闊三間,筒瓦硬山調大脊,東西配殿各三間;後殿面闊三間,筒瓦硬山捲棚頂箍頭脊;最後爲敬業堂(僧房)面闊五間,筒瓦硬山捲棚頂箍頭脊[5]。

據老住户回憶,大約在1954年左右,學海在寶禪寺内去世,又從廣濟寺新來一位僧人料理廟務,但與老住户們來往不多,人們對他已無印象。大約在1957年左右,這位僧人也去世了。1958年,廟内佛像被拉倒砸碎。1976年,爲修地震棚,大殿前的兩通石碑被推倒,後來被移至北京石刻藝術博物館,石碑底座被留在了後殿前。

2014年調查時,此寺格局基本保持原樣,建築多存,但除了前殿西耳房與第二進院子的東配殿外,其餘建築全部已於2006年、2009年和2011年翻建。古楸樹與老槐樹尚在,一在大殿前,據説已有上百年歷史,一在後院中。寶禪寺現存建築格局簡圖見下,目前全爲居民住家院落。

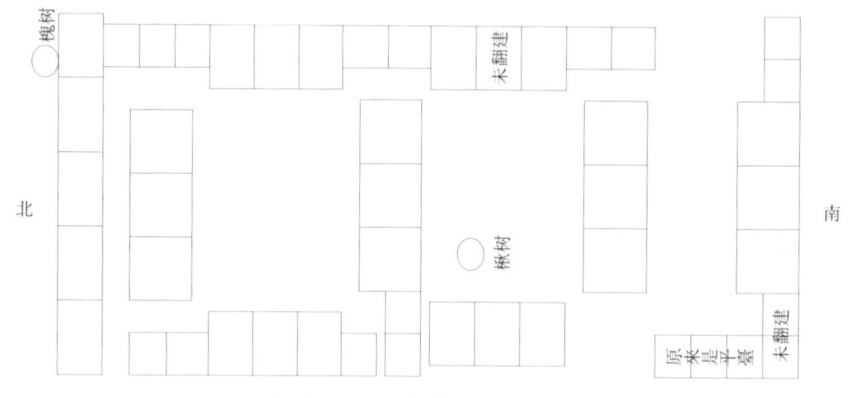

寶禪寺現存建築樹木示意圖

[1]北京市檔案館藏《北平市社會局·内四區寶禪寺僧人潤波登記廟産、接充主持及社會局的批示》,檔案號J2-8-99,1930-1936年,頁六十。

[2]同上,頁一百六十五。

[3]北京市檔案館藏《北平市民政局民族事務科·本市寺廟情况查詢記録》,檔案號196-1-4,1949年,頁十一。

[4]北京市佛教協會藏《北京市民政局民族事務科·西四區僧、尼寺廟登記表》,檔案號196-1-18,1952年,頁五十七。

[5]《中國文物地圖集(北京分册·下)》,頁七十五至七十六。

《重修華藏彌陀寺碑》陽

諸行無常是生滅法生
滅滅已寂滅爲樂如來
證涅槃永斷於生死若
能忘心聽常得無量樂

古刹八達寺重修華藏彌陀寺　翰林院學士焦竑書碑記序

原夫釋氏之教古之西方大聖人也始自三代流傳於今方知佛之玄妙深有利濟爲善之一端矣自爾以來往往國家崇之士庶尊之其實深益於子孫保我黎民者也且三才之道日月之明四時之序鬼神凶吉三世之兆往復之理盡收於如來之藏果無能極者哉今者有僧來謁予曰金臺之西北　皇陵溝溝岩有高僧華藏隱栖三十餘載精煉罔昏道無閫外故感九陵信官四方善人咸趨歸供充修梵刹瓦礫焕然聖像巍峨廊廡鼎新端報　皇恩祝延聖壽下濟群品普蒙獲益更爲萬世之功不廢彌陀高僧德業心行堪當永流之龜鑑命予叙文勒石表揚模歷銘芳百世終爲軌範翊　皇猷風天下化後人遞相倣效統知道德功專何啻彦聖吾權金湯以爲序焉

行實蓋生老病死三途之苦厭難濁惡直入深山晝夜苦修菩提蜜多證悟妙法不隱刻石傳流人間軌模之記偈曰豎碑幻妄顯真實萬代傳揚留□迹修善菩提人本具造惡受苦語誰知今釋子某甲叅年受具遍禮諸方百行齊修三學俱備實　佛門之翹楚也乃於嘉靖十三年二月吉日詣溝溝岩西峰庵修習禪那幸際九陵善人修蓋净室造立金像噫大聖拈花利生百萬亦此之謂歟而聖者豈虚擬哉本來寂净自性涅槃也情與無情平等共有矣以如是等無量行相應正了知名法身佛也竊思三祇鍊行百劫調心捨國棄妻頭目身分七寶難行而行難捨而捨無量苦行求斯佛果非止一端也雖居累劫專心菩提以戒爲本防非止惡樂善好施度一切人拔一切苦惟以戒定慧示人教諸近理證無上佛果深入禪定不假思惟至於佛地今某叅歲修真濫膺釋子被承佛祖昊恩忝入在京叢林飯僧八萬四千已後不記其數未免隨方闡化度一切人咸至寶所嚴整威儀昇堂演説宗教三十餘座勸諸人同登佛果大抵福慧均等惟佛可齊果能類之與佛無二故將善衆花名題於碑陰以傳萬世決不虚矣見諸各生敬信不可以爲屑屑爾戒之慎之仍加勉勉兹有嘉善故爲記之永無差忒某甲始學儒知世智辯聰不了生死學老君專氣致柔包一守真實腹虚心實腹懷道守其真神也虚心除其嗜欲煩惱也未能解脱又從釋習禪定智慧數念三載念頭精純不得脱灑習空定不得又絶食命似懸絲身如病夫專寂空定忽然無心空定暫時傍僧説已過八日餓死某聽魔説暫時八日已過得大輕安不見五蘊白光彌滿十方無一物可見脱萬重山受用無比云耳偈曰靈明晃耀彌滿十方輕安難量快樂無央煉若精習兮直證菩提食兮精橡栢茱飲兮甘泉煮虀人見涕泣某甲樂道富有餘切切提斯時時念兹忽然捏破了虚空突出一課明珠如净冰雪彌乎十虚也無動也無净渾成一塊真如恰似白金精玉纔退了魔軍這般極樂也是不可思議百經行見風吹樹一偈根深四布任滃條久被狂風亂擺摇匠士尚能猶不奈樵夫何處下斤彫挨拶物我俱空頌久坐山中不見川時切用心專逼然打碎乾坤界顯出元舊一峰巔室中息止塵念頌忽然雜念竭輕快無比説當爾凝寂住性空净妙徹又聞山鷄叫偈山鷄啼早驚怪石老曠劫睡眠今黑穿襖一日下禪床玩看一偈出户揚眉觀見山青宵緑水在其間孤峰體勢恒不動萬象森羅笑破顔又聞山獐鳴頌山獐嗔呻驚惺泥神物我一貫隨緣現身又一日煉磨打七忽空頌獨露真空體一虚在裏收念忘忘净定内外海澄漚又非性非心寂非虚非裏收本無真與妄非海亦非漚

《重修華藏彌陀寺碑》陽

重修華藏彌陀寺碑

額題：諸行無常，是生滅法。生滅滅已，寂滅爲樂。如來證涅槃，永斷於生死。若能忘心聽，常得無量樂
年代：明萬曆年間
原在地：西城區西四北八條
書體：正書
撰人：焦竑
書人：焦竑
拓片録自：北京大學圖書館藏原拓片
備註：碑陰見京367《釋迦如來雙迹圖并記》，側見京368《長壽庵記》

【碑陽】

額題：諸行無常，是生滅法。生滅滅已，寂滅爲樂。如來證涅槃，永斷於生死。若能忘心聽，常得無量樂

碑文：

古刹八達寺重修華藏彌陀寺　翰林院學士焦竑書碑記序 1

原夫釋氏之教，古之西方大聖人也。始自三代，流傳於今，方知佛之玄妙，深有利濟，爲善之一端矣。自爾以來，往往國家崇之，士庶尊之，其實深益 2 於子孫、保我黎民者也。且三才之道、日月之明、四時之序、鬼神凶吉、三世之兆、往復之理，盡收於如來之藏，果無能極者哉。今者有僧來謁予曰：3 "金臺之西北、皇陵溝溝岩有高僧華藏隱栖三十餘載，精煉罔昏，道無闕外。故感九陵信官、四方善人，咸趨歸供，充修梵刹，瓦礫焕然，4 聖像巍峩，廊廡鼎新。端報皇恩，祝延聖壽，下濟群品，普蒙獲益。更爲萬世之功，不廢彌陀。高僧德業心行，堪當永流之龜鑑。"命予叙文，勒石表揚。5 模歷銘芳百世，終爲軌範。翊皇猷，風天下，化後人遞相倣效，統知道德功專，何啻彦聖？吾權金湯，以爲序焉。6

行實蓋生老病死三途之苦，厭難濁惡，直入深山，晝夜苦修菩提蜜多證悟妙法。不隱刻石，傳流人間軌模之記。曰偈：竪碑幻妄顯真實，萬代傳揚 7 留□迹。修善菩提人本具，造惡受苦語誰知。今釋子某甲黍年受具，遍禮諸方，百行齊修，三學俱備，實佛門之翹楚也。乃於嘉靖十三年二月吉 8 日，詣溝溝岩西峰庵，修習禪那，幸際九陵。善人修蓋净室，造立金像。噫！大聖拈花，利生百萬，亦此之謂歟？而聖者豈虚擬哉？本來寂净，自性涅槃 9 也。情與無情，平等共有矣。以如是等無量行相應，正了知名法身佛也。竊思三祇鍊行，百劫調心，捨國弃妻，頭目身分。七寶難行而行，難捨而捨。10 無量苦行，求斯佛果，非止一端也。雖居累劫，專心菩提，以戒爲本。防非止惡，樂善好施，度一切人，拔一切苦。惟以戒定慧示人，教諸近理，證無上 11 佛果，深入禪定。不假思惟，至於佛地。今某黍歲修真，濫膺釋子。被承佛祖昊恩，忝入在京叢林。飯僧八萬四千已後，不記其數，未免隨方闡化，度一切人，12 咸至寶所。嚴整威儀，昇堂演説，宗教三十餘

座，勸諸人同登佛果。大抵福慧均等，惟佛可齊，果能類之，與佛無二。故將善衆花名題於碑陰，以傳 13 萬世，决不虚矣。見諸各生敬信，不可以爲屑屑爾。戒之慎之，仍加勉勉。兹有嘉善，故爲記之，永無差忒。某甲始學儒，知世智辯聰，不了生死；學老君 14 專氣致柔，包一守真，實腹虚心。實腹，懷道守其真神也；虚心，除其嗜欲煩惱也。未能解脱，又從釋習禪定智慧，數念三載，念頭精純，不得脱灑。習空 15 定不得，又絶食。命似懸絲，身如病夫。專寂空定，忽然無心，空定暫時。傍僧説：已過八日，餓死。某聽魔説暫時已過八日，得大輕安，不見五藴。白光彌滿十方，無 16 一物可見。脱萬重山，受用無比。云耳偈曰：靈明晃耀，彌滿十方。輕安難量，快樂無央。煉若精習兮，直證菩提。食兮精橡栢茱，飲兮甘泉煮虀。人見涕泣，某甲樂 17 道富有餘。切切提斯，時時念兹。忽然捏破了虚空，突出一課明珠，如净冰雪彌乎十虚。也無動，也無净，渾成一塊真如，恰似白金精玉。纔退了魔軍，這般極樂 18 也是不可思議。百經行見風吹樹一偈，根深四布任瀠條，久被狂風亂擺摇。匠士尚能猶不奈，樵夫何處下斤彫。挨撈物我俱空頌：久坐山中不見 19 川，時切用心專逼然。打碎乾坤界，顯出元舊一峰巔。室中息止塵念頌：忽然雜念竭，輕快無比説。當爾凝寂住，性空净妙徹。又聞山鷄叫偈：山鷄 20 啼早，驚怪石老。曠劫睡眠，今黑穿襖。一日下禪床玩看一偈：出户揚眉觀見山，青宵緑水在其間。孤峰體勢恒不動，萬象森羅笑破顔。又聞山獐鳴頌：山 21 獐嚬呻，驚惺泥神。物我一貫、隨緣現身。又一日煉磨打七忽空頌：獨露真空體，一虚在裏收。念忘忘净定，内外海澄漚。又：非性非心寂，非虚非裏收。本無真與妄，非海亦非漚。22

京 367《釋迦如來雙迹圖并記》陰

釋迦如來雙迹靈相圖

按西域記云摩竭陁國波吒厘精舍
中有大石釋迦如來所履雙迹猶存
其長一尺八寸廣六寸兩迹俱有千
輻輪相十指皆現華文卍字寶瓶鱼
劍之狀光明炳耀昔者如來北趣拘
尸那城將已寂滅回顧摩竭陁國蹈
此石上告阿難曰吾今最後留此足
迹示末世衆生令得親見或生信心
瞻禮供養者滅無量生死重罪常生
人天勝處百年之後有無憂王君臨
此地匡護三寶役使鬼神告阿難已
行詣拘尸入般涅槃及無憂王嗣位
遷都廣邑迹石遂邇宫城常親供養
後諸國王竟欲舉歸衆莫能動繼有
外道鑿破此迹經宿還合至設賞迦
王毁壞佛法欲滅聖迹鑿已復平文
彩如故遂移至殑伽河中尋復本處
前後八遭破除竟莫能損大唐貞觀
年中有玄奘法師親往西域求教親
獲瞻禮圖歸進呈
太宗皇帝奉　敕刻石供養以廣傳焉
洪武丁卯長安卧龍禪寺僧（行滿德明）重鐫
比丘華藏僥幸得睹妙相自念無始
已來在三惡道不見不聞不知不覺
千生罕遇萬劫難聞今逢靈相消萬
劫重罪滅累世冤愆普願有情同證
無上
佛果妙相云云耳時
萬曆壬辰仲夏下旬八日書頂禮哀泣
　叩拜重上石流通
聖迹在西直門裏三官廟後華藏彌陀寺立

京367《釋迦如來雙迹圖并記》陰

釋迦如來雙迹圖并記

年代:明萬曆二十年(1592)五月二十八日刻
原在地:北京西城區武王侯胡同寶禪寺
現在地:北京石刻藝術博物館
外形尺寸:拓片高131、寬66厘米
書體:正書
撰人:(僧)華藏
編號:京367
《目録》:頁452
出處:《北京圖書館藏中國歷代石刻拓本匯編》第58卷28頁
備註:碑陽見《重修華藏彌陀寺碑》,側見京368《長壽庵記》

【碑陽】

額題:釋迦如來雙迹靈相圖

碑文:

按《西域記》云:摩竭陁國波吒厘精舍 1 中有大石,釋迦如來所履雙迹猶存,2 其長一尺八寸,廣六寸。兩迹俱有千 3 輻輪相,十指皆現華文卍字寶瓶魚 4 劍之狀,光明炳耀。昔者,如來北趣拘 5 尸那城,將已寂滅,回顧摩竭陁國,蹈 6 此石上。告阿難曰:"吾今最後留此足 7 迹,示末世衆生,令得親見,或生信心。8 瞻禮供養者,滅無量生死重罪,常生 9 人天勝處。百年之後有無憂王君臨 10 此地,匡護三寶,役使鬼神。"告阿難已,11 行詣拘尸,入般涅槃。及無憂王嗣位,12 遷都廣邑,迹石遂邇宮城,常親供養。13 後諸國王竟欲舉歸,衆莫能動。繼有 14 外道鑿破此迹,經宿還合。至設賞迦 15 王毀壞佛法,欲滅聖迹,鑿已復平,文 16 彩如故,遂移至殑伽河中,尋復本處。17 前後八遭破除,竟莫能損。大唐貞觀 18 年中有玄奘法師親往西域求教,親 19 獲瞻禮,圖歸進呈 20 太宗皇帝,奉敕刻石供養,以廣傳焉。21

洪武丁卯,長安卧龍禪寺僧行滿、德明重鎸,22 比丘華藏僥幸得睹妙相,自念無始 23 已來在三惡道,不見,不聞,不知,不覺,24 千生罕遇,萬劫難聞。今逢靈相,消萬 25 劫重罪,滅累世冤愆,普願有情同證 26 無上 27 佛果妙相云云耳。

時 28 萬曆壬辰仲夏下旬八日書。頂禮哀泣 29 叩拜,重上石流通 30 聖迹,在西直門裹三官廟後華藏彌陀寺立。31

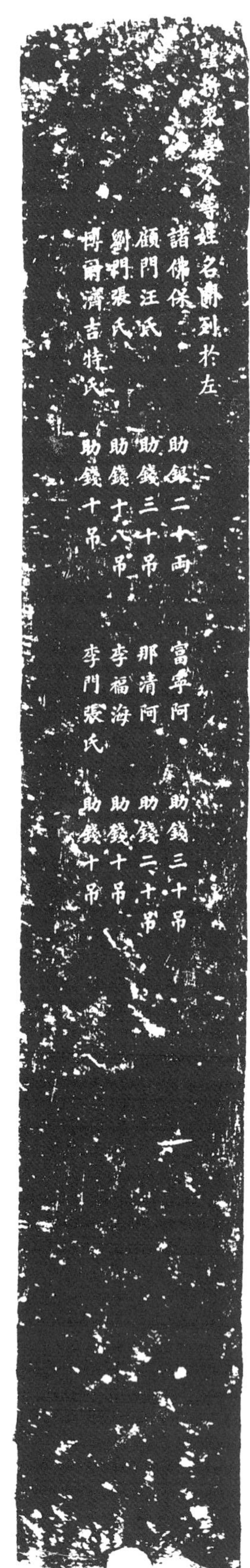

京368《長壽庵記》側

衲自幼在彌陀寺剃度雖相傳已久但守先人舊業未知創立艱難且地當孔道時有車塵酬應之繁均非出家静養所宜遂
自立意別圖一刹以作静養開辟之地廼適逢其會有重修古刹十方長壽庵者地僻人稀堪可修養遂於乾隆癸丑年三月
初七日用錢二百緡轉到有城上手本舊住持立字爲證嗣因兹庵頹壞尚需修整故刻苦募化三九鳴鐘隆冬坐誦幸賴十
方樂施喜助始於甲寅春捐吉開工越數月蕆事雖經粗備較前稍有可觀其堂廡殿廊仍多剥落未能一律完竣而衲之用
意良苦矣誠恐不知衲眷屬之由開創之意謹將彌陀寺碑文移立庵中將此原委鎸之於首以爲人所共見不泯云爾
大清乾隆甲寅年七月　　日彌陀寺眷屬古刹十方長壽庵住持衲廣文勒石

謹將衆善人等姓名開列於左
諸佛保　助銀二十兩　富寧阿　助錢三十吊
顧門汪氏　助錢三十吊　那清阿　助錢二十吊
劉門張氏　助錢十八吊　李福海　助錢十吊
博爾濟吉特氏　助錢十吊　李門張氏　助錢十吊

京 368《長壽庵記》側

長壽庵記

年代:清乾隆五十九年(1794)七月刻
原在地:北京西城區武王侯胡同
拓片尺寸:拓片兩紙均高131、寬20厘米
書體:正書
撰人:(僧)廣文
《目録》:頁323
拓片編號:京368
拓片録自:《北京圖書館藏中國歷代石刻拓片匯編》第76卷81頁
備註:碑陽見《重修華藏彌陀寺碑》,碑陰見京367《釋迦如來雙迹圖并記》

【碑陽】

碑文:

衲自幼在彌陀寺剃度,雖相傳已久,但守先人舊業,未知創立艱難。且地當孔道,時有車塵酬應之繁,均非出家静養所宜。遂 1 自立意,别圖一刹,以作静養開辟之地。迺適逢其會,有重修古刹十方長壽庵者,地僻人稀,堪可修養,遂於乾隆癸丑年三月 2 初七日用錢二百緡轉到,有城上手本、舊住持立字爲證。嗣因兹庵頹壞,尚需修整,故刻苦募化,三九鳴鐘,隆冬坐誦。幸賴十 3 方樂施喜助,始於甲寅春捐吉開工,越數月蕆事。雖經粗備,較前稍有可觀。其堂廡殿廊,仍多剥落,未能一律完竣。而衲之用 4 意良苦矣。誠恐不知衲眷屬之由,開創之意,謹將彌陀寺碑文移立庵中,將此原委鎸之於首,以爲人所共見不泯云爾。5

大清乾隆甲寅年七月日彌陀寺眷屬古刹十方長壽庵住持衲廣文勒石 6

謹將衆善人等姓名開列於左:1

諸佛保助銀二十兩,富寧阿助錢三十吊,2 顧門汪氏助錢三十吊,那清阿助錢二十吊,3 劉門張氏助錢十八吊,4 李福海助錢十吊,博爾濟吉特氏助錢十吊,李門張氏助錢十吊 5

京369《寶禪寺碑》陽

皇圖永固

唵悉怛多般怛囉

京369《寶禪寺碑》陽

寶禪寺碑

額題:皇圖永固
年代:明
原在地:北京西城區武王侯胡同
拓片尺寸:碑阳高136、寛68厘米,額高19、寛18厘米
書體:楷書
《目録》:頁262
拓片編號:京369
拓片録自:《北京圖書館藏中國歷代石刻拓本匯編》第60卷184頁
備註:碑文除中題榜書外盡鑿無遺

【碑陽】

額題:皇圖永固

碑文:

唵悉怛多般怛囉

五排十段

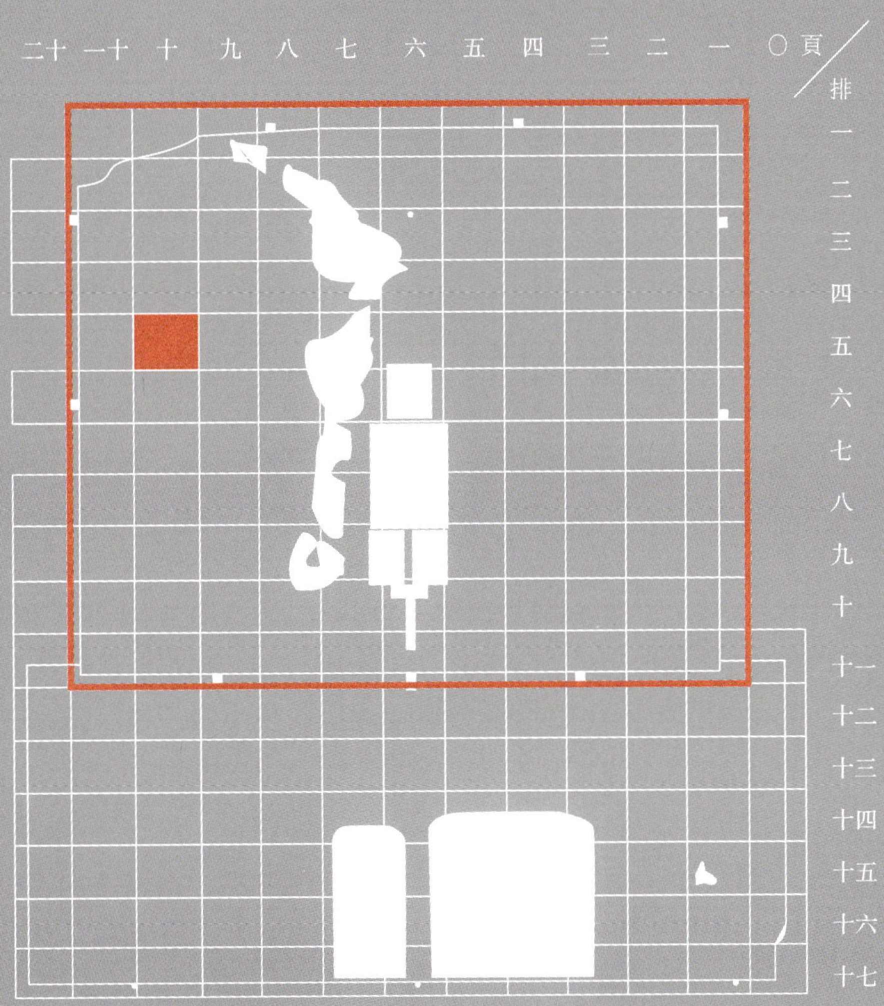

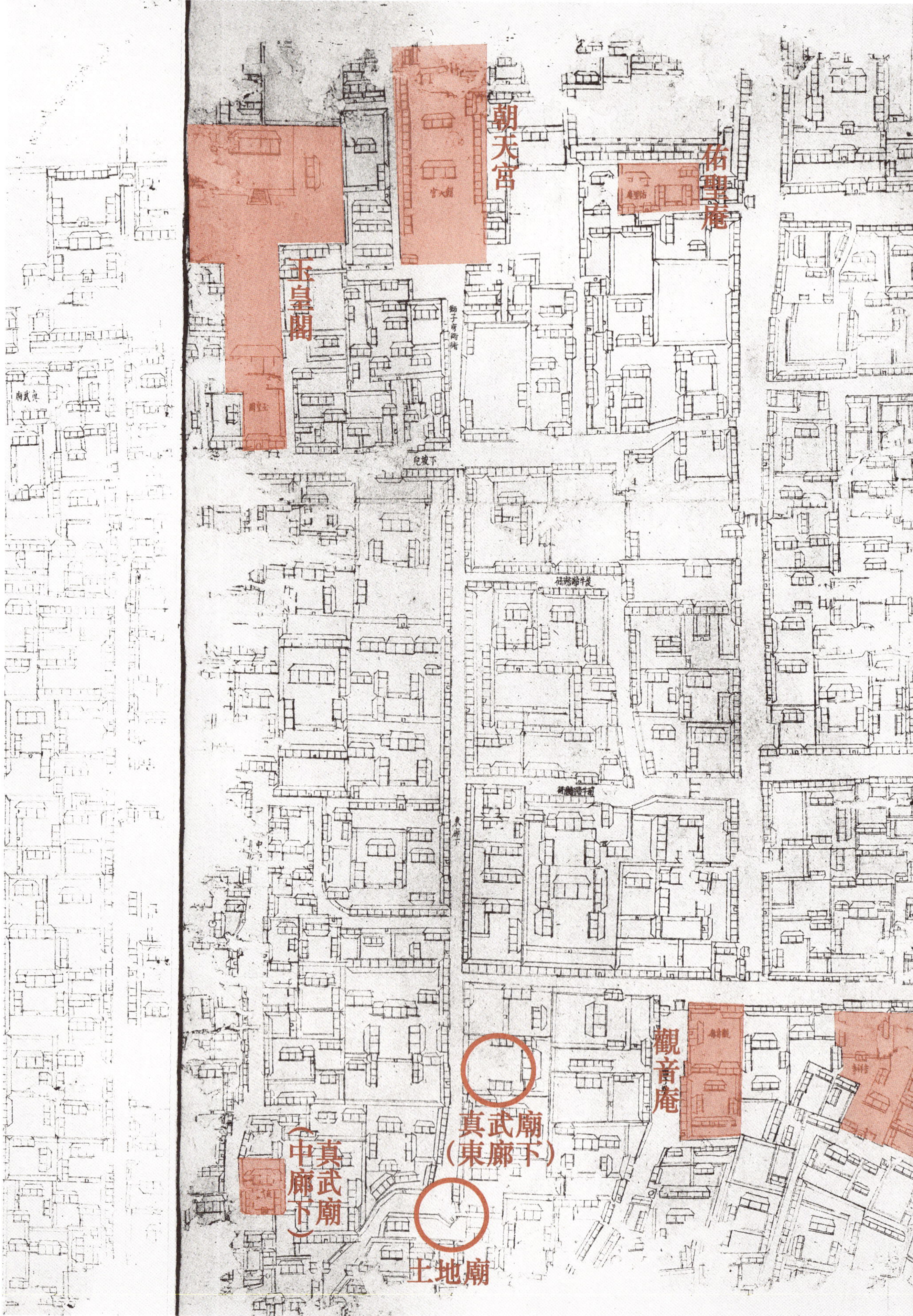

朝天宮
佑聖庵
玉皇閣
觀音庵
真武廟
（東廊下）
真武廟
（中廊下）
土地廟

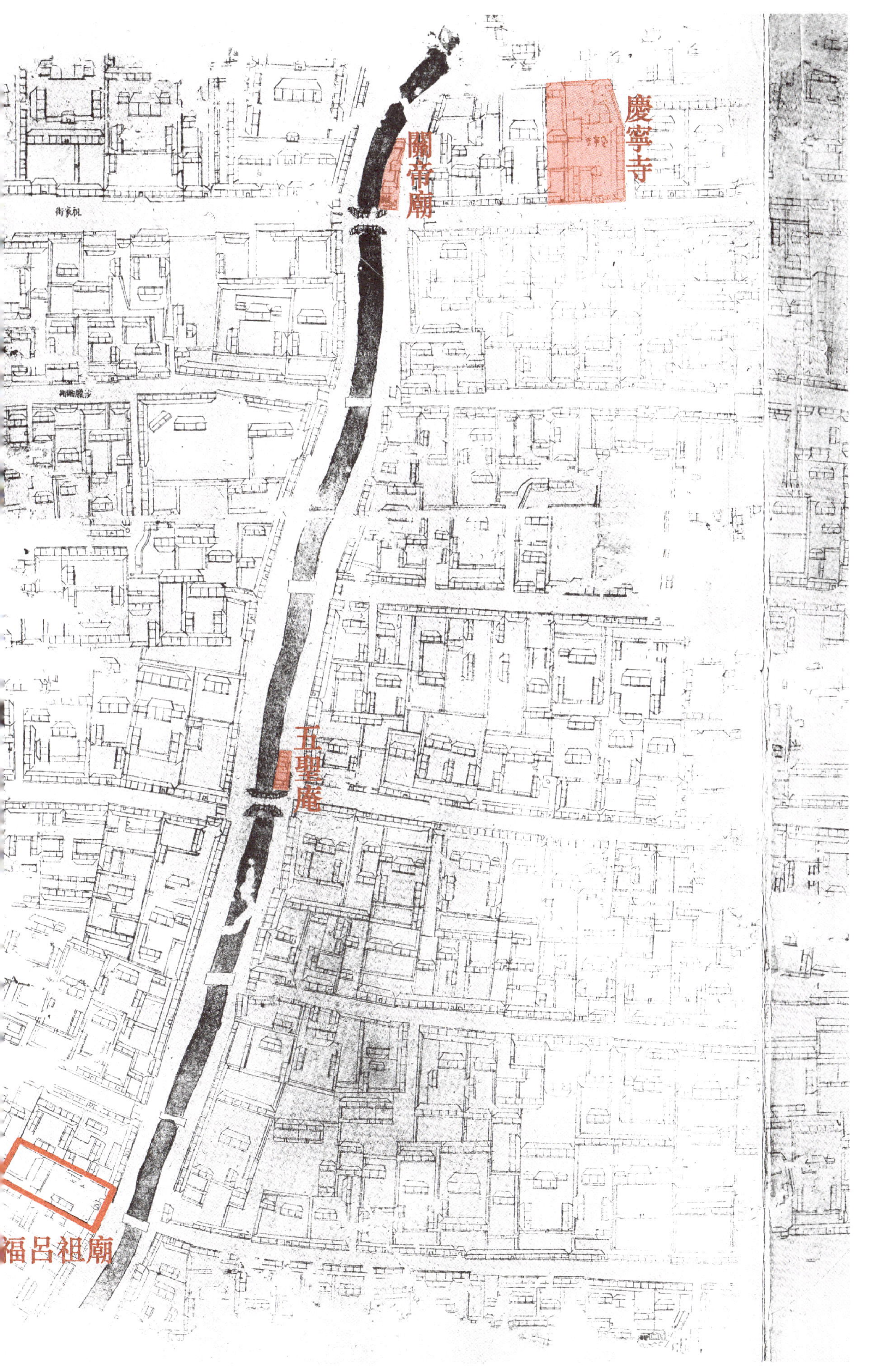

關帝廟
慶寧寺
五聖庵
福呂祖廟

慶寧寺

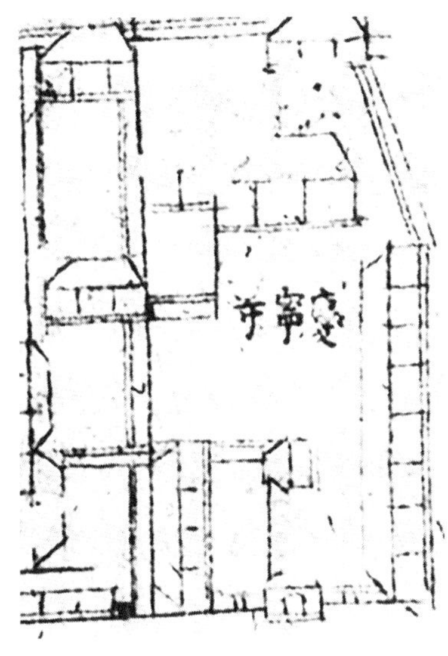

慶寧寺，原址爲内四區武王侯胡同二十四號（今爲西城區西四北八條五十一號至五十五號[1]，其中五十三號是寺廟正院，五十五號原屬廟内，現已隔開）。寺廟建築現存較好。廟内原有石碑一通，爲清光緒十二年（1886）《慶寧寺碑》。

據《宛署雜記》記載，慶寧寺始建於明成化二十二年（1486）[2]，清康熙《宛平縣志》中亦有記："慶寧寺，在武安侯胡同。"[3]但《京師坊巷志稿》《光緒順天府志》誤將此寺放入錦什坊街西武定侯胡同内[4]，《燕都叢考》[5]從之。而《北平廟宇通檢》雖引《燕都叢考》，但又將其放回武王侯胡同内[6]。據《雍正廟册》登記，慶寧寺爲大僧廟，有殿宇四間、禪房十二間，住持法號照弘。《乾隆廟册》登記時，住持换成了僧人了法。廟内大殿廊下曾懸鐵鐘一口，爲乾隆四十年（1775）二月間所鑄。從乾隆《京城全圖》上看，此時慶寧寺坐北朝南，似有兩路建築。東路爲正院，首有山門一間，東西院墻上各開小門一處。内有院落三進。第一進内有西跨院一所，内僅西房四間，跨院東墻外緊鄰東向房一間。經此小西

[1]《中國文物地圖集》中記地址現爲西四北八條五十三號，不確。《中國文物地圖集（北京分册·下）》，頁八十四。

[2]《宛署雜記》，頁二百二十四。

[3]（清）王養濂等纂《[康熙]宛平縣志》，北京：北京燕山出版社，2007年，頁四十九。

[4]《京師坊巷志稿》卷上，頁一百三十八。《[光緒]順天府志》京師志十三·坊巷上，頁三百七十二至三百七十三。

[5]《燕都叢考》第三章·内二區各街市，頁二百八十。

[6]《北平廟宇通檢》，頁五十四。

房往北爲第二進院，内有正殿三間，西側亦有跨院一所。殿後爲後院，僅在東北角上有北房三間。西路極窄，東墻上開門與正院第二進相通，内分前後兩院，均僅北房三間。

道光戊申年（1848），寺前殿曾經衆人籌款重修，領善人名爲傅慶龍，前殿木額記其事。光緒十二年（1886），慶寧寺有山門一道，東西各有界墻。仍有東西兩院，東院爲正院，内有中殿三間、正殿三間、東西配殿各三間，東厨房一間、西屏門一道。西跨院内有增福財神殿三間，再西有龍王殿一間，四周環以墻垣，共計四十餘丈。各殿均有不同程度的年久失修，尤其正殿已糟朽坍塌。信士馬德春乃鼎力捐資，何治引善籌款并監工，住持僧本信四方叩募後再次重修。東院内新建東厢房一間、新修中殿三間，東西配殿全部油色一新，西屏門原拆原蓋。西跨院内的財神殿與龍王殿均重新油漆上色，所有神像佛像均重塑齊整〔1〕。光緒二十八年（1902）八月，通明寺寺僧了凡真超手抄京師賢首宗名宿達天通理所述《楞嚴經指掌疏》，其書亦藏於慶寧寺中。光緒三十二年（1906），臨濟宗僧人龍海買下廟産，在僧録司更名入册，歷代相傳，至民國十二年（1923）傳至僧人圓鏡接任住持〔2〕。

圓鏡，宛平人，大約出生於1897年左右，擔任慶寧寺住持直至20世紀50年代〔3〕。1931年國立北平研究院調查時，慶寧寺仍然山門南向，石額“敕賜慶寧禪寺”，前殿爲關帝殿，木額“德配尼山”，殿内僅陳鐵磬一口。正殿爲毘盧殿，内正供毘盧銅像，阿難、迦葉左右侍立，前奉釋迦佛木像，像前有木五供一份，上置銅磬一口。殿前紙額曰“佛光普照”，廊下懸乾隆四十年鐵鐘。東西配殿已全爲住房，院内植柳樹、樫樹各一株，殿後偏東立光緒十二年小石碑。西跨院内財神殿、龍王殿均已無存，時内設全成煤廠〔4〕。

至1950年登記時，圓鏡仍爲住持，寺内房屋共三十五間〔5〕。據老住户回憶，早在1940年代，慶寧寺已無人上香，除前殿正殿外，所有房屋均已出租。

有老住户説，這裏原是某旗人家廟，後來因房契丢失而成爲廟産，圓鏡曾想將産權還回，但旗人剛强，不願接受。圓鏡略胖，四鄰皆稱他爲師哥，以收房租爲生。因無塋地，其師祖去世後葬在廟内後院，當時院内花木繁盛、鳥蟲衆多。1949年，後院墳地被清理，住户們親眼看見一條巨蛇盤踞僧人墓内。1951年左右，後院與正院分開，但仍開門互通。圓鏡也大約於此時還俗，并育有一子，不久後去世。人們説，廟内前殿供關老爺、正殿供如來佛，殿内還有紅臉和白臉的佛爺，1966年夏天，所有神佛像都被砸碎，西跨院也被隔開，所有房屋全部翻建。1976年地震時，山門倒塌，正院東西配殿、厢房均翻蓋。

2014年調查時，慶寧寺現存前殿三間、正殿三間，東西厢房基本保持原有格局，現爲居民住家院落。

〔1〕清光緒十二年（1886）《慶寧寺碑》，京393，《北京圖書館藏中國歷代石刻拓本匯編》卷八十六，頁十七至十八。

〔2〕北京市檔案館藏《北平市社會局·内四區慶寧寺僧人圓鏡登記廟産、發放憑照的呈文及社會局的批示》，檔案號J2-8-590，1931-1936年，頁十至二十三。

〔3〕同上，頁二十五。

〔4〕國立北平研究院《慶寧寺》，0114。

〔5〕北京市檔案館藏《北平市民政局·北平市寺廟總登記簿（第一册）》，檔案號J3-1-203，1950年，頁二十六。

京393《慶寧寺碑》陽

京 393《慶寧寺碑》陰

永垂
不朽

茲因西四牌樓當街廟北五王侯胡同西口内路北原舊有
慶寧 寺廟一座山門一道東西各有 界 墻 中 殿 三 間
正佛殿三間東西配殿各三間東厨房一間西屏門一道
廸西小院有 增福財神殿三間西有
龍王殿一間四周圍前後墻垣四十餘丈以上各殿宇墻垣均
因年久失修惟正佛殿坍塌糟朽不堪新修東[廂]房一間原拆
原蓋西屏門新修中殿三間東西配殿各三間油色見新西小
院正房財神殿小三間西廂房龍王殿一間油色見新并改换
□□□□山墻山門東西角門油色并各殿内佛像找塑齊整
現在各殿宇均已修齊墻垣砌抹齊整工程完竣特立此碑永
遠爲記

京393《慶寧寺碑》陽

萬古流芳

夫以金輪永鎮玉燭常調真
宗致道三寶興崇內外齊
彰則佛地光輝仰憑大檀
越功德主之施則有所建
立耳

信士弟子馬德春重修
引善監工信士弟子何治
主持戒納僧本信叩募

大清光緒拾貳年六月吉　立

京393《慶寧寺碑》陰

慶寧寺碑

額題:永垂不朽
年代:清光緒十二年(1886)六月
原在地:北京西城區西四北八條
拓片尺寸:陽高120、寬83厘米;陰高83、寬49厘米,陰高15、寬15厘米
書體:正書
《目録》:頁363
拓片編號:京393
拓片録自:《北京圖書館藏中國歷代石刻拓本匯編》第86卷17–18頁

【碑陽】

額題:永垂不朽

碑文:

兹因西四牌樓當街廟北五王侯胡同西口内路北原舊有*1*慶寧寺廟一座,山門一道,東西各有界墻,中殿三間,*2*正佛殿三間,東西配殿各三間,東厨房一間,西屏門一道。*3*迤西小院有增福財神殿三間,西有*4*龍王殿一間,四周圍前後墻垣四十餘丈。以上各殿宇墻垣均*5*因年久失修,惟正佛殿坍塌,糟朽不堪。新修東[厢]房一間,原拆*6*原蓋西屏門,新修中殿三間,東西配殿各三間油色見新。西小*7*院正房財神殿小三間,西厢房龍王殿一間,油色見新。并改换*8*□□□□山墻、山門、東西角門油色,并各殿内佛像找塑齊整。*9*現在各殿宇均已修齊,墻垣砌抹齊整,工程完竣,特立此碑,永*10*遠爲記。*11*

【碑陰】

額題:萬古流芳

碑文:

夫以金輪永鎮,玉燭常調,真*1*宗致道,三寶興崇,内外齊*2*彰,則佛地光輝,仰憑大檀*3*越功德主之施,則有所建*4*立耳。

信士弟子馬德春重修*5*

引善監工信士弟子何治*6*

主持戒納僧本信叩募*7*

大清光緒拾貳年六月吉　立*8*

關帝廟

關帝廟，原址在武王侯胡同西口外，大明濠上橋頭東北，約爲今西城區西四北八條與趙登禹路交界處路口。寺廟建築現已不存。

此廟僅見於乾隆《京城全圖》，應爲大明濠上石欄橋的附屬建築。從圖上看，它位於橋頭東北，坐北朝南，院落狹長。首無山門，僅在南墻上開隨墻門一道，内有大殿兩小間，其後有小北房一間，再北亦小房一間。建築簡陋，亦非僧人住持管理，蓋其不見於僧録司登記廟册。按：大明濠原爲近代閘河引水渠，元代利用此渠引水入内宫。明代時成了西城的排水溝，稱爲河槽，入清後改稱大明濠或西溝沿。其上橋多，《京師坊巷志稿》載"五王侯胡同，橋一"[1]，即此關帝廟所在之橋。惜未見有關於橋上寺廟的更多記載。

1921年至1930年之間，大明濠被改爲暗溝，闢建成路[2]。溝上橋廟此時定已不存。1984年，阜成門内大街以北路段改稱趙登禹路，以紀念抗日愛國將領趙登禹，其後數次擴修重建。

2014至2017年調查，關帝廟所在地爲趙登禹路上的十字路口。

---

〔1〕《京師坊巷志稿》卷上·内城西城，頁一百四十二。

〔2〕段炳仁主編《北京胡同志（上）》，北京：北京出版社，2007年，頁三百八十。

佑聖庵

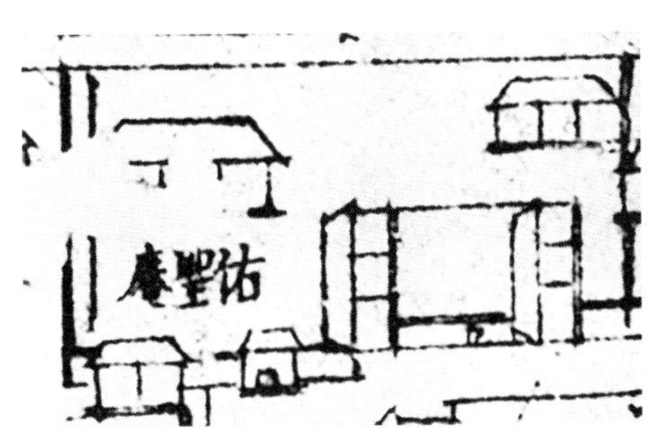

佑聖庵,其原址約在今西城區翠花街一號官園公寓一號樓的位置,寺廟建築現已不存。

佑聖庵原址在明天師府範圍内,故其始建應爲明末天啓以後。《雍正廟册》中記載,祖家街佑聖庵爲大僧廟,有殿宇六間、禪房七間,住持法號慶旺。但《乾隆廟册》中已不見記載。從乾隆《京城全圖》上看,佑聖庵在祖家街西口外,坐北朝南,有一進院落。廟有山門一座一間,位於南墻略偏西處,墻外有小房兩間,不屬於院内。山門後有正殿三間南向,院内東北隅亦有北房三間。山門東側有小跨院一所,南墻上開便門出入,内有東西房各三間,均東向。除此之外,佑聖庵再不見記載,應傾圮已久。

2014 年調查時,佑聖庵原址上是 1997 年建成的現代化小區官園公寓,寺廟踪影全無。

朝天宫

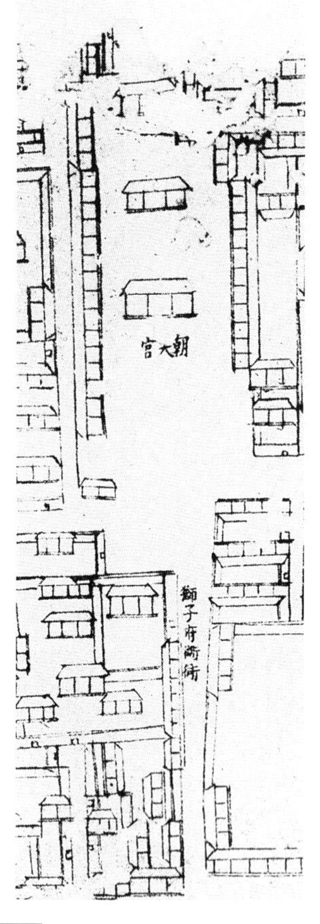

清乾隆《京城全圖》上所繪之朝天宫，實爲明朝天宫東跨院内之天師府，當時占地很廣，其府門處原址約爲内四區獅子府五號（在今西城區翠花街一號院範圍内），清代可能曾是天仙庵，民國時曾爲娘娘廟，但寺廟建築現均已不存。而明季朝天宫遺址乃乾隆《京城全圖》上所繪之"玉皇閣"[1]處。據《帝京景物略》載，明天師府内原有元趙孟頫書《張天師像贊碑》、趙孟頫書《張天師大道歌碑》、虞集《黄籙大醮碑》[2]。清乾隆年間諸石俱已不存[3]。

朝天宫舊址本爲元時天師府，明宣德八年（1433）下令改建，作爲習儀之所[4]。而原天師府則移置宫後，府内設道録司，江西龍虎山張真人赴京時以此爲居所。如真人奉敕建醮，則此處爲醮壇也[5]。明代文獻中缺記天師府的具體位置，《日下舊聞考》成書時，天師府尚存舊殿三重，其地土民俗呼爲"獅子府"，乃"天師府"之訛，均與《京城全圖》所繪之朝天宫相符[6]。蓋因天師府地處朝天宫東跨院内，明季即以宫之名統稱之，《長安客話》即稱"朝天府内有天師府"[7]。天師府房舍可對外出租，供游京者留宿，湯顯祖

〔1〕見本排段"玉皇閣"條。

〔2〕《帝京景物略》卷四，西城内，頁一百八十四。

〔3〕《日下舊聞考》卷五十二，城市·内城西城三，頁八百三十八。

〔4〕《宛署雜記》，頁二百三十一。

〔5〕（明）蔣一葵《長安客話》卷二，北京：北京古籍出版社，1982年，頁二十二。

〔6〕參見《日下舊聞考》卷五十二，城市·内城西城三，頁八百三十七。

〔7〕《長安客話》卷二，頁二十二。

（1550–1616）曾齋宿於此。時恰逢真人來朝，二人在天師府中夜話許久，湯顯祖留下《朝天宫真人夜話》一詩。江夏郭正域亦有《宿朝天宫》詩[1]。明天啓六年（1626）六月二十日，朝天宫被火，殿宇化爲灰燼，但天師府及附近民居却絲毫未受影響，不燎不焦[2]。

至清中期，天師府尚存舊殿三重，時已荒廢[3]。但其原址上却出現不少小廟，例如《雍正廟册》中記，朝天宫内有天仙庵，乃尼僧廟，有殿宇三間、禪房九間，住持戒善。又有福德庵，殿宇三間、禪房七間，亦屬戒善所管。朝天宫後有火神廟，殿宇十二間、禪房九間，住持僧人界慧。又有伏魔庵，爲大僧廟，殿宇二間、禪房五間，住持成鑒。民國時人振生認爲，朝天宫原址内小廟極多，皆宫内各殿燼餘，就其址以葺成者[4]。此説應爲是。從乾隆《京城全圖》上看，朝天宫（天師府）位於獅子府胡同北頭，胡同狹窄而院落寬敞，確有殿宇三重，均爲三間，後殿東北角還有西向東房一座三間。東西墻下均爲排房，整齊劃一、數量很多，東排房十一間，西排房十九間，可能是原天師府道房的遺存。

至民國時，振生實地踏訪朝天宫，已不見天師府遺存。但其原址處有一小廟，孤立於荒原，門東向，門前有一石獅，面南向。振生認爲，石獅坐處即爲原天師府府門所在地[5]。振生所見之小廟實爲娘娘廟，當時門牌號是獅子府五號，應即《雍正廟册》所記之天仙庵的异名。同治元年（1862）時娘娘廟曾重修[6]，清光緒二十九年（1903），全恩氏將廟産讓與旗人惠生[7]。民國二十年（1931）惠生在社會局登記，時廟内有房三間、娘娘泥像三尊、童子泥像四尊，鐵磬一口、鐵香爐一個、木蠟扦一對。院中有棗樹三株，石獅子一座[8]。同年國立北平研究院調查時，見娘娘廟山門東向，爲一小門樓，無寺額，石獅仍在門北，當地人皆云"獅子府"之名即由此而得。院内僅在西南隅有小殿一間，坐北朝南，内供娘娘三尊[9]。時人皆認爲，石獅乃明天師府遺物。民國二十三年（1934）出版之《燕京訪古録》中載："平則門大街妙應寺迤東，有石獅一軀，向南睨視，半没土中，上露二尺許。考系元時朝天宫之遺物也"[10]。此書乃張次溪追録其師沈太侔之口述，復興門内大街（即平則門大街）上從未聞有石獅之説，所記應亦爲娘娘廟門口這尊。另，《老北京旅行指南》中也提及此石獅，説它"半没土中，向南眈視，上露三尺許。考係朝天宫之遺物云"[11]。

民國二十七年（1938），時年已八旬開外的惠生將娘娘廟讓與五十六歲的傅德貴，除了鐵磬不知所踪外，廟産與七年前并無變化。1950 年代初民政局調查時，娘娘廟小院内房屋增至六間，時住七人，傅德貴仍管廟産[12]。

2014 年調查時，原獅子府胡同全部已成翠花街一號院官園公寓，其爲 1997 年建成的現代化住宅小區。明代天師府、《乾隆地圖》之朝天宫、清末民國的娘娘廟，全已不再有任何痕迹。

---

〔1〕《帝京景物略》卷四，西城内，頁一百八十六至一百八十七。

〔2〕同上，頁一百八十五。

〔3〕《日下舊聞考》卷五十二，城市·内城西城三，頁八百三十七。

〔4〕振生《城西訪古記》，收入《燕京風土録》，頁一百九十一至一百九十二。另參見《燕都叢考》頁三百六十五至三百六十七。

〔5〕同上。

〔6〕北京市檔案館藏《北平市社會局·内四區娘娘廟尼人惠生關於登記廟産的呈文及社會局的批示》，檔案號 J2-8-402，1931–1938 年，頁四十二。

〔7〕同上，頁十。

〔8〕同上，頁二十一至二十二。

〔9〕國立北平研究院《娘娘廟》，0116。

〔10〕張次溪《燕京訪古録》，北京：中華印書局，1934 年，頁二十九。

〔11〕《老北京旅行指南》，頁一百四十七。

〔12〕北京市檔案館藏《北平市民政局·北平市寺廟總登記簿（第一册）》，檔案號 J3-1-203，1950 年，頁三十五。

玉皇閣

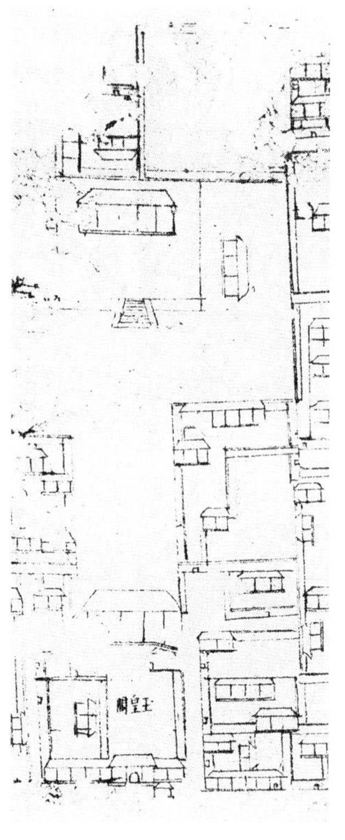

玉皇閣，乃明道録司所在地朝天宫之遺址。朝天宫本爲元時天師府，明末被毁壞殆盡，僅存之後殿在清初曾一度改建關帝廟，後重建玉皇閣，清末增葺爲元天觀。明代時，朝天宫原址大約南至宫門口，北至今平安里西大街，東至獅子府，西至福綏境一帶[1]。乾隆《京城全圖》上所繪的朝天宫實爲明之天師府，而玉皇閣則是明時朝天宫之後閣，原址爲内四區宫門口玉皇閣十號（今前門在西城區育强胡同二十二號，後門在西城區大玉胡同三十七號），寺廟建築現存部分。據國立北平研究院調查記録，民國時廟内有石碑箱座四方，即石碑四通，但碑身早已不存[2]。據説是庚子變亂時被洋人攜去[3]。《宛署雜記》中載碑兩通，爲《明宣宗御製朝天宫新建碑》和《明憲宗御製重修朝天宫碑》，今僅碑額及碑座尚存原址，亦無拓片傳世，本書據《宛署雜記》録文[4]。另，宫門口東廊下二十八號民居北墻上曾有"麒麟閣"石刻一方，玉皇閣所在的育德胡同内還曾出土龜趺一只，長約四點八米，高一點六米，最寬處爲兩米，現已移存石刻藝術博物館[5]。

朝天宫舊址本爲元時天師府，明代時屬河槽西坊。明宣宗下令仿照南京

〔1〕《中國文物地圖集（北京分册·下）》，頁八十六。

〔2〕國立北平研究院"元天觀"，0117。

〔3〕振生《城西訪古記·朝天宫記》，轉引自《燕都叢考》頁三百六十六。

〔4〕《宛署雜記》第十八卷·萬字，頁一百九十五至一百九十六。

〔5〕《中國文物地圖集（北京分册·下）》，頁八十六。北京市文物事業管理局編《北京名勝古迹辭典》，北京：北京燕山出版社，1989年，頁一百八十至一百八十一。

朝天宫樣式,於都城之西北隅擇地修建,作爲習儀之所。并設道録司其内,主天下道教事[1]。靓深亢爽、百物咸具。宣德八年(1433)閏八月戊午日竣工,有景星現於西北天際[2]。西北方乃天門所在,於是明宣宗御製詩文,勒碑紀事,并下詔每年正旦、冬至、聖節之期,百官均於朝天宫内習儀[3]。原元天師府移置宫後,即乾隆《京城全圖》上"朝天宫"處[4]。至明成化十六年(1480),殿宇畫像多需修葺,於是明憲宗下令重修,次年六月工竣,明憲宗欽賜御製重修碑一通[5]。重修後的朝天宫有殿宇多重,約有三路。中路首有三清殿奉上清、太清、玉清,通明殿奉上帝。次有普濟、景德、總制、寶藏、佑聖、靖應、崇真、文昌、玄應九殿,奉祀諸神。東西兩路建具服殿,以備皇帝臨幸。宫内祠堂各二,鐘鼓樓并舉、碑井亭五座,紫虚、朝天、玄都各門次第,蓬萊真境牌樓儼然。除此之外,道録司、齋堂、方丈,羽流栖止之所、厨浴、倉庫、厢房等,通數千間,真可謂"重檐巨棟三千間""既堅既美,實完實足",較宣德年間規模又有擴大[6]。萬曆十九年(1591)冬至日,百官按國制於朝天宫内先期習儀二日,逢天降大雪,館閣諸公於是各賦詩以記之,其詩文在《長安客話》與《帝京景物略》中多有保存[7]。明嘉靖年間,朝天宫達於全盛,齋醮之儀及無虚日。《日下舊聞考》引《名山藏》所紀,朝天宫之崇奉時與大高玄殿相埒[8]。明天啓六年(1626)六月二十日,朝天宫忽被火灾,不知起在何處而十三殿同時著火,頃刻之間所有殿宇化爲灰燼[9]。僅有一口鑄於明天啓四年(1624)冬季的大方鐵爐保存下來,直至清末光緒年間被修補[10]。然而更奇特的是,宫後之天師府及附近民居却未受影響[11]。

由於缺乏記載,明代朝天宫的四至範圍難以判斷。民國時振生根據宫門口與東西廊下的位置關係,認爲明代朝天宫門前可能尚有數重屋宇,或其東西均有跨院:東跨院起於白塔寺後,包括整個東廊下胡同,向北直達獅子府;西跨院則起於葡萄園西南,至西廊下苦水井一帶。乾隆《京城全圖》上所繪之朝天宫[12]是原明朝天宫的東跨院,福綏境關帝廟[13]爲宫内西跨院建築。玉皇閣後一片荒原,原爲朝天宫内園圃。

---

〔1〕《宛署雜記》,頁二百三十一。

〔2〕(明)朱瞻基撰《御製朝天宫新建碑》,明宣德八年(1433)九月,據《宛署雜記》頁一百九十五録文。

〔3〕《長安客話》記:明代時,國家正旦冬至與聖節時,凡大朝會,百官需先期習儀二日。明初時或在大慶壽寺,或在靈濟宫。自從宣德年間建朝天宫後,始爲定所。《長安客話》卷二,頁二十二。

〔4〕參見本排段"朝天宫"條。

〔5〕《帝京景物略》卷四,西城内,頁一百八十五。

〔6〕(明)朱見深撰《御製重修朝天宫碑》,明成化十七年(1481),據《宛署雜記》頁一百九十六録文。

〔7〕《長安客話》卷二,頁二十二。

〔8〕《日下舊聞考》卷五十二,城市·内城西城三,頁八百三十六。

〔9〕《帝京景物略》卷四,西城内,頁一百八十五。

〔10〕參見國立北平研究院"元天觀",0117。

〔11〕《帝京景物略》卷四,西城内,頁一百八十五。

〔12〕參見本排段"朝天宫"條。

〔13〕參見本書五排11段"關帝廟(福綏境)"條。

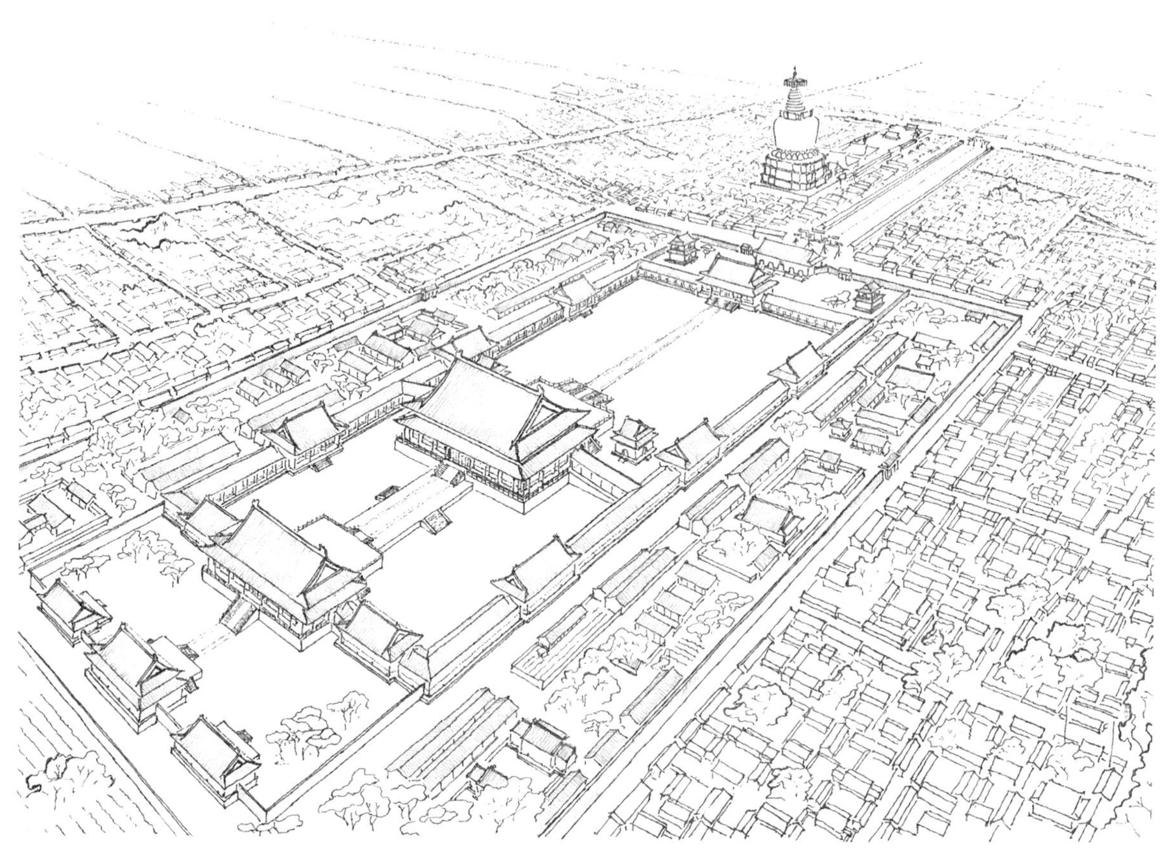

明代朝天宫復原圖（李緯文繪）

【繪圖説明：朝天宫在天啓年間焚爲白地，且没有留下任何影像資料，繪製此復原圖因而困難重重。然而，這項工作也并非不可能，因爲直到21世紀最初幾年，這座龐大建築的框架仍然清晰地刻印在北京阜成門内的街巷中，并留下了一系列與朝天宫相關的地名，如宫門口、東廊下、中廊下、西廊下、半壁街等等。在1959年的北京市航拍影像中，朝天宫原址展現爲一處巨大的回字形肌理，其外圈東、西、南三界；内圈東、西、北三界以及連接阜成門内大街的甬道仍非常清晰。在這一肌理上，參考北京朝天宫的建築藍本——南京朝天宫，尤其是明代畫家凌大德在《金陵玄觀志》中刊載的朝天宫版畫、清中期畫家錢維城繪製的《乾隆南巡駐蹕圖》中的朝天宫圖，以及今日南京朝天宫狀態，可以理解明代南北兩京朝天宫主體建築格局及其形制。需要説明的是，明代的北京朝天宫不仅承擔着皇家道場、百官習儀的功能，还是掌管天下道教的道録司所在地。道録司的廨署、天師府、道衆居所上千餘間，都集中在朝天宫的兩個邊路。對這一部分的原有規制我們已經無法確知，只能約略按照南京朝天宫畫作中的格局去理解想像。故而在這張復原圖中，對朝天宫内外墻垣之間空間的表現最具演繹性質。然而與之對比的是，朝天宫周邊環境的描繪却是有據可循的，本圖主要依據明代街巷志、乾隆《京城全圖》與現代一系列航片去恢復明代朝天宫周圍的民居與胡同。當然，曾經的這處“重檐巨棟三千間”留下了太多謎團未能解决。比如其用地到底北至何處，爲什麽《明宣宗實録》中記載“建朝天宫於西直門内”而非阜成門内等。這些問題仍需要大量工作。參見李緯文《明代北京朝天宫規制探討》，《建築史論匯刊》第十七輯，頁九十至一百零一。】

至清代時，宮門口雖有東廊下、西廊下之名，但周圍數里大半已爲民居。《日下舊聞考》《京師坊巷志稿》等文獻中記，時朝天宫尚餘後殿，當地居民據朝天宫遺址建關帝廟，衹有大殿三間。殿前甬道綿延數百武，砌石斷續，隱約可辨認出舊日朝天宫的規制〔1〕。但從乾隆《京城全圖》上看，此時朝天宫殘存之後殿名玉皇閣，且并非衹有三間，而是至少有兩進院落。廟南向，山門開在下坡兒胡同，一座三間，中間開門，左右均有南房，東兩間、西五間。門後爲甬道，前殿在甬道中部偏南的位置，共五間。甬道北頭爲正院，空地頗多，北部正中有一平臺，經五級臺階方能登上，許即是明成化年間“神座堦道以石”〔2〕的遺迹。平臺東側有西向房三間。後殿五間坐落平臺正中。

乾隆以後，玉皇閣仍不時有添建。民國時尚有清道光二十年（1840）、同治十一年（1872）所添鐵磬各一口存於廟内。至清光緒十一年（1885），廟曾重修，素雲道人劉誠印〔3〕敬獻鐵爐一座，銘文稱獻於“朝天宫玉皇閣”内。而時任工部尚書的潘祖蔭爲後殿元君殿題寫木額與對聯。此次重修還同時修復了明内所遺天啓四年（1624）方鐵爐。約二十年後的光緒丙午年（1906），玉皇閣再次重修，并更名爲元天觀，仍由潘祖蔭手書山門與前殿木額，以記其事。可能此次重修後，元天觀成爲馬氏家廟，但至清末民初爲宋理愷所占，後廟産又轉至李雲亭手中〔4〕。振生著《城西訪古記》時，亦曾親往踏勘，見此廟規模較之《日下舊聞考》所記之關帝廟已有擴大，不僅衹有三楹大殿。廟前甬道似乎還有遺迹，衹是年深日久，爲土所掩〔5〕。民國十五年（1926），馬占坡從李雲亭手中將元天觀用款贖回，在法院立有存案，仍做馬氏家廟之用〔6〕。馬占坡是河北廊坊大城縣人，師範畢業，時年六十四歲，家住北平北清河鎮唐家嶺村〔7〕。

至國立北平研究院調查時，元天觀已有殿宇三重。山門南向，木額“重修元天觀”，潘祖蔭光緒丙午年秋七月題。前殿額曰“重修敕建護國元天觀”，時内無神像，外院内大井亭一座，殿前箱式碑座二石，雕刻甚細。中爲玉皇閣，正供玉皇坐像，木質金身，兩側童子各一。神前設同治鐵磬一口、鐵五供一份。玉皇像後供木胎天尊坐像，像前設道光年間鐵磬。殿前廊下有鐵鐘一口、雲板一塊，上有潘祖蔭所題“雲鶴仙韻”四字銘文。殿前院内有劉誠印所獻之大鐵爐一座。後殿爲元君殿，木額曰“天穹寶殿”，與兩側對聯均潘祖蔭所書。殿内供殿内供娘娘牌位三尊，後面供觀音菩薩紙像。殿前懸鐵雲板一口，潘祖蔭書銘文“雲鶴仙韻”。院内有天啓甲子鑄、光緒乙酉年重修之大方鐵爐，設於石座之上。另有箱式碑座與雕龍碑額兩座。東碑額陽爲燕聖萬年，陰爲聖壽無疆。西碑額陽爲永垂不朽，陰爲萬古長春。可能因馬占坡平時不在京之故，調查人員仍登記此廟爲李雲亭家廟。

民國二十五年（1936），廟主馬占坡在北平市社會局登記，此時廟内房屋共四十二間，大部分出租以開設學校。另增加附屬地三處，但鐵鐘一口、鐵五供三份不知去向。廟内法物還有鼎二座、鐘一口、鐵爐一座、鐵磬一個〔8〕。

其後元天觀再不見於寺廟登記。1933年出生的北京作家丛維熙回憶，他少時住在玉皇閣夾道，

---

〔1〕《日下舊聞考》卷五十二，城市·内城西城三，頁八百三十六至八百三十七。《京師坊巷志稿》卷上，頁一百四十四。

〔2〕見（明）朱見深撰《御製重修朝天宫碑》，明成化十七年（1481），據《宛署雜記》頁一百九十六録文。

〔3〕關於劉誠印的生平與在京修廟活動，參見本書五排六段“西坊庵”條。

〔4〕參見北京市檔案館藏《北平市社會局·内四區元通觀、内六區素雲觀、西郊區永泉觀、西郊區吉祥觀馬占波送寺廟登記表及社會局的批示》，檔案號J2-8-931，1936-1940年，頁四。北京市檔案館所著録檔案標題中，誤將“元天觀”寫作“元通觀”、“馬占坡”寫作“馬占波”。

〔5〕振生《城西訪古記·朝天宫記》，轉引自《燕都叢考》頁三百六十六。

〔6〕北京市檔案館藏《北平市社會局·内四區元通觀、内六區素雲觀、西郊區永泉觀、西郊區吉祥觀馬占波送寺廟登記表及社會局的批示》，檔案號J2-8-931，1936-1940年，頁十。

〔7〕同上，頁十二。

〔8〕同上，頁四、頁九。

對夾道最南端的玉皇閣記憶深刻。胡同居民均稱其爲“佛樓”，僅上下兩層，時已殘破不堪，内供一尊“朱唇大耳”的玉皇佛像。丛維熙小學快畢業時，曾由姥姥帶去燒香叩頭，以求能考上名牌中學。另一位胡同老居民也回憶，他亦在佛樓中拜過玉皇爺，祈願能把拉煤球的板車换成“電驢子”，結果未能如願〔1〕。

1949年以後，玉皇閣曾一度作爲團中央幼兒園所在地。佛樓可能在此後倒塌。1990年，中國青年雜志社遷入，對原建築進行了修繕。《中國文物地圖集·北京分册》記，玉皇閣有山門、影壁、二門、前殿三間、中殿三間及東西配廡各六間、後殿三間及東西配殿各三間。但未言明是何時建築格局〔2〕。

至2008年左右，二門以内的殿宇尚保持原建格局〔3〕。山門、二門已失，中國青年雜志社在後殿東耳房前的圍墻上開門洞以出入，門洞拱券采用原玉皇閣内的石雕雲龍構件。院内分兩進，前院有前殿、中殿與東西配房。前殿三間，硬山小式筒瓦頂，山墻端頭有龍紋磚雕，乃重修後新作。東西配房各六間，硬山合瓦頂。中殿三間，硬山小式筒瓦頂，緑黑兩色琉璃瓦，爲修繕時所换。後院内有後殿三間，硬山勾連搭，緑琉璃瓦頂，亦爲重修時作品。東西耳房各二間，硬山筒瓦頂。東西配殿各三間，硬山筒瓦頂。院内中心有石質圓形須彌座，應即天啓四年鐵爐之底座。後殿前兩通碑座碑額仍在，碑首爲透雕雙龍捧珠，石座正面爲龍紋浮雕，背面爲蔓枝蓮浮雕〔4〕。

2014年調查時，玉皇閣内是《中國青年》雜志社。2017年回訪，雜志社已搬走，但大門緊鎖，難以入内。從外面看，重修後的三層殿宇及東西配房仍存，據説後殿帶東西耳房各二間，前有五層臺階，與《京城全圖》所繪一致。

玉皇閣大門緊鎖（2013年10月 曉松攝）

〔1〕丛維熙《覓故記趣——尋找老北平的玉皇閣》，收入《我的黑白人生》，北京：生活書店出版有限公司，2014年，頁十五至十八。

〔2〕《中國文物地圖集（北京分册·下）》，頁七十九。

〔3〕同上。

〔4〕參見傅凡、李春青《玉皇閣》，收入北京市西城區政協文史和學習委員會編《白塔寺地區》，北京：中國文史出版社，2011年，頁九十九至一百零四。

明宣宗御製朝天宫新建碑

額題:不詳
年代:明宣德八年(1433)九月
原在地:西城區育强胡同朝天宫内
書體:不詳
撰人:(明)宣宗朱瞻基
碑文録自:《宛署雜記》第十八卷·萬字,頁一百九十五

碑文:

國家自祖宗受天命,撫有萬方,弘施仁義,道德之澤,以生育訓治其人。而海内海外凡日月所照臨之處,皆忻忻焉。嚮風慕義,奉琛獻贄而來朝者,不遠數十萬里,道路相屬,如歸慈父。固本於祖宗功德之盛,亦必本於上天照鑒而陰騭之也。是以三聖在□,昭事之誠,寅恭夙夜。暨朕嗣統,惟天惟祖宗是欽是法,弗懈益嚴,皆重所本也。南京洪武初建朝天宫於皇城之西,以奉上帝,以展祈報。北京肇創之初,蓋制未備,比命有司,衹循令典,得吉卜於都城之内西北隅,遂倣南京之規,創建宫宇,靚深亢爽,百物咸具。既竣事,乃閏八月戊午之夕,景星見西北隅。陰陽家言:西北天門之位,此上天垂佑之祥也。朕聞之經曰:天地大德曰生,曰佑下民,作之君師。蓋天以生生爲心,而必立之君者,任之輔相裁成之事,使助其不及。爲君而能心天之心,用天之道,使天下之人,咸遂其生而不失其性,天必鑒之、佑之,而示之祥焉。此必然之理也。顧朕菲德,而在大位,海宇生民咸所屬望,恒夙夜弗任之是惕,矧敢有望於迓祥者哉。然則景星之瑞,其上天之佑,祖宗之慶乎!故因紀成績,爰及嘉應,而係之詩云:

巍巍太極至道宗,元始一氣開鴻蒙,上玄清都天九重。句陳環衛紫微宫,帝居玉清天之中,主宰氣機權化工。妙運闔闢無終窮,仁存發育萬彙同,居高視聽明且聰。頫矜下土氓蚩蚩,簡命有德兼君師,有克敷仁訓以治。惠溥中夏暨四夷,恒申錫之祥與祺,國家受命式九圍。三聖昭事肅以祇,薄海内外躋雍熙,駢見疊出承蕃厘。予嗣大寶御兆民,好生惓惓體帝仁,靡間遐邇視惟均。秉恪夙夜堅忱恂,一心綏懷副高旻,都城乾位宫宇新。精潔祀事居神明,既落厥夕瑞應臻,景星煌煌燭天門。惟天至仁錫嘉祥,予諒菲薄曷克當,所篤虔志祈穹蒼。七廟在天妥明靈,聖母萬壽長樂康,鞏固社稷寧家邦。時和歲稔民物亨,二儀奠位七政明,一統八表皆昇平。

宣德八年九月十五日

明憲宗御製重修朝天宫碑

額題:不詳
年代:明成化十七年(1481)六月
原在地:西城區育强胡同朝天宫内
書體:不詳
撰人:明憲宗朱見深
碑文録自:《宛署雜記》第十八卷·萬字,頁一百九十六

碑文:

御製重修朝天宫碑

惟皇上帝,監觀萬方,俾我太祖高皇帝作神民主。惟聖德動天,用集大命,奄有四海,定鼎於金陵。乃洪武甲子,即皇城西北建朝天宫,規模宏敞,視他觀宇特異,凡遇朝廷三大節令,百官預習禮於此。我太宗文皇帝肇建北京,制度未備,暨宣宗章皇帝踐祚之八年,因倣南京之規,亦於皇城西北建朝天宫。事竣,景星見天之西北。西北天門也,而嘉瑞見,上天孚佑國家之盛□知。嗣是以至於今日,又五十載矣,殿宇晝像,不能不敝者。朕仰思先烈,敢不是葺。遂命官一一新之,以成化庚子二月爲始,至辛丑六月訖工。首三清殿以奉先尊,通明殿以奉上帝,次普濟、景德、總制、寶藏、佑聖、靖應、崇真、文昌、玄應九殿,以奉諸神。又萬歲、東西具服殿以伺駕幸之所。祠堂各二,鐘樓鼓樓二,碑井亭五,紫虚、朝天、玄都門二,并蓬萊真境牌樓。他若道録司、齋堂、方丈、諸羽流栖息、厨浴、倉庫、厢房,通數千間。神座墄道以石,周圍垣墻以土。崇深廣之大觀,金碧輝華之飾,既堅既美,實完實足,較之前有加矣。宫宇載新,神人胥悦,宜有言於石,以示方來。惟朕承祖宗列聖之後,爲天地百神之主,而天又統率百神者。我太祖既建宫,錫以朝天之號矣。朕任繼述之責,詎可弗上本所自邪。昔唐堯欽若昊天,虞舜肆類上帝,夏禹籲俊尊帝,殷湯克孚天心,文王昭事上帝,武王恭天承命,即我太祖朝天之心也。我太祖朝天之心,即二帝三王敬天之心也。傳曰:先聖後聖,其揆一也。顧不信歟!然雖時有古今,而殿宇祠堂之建,尊君師祖之號不一,無非爲祈報神祇,福庇家國,溥濟黔黎計也。矧今羽士祝厘於兹,百官肄禮於兹,又大政所係,是豈徒然爲哉。庸系以詩曰:元氣鴻蒙帝所居,三清景界神所都。星辰環拱天之樞,風雷鼓盪天之隅。龜蛇蟠結昭靈符,文昌道化彌玄虚。諸祖通明如可呼,諸真妙應無時無。矜憐萬姓本來愚,長養萬物同洪爐。惓兹玄教匪妄傳,古今崇事殊精虔。琳宫玉宇在在然,金身寶像霞光連。麒麟不斷焚龍涎,膽瓶高插璚葩鮮。春祈秋報清燈前,朝瞻夕禮幡幢邊。禁城西北名朝天,重檐巨棟三千間。創自我祖宣皇時,朕今承繼載新之。輝煌不减先成規,神祇下上鸞鳳隨。百官預於兹肄儀,羽士日於兹祝厘。祝我祖廟明靈綏,祝我慈闈樂耆頤。祝我皇圖民物熙,千秋萬載無窮期。

成化十七年六月十一日

五聖庵

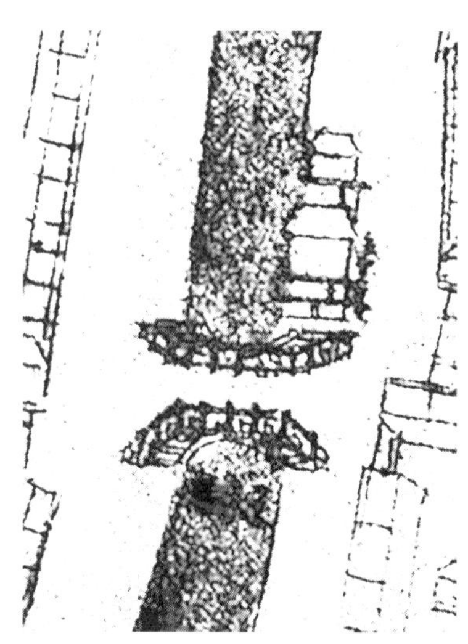

五聖庵，原址在石老娘胡同西口外，大明濠上橋頭東北，約爲今西城區西四北五條與趙登禹路交界處路口。寺廟建築現已不存。

此廟僅見於乾隆《京城全圖》，應與其北關帝廟〔1〕一樣，乃大明濠上石欄橋的附屬建築。從圖上看，它亦位於橋頭東北，坐北朝南。南墻上開門出入，内僅大殿一間，後有小北房一間。《京師坊巷志稿》亦記：石老娘胡同，橋一〔2〕。除此之外，此庵不見諸任何記載。

2014 至 2017 年調查，關帝廟所在地爲趙登禹路上的十字路口。

〔1〕參見本排段“關帝廟”條。

〔2〕《京師坊巷志稿》卷上·内城西城，頁一百四十二。

吉祥寺

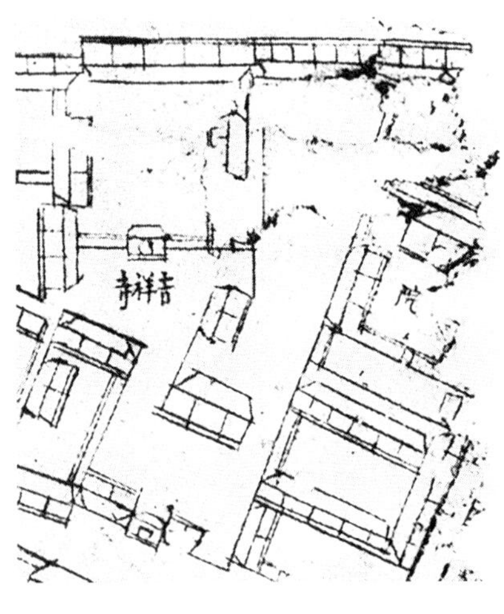

吉祥寺，曾名吉祥庵，原址在内四區茶葉胡同二十九號（今爲西城區大茶葉胡同十四號）。其東跨院在乾隆《京城全圖》上註名爲“某某院”，惜其漫漶不清，位置約爲今西城區大茶葉胡同十一號。寺廟建築現存部分。

吉祥寺始建於明代，然具體時間不詳。《宛署雜記》中載：“吉祥庵……一在河槽西坊……俱創不記年。”[1]《雍正廟册》中記，茶葉胡同吉祥寺，爲大僧廟，有殿宇三十五間、禪房十六間，住持普乾，徒通泰。《乾隆廟册》登記住持换成了僧人源德。從乾隆《京城全圖》上看，吉祥寺位於大茶葉胡同路南，小茶葉胡同北頭，坐北朝南。山門一間，開向西南方向，左右各有倒座房，東一座一間、西一座兩間。院内分東西兩路。東路建築整體呈座東北朝西南走向，首有大殿三間，後有西房兩小間。西路呈正南正北走向，經二道山門進入内院，院内有東西房各三間。在東院之東，有一小三合院内註明“某某院”，似有東、西、北房各三間，南有南向房兩排，各五間，最南有西房兩間。惜此處漫漶，難以判斷具體情况，但應爲吉祥寺内附屬房産。

至清末時，小茶葉胡同曾一度以吉祥寺爲名。《京師坊巷志稿》中在茶葉胡同條後記：吉祥胡同，有吉祥寺[2]。宣統元年（1909），本爐繼充住持，在僧録司更名入册，立有手本[3]。至民國八年（1919），心瑞、緣正二僧以七百洋

〔1〕《宛署雜記》，頁二百三十。

〔2〕《京師坊巷志稿》卷上，頁一百四十四。

〔3〕北京市檔案館藏《北平市社會局·内四區吉祥寺尼人蘇護思呈請登記廟産及社會局的批示、通知》，檔案號J2-8-295，1930-1931年，頁四。北京市檔案館登記標題誤作“蘇護思”，實際應爲“蘇護恩”。

的價格將廟産賣給女居士蘇護恩，從此吉祥寺成爲蘇宅家廟〔1〕。蘇護恩原籍江蘇江陰，是年四十八歲〔2〕。她可能來自富裕家庭，寺廟登記時由萬國賽馬會主任朱蓬英爲她擔保〔3〕。此時，吉祥寺内除了她以外，還有一位來自遼寧的尼僧護貴，以及三位俗人同在廟内照料香火〔4〕。

此時吉祥寺山門已改爲北向，石額"敕賜護國吉祥禪寺"。山門平時不開，由左側門入，院内共殿宇兩重。最南端爲三世佛殿三楹，正中一間正設玻璃龕，供三大士金色銅坐像。左間在小龕内供九天娘娘小木像，西桌上供藥王小泥像三尊。右間設三龕，分别供吕祖、真武銅像與財神泥像。東桌上供小銅佛像五尊，爲徐唐氏所寄存〔5〕。殿内鐵鐘一座，銘文曰"嘉慶二年五月初一日誠造，大悲寺"。鐵磬一口，上刻"光緒卅三年五月十五日吉造，慈緣寺"，顯係清末後自它廟移來。此外還有鼓二口。殿前東西配房各三間，院内大槐樹一株，小神龕一座。神龕形制精美獨特，龕座爲石雕建築小品，最下爲方形花瓶狀，上承托蓮臺。蓮臺上神龕乃方形屋型重檐建築，下層屋檐呈方形，上層屋檐呈圓形攢尖頂。屋門雕刻精緻逼真，門内置一瓷碗。院北爲殿宇三間帶東耳房二間，正中龕内供毘盧佛木像一尊。殿前有天圓地方鐵爐一，石座完整工細，額曰"天地亭"〔6〕。事實上，從蘇護恩在社會局的登記可以看出，除了茶葉胡同二十九號吉祥寺正院外，其旁門内也屬廟産，房屋共十六間〔7〕。基本保持了乾隆時期的寺廟規模。

民國二十六年（1937），吉祥寺在社會局領取廟照時，因他人代辦，誤將寺廟類别登記爲女冠廟〔8〕。民國二十八年（1939），蘇護恩正式落髮爲尼〔9〕。三年後，她將廟産讓與薙度徒澄潤，同時將廟産性質改爲子孫剃度廟，從此俗家不得過問廟産繼承之事〔10〕。但實際上，澄潤正是護恩的女兒，時年二十三歲〔11〕。京城三座最著名的佛寺住持——廣化寺住持玉山、廣濟寺住持顯宗、法源寺住持天文爲此次更替擔保〔12〕。次年，澄潤正式在社會局登記廟産，廟内常住人口僅她與母親二人，佛像神像共二十五尊，較之1930年國立北平研究院登記時，增加了地藏王、觀音、韋陀、伽藍泥像各一尊、娘娘泥像九尊。佛殿群房仍十六間，廟内有槐樹一株、榆樹一株、棗樹一株〔13〕。1945年警察局登記吉祥寺爲尼廟，僅一層殿，供奉三世佛、吕祖、真武及九位天仙娘娘〔14〕。

即使在社會局正式登記，吉祥寺事實上仍在家廟與子孫剃度廟之間摇擺。1950年北平市民政局登記時，吉祥寺登記爲家廟，蘇護恩與澄潤二人在廟，母親住持，但登記表中註明吉祥寺"銷去"，

〔1〕北京市檔案館藏《北平市社會局·内四區吉祥寺尼人蘇護恩呈請登記廟産及社會局的批示、通知》，檔案號J2-8-295，1930-1931年，頁二十四。

〔2〕同上，頁十五。

〔3〕同上，頁二十一。

〔4〕同上，頁二十六。

〔5〕同上，頁四。

〔6〕國立北平研究院《吉祥寺》，0130。

〔7〕北京市檔案館藏《北平市社會局·内四區吉祥寺尼人蘇護恩呈請登記廟産及社會局的批示、通知》，檔案號J2-8-295，1930-1931年，頁四。

〔8〕北京市檔案館藏《北平市社會局·内四區吉祥寺住持尼僧澄闊送寺廟登記表及社會局的批示》，檔案號J2-8-1362，1943年，頁二十四至三十一。北京市檔案館登記標題誤作"澄闊"，實爲"澄潤"。

〔9〕同上，頁五十三。

〔10〕同上，頁四十五至五十七。

〔11〕同上，頁十三。

〔12〕同上，頁四十五至四十七。

〔13〕同上，頁四至二十一。

〔14〕首都圖書館藏《北平寺廟調查一覽表》。

則吉祥寺已再次從廟産變爲民産[1]。而1952年北京市民政局僧尼登記時，蘇護恩又稱自己和女兒均是尼僧[2]。

老住户們至今仍清楚的記得蘇姓母女二人。據他們回憶，蘇護恩極愛乾净，廟内非常整潔。她以廟爲家，北殿内除供神佛外，也供奉她的祖先牌位。但同時也很虔誠，日日早起誦經。除了澄潤外，蘇護恩的兒子也在廟内，以前就住在北房的次間。澄潤也有一子，在廟産歸公後，依靠兒子生活。"文革"期間，正殿銅佛用吊車拖走，老住户們都説那是座"金佛"，肚子裏裝著洪武年間的經書與紙幣。1990年左右，澄潤也去世，親人均搬離廟院。大約也在此時，東跨院與正院之間被分開，原有月亮門被封閉。山門被拆，改在北房與西房之間開便門出入。2010年，廟内所有房間均翻建，但完全保持原樣，連東配殿地面下陷都維持原貌。

2008年至2014年調查時，吉祥寺仍坐南朝北，正院現存南側北向正殿三間、東西配房各三間，正殿前還有五層臺階，院中僅存一株槐樹。東跨院門牌改爲小茶葉胡同十一號，仍有兩排排房各三間，但均已非原建。

吉祥寺正殿（2004年4月 如意攝）

〔1〕北京市檔案館藏《北平市民政局·北平市寺廟總登記簿（第一册）》，檔案號J3-1-203，1950年，頁三十四。

〔2〕北京市佛教協會藏《北京市民政局民族事務科·西四區僧、尼寺廟登記表》，檔案號196-1-18，1952年，頁九十五。

觀音庵

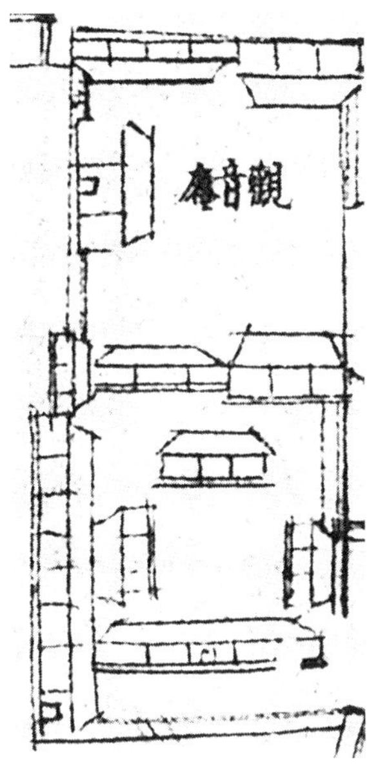

觀音庵，也名永壽觀音庵，原址在内四區茶葉胡同觀音庵十號（今西城區大茶葉胡同二十八號），寺廟建築現存基址，但已翻建。庵内原有碑刻兩通，分别是清康熙二十七年（1688）《永壽觀音庵碑》和清同治三年（1864）《永壽觀音庵碑》。

據《永壽觀音庵碑》記，此庵始建於明萬曆年間。傳説當時曾有一頭陀深夜在庵中誦經，梵聲達於宫中，皇后异之，訪得其聲之所在後，懿命御用監太監董工興建。但此事僅訪諸口碑，未有文獻，故碑文作者也稱"軼事莫可詳"[1]。然廟内確曾有明萬曆三十五年（1607）造鐵磬一口。

清初，從龍入關後誥封光禄大夫副都統加一級阿斯哈尼哈番的吴學禮，曾在順治年間重建觀音庵，又買左右民居增其舊址，令廟貌焕然一新。然康熙十八年（1679），京師地震，觀音庵也毁於一旦，殿宇廊廡無一幸存。寺僧奉佛法而集善類，居人信士紛紛解囊修廟。或施金資，或助粟米，自動工重修後，期月告竣，於是立《永壽觀音庵碑》記其事。其碑陰題名約三十餘人，似全爲漢人名姓。捐銀共近百兩，信女袁門汪氏捐銀拾兩，數量最多[2]。《雍正廟册》中登記，茶葉胡同永壽觀音庵爲大僧廟，有殿宇十二間、禪房二十一間，住持詳喜。至《乾隆廟册》登記時，住持换成了祥文。從乾隆《京城全圖》上看，觀音庵位於大茶葉胡同路南、回子營胡同北頭路東。山門西向，開在回子營，入門後實爲庵内後院，蓋其餘建築均爲坐北朝南。最南端有殿宇五間，次之則中殿三間，前有東西配房各三間。殿後北房兩座各三間，東側一座爲大式建築，似爲佛殿，而西側一座樣式低矮，似爲

---

〔1〕清康熙二十七年（1688）《永壽觀音庵碑》，京389，《北京圖書館藏中國歷代石刻拓本匯編》卷六十四，頁一百一十二至一百一十三。

〔2〕同上。

群房。除此之外，廟院西墻還有西向房八間，最南一間開門出入，其北有西向小房三間。北墻有北向房兩座，東三間、西四間，朝向茶葉胡同，似亦爲廟内建築。

至清同治三年（1864），永壽觀音庵再次年久失修，前殿因遭雷擊而益頽廢不堪。僧人湛祥（號瑞徵）時任住持，發願心趺坐禪關、叩鐘誦經，歷時二百六十餘日足不出户。四方善信憫其艱苦，於是各捨資財，共籌錢三千餘緡重修寺廟。從碑陰題名來看，此次捐資之大功德主爲山東道監察御史辦理内城團防事務瑞亨，他除了自己捐資外，還轉化阜成門内馬市橋大街八段、錦什坊街南北二段、宫門口五段等處衆鋪户，共籌錢一千九百二十吊。其餘如盛京將軍宗室、印務參領、瑞王福晋等紛紛參與捐資，或出己橐，或轉籌他人。甚有密雲副都統一等英誠公爵等二人轉募密雲縣善人助銀三十六兩。隨後，因爲無力油色金漆，湛祥再次發心苦化緣，釘腮叩化，再次得瑞亨等人捐資募化。終於所有工程告竣，湛祥立碑爲記[1]。

然而僅僅在湛祥修廟後三十年，光緒十九年（1893），其繼任住持廓涵就將廟産賣給了僧人明興，永壽觀音庵成爲西山觀音寺下院，傳臨濟宗岔支[2]。明興又稱明老禪師，他圓寂後將觀音庵傳給徒弟慧果，民國七年（1918）再傳給煜祥[3]。煜祥原姓陳，宛平人，十歲出家，民國十九年時（1930），他年僅四十七歲而去世，將觀音庵交由徒侄禪秀繼任住持。禪秀亦宛平人，時年二十六歲，俗家姓金。由於缺錢殯殮，禪秀將廟照手本抵押給東城賢良寺[4]，得押金一百餘元用於煜祥後事[5]。廟内生活日艱，禪秀與其師弟禪悦每月靠房租收入八元，但支出在二十元上下[6]。

此時觀音庵山門仍西向，石額"護國永壽觀音庵"，即湛祥重修時所立。左側一間開門出入。山門殿三間帶後厦兩小間，正供關帝泥像一尊，周倉、關平侍立，各有童子馬匹。龕後供達摩木像一尊，背帶木照，國立北平研究院的調查人員稱其"雕刻甚精"。院内僅大殿一座三間，木額"千佛殿"，中供毘盧銅佛坐像，下有千佛座，銅鑄工細。左供送子觀音泥塑坐像一尊，童子二人。右供泥塑地藏佛坐像一尊，左右各有脅侍立像。東西墻下設木龕各兩座，内供小木佛數尊。殿内有鼓二口、萬曆年間鐵磬一口，其餘供器不多。二石碑立於殿前，北爲康熙時重修碑、南爲同治間湛祥立碑。院内還有南北配房各三間，北房西有小跨院一所，内僅北房三間，均爲住房。廟内僅槐樹二株，調查人員稱廟貌破敗不堪，民人雜居[7]。

至民國二十五年（1936），觀音庵已香火斷絶。西單卧佛寺街鷲峰寺[8]住持宗月請佛教會轉社會局批准，獲觀音庵廟産并任住持[9]。宗月時年五十六，宛平人，俗家原姓劉，曾於師範畢業[10]。他接任住持後，廟内法器神像多有不存，連石碑亦遺失一通。廟内僅房屋二十間（本院十七間、跨院三間），内供銅毘盧像一尊、泥塑觀音地藏各一尊、泥關公像一尊[11]。宗月在佛教界地位頗高，收徒

〔1〕清同治三年（1864）《永壽觀音庵碑》，京388，《北京圖書館藏中國歷代石刻拓本匯編》卷八十三，頁四十六至四十七。

〔2〕北京市檔案館藏《北平市社會局·内四區永壽觀音庵僧人禪秀接充住持、登記廟産的呈文及社會局的批示》，檔案號 J2-8-006，1933-1935 年，頁二十五。

〔3〕同上，頁四。

〔4〕見乾隆《京城全圖》九排四段"賢良寺"。

〔5〕同上，頁二十一。

〔6〕同上，頁二十二。

〔7〕國立北平研究院《永壽觀音庵》，0132。

〔8〕見乾隆《京城全圖》十排十一段"鷲峰寺"。

〔9〕北京市檔案館藏《北平市社會局·永壽觀音庵住持余月送寺廟登記表及社會局的批示》，檔案號 J2-8-1025，1936-1944 年，頁十六。住持名宗月，北京市檔案館整理標題中誤作"余月"。

〔10〕同上，頁十七。

〔11〕同上，頁八至十五。

二十餘人，大多在各剎求學，或於諸山任教，僅有四個二十歲左右的徒弟登記在觀音庵中。其中有三個徒弟：純智、純法和純度都是民國五年生人，祖籍甘肅皋蘭縣，民國十八年出家，二十一年同在拈花寺受戒[1]。民國二十九年（1940），宗月圓寂，由於其大弟子純德已故，二弟子純法在順義縣清净庵任住持，故同門公推其三弟子純智接任觀音庵[2]。但兩年後，純智聲稱身體有病，願外出參學，堅决將住持一職讓與師弟純度。此時觀音庵尚欠香鋪一百餘元，然廟内收入亦有百元之多[3]。

1947年民政局登記時，純度仍爲住持[4]，至1950年，純度仍一人在廟，廟内時有房屋十三間[5]。《中國文物地圖集·北京分册》中記永壽觀音寺僅存大殿及配殿各三間[6]。據老住户回憶，廟内早已無僧人，在20世紀80年代時曾開設旅館，後來大殿用作廠房。2005年調查時，永壽觀音庵仍大門西向，大殿三間與北房三間尚存，院内還有柏樹與槐樹，時爲北京塑膠公司技術開發部。

2014年調查時，觀音庵正在重修，原有大殿已全部拆除，改建爲二層仿古建築，北房也正在拆除之中。2019年回訪，此處爲私人會館。觀音庵正殿原址上重建三間正房與北厢房，正房明間供觀音像，額曰：永壽觀音堂。

觀音庵（2004年4月 如意攝）

〔1〕北京市檔案館藏《北平市社會局·永壽觀音庵住持余月送寺廟登記表及社會局的批示》，檔案號J2-8-1025，1936-1944年，頁十七、頁二十四。

〔2〕同上，頁二十五至二十六。

〔3〕同上，頁十九至二十七。

〔4〕北京市檔案館藏《北平市民政局·北平市各區寺廟總登記考察簿》，檔案號J3-1-237，1947-1948年，頁三十。

〔5〕北京市檔案館藏《北平市民政局·北平市寺廟總登記簿（第一册）》，檔案號J3-1-203，1950年，頁二十五。

〔6〕《中國文物地圖集（北京分册·下）》，頁七十九。

京389《永壽觀音庵碑》陽

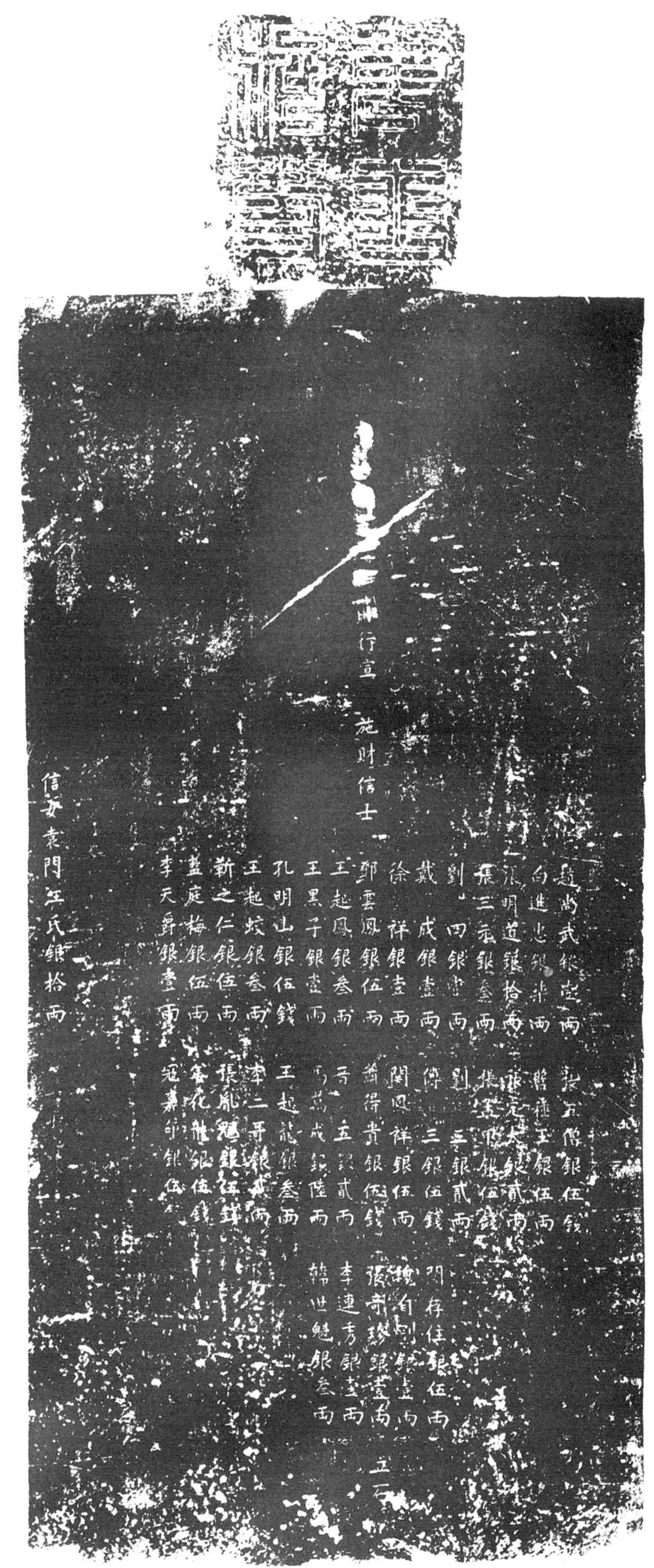

京 389《永壽觀音庵碑》陰

香燈勝會

永壽觀音庵重修碑

此庵之建也莫知其始訪諸父老云前朝萬曆年間有一頭陀清夜誦經梵聲達於宫中皇后耳而異之嗣得其聲之所在特命御用監太監董其工新其貌以明感應之靈使民知爲善之樂也然軼事莫可詳而規模亦甚狹厥後

誥封光禄大夫副都統加一級阿思哈尼哈番吴公諱學禮我

世祖章皇帝定鼎勛臣也書在竹帛茲不復贅考其生平殆所謂慈悲者流歟不私俸粮又買左右民居增其舊址悉隸於是庵而是庵之規模始宏矣當是時也誰不曰一日傳之數世守之永壽無疆無復湫隘之患非若官之力不至此而實不圖值地震之灾也殿宇廊廡無一尚存向之巍然者今也頽然向之焕然者今也黯然曾幾何時而壯麗不可再睹矣此氣運之適然直付之無可如何安望好善者出目擊心傷不忍以香火之金地而委諸草莽者哉而正不然今

皇上神聖文武三教并重殊俗絶域祝髮比丘猶招而懷之俾參風旛之論奉

佛法也廣善類也輦轂之下有不仰承

聖天子之雅化乎無幾何而善士集矣且廣集矣或施金貲或助粟米鳩工庀財期月告竣而其時之觀者皆謂某善士某善士是踵事增華不在昔之作新者下也然口碑不若石碑之可久爰揖石作而進之曰姓氏里居勒諸貞珉用垂不朽云嗟夫百年之内三改其觀詎人情之喜新歟抑勝地之不常有必然之數也不有作者孰開其美不有繼者孰傳其盛吾知前人所不及作而今人繼之今人繼之而有不及作之又烏知後人而不繼今人也

大清康熙二十七年歲次戊辰季秋穀旦立

京389《永壽觀音庵碑》陽

萬古流芳

□□□□□行宣 施財信士

趙尚武銀壹兩 張五僧銀伍錢

白進忠銀柒兩 藍種玉銀伍兩

張明道銀拾兩 張定太銀貳兩

張三元銀叁兩 張孟甲銀伍錢

劉 四銀壹兩 劉 三銀貳兩

戴 成銀壹兩 傅 三銀伍錢 闞存住銀伍兩

徐 祥銀壹兩 闞鳳祥銀伍兩 魏自剛銀壹兩

鄧雲鳳銀伍兩 蕭得貴銀伍錢 張奇珍銀壹兩 立石

王起鳳銀叁兩 晋 五銀貳兩 李連秀銀壹兩

王黑子銀壹兩 馬萬成銀陸兩 韓世魁銀叁兩

孔明山銀伍錢 王起龍銀叁兩

王起蛟銀叁兩 李二哥銀貳兩

靳之仁銀伍兩 張胤魁銀伍錢

藍庭梅銀伍兩 姜化龍銀伍錢

李天爵銀壹兩 寇嘉印銀伍錢

信女袁門汪氏銀拾兩

京389《永壽觀音庵碑》陰

永壽觀音庵碑

額題:香燈聖會
首題:永壽觀音庵重修碑
年代:清康熙二十七年(1688)九月
原在地:西城區原觀音庵胡同
拓片尺寸:碑陽高190、寬100厘米,額高26、寬24厘米;碑陰高140、寬68厘米,額高29、寬28厘米
書體:正書
《目録》:頁276
拓片編號:京389
拓片録自:《北京圖書館藏中國歷代石刻拓本匯編》第64卷112-113頁

【碑陽】

額題:香燈聖會

碑文:

永壽觀音庵重修碑 1

此庵之建也,莫知其始。訪諸父老,云前朝萬曆年間,有一頭陀清夜誦經,梵聲達於宮 2 中。皇后耳而異之,嗣得其聲之所在,特命御用監太監董其工,新其貌,以明感應之靈, 3 使民知爲善之樂也。然軼事莫可詳,而規模亦甚狹。厥後 4 誥封光禄大夫副都統加一級阿思哈尼哈番吴公,諱學禮,我 5 世祖章皇帝定鼎勛臣也,書在竹帛,兹不復贅。考其生平,殆所謂慈悲者流歟,不私俸粮,又買 6 左右民居,增其舊址,悉隸於是庵,而是庵之規模始宏矣。當是時也,誰不曰一日傳之, 7 數世守之,永壽無疆,無復湫隘之患,非若官之力不至此。而實不圖值地震之灾也,殿 8 宇廊廡,無一尚存,向之巍然者,今也頹然;向之焕然者,今也黯然,曾幾何時而壯麗不 9 可再睹矣。此氣運之適然,直付之無可如何,安望好善者出,目擊心傷,不忍以香火之 10 金地而委諸草莽者哉。而正不然今 11 皇上神聖文武,三教并重,殊俗絶域,祝髮比丘猶招而懷之,俾參風旛之論,奉 12 佛法也,廣善類也。輦轂之下有不仰承 13 聖天子之雅化乎?無幾何而善士集矣,且廣集矣,或施金貲,或助粟米,鳩工庀財,期月告竣, 14 而其時之觀者皆謂某善士某善士,是踵事增華不在昔之作新者下也。然口碑不若 15 石碑之可久。爰掮石作而進之曰姓氏里居,勒諸貞珉,用垂不朽云。嗟夫,百年之内,三 16 改其觀,詎人情之喜新歟?抑勝地之不常有必然之數也。不有作者,孰開其美?不有繼 17 者,孰傳其盛?吾知前人所不及作而今人繼之,今人繼之而有不及作之,又烏知後人 18 而不繼今人也? 19

大清康熙二十七年歲次戊辰季秋穀旦立 20

【碑陰】

額題：萬古流芳

碑文：

□□□□□行宣施財信士：

趙尚武銀壹兩、白進忠銀柒兩、張明道銀拾兩、張三元銀叁兩、劉四銀壹兩、戴成銀壹兩、徐祥銀壹兩、鄧雲鳳銀伍兩、王起鳳銀叁兩、王黑子銀壹兩、孔明山銀伍錢、王起蛟銀叁兩、靳之仁銀伍兩、藍庭梅銀伍兩、李天爵銀壹兩。

張五僧銀伍錢、藍種玉銀伍兩、張定太銀貳兩、張孟甲銀伍錢、劉三銀貳兩、傅三銀伍錢、關鳳祥銀伍兩、蕭得貴銀伍錢、晋五銀貳兩、馬萬成銀陸兩、王起龍銀叁兩、李二哥銀貳兩、張胤魁銀伍錢、姜化龍銀伍錢、寇嘉印銀伍錢。

關存住銀伍兩、魏自剛銀壹兩、張奇珍銀壹兩、李連秀銀壹兩、韓世魁銀叁兩。

信女袁門汪氏銀拾兩。

立石。

重修永壽觀音庵碑記
阜城門內永壽觀音庵建自前明殿宇数椽基址甚狹至
大清國朝副都統吳公學禮捐貲修葺并購附近民居增益之規模始宏敉康熙年間地震
殿宇傾圮殆盡居人醵金再建并勒碑以紀其事迄今又百餘年矣日久失修而前殿
近復遭雷震益頹廢不堪有上雨旁風之患見者思為重葺顧工費繁鉅非旦夕所能
集重湛祥適住持斯庵覩茲荒廢觸目疚心爰發願趺坐禪關叩鐘誦經晝夜不懈足
不出戶者二百六十餘日四方仁人君子憫其艱苦發大慈悲各捨資財共襄盛舉前
後計得錢三千餘緡湛祥乃鳩工庀材剝落者新之頹朽者易之塈茨丹雘不数月而
頓復舊觀嗟乎是豈湛祥之始願所敢遽期者哉抑豈湛祥之獨力所克勝任者哉蓋
惟廣廈之營非一木之能建狐裘之美非一腋所能成在湛祥奉持釋教受戒沙門募
化興修事屬分內詎敢自居功德妄事鋪張惟念諸　檀越慷慨好施傾囊不吝俾百
餘年頹廢之地一旦煥乎改觀苟無以誌之將諸　檀越樂善之誠玉成之德胥歷久
湮沒則湛祥之罪滋深顧湛祥不文不足以闡揚懿美謹樹短碑聊記数語并鐫諸仁
人君子名氏於左匪獨湛祥詠仁戴德永矢勿諼且令後世緇流景仰前徽共曉然
於因緣之所自抑又聞之積善之家餘慶盛德之後必昌異時諸　檀越燕翼相承門
閭光大吉祥擁護福祿駢臻其理可憑斯其報應不爽將以是碑為獲報之徵也可即
以是碑為左券之操也亦無不可
皆
大清同治三年孟秋穀旦　住持戒衲曾湛祥立

京388《永壽觀音庵碑》陽

京 388《永壽觀音庵碑》陰

萬古流芳

重修永壽觀音庵碑記

皇城門内永壽觀音庵建自前明殿宇數椽基址甚狹至
大清國朝副都統吴公學禮捐貲修葺并購附近民居增益之規模始宏敞康熙年間地震殿宇傾圮殆盡居人醵金再建并勒碑以紀其事迄今又百餘年矣日久失修而前殿近復遭雷震益頹廢不堪有上雨旁風之患見者思爲重葺顧工費繁鉅非旦夕所能集事湛祥適住持斯庵睹兹荒廢觸目疚心爰發願趺坐禪關叩鐘誦經晝夜不輟足不出户者二百六十餘日四方仁人君子憫其艱苦發大慈悲各捨資財共襄盛舉前後計得錢三千餘緡湛祥乃鳩工庀材剥落者新之頹朽者易之塈茨丹雘不數月而頓復舊觀嗟乎是豈湛祥之始願所敢遽期者哉抑豈湛祥之獨力所克勝任者哉蓋惟廣厦之營非一木之能建狐裘之美非一腋所能成在湛祥奉持釋教受戒沙門募化興修事屬分内詎敢自居功德妄事鋪張惟念諸　檀越慷慨好施傾囊不吝俾百餘年頹廢之地一旦焕乎改觀苟無以志之將諸　檀越樂善之誠玉成之德胥歷久湮没則湛祥之罪滋深顧湛祥不文不足以闡揚懿美謹樹短碑聊記數語并鐫諸仁人君子名氏於左方匪獨湛祥咏仁戴德永矢勿諼且令後世緇流景仰前徽共曉然於因緣之所自抑又聞之積善之家餘慶盛德之後必昌異時諸　檀越燕翼相承門閭光大吉祥擁護福禄駢臻其理可憑斯其報應不爽將以是碑爲獲報之徵也可即以是碑爲左券之操也亦無不可

時　住持戒衲僧　湛祥

大清同治三年孟秋　穀旦　立

京388《永壽觀音庵碑》陽

漕溪派
大方智廣聞思定
覺慧圓明性海心
清淨融通常注果
湛然寂照本源深
傳漕溪派弟子法名湛祥號瑞徵立

經理善事功德大護法
欽命掌山東道監察御史辦理內城團防事務信官瑞印亨助錢五十吊轉化衆鋪户善信人等開列於後
阜城門內至馬市橋大街八段衆鋪户善信人等共助錢五百八十吊
錦什房街南北二段衆鋪户善信人等共助錢二百二十吊
宮門口五段衆鋪户善士人等共助錢貳百四十六吊　復成灰鋪助錢七十五吊
富潤成油局助錢二百吊轉化錢一百五十吊
田永順助錢二十吊轉化錢壹百三十吊　永來估衣局轉化錢二百四十九吊
以上七宗共助錢一千九百二十吊　徐逢春轉化錢伍拾三吊田茂助錢十三吊
欽命盛京將軍宗室玉明　信士楊明瑞　孟士隆　趙鳳珍各助錢叁拾吊　信官廉恩　桂昌　韋慶魁各助錢十吊
印務參領信官溥泰轉化　恒和廠磚三方　信士玉衡　宗室熙臣　張立志　袁長海各助錢二十吊
信女高氏助錢一千吊　瑞王福晋助錢十吊　趙氏轉化錢四十八吊　斌氏轉化錢二十七吊
穆金泰助錢三十吊轉化錢七十八吊　王樹亭助錢十五吊
格綳額助錢一百吊轉化錢一百吊
內旗壬子科進士信官永順助錢十六吊　衆善人等共助錢二百一十吊
欽命密雲副都統　世襲一等　英誠　公爵　信官　連印成轉化甯彤恩密邑衆善人等共助銀三十六兩
玆因無力油色金漆僧發心釘腮叩化衆善信人等復行捐資助善　大護法
信官瑞印亨助錢二十吊轉化衆鋪户人等開列於後　永恒號　玉衡　寶龍號　湧福坊　廣隆泰　泰山油店
恒利號　同興號　西義順　芝蘭軒　萬源號　天德號　四億號　山海糧店　廣泰糧店　利昌號
興隆振　復興號　義順號　福盛糧店　各助錢十吊　田永順　玉興號　永來號　豐隆泉寶億恒
各助錢二十吊　富潤成助錢三十吊　宮門口衆鋪户人等共助錢伍十二吊　油作劉文魁助工五天
杜興壽　玉崙　高榮貴　各助錢十吊

京388《永壽觀音庵碑》陰

永壽觀音庵碑

額題:萬古流芳
首題:重修永壽觀音庵碑記
年代:清同治三年(1864)七月
原在地:北京西城區觀音庵胡同
拓片尺寸:碑陽高 101、寬 61 厘米,額高 21、寬 16 厘米;碑陰高 101、寬 61 厘米,額高 21、寬 16 厘米
書體:正書
撰人:(僧)湛祥
《目録》:頁 352
拓片編號:京 388
碑文録自:《北京圖書館藏中國歷代石刻拓本匯編》第 83 卷 46–47 頁

【碑陽】

額題:萬古流芳

碑文:

重修永壽觀音庵碑記 *1*

阜城門内永壽觀音庵建自前明,殿宇數椽,基址甚狹,至 *2* 大清國朝副都統吴公學禮捐貲修葺,并購附近民居增益之,規模始宏敞。康熙年間地震,*3* 殿宇傾圮殆盡,居人醵金再建,并勒碑以紀其事。迄今又百餘年矣。日久失修,而前殿 *4* 近復遭雷震,益頹廢不堪,有上雨旁風之患。見者思爲重葺,顧工費繁鉅,非旦夕所能 *5* 集事。湛祥適住持斯庵,睹兹荒廢,觸目疚心,爰發願趺坐禪關,叩鐘誦經,晝夜不輟,足 *6* 不出户者二百六十餘日。四方仁人君子憫其艱苦,發大慈悲,各捨資財,共襄盛舉,前 *7* 後計得錢三千餘緡。湛祥乃鳩工庀材,剥落者新之,頹朽者易之,塈茨丹雘,不數月而 *8* 頓復舊觀。嗟乎,是豈湛祥之始願所敢遽期者哉? 抑豈湛祥之獨力所克勝任者哉? 蓋 *9* 惟廣厦之營,非一木之能建;狐裘之美,非一腋所能成。在湛祥奉持釋教,受戒沙門,募 *10* 化興修,事屬分内,詎敢自居功德,妄事鋪張。惟念諸檀越慷慨好施,傾囊不吝,俾百 *11* 餘年頹廢之地,一旦焕乎改觀,苟無以志之,將諸檀越樂善之誠、玉成之德,胥歷久 *12* 湮没,則湛祥之罪滋深。顧湛祥不文,不足以闡揚懿美,謹樹短碑,聊記數語,并鎸諸仁 *13* 人君子名氏於左方。匪獨湛祥咏仁戴德,永矢勿諼,且令後世緇流景仰前徽,共曉然 *14* 於因緣之所自。抑又聞之積善之家余慶,盛德之後必昌,異時諸檀越燕翼相承,門 *15* 閭光大,吉祥擁護,福禄駢臻,其理可憑,斯其報應不爽,將以是碑爲獲報之徵也可,即 *16* 以是碑爲左券之操也亦無不可。*17*

時 *18* 大清同治三年孟秋穀旦住持戒衲僧湛祥立。*19*

【碑陰】

額題：

　　漕溪派

　　大方智廣聞思定

　　覺慧圓明性海心

　　清净融通常注果

　　湛然寂照本源深

　　傳漕溪派弟子法名湛祥號瑞徵立

碑文：

經理善事功德大護法：1 欽命掌山東道監察御史辦理内城團防事務信官瑞印亨助錢五十吊，轉化衆鋪户善信人等開列於後。2

阜城門内至馬市橋大街八段衆鋪户善信人等共助錢五百八十吊，3 錦什房街南北二段衆鋪户善信人等共助錢二百二十吊，4 宫門口五段衆鋪户善士人等共助錢貳百四十六吊，復成灰鋪助錢七十五吊，5 富潤成油局助錢二百吊轉化錢一百五十吊，6 田永順助錢二十吊轉化錢壹百三十吊，永來估衣局轉化錢二百四十九吊。7

以上七宗共助錢一千九百二十吊。徐逢春轉化錢伍拾三吊，田茂助錢十三吊。8

欽命盛京將軍宗室玉明，信士楊明瑞、孟士隆、趙鳳珍各助錢叁拾吊，信官廉恩、桂昌、韋慶魁各助錢十吊，9 印務參領信官溥泰轉化恒和廠磚三方，信士玉衡、宗室熙臣、張立志、袁長海各助錢二十吊。10 信女高氏助錢一千吊，瑞王福晋助錢十吊，趙氏轉化錢四十八吊，斌氏轉化錢二十七吊，11 穆金泰助錢三十吊轉化錢七十八吊，王樹亭助錢十五吊，12 格綢額助錢一百吊轉化錢一百吊，13 内旗壬子科進士信官永順助錢十六吊，衆善人等共助錢二百一十吊。14

欽命密雲副都統世襲一等英誠公爵信官連印成轉化甯彤恩、密邑衆善人等共助銀三十六兩。15

兹因無力油色金漆，僧發心釘腮叩化衆善信人等復行捐資助善。大護法 16 信官瑞印亨助錢二十吊，轉化衆鋪户人等開列于後。永恒號、玉衡、寶龍號、湧福坊、廣隆泰、泰山油店。17 恒利號、同興號、西義順、芝蘭軒、萬源號、天德號、四億號、山海糧店、廣泰糧店、利昌號、18 興隆振、復興號、義順號、福盛糧店各助錢十吊。田永順、玉興號、永來號、豐隆泉寶億恒 19 各助錢二十吊，富潤成助錢三十吊，宫門口衆鋪户人等共助錢伍十二吊，油作劉文魁助工五天。20 杜興壽、玉崙、高榮貴各助錢十吊。21

真武廟（中廊下）

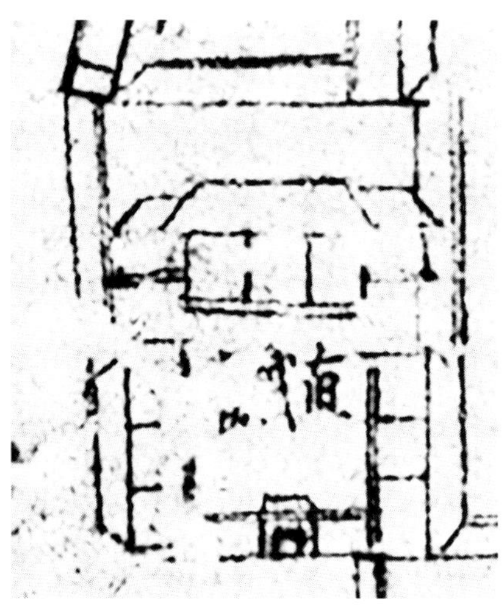

真武廟，原址爲内四區中廊下五號（今爲西城區中廊下胡同六十號），寺廟建築基本現存。

真武廟始建時間不詳，其址在朝天宫範圍内，應爲明末後就其遺址而建。清康熙三十八年（1699）十月，廟内造鐵鐘一口，銘文記明“朝天宫内真武廟獻”。清雍正四年（1726）九月十六日，因徒孫在外參學，無人照料香火，僧人寂善申請頂接住持之職，得到時任僧録司掌印務柏林寺住持的同意，更名入册，立有手本[1]。而僅僅在兩年之後（1728）僧録司登記時，中廊下真武廟却登記爲尼僧廟，有殿宇三間、禪房十二間，住持普玉。後真武廟歷代相傳，乾隆時已成爲鑲黄旗滿洲宫觀音保佐領下候補筆帖式克蒙額的香火廟。克蒙額自稱廟内原有法徒心德，自幼出家，體弱多病，不能焚修香火。於是於乾隆四十年（1775）六月十八日延請尼僧際誠在廟供奉香火，但并未隨本廟宗派改名，故真武廟名義上仍無僧尼住持。也許正是因此，《乾隆廟册》中不見此廟登記。至乾隆四十一年（1776）七月，際誠又收徒一名，起法名了興，但她半路出家，亦不能住持香火。乾隆四十二年（1777）七月，有濟王府内女子一名，情願出家，起法名心旺，在真武廟内焚修。於是心德（時年二十六歲）、了興（時年五十四歲）、心旺（時年二十七歲）三人同住廟内，由心旺擔任住持。乾隆四十四年（1779）在僧録司重領手本，并由廟主候補筆帖式克蒙額出具保結[2]。清乾隆五十年（1785），真武廟曾經重修，其門樓石

〔1〕北京市檔案館藏《北平市社會局·内四區宫門口中廊下真武廟尼人秀山呈請廟産及社會局的批示、通知》，檔案號 J2-8-298，1931-1936 年，頁十一。

〔2〕同上。

額立於此時。

此後直至民國年間，真武廟一直爲尼僧住持。民國八年（1919），尼僧秀山接廟，她俗家姓譚，北京人氏，九歲時出家，時年五十五歲。民國十九年（1930）寺廟登記時，廟内尼僧四人，均爲幼年出家。其中張姓女尼，法名靈山，爲秀山師弟。那姓女尼，法號隆寶，爲秀山徒弟。此時真武廟無山門，僅有門樓一間，南向，上有石額曰"真武廟"。門内首有大殿三間帶東西耳房各一間，正中大龕内供真武坐像一尊，泥胎金身，周公與桃花女分立左右。左間内正龕中供木質千手佛坐像，東墻下兩龕：一龕内供藥王泥像，左右各有一名童子。另一龕内供魔王坐像。此像類肖像，木製，光頭，雙跏趺坐，披坦右肩藏式僧衣，衣紋粗獷。雙手撫膝，頭微微左傾，目光左視。額頭寬大，皺紋堆累，顴骨高聳，形象清瘦，脖筋畢現。在木像之外另披對襟式僧衣，戴圓頂棉帽。右間内正供菩薩坐像三尊，均高尺許、木像金身，西墻下亦兩龕：一龕内供泥塑娘娘小像三尊，呆哥呆姐立於左右。另一龕内供王奶奶泥塑小像一尊。像前設宣德爐一口。正殿内有無字鐵鐘二口、光緒十六年（1890）造小鐵磬一口。正殿外有東西配殿各二間。院内有槐樹二株、柏樹一株，康熙三十八年（1699）所鑄鐵鐘仍懸於廊下。南墻下有石質旗桿座一方，正殿後另有小空院一所，與乾隆《京城全圖》所繪完全一致[1]。秀山雖然仍在世，但體弱多病，不常在廟内居住，廟務由靈山代管。民國二十四年（1935），秀山圓寂，本應由隆寶接任住持。但因隆寶"久出不歸"，乃由其徒崑悦繼任。崑悦亦北平人士，俗家姓才，三歲時出家，時年方十四，難以照管廟務，於是由靈山之徒隆旺代管寺廟[2]。

崑悦與隆旺并未長期住持，民國二十八年（1939）時，真武廟住持已换成浙江籍女尼隆道。因鄰房張寶楚蓋房，隆道將正殿後空院與張氏互换，但寺廟格局并未改變[3]。民國三十二年（1943），真武廟内新立石經幢一座，上刻佛號，并刻"中華民國三十二年六月十九日吉立"字樣。1945 年警察局調查時，記録廟内除了原有的真武大帝、大悲觀音外，還有釋迦佛、韋陀、王靈官、地母神像，而魔王、藥王、王奶奶、三尊娘娘小像等却不見登記[4]。廟内還新增鐵磬一口，爲道光二十七年（1847）八月初一日所獻，應從其它廟中新近移來。隆道仍任住持，自稱傳臨濟宗[5]。1948 年，隆道回上海娘家，因交通阻礙未能返平。1949–1950 年民政局登記時，真武廟内尚有能修、昌智兩名女尼。佛殿房屋共十三間，三間供佛、出租四間，每月收入租金七十斤小米，尼僧靠做針綫活維持生活[6]。1952 年時，僅能修一人在民政局登記，她自稱原籍北京，時年二十八歲，真武廟廟産估值共 25 萬[7]。

廟内住户對神像與女尼還有印象，據他們回憶，正殿三間内原有三尊神像，均爲威嚴狀，如"凶神惡煞"一般。其中一尊手中拿著寶劍，也許正是真武。尼僧二人，一高一矮，年齡相仿。1949 年以後，廟産收歸國有，尼僧還俗，住在大殿西耳房内。二尼没有工作，據説靠政府救濟爲生，但房内仍常設神像供桌，每日茹素、爲神上供，從不停歇，院内兒童常去偷吃供品。大殿被房管局對外出租，

[1] 國立北平研究院《真武廟》，0136。此次調查登記的文字記録中，記真武廟東西配殿各三間，帶兩間小耳房，與同時調查所繪之平面圖不符，亦與居民回憶和廟房現狀不符。今據平面圖改。

[2] 北京市檔案館藏《北平市社會局·内四區宫門口中廊下真武廟尼人秀山呈請廟産及社會局的批示、通知》，檔案號 J2-8-298，1931-1936 年，頁四十七至五十八。

[3] 同上，頁六十八。

[4]《北平寺廟調查一覽表》。

[5] 北京市檔案館藏《北平市民政局·北平市各區寺廟總登記考察簿》，檔案號 J3-1-237，1947-1948 年，頁二十四。

[6] 北京市檔案館藏《北平市民政局民族事務科·本市寺廟情況查詢記録》，檔案號 196-1-4，1949 年，頁十一。北京市檔案館藏《北平市民政局·北平市寺廟總登記簿（第一册）》，檔案號 J3-1-203，1950 年，頁三十二。

[7] 北京市佛教協會藏《北平市民政局民族事務科·西四區僧、尼寺廟登記表》，檔案號 196-1-18，1952 年，頁九十五。

神像用紙糊在壁後，前面住人。殿後房屋早已倒塌，成一片空地，兒童可在院内練習騎車。20 世紀 60 年代，二尼相繼在院内去世，"文化大革命" 期間神像被砸，石經幢也被埋在大門口地下。2010 年危房改造時，院内所有房屋均落架重修，但基本保持原有格局。

2016 年調查時，真武廟現存正殿三間帶東西耳房，東西廂房各三間，仍基本保持《京城全圖》所繪原狀。院内原有槐樹兩株，今僅剩山門内東首一株。原後院處見縫插針蓋滿建築，亦已不屬真武廟院内。

真武廟正殿（2013 年 9 月 曉松攝）

延福吕祖廟

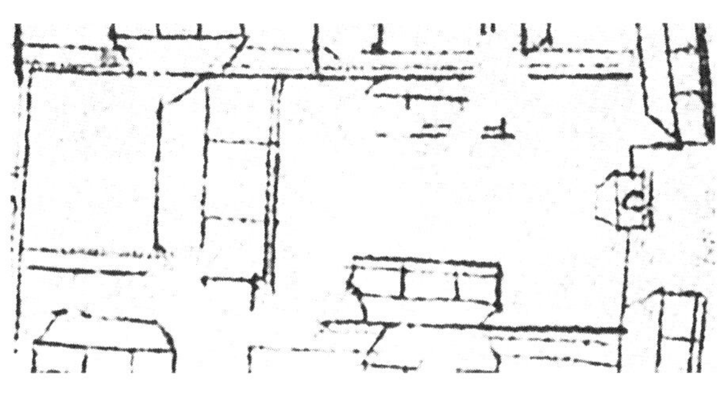

延福吕祖廟，亦名延福廟、吕祖廟，建築似已繪在乾隆《京城全圖》上，然不見標註。原址爲内四區北溝沿路西二百零八號（今西城區趙登禹路三百三十七號），寺廟建築基本現存。廟内原有碑刻三通，分别爲：明嘉靖三十三年（1554）《延福廟碑》、萬曆八年（1580）《延福廟碑》和民國九年（1920）《延福廟碑》。最後一碑字迹混亂，似爲嘉靖年間重修題名碑鑿去原文後重刻而成。

延福吕祖廟始建於明成化八年（1472），時敕賜廟額曰"延福"，僅有殿宇一座三間[1]。至嘉靖庚寅年（1530），司禮監太監掌監事龍山黄公，與其弟都督龍潭公相議興修，買下周圍民居十餘間，拓展廟基、重新殿宇。至嘉靖壬子年（1552），都督潤川、忍川二公[2]，聯合錦衣衛黄安（南峰公）、黄用（西泉公）等人，各捐己資，再爲鼎建。原有一座殿宇增至三層，前置一厦，東西各加配殿三間，以奉元君。其餘山門、方丈等靡不具備。興建完成後，延請朝天宫贊教胡道士於内住持焚修。爲道士朝夕贊唄、夙興法事計，錦衣衛黄安、黄用二人又聯合同僚黄倫、黄誥、黄詔等人增益供器、補建道房。胡贊教爲記其事，延請賜進士第觀户部政張大化撰碑，是爲嘉靖三十三年（1554）之《延福廟碑》[3]。至萬曆年間，延福吕祖廟與黄姓太監、錦衣衛之間的關係已無迹可循，但廟仍爲道録司派道士住持。萬曆五年（1577）道士王承俊奉檄主廟。萬

〔1〕明嘉靖三十三年（1554）《延福廟碑》，京378，《北京圖書館藏中國歷代石刻拓本匯編》卷五十五，頁一百八十六。

〔2〕據民國九年（1920）《延福廟碑》中的殘存字迹，可能是右軍都督府右都督黄駿、指揮黄鎧。民國九年（1920）《延福廟碑》，京377，據首都圖書館藏原拓片録文。

〔3〕明嘉靖三十三年（1554）《延福廟碑》。

曆八年（1580），工部文思院副使李君鳳某次在廟内貢獻祭拜，見廟貌頹敗而徘徊良久，於是出己金并親自擬度，又得當地里中長老聞風捐資，募化衆人，醵金若干，廟乃得重修。但從此時建廟記録來看，延福吕祖廟規模又有縮小，原有之前後殿、東西配殿不見記録。廟首列旗桿，中爲正殿一座三間，其餘則廊廡區舍以及庖湢道房等。李君鳳專門爲道士打點薪米資度，供其徒衆在廟焚修傳法。事畢，李君延請都人、時任陝西按察副使的劉效祖撰碑，即明萬曆八年（1580）的《延福廟碑》。從碑陰題名來看，此次重修捐資的信官、信士約有二百餘人，除了御用監、尚衣監等各處太監外，還有錦衣衛、鴻臚寺及其他信官、善信輻湊捐資。碑末記有捐資信女六人，均爲李家媳婦及其女兒。另有各作工匠九人題名[1]。

入清以後，延福吕祖廟資料缺如。不僅《京城全圖》不見標註，地方文獻及僧録司登記廟册中亦無所見。廟内曾有清康熙二十八年（1689）秋鐵磬一口，清光緒十五年（1889）鐵爐一座，證清代香火之未絶，可能久爲道士所住持。至清末，延福廟已正式更名吕祖廟，并成爲太監道士之廟。

清末重華宫[2]首領太監張清泉，拜清微派道士李立真爲師，又收同道陳玉峰等人爲徒。民國九年（1920），張清泉、陳玉峰、李光潤與清皇室御前大臣嵩靈四人同捐己資、募化衆人，接管此廟并重修。陳玉峰（又名陳雙元）爲住持，定廟名爲"延福吕祖廟"，并立《延福寺碑》和山門石額爲證[3]。此次重修亦有另説，張清泉的徒弟袁玉祥稱，此廟由同治榮惠太妃[4]出資所購，賞與張清泉（即張來升）、陳玉峰、嵩齡等人養老所用[5]。而陳玉峰的侄子媳婦陳王氏則稱，陳玉峰已出資將張清泉、嵩齡等人所出款項結清，廟屬他個人所有[6]。民國十二年（1923），因鄰近承公府内一段空地與本廟毘連，在胡初君的提倡募化下，承公允諾將此地施與廟内，作爲香火地，陳玉峰立"樂善好施"匾以頌承公功德。

1931 年國立北平研究院調查時，延福吕祖廟位於北溝沿路西，坐西北朝東南。首有山門殿一間，左右耳房各二間。東耳房上有木額："延福吕祖廟，庚申四月十四日，住持弟子陳玉峰等重修。"後爲過廳殿三間，中一間爲穿堂，上懸"樂善好施"匾，左右兩間奉神像，相向而供。左爲真武坐像，兩旁立像二尊，前有鐵三供一份、泥質龜蛇各一。右爲泥像五尊，分别爲山神、二郎、關帝、玄壇和土地。周倉、關平侍於關帝兩側。北門檻上還供泥塑靈官小像一尊。過廳後爲正殿，三間帶前廊一間，爲吕祖殿。中供泥塑吕祖坐像，前後三尊，龕上木額曰"孚佑帝君"，有慈禧之印，落款爲弟子陳玉峰等敬獻。左間供馬王、關公、火神三尊泥像，周倉、關平侍立。像上紙額"佛光普照"，亦慈禧御筆。右間供眼光、天仙、子孫娘娘三尊泥像，左右立像各一尊，像上紙額爲"普渡衆生"。殿前東西配殿各三間，内無神像。院中大槐樹兩株，樹下立光緒年鐵爐，兩通明代《延福寺碑》分列左右。正院旁有東小院一所，内僅北房四間，東西房各二間。張清泉、陳玉峰等并不在廟内居住，吕祖廟由俗人李福田看管[7]。

民國二十五年（1936），陳玉峰以"吕祖廟"爲名在社會局登記，領有寺廟登記證。此時廟内有

---

[1] 明萬曆八年（1580）《延福廟碑》，京 379，《北京圖書館藏中國歷代石刻拓本匯編》卷五十七，頁八十一至八十二。

[2] 關於重華宫，可參見本書五排六段"三官廟""三聖祠（景山后街）"條。

[3] 民國九年（1920）《延福廟碑》，京 377，據首都圖書館原拓本録文。

[4] 即同治帝之瑨妃（1855–1933），西林覺羅氏。

[5] 北京市檔案館藏《北平市社會局·市民來順、瑞祥等關於以管理人員資格辦理内四區吕祖廟登記手續的呈及民政局的批示》，檔案號 J2-8-1246，1939-1941 年，頁二十二。

[6] 同上，頁十九至二十。

[7] 國立北平研究院《延福吕祖廟》，0128。

房屋三十一間半、神像三十尊[1]。次年，陳玉峰病逝，其侄子陳芝蘭爲其治喪送葬，并隨後接管了吕祖廟，全家搬入廟内居住。因舉債甚多，陳芝蘭將廟産抵押與尼僧瑞明，後者也是陳芝蘭妻子的堂姐[2]。民國二十八年（1939），張清泉之徒、亦爲太監道士、常住北長街興隆寺[3]的袁玉祥以俗人霸占廟産爲由，向社會局起訴陳芝蘭一家。社會局判定此事自行了結，廟産由北平道教會暫行接收保管[4]。道教會將廟産交予道姑吴義瑞，但她前去接收廟産時，發現尼僧瑞明已將廟産讓與日本人開設猪原洋行家具製作部，廟内一應神像法物全無，日人態度强横，雙方爆發衝突。吴義瑞因此上訴日本大使館，而瑞明之徒來順、瑞祥也同時宣稱自己應繼承廟産[5]。

至1949年北平市民政局登記時，尼僧來順已正式接任住持。此時廟内房屋仍有三十一間半，其中十七間用於出租，月收租金百餘元。廟内住瑞祥等尼僧三人，以紡織手工打麻繩爲生。故宫博物院職工康福源代來順等人進行寺廟登記[6]。1952年寺廟登記時，廟内房屋間數不變，住持换成了瑞祥，并多報附屬房産十一間半[7]。20世紀50年代文物局調查時，記此廟名爲吕祖殿，坐西朝東，中軸綫上自東往西依次有山門面闊一間，筒瓦頂硬山調大脊；前殿面闊三間，筒瓦硬山頂箍頭脊，南北配殿面闊各三間，合瓦硬山頂箍頭脊；正殿面闊三間，明間前出軒。北跨院内有北房及東西房，合瓦頂[8]。

廟内居民還記得來順瑞祥兩位尼僧，但對太監道士已全無印象。據他們回憶，來順年長，瑞祥年輕，大約是1920年間生人。20世紀50年代時，瑞祥還俗，嫁給一位三輪車夫，但仍住在廟内南厢房中。當時廟内還有香火，大殿中尚停放棺材。“文革”時期，來順被批鬥，死在廟内，石碑和香爐座等皆被埋入地下。瑞祥無兒女收入，有時在街道辦事處做點事以維持生活，上世紀70年代，她丈夫去世，她亦改嫁搬走。1989年，東跨院内房屋全部翻建。2003年，正院失火，2005年大殿翻建，2006-2007年間，大殿前院被改造，一度開過小飯館。

2014年調查時，吕祖廟基本保持原狀，現仍有正院兩進、東北小跨院一所。正院内第一進内有南北小房，經木門通向大殿。大殿三間，翻修後基本保持明代原狀，前出抱厦，左右厢房均帶前出廊。院内石碑、鐵爐、槐樹等均已無存，現僅棗樹一株。跨院内爲三合院樣式，現有東西北房各三間。現小飯館等均已無存，所有房屋均爲居民住家院落。2019年調查時，由於趙登禹路整治拓寬，前院拆除部分，木門亦已無存，正院兩進合并爲一進。東北小跨院仍在，但北房已塌。

---

〔1〕北京市檔案館藏《北平市社會局·内四區吕祖廟住持吴文瑞送寺廟登記表及社會局的批示》，檔案號J2-8-1325，1941年，頁十九。

〔2〕北京市檔案館藏《北平市社會局·市民來順、瑞祥等關於以管理人員資格辦理内四區吕祖廟登記手續的呈及民政局的批示》，檔案號J2-8-1246，1939-1941年，頁二十四。

〔3〕見乾隆《京城全圖》七排七段。

〔4〕北京市檔案館藏《北平市社會局·市民來順、瑞祥等關於以管理人員資格辦理内四區吕祖廟登記手續的呈及民政局的批示》，檔案號J2-8-1246，1939-1941年，頁十二至十八。

〔5〕同上，頁四至六。另見北京市檔案館藏《北平市社會局·内四區吕祖廟住持吴文瑞送寺廟登記表及社會局的批示》，頁九至十。

〔6〕北京市檔案館藏《北平市民政局民族事務科·本市寺廟情况查詢記録》，檔案號196-1-3，1949年，頁七至九。

〔7〕北京市佛教協會藏《北平市民政局民族事務科·西四區僧、尼寺廟登記表》，檔案號196-1-18，1952年，頁九十五。

〔8〕《中國文物地圖集·北京分册（下）》，頁七十七。

吕祖廟（2013 年 9 月 曉松攝）

京 378《延福廟碑》陽

重修延福廟碑記

重修延福廟碑記

都城内馬市橋迤北故有

玄帝廟一區肇自成化壬辰歲奉

敕賜額曰延福一方之人□禮禱祀所恃以庇祐者非朝夕矣第

聖殿僅僅一楹幾□□民□之後殊未達以表

聖德而[妥]神靈嘉靖庚寅

司禮監太監掌監事龍山黄翁過而□□遂與其弟都督龍潭公議而拓之以兼價買民居

十餘間□□□且建用行化□□爲疏□易湫隘以軒豁一時觀者咸忻忻焉以瞻禮爲

便矣及壬子歲都督澗川忍川二公以繩祖武而光前烈乃携錦衣南峰公安西泉公用各

大捐俸囊再爲鼎建殿一也而闢以三前置一厦東西各益配殿三間以奉

元君　□□□□□□有杆鐘鼓有樓棟宇飛翬壁墁流彩山門巍如方丈飭如龍山翁志所

□□□□□□□矣因命朝

天宫贊[教]□□□□□□□住持事焚修於内上以祝延

萬壽

國家生民之胥賴者誠亨□哉南峰西泉二公并有賢胤若倫若誥若詔皆錦衣揮使也又爲

之增其供器補其道房俾一廟之内罔有缺遺則三錦衣亦與有力焉工既竣胡贊教欲勒

其事以垂永久余唯是廟也始於成化壬辰歷數十年而龍山翁拓其基又數年而都督諸

公□其□使頽然孤廟改爲一方之雄視然則黄氏之用心亦勤矣書稱作善降祥易言積

善餘慶感應之理自不可誣者廟曰延福固若有待於黄氏而名者歟謹叙其顛末以

贊教官用識歲月云

嘉靖甲寅三月朔吉　賜進士第觀户部政春野張大化撰　龍驤衛前所百户南燕侯章書 工部文思院副使新（下泐）

京378《延福廟碑》陽

延福廟碑

額題:重修延福廟碑記
首題:重修延福廟碑記
年代:明嘉靖三十三年(1554)三月一日
原在地:西城區北溝沿胡同
拓片尺寸:碑身高121、寬86厘米,額高31、寬32厘米
書體:正書并篆額
撰人:張大化
書人:侯章
出處:《北京圖書館藏中國歷代石刻拓本匯編》第55卷186頁
北圖編號:京378

【碑陽】

額題:重修延福廟碑記

正文:

重修延福廟碑記。*1*

都城内馬市橋迤北,故有 *2* 玄帝廟一區,肇自成化壬辰歲,奉 *3* 敕賜額曰"延福"。一方之人□禮禱祀,所恃以庇祐者,非朝夕矣。第 *4* 聖殿僅僅一楹,幾□□□民□之後,殊未達以表 *5* 聖德而妥神靈。嘉靖庚寅,*6* 司禮監太監掌監事龍山黄翁過而□□,遂與其弟都督龍潭公議而拓之,以兼價買民居 *7* 十餘間,□□□□且建用行,化□□爲疏□,易湫隘以軒豁。一時觀者咸忻忻焉,以瞻禮爲 *8* 便矣。及壬子歲,都督澗川、忍川二公,以繩祖武而光前烈,乃携錦衣南峰公安、西泉公用,各 *9* 大捐俸囊,再爲鼎建。殿一也而闢以三,前置一厦,東西各益配殿三間,以奉 *10* 元君□□□□□□□有杆,鐘鼓有樓。棟宇飛翬,壁墁流彩。山門巍如,方丈飭如。龍山翁志所 *11* □□□□□□□矣。因命朝 *12* 天宫贊教□□□□□□住持事焚修於内。上以祝延 *13* 萬壽。*14* 國家生民之胥賴者,誠享□哉。南峰、西泉二公,并有賢胤若倫、若誥、若詔,皆錦衣揮使也,又爲 *15* 之增其供器,補其道房,俾一廟之内罔有缺遺,則三錦衣亦與有力焉。工既竣,胡贊教欲勒 *16* 其事以垂永久。余唯是廟也,始於成化壬辰,歷數十年而龍山翁拓其基,又數年而都督諸 *17* 公□其□,使頹然孤廟改爲一方之雄視,然則黄氏之用心亦勤矣。《書》稱"作善降祥",《易》言"積 *18* 善餘慶",感應之理,自不可誣者。廟曰"延福",固若有待於黄氏而名者歟?謹叙其顛末,以 *19* 贊教官用識歲月云。*20*

嘉靖甲寅三月朔吉,賜進士第觀户部政春野張大化撰,龍驤衛前所百户南燕侯章書,工部文思院副使新(下泐)。*21*

京379《延福廟碑》陽

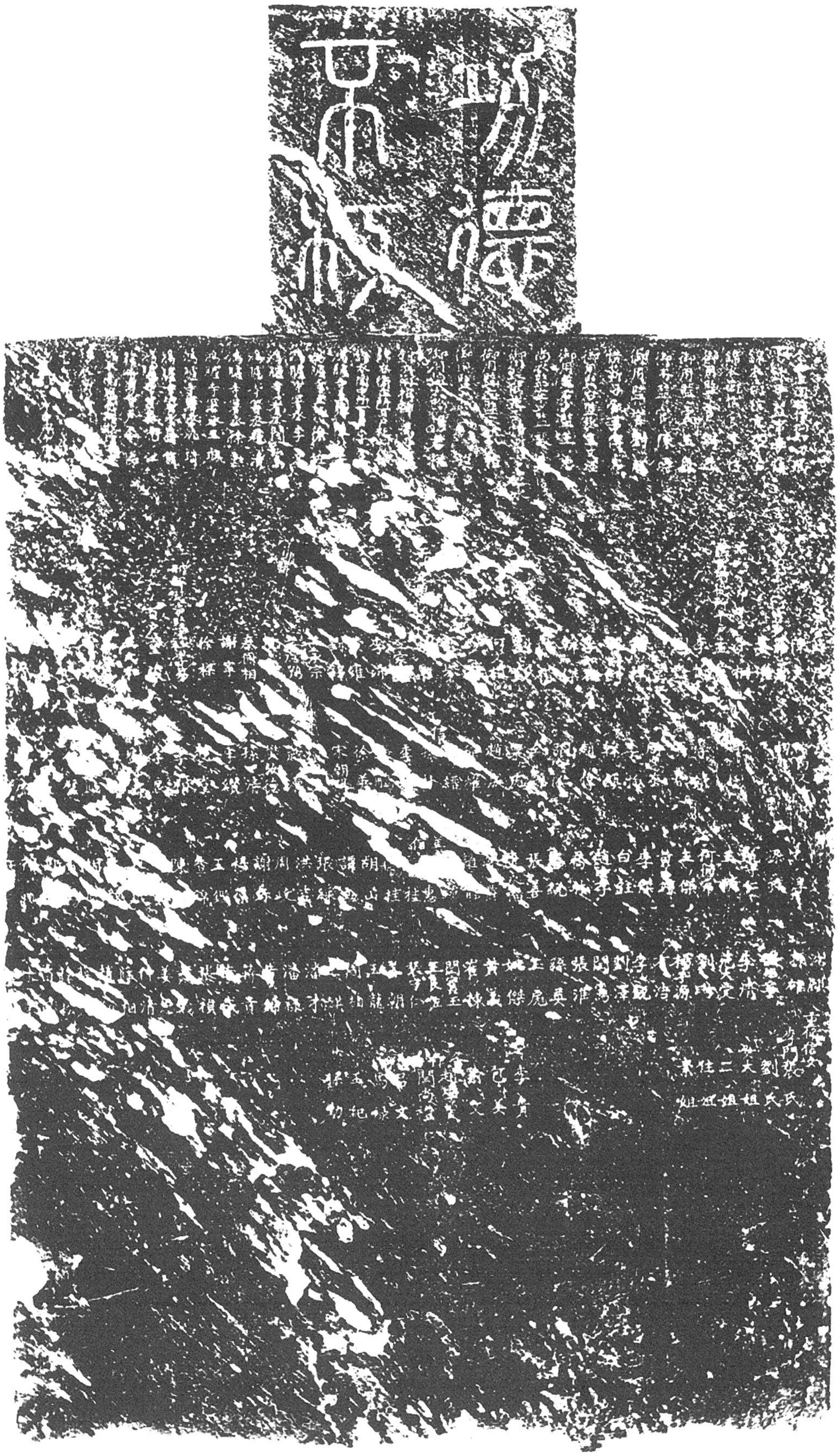

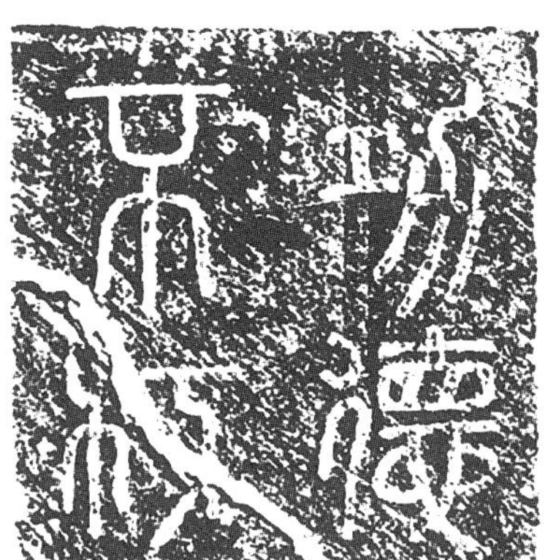

京 379《延福廟碑》陰

敕賜延福廟重修記

敕賜延福廟重修記

都城馬市橋北舊有玄帝廟始自成化間創者不知誰何氏今無攷嘉靖庚寅年大司
禮龍山黄公爲重葺之今踰三十年所埃墨漏罅視昔彌甚工部文思院副使李君鳳
嘗觴享於斯低回久之於是斥資用之餘若干金自爲凝度而里中長者聞風又助得
若干首爲闢鍵列旌戟之嚴中爲殿三楹寶像珍龕煒如焕如而廊廡區舍以及庖湢
一切罔不斧藻維新李君聞謁余言以記歲月且延余指視之余謂天地定位山川奠
形莫不有神司之記曰明有禮樂幽有鬼神斯祠廟之所由興也今都城以内清觀紫
宮間與諸浮屠相櫛比顧天督之教精靈起滅淪浹人心者十且八九而嘉嚮玄元者
□□□焉乃李君能繼龍山公之芳躅而慨然有是舉斯其意豈不曰玄武之教貴在
□□□□之規所重壯麗且廟在闤闠總總間日有禳祀者至即任其傾敝若斯而靈
琮真氣何以教對□之心乎以是搴旗揭鼓爲丞黎作指南固非專爲一己資福利也
假□□方□賄在□捐縻□自惜而辟倪者知其無益誰爲加一力乎聞廟既鼎新遠
□□□□□□□無虚日光是有羽士王承俊者丁丑歲祠部檄來主兹廟養素探
真□□無爲□□在□李君益推轂□□給以薪米資度其徒衆凡幾人日周旋熙事
□□□
聖王於□爲□下□□□□□厘□□功隆當與廟貌并巃嵸而玄武有靈當爲君函蒙
祉福□傳氓庶□□依毋乃不可乎李君聞余言逡循謝曰斯非鳳意也余益韙君之
職因附著之工始於萬曆己卯春三月上旬訖於庚辰孟夏之吉
都人前庚戌進士陝西按察副使劉效祖記　工部文思院副使東□□□□　梁文學鐫

京379《延福廟碑》陽

功德
不朽

金□□衛指揮同知□□
□□寺監事李□
錦衣衛信官□□
錦衣衛信官李□
御用監官□□
御用監官王□
御用監官陳時
御用監官劉□
惜薪司官事傅壽
御用監右監丞□文經
御用監右少監王忠
尚衣監左少監張□
御用監（泐）承
御用監左監丞□□
御用監左監□□□
御用監太監□□
錦衣衛指揮馮□□
錦衣衛左所百户張□□
錦衣衛中所百户李□
鴻臚寺主簿陳□
鴻臚寺主簿徐□
鴻臚寺署丞李□
鴻臚寺署丞閻□
鴻臚寺署丞趙清
鴻臚寺署丞徐勛
鴻臚寺署丞王珮
鴻臚寺署丞□琦
鴻臚寺署丞□□
（左六行漫漶）

薛□
陳□
□□
姜□
余□
□□□後所千户孟□
李忻
劉□
□□
□□
□祥
□□□
李如□
韓傑
□□
劉□
何文相
□□
□舉
□□□副使□□
□宗□
李□
李雍
劉鐸
董承宗
□□鴞
□□
秦國相
謝寧
徐櫟
刑部□事監生□學易
百户董俊
王大和
（左漫漶）

信官

□尚文
□□□
□□□
□□□
□□
□□
□春
周學□
李□
韓頌
趙偉
張□仁
同□
栗□
趙成
徐燿
□縉
孫□
李□
張鵬
徐英
宋朝陽
□□
蕭濆
樊汝德
孫清
李纘
趙堂
李□
李良
劉□壽
□□
□鳳
□璧
史□
□□

善信

□□
王淳
孫□
甄守仁
王□
何圓常
王傑
黃□
李傑
白鈺
趙□孝
喬林
馬鋭
張善
唐永福
□爵
趙能
□□□
□惠
□桂
□桂
胡山
譚□
張綵
洪古
周政
謝□
楊□
王鑑
查錦
陳□
（左漫漶）

□麒
孫雄
□□寧
李清
范天覺
劉□
楊子源
□浩
李鋭
劉澤
閻鸞
張淮
孫英
王彪
姚傑
黃義
崔棟
閻寶玉
王良佐
張守仁
姜朝
王龍
周相
□麒
潘才
潘禄
黃錦
蔣貴
□成
張禎
戴□
姜□
仲清
薛相
趙□
蔣□
薛松
苗□
□□

重修信女
李門張氏
劉氏
女大姐
二姐
住姐
素姐

各作

李貴
包美
俞文
趙學曾
閻尚禮
呂文
馬禄
王紀
孫勤

京379《延福廟碑》陰

延福廟碑

額題：敕賜延福廟重修記（陽）、功德不朽（陰）
首題：敕賜延福廟重修記
年代：明萬曆八年（1580）四月
原在地：西城區北溝沿胡同
拓片尺寸：碑身高 115、寬 85 厘米，額高 37、寬 31 厘米
書體：正書并篆額
撰人：劉效祖
刻工：梁文學
出處：《北京圖書館藏中國歷代石刻拓本匯編》第 57 卷 81–82 頁
北圖編號：京 379

【碑陽】
額題：敕賜延福廟重修記
正文：

敕賜延福廟重修記 1

都城馬市橋北舊有玄帝廟，始自成化間，創者不知誰何氏，今無攷。嘉靖庚寅年，大司 2 禮龍山黄公爲重葺之，今踰三十年所。埃墨漏罅，視昔彌甚。工部文思院副使李君鳳 3 嘗觴享於斯，低回久之，於是斥資，用之餘若干金，自爲凝度。而里中長者聞風，又助得 4 若干。首爲闢鍵，列旌戟之嚴。中爲殿三楹，寶像珍龕，煒如焕如。而廊廡區舍以及庖湢 5 一切，罔不斧藻維新。李君聞，謁余言以記歲月，且延余指視之。余謂天地定位、山川奠 6 形，莫不有神司之。記曰：明有禮樂，幽有鬼神，斯祠廟之所由興也。今都城以内，清觀紫 7 宫，間與諸浮屠相櫛比顧。天督之教，精靈起滅，淪浹人心者，十且八九。而嘉嚮玄元者，8 □□□焉。乃李君能繼龍山公之芳躅而慨然有是舉，斯其意豈不曰，玄武之教，貴在 9 □□，□□之規，所重壯麗。且廟在闤闠總總間，日有禳祀者。至即任其傾敝若斯，而靈 10 琮真氣何以教對□之心乎？以是搴旗揭鼓，爲丞黎作指南，固非專爲一己資福利也。11 假□□方□賄在□捐縻□自惜，而辟倪者知其無益，誰爲加一力乎？聞廟既鼎新，遠 12 □□□□□□□□無虚日光。是有羽士王承俊者，丁丑歲，祠部檄來主玆廟。養素探 13 真，□□無爲，□□在□。李君益推轂□□，給以薪米資度。其徒衆凡幾人，日周旋熙事 14 □□□ 15 聖王於□爲□下□□□□□□厘□□功隆當與廟貌并巃嵸。而玄武有靈，當爲君凾蒙 16 祉福，□傳氓庶□□依，毋乃不可乎？李君聞余言，逡循謝曰：斯非鳳意也。余益韙君之 17 職，因附著之。工始於萬曆己卯春三月上旬，訖於庚辰孟夏之吉。18

都人前庚戌進士陝西按察副使劉效祖記，工部文思院副使東□□□□，19 梁文學鐫。20

【碑陰】

額題 功德不朽

正文：

金□□衛指揮同知□□、□□寺監事李□、錦衣衛信官□□、錦衣衛信官李□、御用監官□□、御用監官王□、御用監官陳時、御用監官劉□、惜薪司官事傅壽、御用監右監丞□文經、御用監右少監王忠、尚衣監左少監張□、御用監（泐）承、御用監左監丞□□、御用監左監□□□、御用監太監□□□、錦衣衛指揮馮□□、錦衣衛左所百户張□□、錦衣衛中所百户李□、鴻臚寺主簿陳□、鴻臚寺主簿徐□、鴻臚寺署丞李□、鴻臚寺署丞閻□、鴻臚寺署丞趙清、鴻臚寺署丞徐勛、鴻臚寺署丞王珮、鴻臚寺署丞□琦、鴻臚寺署丞□□（左六行漫漶）。

薛□、陳□、□□、姜□、余□、□□□後所千户孟□、李忻、劉□、□□、□祥、□□□、李如□、韓傑、□□、劉□、何文相、□□、□舉、□□□副使□□、□宗□、李□、李雍、劉鐸、董承宗、□□鶚、□□、秦國相、謝寧、徐樑、刑部□事監生□學易、百户董俊、王大和（左漫漶）。

信官：□尚文、□□□、□□□、□□□、□□、□□、□春、周學□、李□、韓頌、趙偉、張□仁、同□、栗□、趙成、徐燿、□縉、孫□、李□、張鵬、徐英、宋朝陽、□□、蕭濆、樊汝德、孫清、李纘、趙堂、李□、李良、劉□壽、□□、□鳳、□璧、史□、□□。

善信：□□、王淳、孫□、甄守仁、王□、何圓常、王傑、黄□、李傑、白鈺、趙□孝、喬林、馬鋭、張善、唐永福、□爵、趙能、□□□、□惠、□桂、□桂、胡山、譚□、張綵、洪吉、周政、謝□、楊□、王鑑、査錦、陳□（左漫漶）。

□麒、孫雄、□□寧、李清、范天覺、劉□、楊子源、□浩、李鋭、劉澤、閻鸞、張淮、孫英、王彪、姚傑、黄義、崔棟、閻寶玉、王良佐、張守仁、姜朝、王龍、周相、□麒、潘才、潘禄、黄錦、蔣貴、□成、張禎、戴□、姜□、仲清、薛相、趙□、蔣□、薛松、苗□、□□。

重修信女：李門張氏、劉氏，女大姐、二姐、住姐、素姐。各作：李貴、包美、俞文、趙學曾、閻尚禮、吕文、馬禄、王紀、孫勤。

萬古流芳

敕賜延福廟建立以來至今數百年矣昔者每逢頹朽屢有善士補葺今又年久
失修□廡傾斜榱柱未齊又經嵩靈山主張清泉與陳玉峰等同心助資協
力補葺觀此廟宇煥然一新且施筆紀之不朽也

□□□指揮□□
韋福
吕志濱
黄倫 李華
信士弟子清皇室御前大臣 嵩 靈
□□ 張清泉
黄堆 重華宫首領 陳玉峰
黄安 本廟住持官道朝□ 李廣潤
黄用 陳紹寅
黄相
魏忠
柳浩
黄誥
黄□
□□

□□事右軍都督府右都督黄駿
□□□□□後軍都督府□□□□ 錦衣衛□□千百户
□□司指揮黄鎧
□□庚申年四月十四日 重修

京377《延福廟碑》陽

延福廟碑

額題:萬古流芳
首題:
年代:民國九年(1920)
原在地:西城區北溝沿胡同
拓片尺寸:碑身高121、寬83厘米,額高30、寬32厘米
書體:正書并篆額
出處:據首都圖書館藏原拓本録文。此碑爲嘉靖原碑上重刻,且明碑原文并未盡數鑿去,今按可辨字迹盡數録文。
北圖編號:京377

【碑陽】

額題:萬古流芳

正文:

敕賜延福廟建立以來,至今數百年矣。昔者每逢頹朽,屢有善士補葺。今又年久1失修,□廡傾斜,榱柱未齊。又經嵩靈山主、張清泉與陳玉峰等同心助資,協2力補葺,觀此廟宇焕然一新,且施肇紀之不朽也。3

□□□□□後軍都督府□□□□。□□事右軍都督府右都督黄駿。□□司指揮黄鎧。□□□指揮□□。錦衣衛□□千百户韋福、吕志濱、黄倫、□□、黄堆、黄安、黄用、黄相、魏忠、柳浩、黄誥、黄□、□□。

信士弟子清皇室御前大臣嵩靈。重華宫首領張清泉、陳玉峰、李廣潤。

本廟住持官道朝□。

李華,陳紹寅。

□□庚申年四月十四日 重修

真武廟（東廊下）

東廊下真武廟，不見於乾隆《京城全圖》。原址在内四區東廊下六號（今約爲西城區東廊下胡同二十號、二十二號）。寺廟建築已不存。

此廟始建時間不詳。清《乾隆廟册》中記東廊下有真武廟，爲尼僧廟，住持法號普月。咸豐年間，此廟曾經轉手，立有契據，從此成爲方姓家廟[1]。民國十八年（1929），廟主方静愚將地基一段賣與北鄰——東廊下七號的富興順煤鋪。1931年國立北平研究院調查時，方静愚自稱道人[2]，獨自住在廟内。其時山門西向，石額"北極真武廟"，首有山門殿三小間，内供關帝泥質坐像一尊，關倉周平左右侍立，神前設皮灰五供一份，上有鐵磬一口，乃嘉慶二十二年（1817）獻於華嚴庵内之物。後有二殿一小間，内供各式小泥佛二十餘尊。院内另有北住房二間[3]。民國二十七年（1938）夏，殿房因雨塌壞甚多，方静愚將神像供器等全部送至華北居士林内供奉，真武廟從此僅用於居住出租[4]。

此後，真武廟再不見於寺廟登記。2014年調查時，真武廟所在地早已爲居民住家院落，均爲排房，居民對寺廟及方姓道人毫無印象。

〔1〕北京市檔案館藏《北平市社會局·内四區真武廟住持方静懸送寺廟登記表及社會局的批示》，檔案號J2-8-1248，1939年，頁十二。北京市檔案館數字目録誤將方静愚寫作方静懸。

〔2〕調查人員誤寫作方敬宇。

〔3〕國立北平研究院《真武廟》，0139。

〔4〕北京市檔案館藏《北平市社會局·内四區真武廟住持方静懸送寺廟登記表及社會局的批示》，檔案號J2-8-1248，1939年，頁四、頁十五。

土地廟

土地廟，不見於乾隆《京城全圖》。原址在内四區中廊下七號門前（今爲西城區中廊下五十八號院後身，五十六號院門前）。寺廟建築現已不存。

此廟始建時間不詳。1931 年國立北平研究院調查時，見此處有小廟一間，北向，内供泥塑土地夫婦像，高僅二尺五寸，旁有童子二人。小廟爲中廊下八號祥姓管理[1]。次年，廟内增設石香斗一座，上刻“中華民國廿一年九月立土地祠”字樣。1945 年警察局調查時，稱其形似大龕，爲當街廟，仍供土地夫婦二人[2]。

據附近居民回憶，土地廟大約僅一米高，進深半米，下有基座，上供神像。廟南有一株大臭椿樹，將小廟掩映於樹蔭之中。1950 年代初廟已不存，但即使在“文化大革命”期間，附近居民也會偷偷來其原址處焚紙燒香。2008 年危房改造，廟南院墻被推倒，埋藏已久的石香斗重見天日，附近居民更確定了小廟原址所在。從此以後，每年大年三十晚，都會有人在此處上香。

〔1〕國立北平研究院《土地廟》，0149。

〔2〕首都圖書館藏《北平寺廟調查一覽表》。

五排十一段

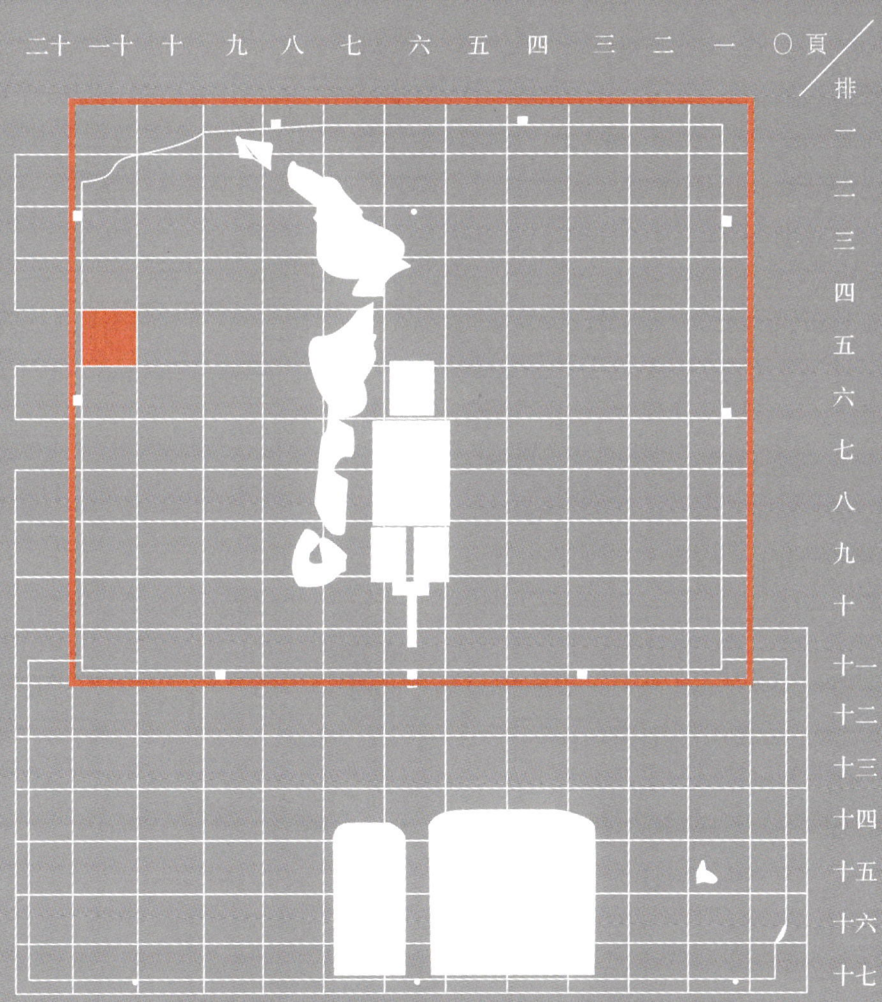

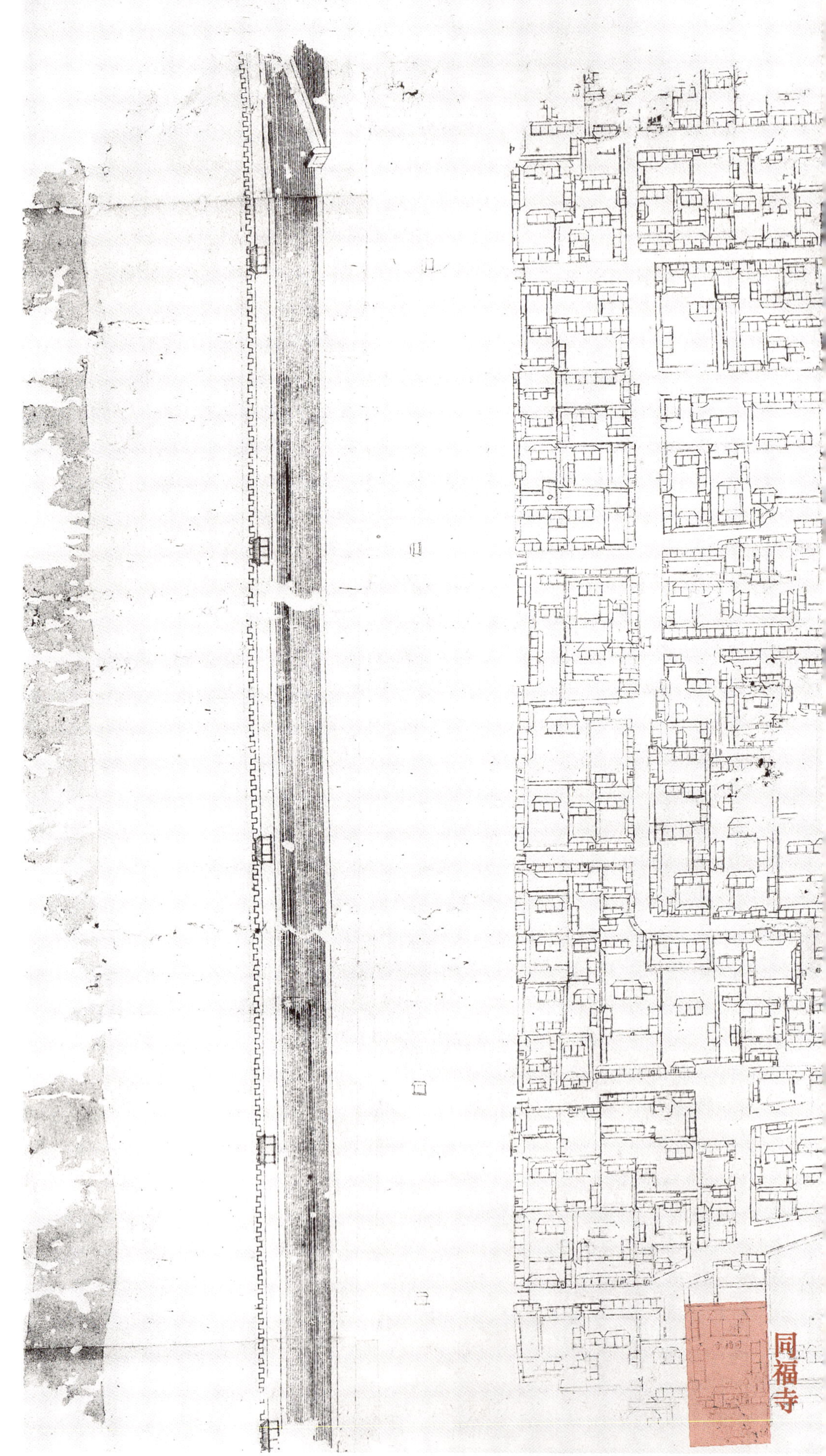
同福寺

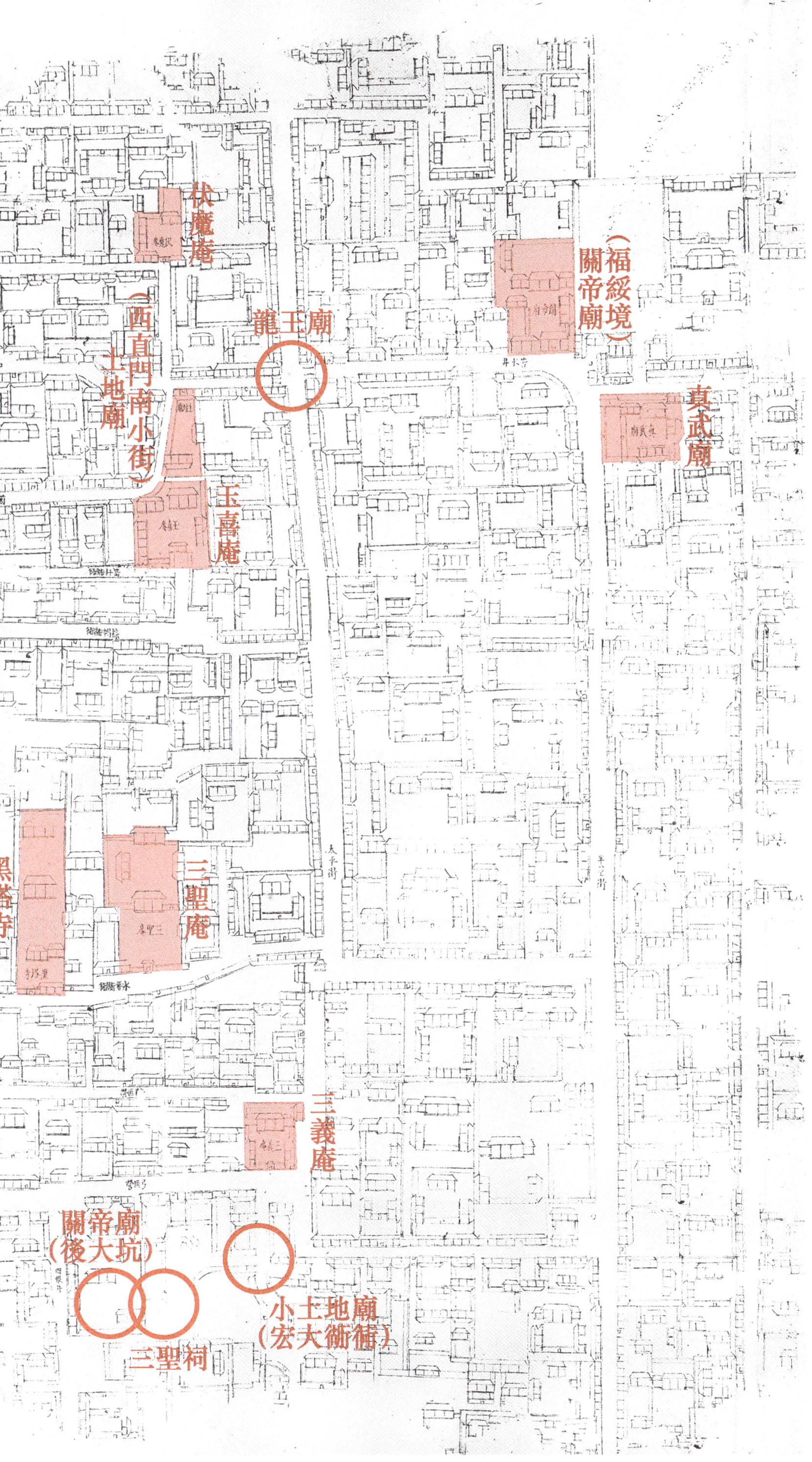
伏魔庵
（福綏境）
關帝廟
龍王廟
（西直門南小街）
土地廟
真武廟
玉喜庵
三聖庵
三義庵
關帝廟
（後大坑）
三聖祠
小土地廟
（宏大衚衕）

伏魔庵

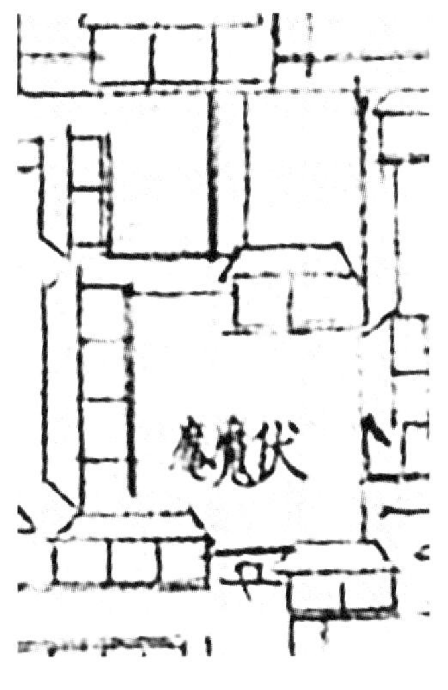

伏魔庵，亦名關帝廟，原址約在今西城區西直門内南小街一百二十九號處，寺廟建築早已不存。

此廟始建時間不詳，《雍正廟册》中記，秀才胡同有關帝廟，爲大僧廟，有殿宇四間、禪房四間，住持照順，應即此伏魔庵。《乾隆廟册》登記時，關帝廟住持换成了通明，仍爲大僧廟。通明同時也是苦水井關帝廟[1]的住持。

從乾隆《京城全圖》上看，伏魔庵位於後秀才胡同東頭路北，坐北朝南，僅一進院落。無山門，在院墻上開門出入，院内爲一小三合院：北房兩間、西房四間，西南角有南房三間。建築情况與《雍正廟册》所記相差無幾。

此後伏魔庵再不見諸記載，應傾圮已久。

2014年調查時，伏魔庵所在地已是十六、七層的居民樓，據説是中國京劇院的宿舍。

---

〔1〕參見本排段“關帝廟（福綏境）”條。

關帝廟(福綏境)

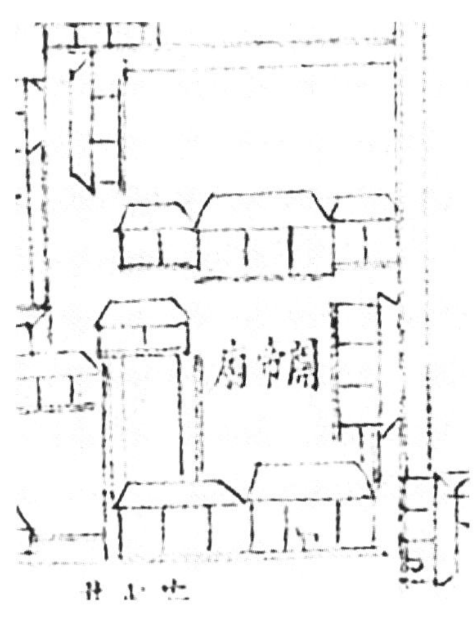

關帝廟,亦名吉祥護國關帝廟,原址在内四區福綏境北頭路東二十四號,今爲西城區西直門南小街一百七十四號。寺廟建築現已不存。

振生認爲,自阜成門内葡萄園西南,至西廊下苦水井一帶,均爲明代朝天宫西跨院原址内。苦水井(即福綏境)關帝廟後垣與元天觀齊,則此廟原爲朝天宫西跨院内建築[1]。朝天宫本爲元時天師府,明宣宗時仿南京朝天宫樣式所建,天啓六年(1626)被火而付之一炬[2]。《日下舊聞考》中記:"西廊下有關帝廟,乃土人因其餘址而葺之者",當即此廟[3]。據此,關帝廟之初興乃在天啓六年之後。民國時廟主聲稱此廟始建於明崇禎年間,相去不遠[4]。

清《雍正廟册》中登記,苦水井關帝廟爲大僧廟,有殿宇三間、禪房七間,住持實叢。《乾隆廟册》登記時,住持换成了通明。他同時也是迤北不遠秀才胡同内關帝廟[5]的住持。從乾隆《京城全圖》上看,關帝廟在半壁街北頭、苦水井東口,有兩進院落。首有山門一座三間,中間開門。大殿一座三間,左右各帶兩間耳房,前有東房三間。殿前有小院一所,内有北房兩間,但無開門,難以判斷是否屬於廟内。殿後小院一所,内僅西小房三間。較之《雍正廟册》登記,房屋有所增加。後住持一職曾傳與通修。嘉慶十九年(1814)四月,

〔1〕振生《城西訪古記·朝天宫記》,轉引自《燕都叢考》頁三百六十六。

〔2〕見本書五排十段"玉皇閣"條。

〔3〕《日下舊聞考》卷五十二,城市·内城西城三,頁八百三十七。

〔4〕北京市檔案館藏《北平市社會局·内四區關帝廟民人陳喜隆、榮志、昌緣等登記廟産、發放憑照的呈文及社會局的批示》,檔案號J2-8-550,1931-1936年,頁一百一十一。

〔5〕參見本排段"伏魔庵"條。

通修因出外參學，將此廟交與師弟通寶住持，接續焚修。通寶上呈僧録司印堂老和尚，更名入册，立有手本[1]。

至民國二年（1913），緒常在中央佛教公會登記，領有廟産執照一紙。後曾有洪亮繼任住持，故去後將廟産遺與妙然繼任住持[2]。民國十八年（1929），住持妙然因虧款頗巨，乃將關帝廟殿房二十二間半以一千元的價格賣與昌緣（俗名曹鳳山），昌緣在公安局更名登記，從此關帝廟成爲曹鳳山家廟，并更名爲"吉祥護國關帝廟"[3]。昌緣出生於1872年左右，北京人，原在政界工作，民國十一年（1922）受戒[4]。是年重陽，曹鳳山等人將關帝廟徹底重修，添蓋厠所兩半間、厨房一間半、茶爐房一間，并購置各式神像法器，廟貌爲之一新[5]。安佐臣手書廟門石額，稱此廟爲"十方居士叢林"。

重修後的關帝廟山門西向，門上石額曰："吉祥護國關帝廟"，又有一石額曰"十方居士叢林經法寶室，天運己巳重陽重修，舞鶴弟子安佐臣薰沐敬書"。山門殿一間，兩壁畫哼哈二將像。院内殿宇兩重，首爲大殿三間，帶左右耳房各二間，木額曰"威靈感應"，天運己巳重陽重修，吉祥寶室弟子等敬立。殿内正供關帝泥像一尊，周倉關平左右侍立，童子、泥馬各一。神前設鐵磬，銘文曰"天運歲次己巳年九月九日本廟大衆弟子建鑄"。殿前有鐵爐一口，銘文與鐵磬相同。左廊下有鐘鼓各一，鐵鐘上鑄大悲咒文，亦爲民國十八年重陽所鑄，落款爲"十方居士叢林經法寶室弟子貫大元獻"。鼓一口，爲是年信女貫玉清率女根第、根利沐叩。殿前有東西配房各二間，時爲住房。第二進院内有後殿三間，中間一間木額曰"萬緣寶殿"，左額曰"慈雲普照"，右額曰"彼岸經堂"，款識均爲天運己巳重陽重修。殿内正中奉一玻璃神龕，内供廣濟菩薩藤像，左右泥童各一。供桌上供奉繼仁神、靈感神各一尊。殿内東北隅有神床一架，床上錦被甚多，均爲信士所獻。神前鐵磬一口、殿前鐵爐一口，款識均與殿額相同。後殿左右各帶小耳房一間，爲住房。殿前左右配房各三間，全爲客堂。

曹鳳山自稱，自關帝廟成爲曹氏家廟後，并不對外開放，亦無募化捐助之事，僅供家人念佛持齋之用。則捐獻本廟的"大衆弟子""十方居士"，實則曹家親戚。民國二十二年（1933），曹鳳山申請將登記廟名更改爲"吉祥護國關帝廟十方居士叢林經法寶室"，自稱廟主，删去"住持"名義[6]。至民國二十五年（1936）時，廟内住有男女各三人，寄居男性一人，房屋仍有三十一間，土地一畝七八[7]。

1950年代初，關帝廟登記爲民廟，廟主换成了曹宗寶，殿房共二十四間，時住四人[8]。據附近居民回憶，此關帝廟内曾有一位寡婦老太居住，每日敲木魚念經。

2008年調查時，關帝廟所在地正在拆遷，所有廟房均被拆除，只剩旗桿一座、大槐樹一株。2016年調查時，關帝廟原址上已成西城區供電局的後院，原有古樹一株仍存。

---

〔1〕北京市檔案館藏《北平市社會局·内四區關帝廟民人陳喜隆、榮志、昌緣等登記廟産、發放憑照的呈文及社會局的批示》，檔案號J2-8-550，1931-1936年，頁四十九。

〔2〕同上，頁六十二。

〔3〕同上，頁四十九。

〔4〕同上，頁五十四、頁一百一十三。

〔5〕同上，頁四十三。

〔6〕同上，頁七十三至七十四。

〔7〕同上，頁一百一十一。

〔8〕北京市檔案館藏《北平市民政局·北平市寺廟總登記簿（第一册）》，檔案號J3-1-203，1950年，頁三十五。

真武廟

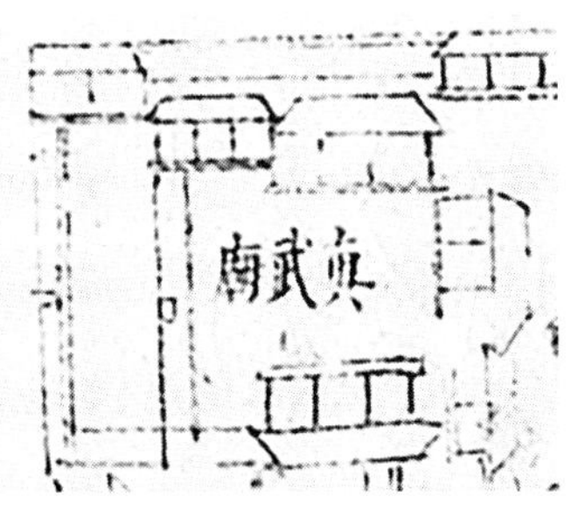

真武廟，亦曾名北極庵、玄天宫。原址爲内四區苦水井七號（後曾一度改爲福綏境九號，今爲西城區福綏境二十二號）。寺廟建築現存部分。

真武廟所在地在明朝天宫範圍内，可能亦爲朝天宫焚毁後始興[1]。《雍正廟册》中記中秀才胡同有北極庵，時爲大僧廟，有殿宇六間、禪房二間，住持善清。《乾隆廟册》亦記秀才胡同有真武廟，仍爲大僧廟，住持際德。從乾隆《京城全圖》上看，真武廟位於苦水井東頭，而苦水井胡同正與中秀才胡同東西貫通。圖上所繪之真武廟，坐東朝西，有院落兩進。前院狹窄，無山門，西墻上開隨墻門，内僅兩間小北房。兩進院之間由墻垣隔開，墻上開門進入内院，院内有東殿三間帶兩間南小耳房，南北配殿各三間，北殿西有小北房三間。位置規模與《雍正廟册》所記相去不遠。至乾隆五十四年（1789），真武廟轉爲道廟，是年道士陳真斌在道録司更名入册，立有手本，此份手本原件一直保存到民國年間[2]。因廟内供奉火神、財神、魯班，真武廟也成爲附近木作工匠的祭祀聖地。廟内曾有鐵磬一口，銘文記爲"兹因平則門内外搭□□行衆弟子在魯祖聖前，嘉慶丁丑年丙午年壬戌日誠造"[3]，雖銘文有缺，但從字義判斷，應爲"搭棚彩"行，即木匠業"五行八作"之一。

至宣統元年（1909），時年僅十四歲的道士順福接替真武廟住持，他俗家姓克，北平人氏。1928年公安局登記時，玄天宫内有房屋十二間、泥神像

〔1〕《宛署雜記》中載，西城朝天日中坊内真武廟，嘉靖四十年所建。但不能判定是否即此真武廟。見《宛署雜記》頁二百三十三。

〔2〕北京市檔案館藏《北平市社會局·内四區玄天吕道人順福登記廟産的呈及社會局的批示（附寺廟登記表）》，檔案號J2-8-385，1931-1936年，頁三至四。

〔3〕此鐵磬不見拓片傳世，銘文據首都圖書館藏《北平寺廟登記一覽表》。另參見國立北平研究院《玄天宫》，0162。

九尊，爲道士“祈福追悼帶研究道學”之用[1]。但隨後，順福遠赴上海，真武廟也被抵押與和順興煤棧，鋪掌崔瑞又在廟内添修灰棚二間[2]。1931年國立北平研究院調查時，見真武廟仍西向，山門三間，無額。内有北殿三間，供泥塑魯班、火神、財神坐像三尊，左右各立泥童三人。嘉慶年間所鑄鐵磬仍陳列神前。院内僅東房三間，全爲煤鋪所用[3]。

1945年警察局調查時，真武廟基本保持原狀。1947年，順福仍作爲住持在民政局登記[4]。但1950年時，寺廟管理人就换成了崔慶達，順福長住上海，真武廟（時名玄天宫）註明從寺廟類中銷去[5]。

2005年調查時，真武廟僅剩三間北房。2016年調查時，真武廟所在地正在拆遷，原有房屋樑架尚在，但已成廢墟。原有北房已完全無存，僅能辨識出西房兩間、南房兩間的遺迹。看來在拆遷之前，真武廟格局已有很大改變。

福綏境真武廟（2004年4月 如意攝）

〔1〕《北京寺廟歷史資料》，頁一百八十七。

〔2〕北京市檔案館藏《北平市社會局·内四區玄天吕道人順福登記廟産的呈及社會局的批示（附寺廟登記表）》，檔案號J2-8-385，1931-1936年，頁十。

〔3〕國立北平研究院《玄天宫》，0162。

〔4〕北京市檔案館藏《北平市民政局·北平市各區寺廟總登記考察簿》，檔案號J3-1-237，1947-1948年，頁五十七。

〔5〕北京市檔案館藏《北平市民政局·北平市寺廟總登記簿（第一册）》，檔案號J3-1-203，1950年，頁二十七。

土地廟（西直門南小街）

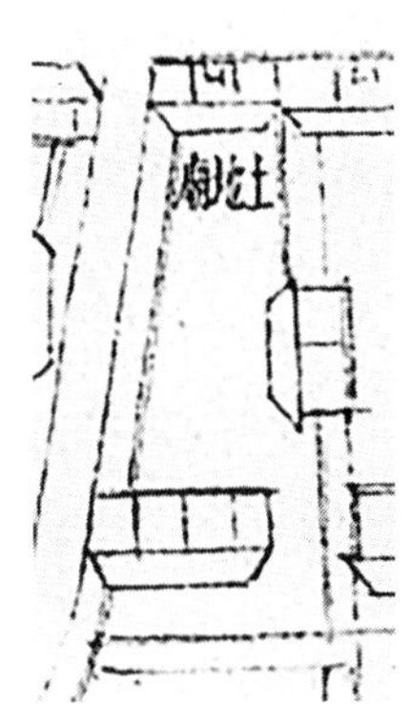

土地廟，原址在今西城區西直門南小街一百三十三號西派國際公寓範圍內，寺廟建築現已不存。

此廟始建時間不詳，《雍正廟册》中載，秀才胡同内有土地廟，僅殿宇一間、禪房四間，住持尼僧實祥。《乾隆廟册》登記時，土地廟仍爲尼僧廟，住持法號照顯。從乾隆《京城全圖》上看，土地廟位於中秀才胡同路南、前秀才胡同北頭，坐南朝北，僅一進院落。北有山門三間，中間一間開門出入，院内僅南房四間。與《雍正廟册》所記相仿。

此後土地廟再不見諸記載，應早已不存。

2007年調查時，土地廟所在地正在拆遷。2016年調查時，此地已建成西派國際公寓，爲大型高檔住宅區。

玉喜庵

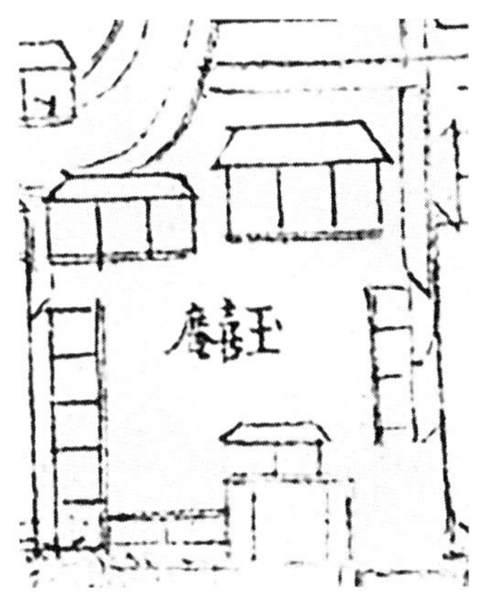

玉喜庵，原址在今西城區西直門南小街一百三十三號西派國際公寓範圍内，寺廟建築現已不存。

《宛署雜記》中記載，西城朝天日中坊玉喜庵，始建於明嘉靖三十八年（1559）[1]。清《雍正廟册》中記載：宗帽胡同玉喜庵，爲尼僧廟，有殿宇八間、禪房十九間，住持法號法增。《乾隆廟册》中登記玉喜庵住持尼僧爲衣禄。按：宗帽胡同在乾隆《京城全圖》中寫作棕帽胡同，玉喜庵位於其路北、箭桿胡同東頭、前秀才胡同路南。庵坐北朝南，僅一進院落。首有小南房兩間，但均非穿堂，似從房東側進入廟院。院内東北有大殿三間，其西有北房三間。東西兩側墻下各有東西房，東一座三間、西一座五間。西南隅還有倒座南房四小間。與《雍正廟册》所記相比，規模已大爲縮小。

此後玉喜庵再不見諸記載，應傾圮已久。

2007 年調查時，玉喜庵所在地正在拆遷。2016 年調查時，此地已建成西派國際公寓，爲大型高檔住宅區。

〔1〕《宛署雜記》，頁二百二十九。

三聖庵

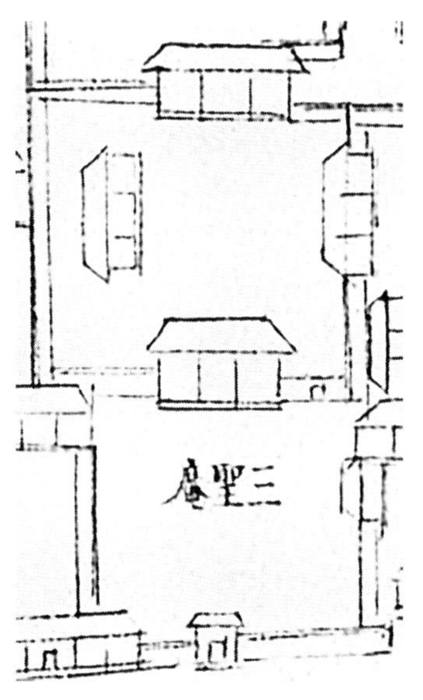

三聖庵，亦名三聖庵關帝廟、護國十方三聖庵，原址爲内四區冰窖胡同二號（後曾改爲冰潔胡同十五號，今爲西城區西直門南小街一百三十三號西派國際公寓範圍内）。寺廟建築現已不存。

三聖庵始建時間不詳，《雍正廟册》中已有記載，時冰窖胡同三聖庵，爲尼僧廟，有殿宇八間、禪房八間，住持海增。《乾隆廟册》中不見三聖庵登記，可能當時已非僧尼住持。從乾隆《京城全圖》上看，三聖庵位於冰窖胡同路北，坐北朝南，有兩進院落。首有山門一座一間，前院内有大殿三間，兩側墻垣，東墻上開門通往後院。後院内有後殿三間，西房三間。房屋間數與《雍正廟册》所記相差不多。

民國四年（1915），旗人榮志從祖門姚氏手中購下三聖庵，從此此廟成爲榮姓家廟。榮志乃北平人，大約出生於1872年左右，家住西城區受壁胡同三號。買下三聖庵後，他并不在内居住，而是請親戚廣智代爲看守。初買下三聖庵時，廟内僅剩大門和大殿三間，榮家自建房屋十餘間[1]，又多植花木，柏樹二株、棗樹三株、榆樹三株、椿樹三株、梨樹兩株、桃樹一株、海棠三株，均係新栽[2]。

1931年國立北平研究院調查時，見三聖庵山門南向，石額曰"護國十方三聖庵"。門内院落兩進，首有前殿三間，内無神像。後有後殿三間，東西各帶三間小耳房，正中一間供奉泥塑金身毘盧佛像，東間供關帝泥像一尊，

---

〔1〕參見北京市檔案館藏《北平市民政局民族事務科·本市寺廟情况查詢記録》，檔案號196-1-3，1949年，頁七至九。

〔2〕北京市檔案館藏《北平市社會局·内四區關帝廟民人陳喜隆、榮志、昌緣等登記廟産、發放憑照的呈文及社會局的批示》，檔案號J2-8-550，1931-1936年，頁九十九。

西間供吕祖牌位。廟内法物僅鐵磬一口[1]。幾乎完全恢復了《京城全圖》所繪格局。民國二十五年(1936)寺廟登記時,後殿又新增吕祖畫像一幅、太乙救苦天尊牌位一座[2]。廟内共計瓦房十二間、灰房四間[3]。

1945年警察局登記,三聖庵僅一層殿,内供釋迦佛與關帝神像,無僧人,仍爲榮姓家廟[4]。1949年,榮志之子曾驥搬入三聖庵内居住,寺廟改爲住宅[5]。1950年時,廟内有房屋十六間,寺廟性質登記爲民廟[6]。

2007年調查時,據附近居民回憶,此廟曾是某票友家廟,常有人在此排戲,後來曾做過幼兒園。2016年回訪,此地已建成西派國際公寓,爲大型高檔住宅區,三聖庵踪影全無。

---

〔1〕國立北平研究院《三聖庵》,0119。

〔2〕北京市檔案館藏《北平市社會局·内四區三聖廟關帝廟廟主榮志報送寺廟登記表給社會局呈及社會局的批示》,檔案號J2-8-987,1936-1942年,頁八、頁十五。

〔3〕同上,頁十三。

〔4〕首都圖書館藏《北平寺廟調查一覽表》。

〔5〕北京市檔案館藏《北平市民政局民族事務科·本市寺廟情況查詢記録》,檔案號196-1-3,1949年,頁七至九。

〔6〕北京市檔案館藏《北平市民政局·北平市寺廟總登記簿(第一册)》,檔案號J3-1-203,1950年,頁三十五。

黑塔寺

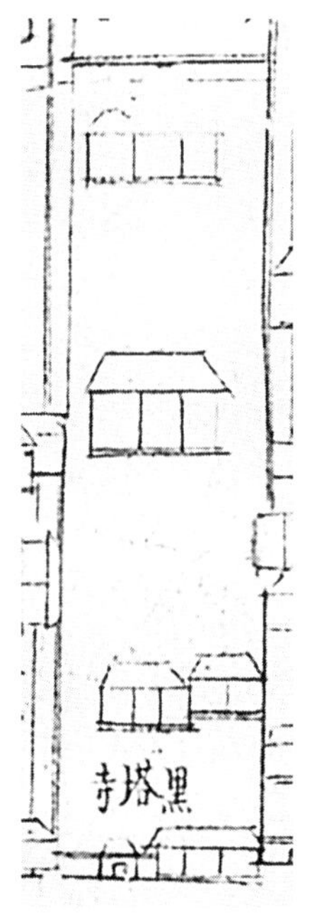

黑塔寺，可能爲元代大天源延聖寺。明正統八年(1443)後更名弘慶寺，清代改回黑塔寺[1]。原址爲内四區冰窖胡同七號（其址曾一度爲西城區冰潔胡同十三號左右，現在西直門南小街一百三十三號西派國際公寓範圍内）。寺廟建築現已不存。廟内原有碑刻三通，其中明正統十四年(1449)《弘慶寺碑》兩通，分别爲張益和胡濙所撰，另有正統九年(1444)《水月觀音像并贊》一通。

《析津志輯佚》記："黑塔，在大天源延聖寺，太平坊。"[2]楊寬據此認爲，黑塔寺原爲遼盧師寺，元泰定三年(1326)在寺中建顯宗神御殿，賜額曰"大天源延聖寺"[3]。多數北京地方志均以西郊八大處之清凉寺爲大天源延聖寺，而楊寬認爲此説爲誤，蓋天曆元年(1328)大天源延聖寺内顯宗神御殿已廢，而顯宗此後仍赴京西盧師山。次年(1329)，明宗皇后命令在黑塔寺作佛事以爲明宗求冥福，元順帝至元六年(1340)在此立明宗神御殿碑[4]。黑塔寺與盧師寺關係存疑，但黑塔寺在元代爲喇嘛教寺廟應無誤。《析津志輯佚》中記：(四月)是月八日，帝師喇嘛堂下暨白塔、青塔、黑塔，兩城僧寺俱爲浴佛會，宫中佛殿亦嚴祀云[5]。又據《析津志輯佚》中記："貞裕徽聖皇后周年黑塔寺，大小官，二十六日。"[6]可見黑塔寺還曾爲元明宗貞裕徽聖皇后之原廟。

---

〔1〕關於弘慶寺的文獻記載頗多，但大多抄自《日下舊聞考》。參見《日下舊聞考》卷五十二·内城西城，頁八百三十。《畿輔通志》卷一百七十八，頁二十四。《宸垣識略》卷八，頁一百四十五。《[光緒]順天府志》卷十六，頁四百九十四。《燕都叢考》第二編·内四區，頁三百六十八。《北平廟宇通檢》，頁四十五。

〔2〕(元)熊夢祥《析津志輯佚》，"古迹"，北京：北京古籍出版社，1983年，頁一百一十七。

〔3〕參見楊寬《中國古代都城制度史》，上海：上海人民出版社，2006年，頁四百八十五。

〔4〕同上，頁四百八十五至四百八十六。

〔5〕(元)熊夢祥《析津志輯佚》，"歲紀"，北京：北京古籍出版社，1983年，頁二百一十七。

〔6〕同上，"祠廟·儀祭"，頁六十四。

至明正統年間，黑塔寺廢圮已久〔1〕。明正統二年（1437）〔2〕，成國公朱勇憫古寺之廢墜，與修武伯沈新發願重修，延請一清天上人鼎力其事、入廟住持〔3〕。一清天，江西盧陵人，别號潔祖，俗姓歐陽。幼年在本邑多寶寺出家，禮正宗忠公授業，後曾師從僧録司右覺義雲海法師、弘慈普應法師、天台達庵和尚等〔4〕。入主黑塔寺前，已是水月、通法兩寺住持，"恒於荆礫之中力構寶坊"〔5〕，在募化善資、重新殿宇、興隆佛教方面多有成就，足任起廢。朱勇令僧録司函香禮請，當時一清天雖已爲徑山興聖萬壽禪寺住持，但仍欣然前往，令徑山虚席以待之。他先以黑塔寺舊址卑隘，募得臨近施地若干。復謁都督李通夫人西氏及其子李信，得其爲大檀越施主。從胡濙所撰之《弘慶寺碑》碑陰題名來看，約有上千善男信女踴躍捐助，終得重整廟貌。重修自正統二年春開始，至正統八年（1443）方纔告竣。此時黑塔寺前有山門，中爲天王殿一座、佛殿一座，後爲方丈。左爲伽藍、齋堂、厨庫，右列祖師、禪堂。另有多名僧人、信官助緣，裝塑諸佛、羅漢、天王、祖師、伽藍等像，并鐘鼓法器供具，一應所用，皆得俱全。請於朝，得敕額曰"弘慶禪寺"，并施大藏經一藏於内供奉〔6〕。一清天上人爲開山第一代住持，但旋即赴餘杭徑山任職，其徒衆璃瓔琦寶琁瑄瑺等僧留守都中，協力守護。明正統九年（1444），賀普斌爲弘慶寺捐碑一通，刻水月觀音像，得江西青原比丘祖原爲其作贊，弘慶寺第一代住持訥庵題字。訥庵可能即一清天之别名〔7〕。至正統十四年（1449），一清天之徒璁瓔輩以建寺始末立碑，是乃張益與胡濙所撰之《弘慶寺碑》〔8〕。廟内殿宇曾壁繪彩畫，民國時期寺廟登記人員稱，其壁畫傳彩用筆，全學吴生作風，與商喜有相似之處，應係明代名手所繪〔9〕。按：商喜爲明宣德時宫廷畫家，如調查人員判斷無誤，則壁畫應即爲正統年重修時所繪。

入清以後，黑塔寺基本維持明季規模，然"弘慶"之名已不用。清順治十四年（1657），廟曾重修〔10〕。至《雍正廟册》登記時，黑塔寺爲大僧廟，有殿宇十四間、禪房十八間，住持法號心宗。《乾隆廟册》登記時，住持换成了照月。從乾隆《京城全圖》上看，黑塔寺位於冰窖胡同北，坐北朝南，有三進院落。南墻坤位有山門一座一間，東側有南房三間。山門後有前殿三間帶東耳房二間。次之則正殿三間。最後有後殿三間。整座寺廟方正規整，格局井然。

至清道光二十六年（1846），因原住持回籍無資，理慶送其川資後接廟焚修，在僧録司立有更名手本〔11〕。黑塔寺又更回"弘慶"之名。次年，順天府宛平縣民翟天貴爲廟中捐鑄鐵鐘一口，可能當時亦有添修新建之舉〔12〕。清光緒七年（1881）秋，後殿立木額"真空妙諦"，應爲重修之證。光緒二十六年（1900），學禪圓寂，將住持一職傳與徒孫本然。本然，俗名馬俊峰，約出生於光緒十年

〔1〕明正統十四年（1449）《弘慶寺碑》，京396，《北京圖書館藏中國歷代石刻拓本匯編》卷五十一，頁一百六十六。拓片所泐處，據《日下舊聞考》補。

〔2〕《宛署雜記》記弘慶寺"其先曰黑塔寺，正統丁亥成國公重建"。然正統并無丁亥年，應爲丁巳，即正統二年之誤。

〔3〕明正統十四年（1449）《弘慶寺碑》，京394，據首都圖書館藏原拓片録文。

〔4〕參見（明）釋宗净輯《徑山集·中》，明萬曆七年（1579）刻本，頁十至十二。

〔5〕見上引之《弘慶寺碑》，京396。

〔6〕參見明正統十四年（1449）之兩通《弘慶寺碑》，碑文泐處據《日下舊聞考》補。

〔7〕明正統九年（1444）《水月觀音像并讚》，京395，據《北京圖書館藏中國歷代石刻拓本匯編》卷五十一，頁一百二十六頁圖版録文。

〔8〕見上引之《弘慶寺碑》，京396。

〔9〕參見北京市檔案館藏《北平市社會局·内四區弘慶寺僧人本然登記廟産的呈及社會局的批示》，檔案號J2-8-507，1931-1943年，頁三十四。僧人名本然，北京市檔案館整理標題誤作"本德"。

〔10〕同上，頁三十九。

〔11〕同上，頁十、頁四十。

〔12〕國立北平研究院《弘慶寺》，0120。

(1884),北京人,任住持時年方十七,此後一直在黑塔寺住持四十餘年,傳臨濟支派。在他住持期間,此寺廟貌完好、緑樹成蔭。據1931年國立北平研究院調查,此時弘慶寺山門南向,無額。前殿僅一間,内供彌勒佛木像一尊,殿前東西分立正統十四年兩通《弘慶寺碑》。正殿三間,爲大雄殿,亦無額。殿内正供釋迦木像一尊,雙跏趺座,左手禪定,右手觸地。佛前有韋陀泥像一小尊,背後有明代壁畫,惜已殘損,僅見三身護法像。釋迦身側左阿難,右迦葉,皆披紗而工細。神前列供桌,無供品,但有鐵磬鐵爐各一口。殿兩壁立十八羅漢泥像,塑工細膩、栩栩如生。後龕供韋陀泥像一尊。殿前廊下懸道光年鐵鐘,院内東西住房各六間,時爲民居。後殿爲毘盧殿,中供木質毘盧佛坐像一尊,左右立像各一,均木像金身,調查人員贊其"工細"。神前設木五供一份、小鐵磬一口。左間供泥塑達摩等坐像三尊。右間中供吕祖,左華佗、右老爺,均爲泥塑坐像。後院内立《水月觀音像并贊》碑,另東西配房各五間,均爲住房。廟内有大椿树三株,大槐树二株,大柏树二株,榆树八株,小柏树二株,槐树二株,苹果、海棠树各一株,枣树二株,另有葡萄一架、水井一眼。廟院不大而森木繁多,儼然一處林中幽境。

民國三十一年(1942),因本然年逾六十,焚修無力,難以管理廟務,故將弘慶寺交予剃度徒弟敏悟繼承。敏悟,原籍北京,俗姓趙氏,法名學潤,字敏悟。民國初年生人,於民國九年在弘慶寺内出家,依本然祝髮。民國十五年(1926),敏悟在弘慈廣濟寺受具足戒,次年春考入弘慈佛學院。四年後畢業,在廣濟寺内充任執事。除了弘慶寺外,本然還將自己住持的另一處寺廟外五區黑窑廠三十五號的清慈庵一起交給了敏悟[1]。

1949年,弘慶寺内有僧人四位,敏悟仍任住持。寺内有房四十一間半,其中殿宇七間、自住五間,租出二十五間,月收租金二十五斤玉米麵。僧人依靠磨豆腐維持生活。清慈庵仍爲其下廟[2]。附屬廟産中還有塋地四畝[3]。1952年登記時,除敏悟外,還有本然與覺慧二人登記於弘慶寺名下。其中,本然住在圓廣寺,依靠房租生活。而敏悟與覺慧二人均住廣濟寺,在大工麻袋廠工作[4]。

2005年調查時,寺廟已不存,但老住户還對本然、敏悟二人記憶深刻。説弘慶寺與東城某廟來往密切,同屬於廣濟寺管理。本然雖然退居,但弘慶寺内廟務仍然有决定權,敏悟對他很恭敬,後來敏悟做了廣濟寺住持。1949年以後,弘慶寺曾一度作爲學校,此期間廟房拆除。

2016年回訪時,弘慶寺原址上是2007年建成的大型住宅區"西派國際公寓",寺廟與老住户均已踪影不存。

〔1〕北京市檔案館藏《北平市社會局·内四區弘慶寺僧人本然登記廟産的呈及社會局的批示》,檔案號J2-8-507,1931-1943年,頁四十七至五十一。

〔2〕北京市檔案館藏《北平市民政局民族事務科·本市寺廟情況查詢記録》,檔案號196-1-4,1949年,頁十一。

〔3〕北京市檔案館藏《北平市民政局·北平市寺廟總登記簿(第一册)》,檔案號J3-1-203,1950年,頁二十八。

〔4〕北京市檔案館藏《北京市民政局民族事務科·西四區僧、尼寺廟登記表》,檔案號196-1-18,1952年,頁九十五。

京 395《水月觀音像并贊》陽

佛弟子賀普斌

聽海潮音大圓鏡裏鸚
鵡飛來對談妙理浄瓶
楊柳手中蓮悲願弘深
超刦始
江右青原比丘祖淵
焚香謹讚

敕賜弘慶禪寺第一代訥庵題
正統九年甲子四月八日立

京395《水月觀音像并贊》陽

水月觀音像并贊

年代:明正統九年(1444)四月八日
原在地:西城區弘慶寺
拓片尺寸:高96、寬64厘米
書體:楷書
撰人:祖淵
書人:訥庵
目录:451頁
拓片編號:京395
拓片録自:《北京圖書館藏中國歷代石刻拓本匯編》第51卷126頁
紋飾:全石綫刻海水紋上圓月,月輪中爲觀音坐像,上端雲文,空白處刻題字

【碑陽】

碑文:

聽海潮音,大圓鏡裏。鸚 1 鵡飛來,對談妙理。净瓶 2 楊柳手中蓮,悲願弘深 3 超劫始。4
江右青原比丘祖淵 5 焚香謹讚。6
佛弟子賀普斌。7
敕賜弘慶禪寺第一代訥庵題。8
正統九年甲子四月八日立。9

京 396《弘慶寺碑》陽

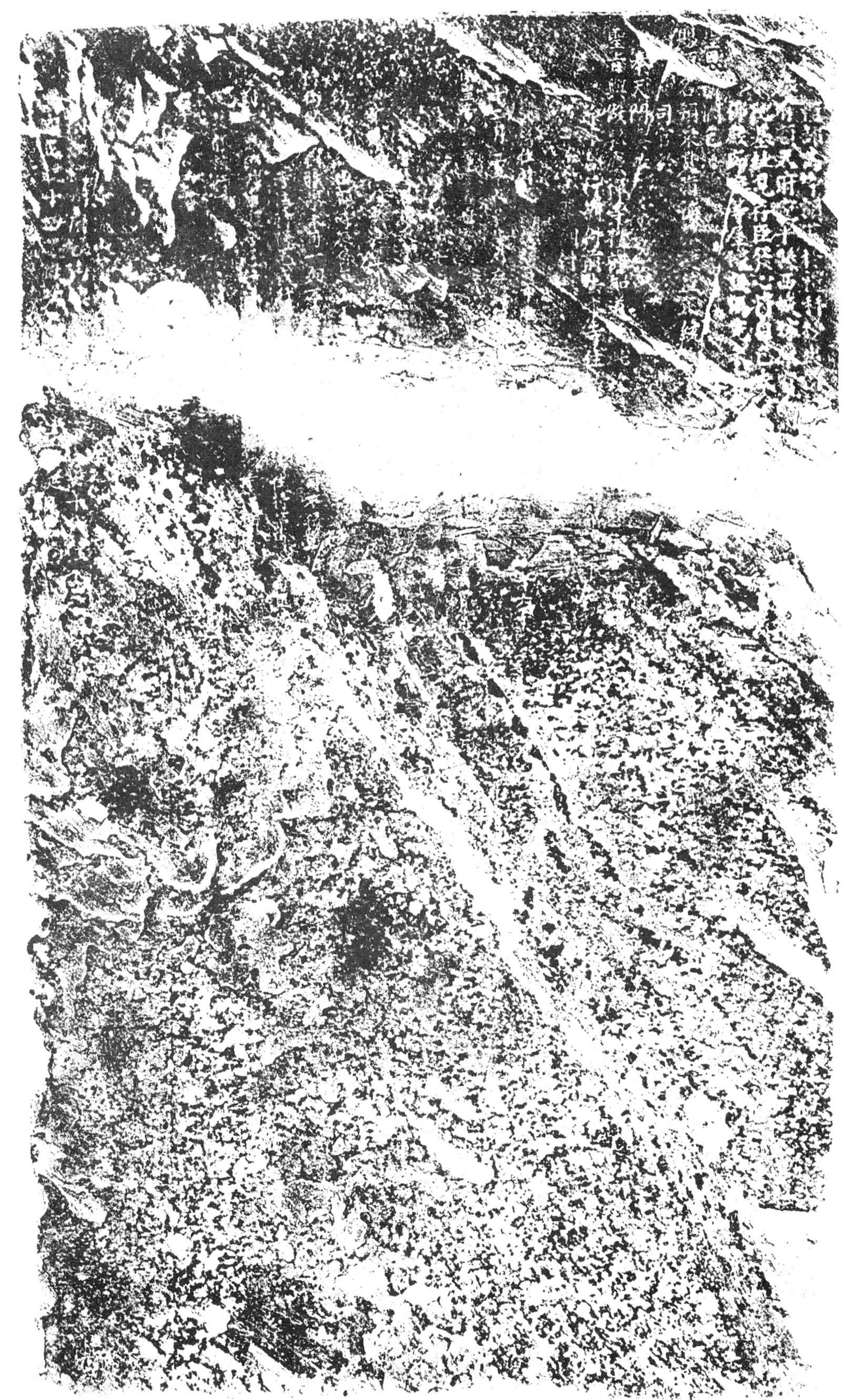

京 396《弘慶寺碑》陰

敕賜弘慶禪寺之碑

敕賜弘慶禪寺碑

翰林院（下漫漶）侍講兼修國史姑蘇張益撰

嘉議大夫（下漫漶）經筵侍書廣平程南雲書

駙馬都尉都督事沐昕篆

都城阜城門内朝天宮□□□□□□□□□□□□□□□已久正統□□今徑山興聖萬壽禪寺住持一清天
上人時主通法之□□□□□□□□□□□□□□□尊宿名德忠在興隆佛教恒於荆礫之中力構寶坊以
成大觀後起衆信故□□□□□□□□□□□□當都城之中諸大檀越具在易爲動作者乎即加經度
以其地之隘且卑也□□□□□□□□□□□而得施地若□□其□□宜□集也則謁都督李
通夫人西氏與其子信□□□□□□□□□□□□貯之以□□□□□□財鳩工惟良惟美經始
於是年之春而落成于□□□□□□□□□□□□山門後開方丈□□□□廚庫在其左祖師禪堂
在其右廊廡周廻垣墉□□僧緣善□□□□□□□□□左□經僧庵等樂其□□□□□□師諸□來應真天王
祖師伽藍等像及諸鐘鼓□化供具修□□□□□□□施□□□□□□勝剎□□□□□□
朝得賜額爲弘慶禪寺上人□爲開山第一代住持及往徑山其徒□□□□□□□□□□□□若璃瓔琦寶琔瑄瑺
量晶勝洪泰寧理仁義輩協力守護寺以（下漫漶）
恩璁瓔輩請以建寺始末而書之碑俾示厥後乃請于□上人係□□□□歐陽氏早年出世法于邑之多寶正宗忠公
而復游於僧録右銜雲海法師與弘慈普應禪師天□達庵和尚之□□□□月通法弘慶徑山四寺惟夫弘慶之寺
廢於昔而興於今固自有時然亦由於上人學所有本□□□□□□□故於所志無不遂也繼兹而往其欲遂上
人之所志者尚亦於上人之□與德之是效哉爲之銘曰
佛法東傳遠而愈熾法無替□寺有興廢廢而能復□□賢□賢則有力乃克其承偉哉上人閔兹故剎新之在予施
者聯絡拓建惟廣址宇惟崇廡分列殿屹其中□□□□□□於不日弘慶之額由
上所錫厥慶伊何俾祝
聖君溥及四海均霑至仁上人之□此爲常任□□□明千古其世
正統十四年夏四月佛誕日立

京396《弘慶寺碑》陽

禮部□□額□於禮□（下漫漶）
□順天府宛平縣西城坊（下漫漶）
地基址見存臣發心□自己衣（下漫漶）
佛殿廊廡等屋（下漫漶）
聖恩□淵已
賜額名□衆□□□□正統（下漫漶）
司官於
奉天門奏□
聖旨興做弘慶禪寺禮部知道欽此（下漫漶）
□□□行期□前去本寺住□（下漫漶）

京396《弘慶寺碑》陰

弘慶寺碑

額題：敕賜弘慶禪寺之碑
首題：敕賜弘慶禪寺碑
年代：明正統十四年（1449）四月八日
原在地：西城區冰窖胡同
拓片尺寸：碑陽身高 172、寬 82 厘米，額高 35、寬 28 厘米；陰高 141、寬 83 厘米
書題：楷書，額篆書
撰人：張益
書人：程南雲書，沐昕篆額
出處：據《北京圖書館藏中國歷代石刻拓本匯編》第 51 卷 166 頁圖版録文
北圖編號：京 396

【碑陽】

敕賜弘慶禪寺碑 1
翰林院（下漫漶）侍講兼修國史姑蘇張益撰 2
嘉議大夫（下漫漶）經筵侍書廣平程南雲書 3
駙馬都尉都督事沐昕篆 4

都城阜城門内朝天宫□□□□□□□□□□□□□□□□□□□已久，正統□□今徑山興聖萬壽禪寺住持一清天 5 上人，時主通法之□□□□□□□□□□□□□□□□□□□□□尊宿，名德忠在，興隆佛教，恒於荆礫之中力構寶坊，以 6 成大觀，後起衆信故□□□□□□□□□□□□□□□□□□□□當都城之中，諸大檀越具在，易爲動作者乎？即加經度，7 以其地之隘且卑也，□□□□□□□□□□□□□□□□□□□而得施地若□□□其□□□宜□集也，則謁都督李 8 通夫人西氏與其子信□□□□□□□□□□□□□□□□□□□□貯之以□□□□□□□□□財鳩工，惟良惟美，經始 9 於是年之春，而落成于□□□□□□□□□□□□□□□□□□□□山門，後開方丈□□□□□厨庫在其左，祖師禪堂 10 在其右，廊廡周廻，垣墉□□。僧緣善□□□□□□□□□左□經僧庵等樂其□□□□□□□師諸□來應真，天王 11 祖師伽藍等像及諸鐘鼓□化供具，修□□□□□□□□施□□□□□□□勝刹□□□□□□ 12 朝，得賜額爲弘慶禪寺。上人□爲開山第一代住持，及往徑山，其徒□□□□□□□□□□□□□若璃瓔琦寶琁瑄瑺 13 量晶勝洪泰寧理仁義輩協力守護，寺以（下漫漶），14 恩璁瓔輩請以建寺始末而書之碑，俾示厥後，乃請于□。上人係□□□□歐陽氏，早年出世，法于邑之多寶正宗忠公，15 而復游於僧録右銜雲海法師，與弘慈普應禪師，天□達庵和尚之□□□□月、通法、弘慶、徑山四寺。惟夫弘慶之寺 16 廢於昔而興於今，固自有時，然亦由於上人學所有本，□□□□□□□□故於所志無不遂也。繼兹而往，其欲遂上 17 人之所志者，尚亦於上人之□與德之是效哉！爲之銘曰：18 佛法東傳，遠而愈熾。法無替□，寺有興廢。

廢而能復，□□賢□。賢則有力，乃克其承。偉哉上人，閔兹故刹。新之在予，施[19]者聯絡。拓建惟廣，址宇惟崇。廡分列殿，屹其中□。□□□□，□於不日。弘慶之額，由[20]上所錫。厥慶伊何，俾祝[21]聖君。溥及四海，均霑至仁。上人之□，此爲常任。□□□明，千古其世。[22]

正統十四年夏四月佛誕日立。[23]

【碑陰】

（漫漶嚴重，可辨文字有以下數字）

禮部□□額□於禮□（下漫漶）[1]□順天府宛平縣西城坊（下漫漶）[2]地基址見存。臣發心□自己衣（下漫漶）[3]佛殿廊廡等屋（下漫漶）[4]聖恩□淵已[5]賜額名□衆□□□□□正統（下漫漶）[6]司官於[7]奉天門奏□[8]聖旨興做弘慶禪寺。禮部知道。欽此（下漫漶）[9]□□□行期□前去本寺住□（下漫漶）。[10]

敕賜弘慶禪寺之記

敕賜弘慶禪寺記

資德大夫正治上□□□□□□□子賓客兼國子祭酒毗陵胡濙撰

中憲大夫□□□直文淵閣永嘉黄養正書

奉天靖難推誠宣力　大夫左柱國太保成國公鳳陽朱勇篆

弘慶禪寺在都城□朝天宮右□□□□□□□□總戎造作□□正統二年太保成國公朱

公勇憫兹古刹廢隆時有一□□□□□□□□□住持水月通法二寺其人足任起廢令僧函

香禮請天亦欣然□往昔捐各□□□□□□□道行檀那都督李通夫人西氏等喜捨貲財中作

寶殿翼以兩廊□□□□□□□□□□□□天王殿蔽□三門後爲方丈左列伽藍齋

堂厨庫右列祖師客堂□□□□□□□□□□信官等助緣裝塑諸佛羅漢天王祖

師伽藍奉像□□□□□□□□□□□□□公請印施大藏經一藏於内供奉正

統八年奏請（下泐）

敕賜弘慶禪寺□奉□□□□□□□□□□□今徑山興聖萬壽禪寺虚席兩□

宗師奉一清戒行爲□□□□□□□□□□等恒念其師行潔材敏能變瓦礫

之區爲金碧之宇□□□之功不可□□□□□□□□山□京謝

恩其諸徒璁璃瑢□□□□□□□□□□□□予亦羡其行業之優特選其概俾刻

諸石永垂不朽一□□□□□□□□□□□□□之多寶寺投忠公正宗□出世法洪熙

初禮僧録右覺義（下泐）

正統十四年夏四月佛誕日

京394《弘慶寺碑》陽

廣城　烏□璉

（上泐）　莊道隆　萬添祥　張□源　游信　周貴　馬福山　張覽□　左福政　趙得□　王貴□　楊福俊　馮進□　□貴　康福聚　陸禄□　閻興　梁福興　□福　陳福慶　張福遵　陶衛　□旺　□普斌　劉榮　高安　蘇福敬　李馨　郭寧　長遂榮　李覺斌　孫祖榮　余光業　□□斌　鴻倫海　周全　張福　趙發

王□□　李□□　張□□　□□常　□妙□　常妙惠　辛妙善　□□玄　劉妙圓　苟福林　劉福勇　宋惠林　王妙明　周福廣　楊妙惠　王福山　孟妙興　鄧惟林　張善安　劉輝　祁林　□妙義　王妙法　張妙山　張惠　□福斌　李惠全　戴柱安　林福量　□□□　王善榮　孫銘　成斌鉞　婁妙奇　汪妙定　楊善正　許寶榮　□善秀　□玲　戚善果　劉惠賢　劉妙善　普妙惠　□義林　福通□

張通　董□　郭福□　趙妙福　李□榮　劉妙興　馮佑　項道洪　莊勝　泰福信　□志善　□□堂　王聰□　曾覺明　王妙玉　劉福海　陳友　唐妙喜　陳善明　□卧□　韓賢□　李福□　慧妙□　□惠□　□妙□　陳朝□　宋福忠　靳福勝　郭福惠　黃福泰　黎妙香　鄒廣　□妙端　李英　周福信　□安壽　劉安　段善清　成福林　陳賢　張謙　胡福受　周安　張□□　王景□

陳妙英　王福隆　陸妙雅　左妙齡　彭禎　岳松　劉祥　王茂春　周妙善　侯貴　德貴　張福　王妙喜　王妙善　李興長　楊福興　李妙興　曹銘□　卞賢□　□□□　陳妙恩　長禄斌　廖化□　李福□　吳妙玄　葛□□　高□□　□□□　□□□　□□□　□□善　梁福友　楊妙能　福妙山　俞妙□　彭貴□　張妙□　伍福忠　王□□　韓恭　郭榮　□□　□□□　林□□　胡□　□□□　汪惠□

范喜　白□□　陸福□　左□□　陳妙福　岳俊　劉俊　□□□　□□□　□有功　沈妙安　李順安　李福妙　林妙道　趙福安　王□□　□□□　□□□　萬旺　□真□　趙□□　□妙□　□妙□　□敬　解妙增　劉俊　吳妙海　李才　吳妙善　陳恩　金妙青　丁妙盤　葉福梁　朱福堂　徐福安　鄭陽　司福迎　孫欽　孫妙　陳堂　丘□□　□□□　金□□　□福進　蔣□□　彭福欽

范□　□恩信　□妙善　楊春　彭福欽　□頭　□□□　（以下全泐）

趙莊　□福□　□福興　葉妙真　陸福□　長順　□妙秀　王□□　□真□　□妙□　□福山　楊妙□　□殷□　鄭福龍　林善海　劉貴　周普祥　周妙法　高妙□　趙普賢　鄭士明　費福□　□□□　□□□　丘妙君　梁春恒　□子□　李□□　魏□□　紀妙海　樂妙真　劉□□　李□□　福子良　□妙　李政　吳道忠　常政　張順　□□□　□□□　（下泐）

□□　李春□　李萬□　焦妙正　費妙清　柴妙善　陳善真　陳性□　陳完海　薛敬　□□　萬妙清　晏友　□惠玉　真源清　周德欽　木□書　楊妙　□□　□□　□□□　□留金　王妙□　王□□　高原□　陳□□　□□□　□□　□□玉　（下泐）

以下約十一排人名泐甚

京394《弘慶寺碑》陰

弘慶寺碑

年代:明正統十四年(1449)四月八日
原在地:西城區冰窖胡同
拓片尺寸:陽高180、寬83厘米,額高33、寬29厘米;陰高140、寬83厘米
書體:楷書
撰人:胡濙
書人:黄養正書,朱勇篆額
拓片編號:京394
拓片録自:首都圖書館藏原拓片

【碑陽】

碑文:

敕賜弘慶禪寺記 $_{1}$

資德大夫正治上□□□□□□□子賓客兼國子祭酒毗陵胡濙撰 $_{2}$

中憲大夫□□□直文淵閣永嘉黄養正書 $_{3}$

奉天靖難推誠宣力(泐數字)大夫左柱國太保成國公鳳陽朱勇篆 $_{4}$

弘慶禪寺在都城□朝天宫右,□□□□□□□□□□總戍造作□□。正統二年太保成國公朱 $_{5}$ 公勇憫兹古刹廢隆,時有一□□□□□□□□□□□住持水月、通法二寺,其人足任起廢,令僧函 $_{6}$ 香禮請,天亦欣然□往。昔捐各□□□□□□□道行,檀那都督李通夫人西氏等喜捨貲財,中作 $_{7}$ 寶殿,翼以兩廊,□□□□□□□□□□□□□□□□□天王殿、蔽□三門。後爲方丈,左列伽藍、齋 $_{8}$ 堂、厨庫,右列祖師、客堂、□□□□□□□□□□□□□□□□□信官等助緣,裝塑諸佛、羅漢、天王、祖 $_{9}$ 師、伽藍,奉像□□□□□□□□□□□□□□□□□□□□□□□公請印,施大藏經一藏於内供奉。正 $_{10}$ 統八年奏請(下泐) $_{11}$ 敕賜弘慶禪寺□奉□□□□□□□□□□□□□□□□□□□□□今徑山興聖萬壽禪寺虚席兩□, $_{12}$ 宗師奉一清戒行爲□□□□□□□□□□□□□□□□□□□□等恒念其師行潔材敏,能變瓦礫 $_{13}$ 之區爲金碧之宇□□□之功不可□□□□□□□□□□□□山□京謝 $_{14}$ 恩,其諸徒璁璃瑢□□□□□□□□□□□□□□□□□□□□□予亦羡其行業之優,特選其概,俾刻 $_{15}$ 諸石,永垂不朽。一□□□□□□□□□□□□□□□□□□之多寶寺投忠公正宗□出世法洪熙 $_{16}$ 初禮僧録右覺義(下泐) $_{17}$

正統十四年夏四月佛誕日 $_{18}$

【碑陰】

廣城、烏□璉

(上泐)莊道隆、萬添祥、張□源、游信、周貴、馬福山、張覽□、左福政、趙得□、王貴□、楊

福俊、馮進□、□貴、康福聚、陸禄□、閻興、梁福興、□福、陳福慶、張福遵、陶衛、□旺、□普斌、劉榮、高安、蘇福敬、李馨、郭寧、長遂榮、李覺斌、孫祖榮、余光業、□□斌、鴻倫海、周全、張福、趙發 1

蔣承□、王□□、李□□、張□□、□□常、□妙□、常妙惠、辛妙善、□□玄、劉妙圓、苟福林、劉福勇、宋惠林、王妙明、周福廣、楊妙惠、王福山、孟妙興、鄧惟林、張善安、劉輝、祁林、□妙義、王妙法、張妙山、張惠、□福斌、李惠全、戴柱安、林福量、□□□、王善榮、孫銘、成斌鉞、婁妙奇、汪妙定、楊善正、許寶榮、□善秀、□玲、戚善果、劉惠賢、劉妙善、普妙惠、□義林、福通□ 2

張通、董□、郭福□、趙妙福、李□榮、劉妙興、馮佑、項道洪、莊勝、泰福信、□志善、□□堂、王聰□、曾覺明、王妙玉、劉福海、陳友、唐妙喜、陳善明、□卧□、韓賢□、李福□、慧妙□、□惠□、□妙□、陳朝□、宋福忠、靳福勝、郭福惠、黄福泰、黎妙香、鄒廣、□妙端、李英、周福信、□安壽、劉安、段善清、成福林、陳賢、張謙、胡福受、周安、張□□、王景□ 3

陳妙英、王福隆、陸妙雅、左妙齡、彭禎、岳松、劉祥、王茂春、周妙善、侯貴、德貴、張福、王妙喜、王妙善、李興長、楊福興、李妙興、曹銘□、卞賢□、□□□、陳妙恩、長禄斌、廖化□、李福□、吴妙玄、葛□□、高□□、□□□、□□□、□□□、□□善、梁福友、楊妙能、福妙山、俞妙□、彭貴□、張妙□、伍福忠、王□□、韓恭、郭榮、□□、□□□、林□□、胡□、□□□、汪惠□ 4

范喜、白□□、陸福□、左□□、陳妙福、岳俊、劉俊、□□□、□□□、□有功、沈妙安、李順安、李福妙、林妙道、趙福安、王□□、□□□、□□□、萬旺、□真□、趙□□、□妙□、□妙□、□敬、解妙增、劉俊、吴妙海、李才、吴妙善、陳恩、金妙青、丁妙盤、葉福梁、朱福堂、徐福安、鄭陽、司福迎、孫欽、孫妙、陳堂、丘□□、□□□、金□□、□福進、蔣□□、彭福欽 5

范□、□恩信、□妙善、楊春、彭福欽、□頭、□□□、(以下全泐) 6

趙莊、□福□、□福興、葉妙真、陸福□、長順、□妙秀、王□□、□真□、□妙□、□福山、楊妙□、□殷□、鄭福龍、林善海、劉貴、周普祥、周妙法、高妙□、趙普賢、鄭士明、費福□、□□□、□□□、丘妙君、梁春恒、□子□、李□□、魏□□、紀妙海、樂妙真、劉□□、李□□、福子良、□妙、李政、吴道忠、常政、張順、□□□、□□□、(下泐) 7

□□、李春□、李萬□、焦妙正、費妙清、柴妙善、陳善真、陳性□、陳完海、薛敬、□□、萬妙清、晏友、□惠玉、真源清、周德欽、木□書、楊妙、□□、□□、□□□、□□□、□留金、王妙□、王□□、高原□、陳□□、□□□、□□、□□玉、(下泐) 8

以下約十一排人名泐甚

三義庵

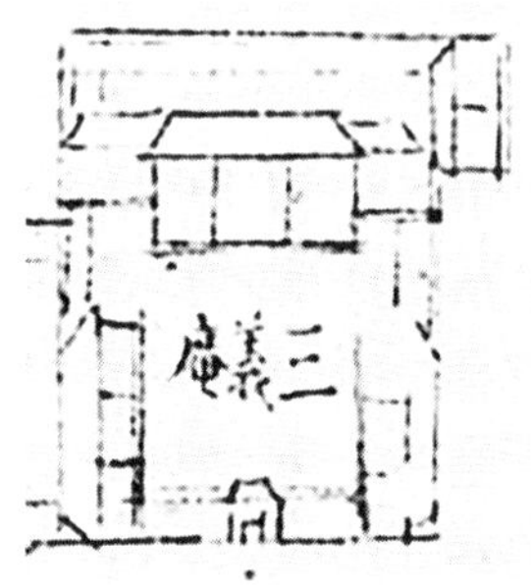

三義庵，亦名三義廟、護國三聖禪林。原址在内四區西弓匠營一號（今原址所在地曾爲西城區西弓匠胡同一號，現納入西直門南小街一百三十三號西派國際公寓範圍内）。寺廟建築現已不存。廟内原有碑刻三通，分别是明代年月泐之《三義廟碑》、清康熙四十一年（1702）《三義廟碑》與清乾隆十年（1745）《三義廟碑》。

三義庵始建於明代，《宛署雜記》記，朝天日中坊三義廟，嘉靖三十五年（1556）建[1]。明《三義廟碑》雖然内容全泐，但碑陰有内務各衙門、錦衣衛指揮等百餘人捐資題名。其中大施主爲司設監、御馬監、尚衣監的三位太監，碑末還記有四位信女姓氏。

入清後，三義庵屢次重修。清康熙二十五年（1686），三義廟曾重修，時立石額廟名曰"護國三義禪林"。康熙三十一年（1692），張玉書爲廟内大殿手書抱柱對聯[2]。至清康熙四十一年（1702），神像蕭然、廟貌頹然。附近居住的内務府武備院衆旗人，以正黄旗固山大（即協領）常保、艾柱、黑豆爲首組成義會，捐出己資，再次鳩工修葺。會首有薩什庫等二十一人，另有衆姓一百五十人左右輻湊捐資。鐘鼓幢幡、神像供器，一應俱全，里人紛紛捧瓣香而至、瞻禮於斯。住持來義乃邀請翰林院修撰汪繹爲記，述其始末，是爲康熙《三義廟碑》[3]。據《雍正廟册》記載，弓匠營三義庵爲大僧廟，有殿宇三間、禪房十間，住持法號自貴。至乾隆十年（1745），内務府武備院衆人再次捐資重修寺廟，正黄旗固山大包勒柯、巴海爲首，近二百旗人參與，其中不乏二丫頭、四丫頭等女性之名。此次重修除武備院外，還有弓匠營居住衆善二十五人共襄盛舉，于耀漢、馬亮、田自成三人捐資捨碑。工程歷時三月而告竣，由江南

〔1〕《宛署雜記》，頁二百三十四。

〔2〕國立北平研究院《三義廟》，0121。

〔3〕清康熙四十一年（1702）《三義廟碑》，京380，《北京圖書館藏中國歷代石刻拓本匯編》卷六十六，頁十七至十八。

吴郡某進士撰碑。惜碑文泐甚,更多詳情未知[1]。《乾隆廟册》登記,此時住持换成了通喜,仍爲大僧廟。從乾隆《京城全圖》上看,重修後的三義庵基本保持原狀,位於弓匠營路北,坐北朝南。規模不大,僅有小院一座。南首有山門一座一間,後爲正殿三間帶東西耳房各一間,前有東西配房各三間。正殿後有後院一段,極狹小。後院東頭有臨街房兩間,似乎也屬廟内。

清光緒八年(1882),信士弟子瑞秀爲廟内獻鐵磬一口。光緒十五年(1889),三義廟似又曾重修,是年三月三日,信士弟子正黄旗滿洲五甲世管佐領雲騎都尉福謙爲大殿手書木額“浩然正氣”一方。至光緒二十三年(1897),三義廟已成爲在理教公建寺廟。理門領衆廣正修任管理人,他自稱道士,於二十三年十一月初七日在道録司立有寺廟手本,教中諸人稱其爲老法師[2]。民國四年(1915),廟産傳至桂芳之手。桂芳,男性,可能是旗人,生於1869年左右,接替管理三義廟後,亦成爲理門領衆。據他聲稱,三義廟爲戒菸酒之處,廟内除祀神外,用作教門宿舍,并無收入。桂芳兼理道總會(有時也寫作理教總會)静修堂公所理事員,承辦人八大家每月助資十餘元作爲其生活費[3]。

1931年國立北平研究院調查時,三義廟山門南向,石額“護國三義禪林”。内有大殿三間,木額“浩然正氣”,廊前抱柱上掛木牌“理善勸戒菸酒總會静修堂公所”,内供劉備、關羽、張飛泥塑坐像,左右泥質立像各三尊。神前設鐵五供一份、光緒八年鐵磬一口。殿前廊左有鐵鐘一口,前立乾隆十年《三義廟碑》,殿右立明《三義廟碑》殘碑,其時碑陽已無字,再右爲康熙四十一年《三義廟碑》。院内東西配房各三間,木牌上書“静修堂公所”,門前楸樹二株、小石爐一座[4]。

民國三十二年(1943),桂芳去世,因正在日據時期,三義廟直到民國三十五年(1946)方向社會局秉告更换住持。時年五十四歲的張崇續,自稱爲桂芳的接壇弟子,亦任理教總會理事,要求接管三義廟。棺材商張興與教内同道洪爲荃、尚久林二人爲其擔保。據洪、尚二人聲稱,張崇續乃静修堂公所當家的,同道衆公推他繼承住持[5]。至1950年代初,張崇續仍爲三義廟管理人,廟内共房屋十一間[6]。

老住户們還清楚記得三義廟作爲“戒菸酒處”的歷史,稱其爲八方道廟。會中有三個當家的,大當家是“桂當家”(即桂芳),二當家外號“二極子”,應即張崇續。三當家人稱“洪當家”,可能就是洪爲荃。“在理”之人很多爲“賣力氣”的光棍,宗旨是潔身自好、戒菸戒酒。每年夏天(可能是關帝聖誕日),入道之人各出己資,廟内聚餐,所有賬目均張榜公開。除了本廟外,西皇城根的周倉廟[7]亦爲修静堂公所,二廟常有聯繫。

2004年調查時,三義廟正在拆除,石碑倒在地面,現場一片狼藉。張崇續的後人還住在廟址臨近。而2016年調查時,三義廟所在地已完全成爲高檔住宅區西派國際公寓的緑地,僅剩山門處大樹一株還存,古樹編號爲A01640。

---

[1]清乾隆十年(1745)《三義廟碑》,京381,據國家圖書館藏原拓片録文。

[2]北京市檔案館藏《北平市社會局·内四區三義廟桂芳登記廟産的呈文及社會局的批示》,檔案號J2-8-418,1932-1936年,頁十一。

[3]同上,頁十二至二十六。

[4]國立北平研究院《三義廟》,0121。

[5]北京市檔案館藏《北平市社會局·内四區三義廟桂芳登記廟産的呈文及社會局的批示》,檔案號J2-8-418,1932-1936年,頁五十二至五十八。

[6]北京市檔案館藏《北平市民政局·北平市寺廟總登記簿(第一册)》,檔案號J3-1-203,1950年,頁三十六。

[7]見乾隆《京城全圖》六排九段“崇聖寺”。

三義廟正在拆除（2004 年 4 月 如意攝）

明代石碑倒在地面（2004 年 4 月 如意攝）

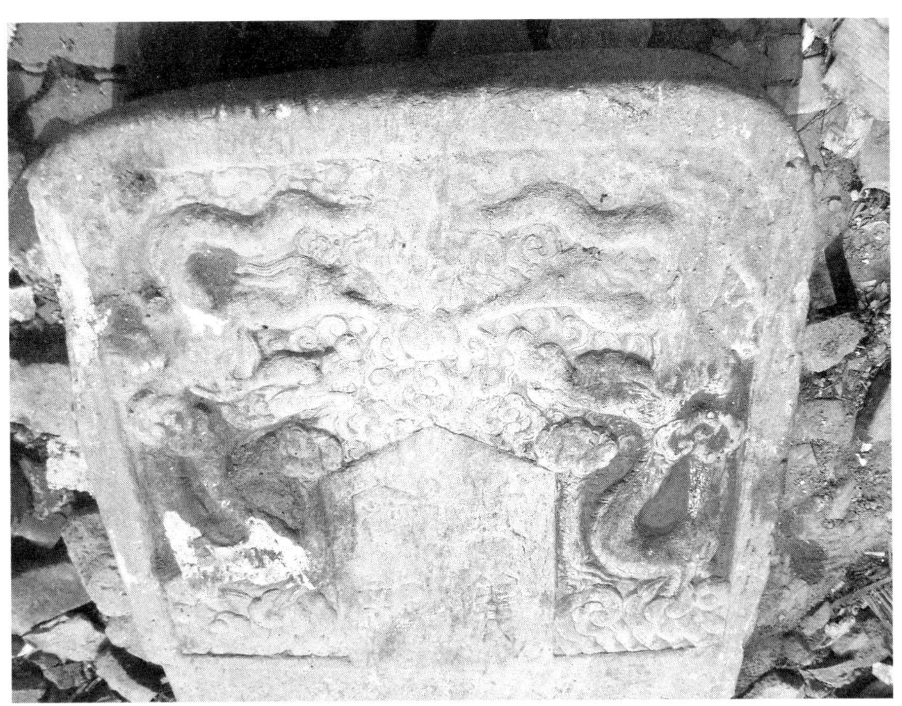

明代三義廟碑碑陰碑額“萬古流芳”（2004 年 4 月 如意攝）

明代三義廟碑碑陰局部（2004 年 4 月 如意攝）

三義廟記

（碑陽完全無法辨識）

京382《三義廟碑》陽

萬古流芳

張昇太　孟春　耿汝登　周全　馮□
黃樂　崔爾　薛□　梁佰　丁紀
張昇　李成　張勛　杜忠　柳□□
鄭文進　魏忠　陳知□　□□　□思成
劉福　何文昇　林朝慶　祁錦　梁臣
內府各衙門太監等官錦衣等衙指揮千百等官　信士
周貴　張萬喜　商□（渤）　張文進
呂進　□忠　孫英　□□
□□　□□　陳□　馬□

司設監太監□□
御馬監太監陳恩
尚衣監太監梁□

各衙門太監等官□□

劉□　孫偉　張安　黃顯　任聰　□□
李朝　楊海　王寬　王桓　宋保　藏斌
柒保　吴□　董洪　□□□　王錦　霍安
殷春　郭欽　金榮　□福　史通　□□
□□　張□　關堂　常□真　傅受　王寅
郝朝　趙□　□□　付福　吴玉　呂還
□□　□□　瞿戟　潘□　支鎮　□□
□□　□能　常□　□寬　□□　劉奉
□□　□□　高欽　王瓚　田受　陳□
□□　周慶　高鎮　趙景方　郭寶　□□
樊英　陳仁　王□　孔文　王海　梁聚
□能　陳舉　王受　王昇　王倉　王春
李成　□□　陳清　李播　溫禮　呂洪
張才　高堂　高□　張□　倪堂　胥紀
田□　□□　郭得　龐宣　梅□　苑傑
劉仲　王同　朱□　趙銘　孫鋭　辛忠
劉□　□□　李宣　溫奉　曹岳　張□
馬宏　□□　荀禮　王安　靳遼

信女
黃氏　包氏　蔡錦　□□　史□　王章　張鋭
溫氏　陳氏　陳□　宋□　張□　李秀　韓英
張□　胡玉　史劉　王□　馮百
□□　胡鉞　姚洪　郭□　□□
□□　趙□　陳江　□□

京382《三義廟碑》陰

三義廟碑

額題：三義廟記（陽）、萬古流芳（陰）
首題：
年代：明代，年月泐
原在地：北京市西城區弓匠營
拓片尺寸：碑身高 128、寬 80 厘米，額高 35、寬 28 厘米
書體：正書并篆額
北圖編號：京 382
《目録》：頁 297
出處：據國家圖書館藏原拓片録文

【碑陽】
額題：三義廟記
碑文：
碑陽完全不可辨識

【碑陰】
額題：萬古流芳
碑文：
内府各衙門太監等官錦衣等衙指揮千百等官信士：
張昇太、黄樂、張昇、鄭文進、劉福、周貴、吕進、□□
孟春、崔禰、李成、魏忠、何文昇、張萬喜、□忠、□□
耿汝登、薛□、張勛、陳知□、林朝慶、商□、孫英、陳□
周全、梁[伯]、杜忠、□□、祁錦、（泐）
馮□、丁紀、柳□□、□思成、梁臣、張文進、□□、馬□
司設監太監□□、御馬監太監陳恩、尚衣監太監梁□
各衙門太監等官□□：
劉□、李朝、柒保、殷春、□□、郝朝、□□、□□、□□、□□、樊英、□能、李成、張才、田□、劉仲、劉□
孫偉、楊海、吴□、郭欽、張□、趙□、□□、□能、□□、周慶、陳仁、陳舉、□□、高堂、□□、王同、□□、馬宏、蔡錦、陳□、張□、□□、□□
張安、王寬、董洪、金榮、關堂、□□、瞿戟、常□、高欽、高鎮、王□、王受、陳清、高□、郭得、朱□、李宣、□□、□□、宋□、胡玉、胡鉞、趙□
黄顯、王桓、□□□、□福、常□真、付福、潘□、□寬、王瓚、趙景方、孔文、王昇、李璠、張

□、龐宣、趙銘、温奉、荀禮、史□、張□、史劉、姚洪、陳江

任聰、宋保、王錦、史通、傅受、吴玉、支鎮、□□、田受、郭寶、王海、王倉、温禮、倪堂、梅□、孫鋭、曹岳、王安、王章、李秀、王□、郭□、□□

□□、藏斌、霍安、□□、王寅、吕還、□□、劉奉、陳□、□□、梁聚、王春、吕洪、胥紀、苑傑、辛忠、張□、靳逵、張鋭、韓英、馮百、□□

信女：黄氏、温氏、包氏、陳氏

重修三義廟碑記

三義之名曷昉乎蓋自漢昭烈微時與關張二公結義桃園以後分屬君臣
情猶兄弟歷艱難險阻而常貞至死生存亡而不變巍巍大義炳若日星後
之人尸而祝之合而祀之因以三義顏之煇煌其廟金碧其容其誰曰不然
然而廢興亦何常之有即如都門西城之有三義廟也創自何年建由誰氏
第弗深考惟是歷年既久傾覆是懼衆善信瞻神像之蕭然頓廟貌之頹然
相與發善心共破慳囊鳩工修葺于是木者石者陶者圬者丹堊而髹者
咸次第重新踵事增華而棖楔翼如而几筵肅如而冠瑊森如而幢幡翛如
美哉輪焉美哉奐焉鐘于斯鼓于斯捧瓣香而至者聚瞻禮于斯住持僧來義
乞余為記請書諸石以垂不朽余不禁慨然嘆與曰義之足重于天下後世
也如是夫君子義以為上固無論已即愚夫愚婦語以忠義大節未有不樂
聞不倦者余試入三義之廟拈香瞻拜之下其有不肅然起敬勃其好義之
思者乎且三義自漢以來不沒如一日者其精誠貫天地其福利民人今
而後廟宇重光享祀不忒謂民力之普存也捍災禦患庇佑一方民和年
豐而神降之福也詎不甚善然則貞珉之有鐫也其可已乎是為記

賜進士及第翰林院修撰汪[illegible]撰

康熙四十一年七月十六日立石僧自貴

京380《三義廟碑》陽

京380《三義廟碑》陰

重修三義廟記

重修三義廟碑記

三義之名曷昉乎蓋自漢昭烈微時與關張二公結義桃園以後分屬君臣情猶兄弟歷艱難險阻而常貞至死生存亡而不變巍巍大義炳若日星後之人尸而祝之合而祀之因以三義顔之輝煌其廟金碧其容其誰曰不然然而廢興亦何常之有即如都門西城之有三義廟也創自何年建由誰氏第弗深考惟是歷年既久傾覆是懼衆善信瞻神像之蕭然顧廟貌之頹然相與發菩提心共破羞囊鳩工修葺于是木者石者陶者圬者丹堊而髹者咸次第重新踵事增華而榱桷翼如而几筵肅如而冠珮森如而幢幡藹如美哉輪焉美哉奐焉鐘於斯鼓於斯捧瓣香而至者聚瞻禮於斯住持僧來義乞余爲記請書諸石以垂不朽余不禁慨然歎興曰義之足垂於天下後世也如是夫君子義以爲上固無論已即愚夫愚婦語以忠義大節未有不樂聞不倦者今試入三義之廟拈香瞻拜之下其有不肅然起敬動其好義之思者乎且三義自漢以來不没如一日者其精誠貫天地其福澤利民人今而後廟宇重光享祀不忒謂民力之普存也捍灾禦患庇佑一方□民和年豐而神降之福也詎不甚善然則貞珉之有鑱也其可已乎是爲記

賜進士及第翰林院修撰汪繹撰

康熙四十一年七月十六日　立石僧自貴

京380《三義廟碑》陽

萬古流芳

内務府

艾柱

正黃旗固山大常保正會首

黑豆

武備院

薩什庫 瓦爾大 三丑 舒禄 拜子 五存 圖霸 麥自納 阿思哈 六什泰 馬什泰 宋有仁 王進忠 馬世輔 易素特 夥自立 克□□ 馮旺宗 温達 □□ 福海

衆姓

鄧玉親 唐際會 過山 牙住 狗兒 馬國興 黑子 王建德 王福 尚玉 線纘祖 胡連江 長壽 黑旦兒 約奈 張保住 存住 石頭 古録幾 袁鳴鳳 張鳳翔 劉志奇 朗魁 蘇尔泰 吳照鳳 七十四 周新魁 宋海保 田如德 王海保

黑達子 那爾遜 姜國棟 王花子 趙保 魏合德 沙吽 鄭天榮 沈應璽 花子 鄭珍 阿虎拉 王國用 荆州 那爾太 阿急伯 董國臣 吳九兒 存住 □狗兒 彭英 常有 鄭文登 王之顯 馬蘭泰 李學詩 楊□玉 朱永德 鎖住 郭吉慶

都禄馬 崔國林 温泰 小子 劉芳明 孟國梁 保定 黑達子 關秀 李森蘭 王保住 關保 李□□ 常壽 厄莫尔氣 金□ 金世英 崔其貴 黑子 鄧國福 二小子 楊俊傑 陳啓泰 馬得幸 卜達 克什兒 石景 何起傑 劉保住 吳起鳳

尹太 王化民 四兒 常壽 黃炳坤 來德 九兒 魏成烈 衣忒純 八爾塞 年承詔 沈堯勛 四兒 喻道 五哥 哥禮布 查三泰 陳啓貞 烏兒兎 三進保 班的 劉索住 丫頭 黑子 邵天壽 達能阿 艾有什 王國勛 交色 烏金泰

八打馬 達蘭泰 張寧義 四十二 袁世鼎 高兒秀 你思哈 友令阿 五哥 常保 存保 丑哥 胡德新 保住 馬國良 張文漢 陳謨 張修德 薩蘭太 三黑 根成兒 三哥 胡安良 達南太 禪都立 藍綾 桂發闌 劉基隆

同立

京380《三義廟碑》陰

三義廟碑

額題:重修三義廟記
首題:重修三義廟碑記
年代:清康熙四十一年(1702)七月十六日
原在地:北京市西城區弓匠營
現在地:西直門南小街西弓匠胡同
拓片尺寸:碑陽高128、寬74厘米,額高30、寬25厘米;碑陰高128、寬74厘米,額高30、寬25厘米
書體:正書
撰人:汪繹
書人:汪繹
《目録》:頁282
拓片編號:京380
拓片録自:《北京圖書館藏中國歷代石刻拓片彙編》第66卷17-18頁

【碑陽】

額題:重修三義廟記

碑文:

重修三義廟碑記 1

三義之名曷昉乎?蓋自漢昭烈微時與關張二公結義桃園以後,分屬君臣,2 情猶兄弟,歷艱難險阻而常貞,至死生存亡而不變。巍巍大義,炳若日星。後 3 之人尸而祝之,合而祀之,因以三義顔之。輝煌其廟,金碧其容,其誰曰不然? 4 然而廢興亦何常之有?即如都門西城之有三義廟也,創自何年,建由誰氏,5 第弗深考。惟是歷年既久,傾覆是懼。衆善信瞻神像之蕭然,顧廟貌之頹然,6 相與發菩提心,共破羞囊,鳩工修葺。于是木者、石者、陶者、圬者、丹堊而髹者 7 咸次第重新,踵事增華。而榱桷翼如,而几筵肅如,而冠珮森如,而幢幡譪如。8 美哉輪焉,美哉奂焉。鐘於斯,鼓於斯,捧瓣香而至者聚瞻禮於斯。住持僧來義 9 乞余爲記,請書諸石,以垂不朽。余不禁慨然歎興曰:義之足垂於天下後世 10 也如是。夫君子義以爲上,固無論已。即愚夫愚婦,語以忠義大節,未有不樂 11 聞不倦者。今試入三義之廟,拈香瞻拜之下,其有不肅然起敬動其好義之 12 思者乎?且三義自漢以來不没如一日者,其精誠貫天地,其福澤利民人。今 13 而後廟宇重光,享祀不忒。謂民力之普存也。捍灾禦患庇佑一方,□民和年 14 豐而神降之福也。詎不甚善?然則貞珉之有鑱也,其可已乎?是爲記。15

賜進士及第翰林院修撰 汪繹撰 16

康熙四十一年七月十六日 立石 僧自貴 17

【碑陰】

額題:萬古流芳

碑文:

正黄旗固山大常保、艾柱、黑豆

内務府、武備院

正會首:薩什庫、瓦爾大、三丑、舒禄、拜子、五存、圖霸、麥自納、阿思哈、六什泰、馬什泰、宋有仁、王進忠、馬世輔、易素特、夥自立、克□□、馮旺宗、温達、□□、福海。

衆姓:鄧玉親、唐際會、過山、牙住、狗兒、馬國興、黑子、王建德、王福、尚玉、線纘祖、胡連江、長壽、黑旦兒、約奈、張保住、存住、石頭、古録綫、袁鳴鳳、張鳳翔、劉志奇、朗魁、蘇尔泰、吴照鳳、七十四、周新魁、宋海保、田如德、王海保。

黑達子、那爾遜、姜國棟、王花子、趙保、魏合德、沙吽、鄭天榮、沈應璽、花子、鄭珍、阿虎拉、王國用、荆州、那爾太、阿急伯、董國臣、吴九兒、存住、□狗兒、彭英、常有、鄭文登、王之顯、馬闌泰、李學詩、楊□玉、朱永德、鎖住、郭吉慶。

都禄馬、崔國林、温泰、小子、劉芳明、孟國梁、保定、黑達子、闞秀、李森蘭、王保住、闞保、李□□、常壽、厄莫尔氣、金□、金世英、崔其貴、黑子、鄧國福、二小子、楊俊傑、陳啓泰、馬得幸、卜達、克什兒、石景、何起傑、劉保住、吴起鳳。

尹太、王化民、四兒、常壽、黄炳坤、來德、九兒、魏成烈、衣忒純、八爾塞、年承詔、沈堯勛、四兒、喻道、五哥、哥禮布、查三泰、陳啓貞、烏兒兔、三進保、班的、劉索住、丫頭、黑子、邵天壽、達能阿、艾有什、王國勛、交色、烏金泰。

八打馬、達蘭泰、張寧義、四十二、袁世鼎、高兒秀、你思哈、友令阿、五哥、常保、存保、丑哥、胡德新、保住、馬國良、張文漢、陳謨、張修德、薩蘭太、三黑、根成兒、三哥、胡安良、達南太、禪都立、藍綾、桂發闌、劉基隆。

同立

三義廟記

修廣三義廟碣

竊惟漢室君臣固千古之僅（以下泐）

神威赫奕乃隨□西遷（以下泐）

狹不固難伸雖孟之□三（泐）

固因神而靈而廟而□大爲（泐）

永□心聞□志在修□恭謹□□與十方之（泐）

之同心仍興□□神□黃金□□□助困而□公□之□

□時匠□□迤乎三月告竣廟宇維新（泐）

三義之節夫雖材□不斷白□之（泐）

神祈而久悅慶風（泐）

永垂不朽　江南吴郡□進士□□□□□

□防□明書

乾隆十年三月上吉之辰衆姓公立□　德□　德玉　孫□□

京381《三義廟碑》陽

萬古流芳

內務府

常興 梁世宗 四哥 雙全 曹進祿 袁紹宗 韋駄保 八十四 黃勳 羅刹 魯書
二丫頭 馬世雄 常山 明德 那因太 三哥 崔恆清 木克登惡 衣克湯阿 袁仁
劉保住 楊大業 魯汯閔 馬騰龍 勒爾進 陳德 副亮 永太 何陞惡 惡勒敦
拴住 王良臣 張雲龍 張士成 陳良玉 三達子 鄭宗豹 常德 胡兆祥 吳倆
黃凱 李保住 馮良輔 福保 八十一 金保住 鄭達子 五十九 鉄保 達朗阿
四丫頭 陳美 渣親 邵霈 富保住 四達子 楊成德 索住 趙成贇 常德
郎璧 張琨 馬起龍 八十三 烏石哈 玉端 那笋 觀音保 舒魯克圖 何達子
□□□ 阿敦 陀羅進 張文卓 張保住 玉柱 六十一 文澤民 舒陵阿 觀音保

正黃旗固山大 包勒柯 巴海

劉國泰 五十一 劉成烈 孟國梁 九哥 七十三 蘇爾太 戴成義 得福 七十一
關保 醜兒 黑哥 三進寶 王清用 馬耀 金吉 永福 二達子 阿格敦
吳衍忠 魏邦彥 靈安 常明 老哥 朱昌儀 達林 常清 蘇奇那 徐桂
福壽 嘎使 蘇楞惡 □□□ 陳良璧 張佛保 周兆祥 麻林 明舒 木敦布 同立

武備院

五十九 馮廷彥 厄勒混 關秀 張國良 耿克惇 達明太 九十 定兒 四達子
傻子 常僧 布占 梁可久 孫廷柱 周德玉 何忠 海常 愛保 五達子
金起龍 趙良玉 石兒 王國寧 張文傑 馬朝輔 五達子 保德 付尔清阿 四達子
吾蘇魯 敦住 七十一 七十四 鐘兒 劉義忠 石景雲 張文閣 多爾吉 明山
馬成龍 祝兆昌 六十三 僧保 胡英 蕭明龍 梧桐阿 西常阿 三保 七兒
永安 王興隆 祖棠 羅鳳鳴 尚方貢 六十四 二達子 渣蘭泰 八十一 雙全
富常 明哥 玉章 富喜 哈蘭賓 六十一 西陵阿 巴陸 任玉森 住兒

阜成門内弓匠營衆善人等

金泰 德祿 皂保 黑狗 李櫃 何福 沙秉忠 喬國泰 李明仙
佟柰 吳愈 張德 高住 李英 常太 常生保 常保
魏保住 福祿 李保住 普賢保 黃狗 抓住 蘇良泰 邵霈

捨碑人 于耀漢 馬亮 田自成

京381《三義廟碑》陰

三義廟碑

額題：三義廟記
首題：修廣三義廟碣
年代：乾隆十年三月（1745）
原在地：北京市西城區弓匠營
現在地：西直門南小街西弓匠胡同
出處：據北圖藏原拓片録文
北圖編號：京 381
《目録》：頁 297

【碑陽】

額題：三義廟記

碑文：

修廣三義廟碣 1
竊惟漢室君臣，固千古之僅（以下泐）2
神威赫奕，乃隨□西遷（以下泐）3
狹不固難伸，雖盂之□三（泐）4
固因神而靈而廟而□大爲（泐）5
永□心聞□，志在修□，恭謹□□與十方之（泐）6
之同心仍興□□神□，黄金□□□助困而□公□之□ 7
□時匠□□，迤乎三月告竣，廟宇維新（泐）8
三義之節夫，雖材□不斷，白□之（泐）9
神祈而久悦，慶風（泐）10
永垂不朽，江南吴郡□進士□□□□□ 11
□防□明書 12
乾隆十年三月上吉之辰衆姓公立，□德□、□德玉，孫□□ 13

【碑陰】

額題：萬古流芳

碑文：

（最上從右至左）内務府，正黄旗固山：大巴勒柯、巴海，武備院

常興、二丫頭、劉保住、拴住、黄凱、四丫頭、郎璧、（一人名被抹去）、劉國泰、關保、吴衍忠、福壽、五十九、傻子、金起龍、吾蘇魯、馬成龍、永安、富常

梁世宗、馬世雄、楊大業、王良臣、李保住、陳美、張琨、阿敦、五十一、醜兒、魏邦彦、嘎使、

馮廷彦、常僧、趙良玉、敦住、祝兆昌、王興隆、明哥

四哥、常山、魯汯閔、張雲龍、馮良輔、渣親、馬起龍、陀羅進、劉成烈、黑哥、靈安、蘇楞惡、厄勒混、布占、石兒、七十一、六十三、祖棠、玉章

雙全、明德、馬騰龍、張士成、福保、邵霈、八十三、張文卓、孟國梁、三進寶、常明、關秀、梁可久、王國寧、七十四、僧保、羅鳳鳴、富喜

曹進禄、那因太、勒爾進、陳良玉、八十一、富保住、烏石哈、張保住、九哥、王清用、老哥、陳良璧、張國良、孫廷柱、張文傑、鐘兒、胡英、尚方貢、哈蘭寶

袁紹宗、三哥、陳德、三達子、金保住、四達子、玉端、玉柱、七十三、馬耀、朱昌儀、張佛保、耿克惇、周德玉、馬朝輔、劉義忠、蕭明龍、六十四、六十一

韋馱保、崔恒清、副亮、鄭宗豹、鄭達子、楊成德、那笲、六十一、蘇爾太、金吉、達林、周兆祥、達明太、何忠、五達子、石景雲、梧桐阿、二達子、西陵阿

八十四、木克登惡、永太、常德、五十九、索住、觀音保、文澤民、戴成義、永福、常清、麻林、九十、海常、保德、張文閣、西常阿、渣蘭泰、巴陸

黄勛、衣克湯阿、何陞惡、胡兆祥、鉄保、趙成贇、舒魯克圖、舒陵阿、得福、二達子、蘇奇那、明舒、定兒、愛保、付爾清阿、多爾吉、三保、八十一、任玉森

羅刹、袁仁、惡勒敦、吴倆、達朗阿、常德、何達子、觀音保、七十一、阿格敦、徐桂、木敦布、四達子、五達子、四達子、明山、七兒、雙全、住兒

魯書,同立。

阜成門内弓匠營衆善人等 金泰、佟柰、魏保住、德禄、吴愈、福禄、皂保、張德、李保住、黑狗、高住、普賢保、李櫝、李英、黄狗、何福、常太、抓住、沙秉忠、常生保、蘇良泰、喬國泰、常保、邵霑、李明仙。

捨碑人:于耀漢、馬亮、田自成。

同福寺

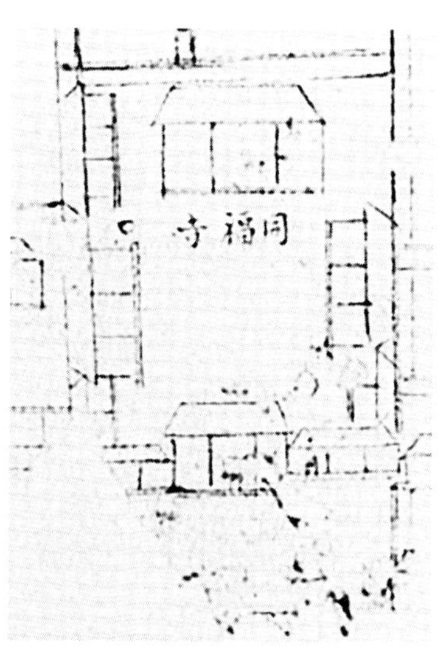

同福寺，原址爲内四區玉帶胡同二號[1]（今約在西城區宏大胡同七號、青塔胡同戊七號的位置）。民國時期同福寺占地面積較大，爲乾隆《京城全圖》上同福寺與其南側玄帝廟[2]兩廟合并而成。

同福寺未知始建何時，清代時爲喇嘛廟。廟内曾有清雍正三年（1725）造大鐵爐一口。從乾隆《京城全圖》上看，此時同福寺面積并不大，僅有一進院落。南有山門三間，中間一間開門出入，東西各有三間小耳房，東數第一間上亦開門。院内有大殿三間，前有東西配殿各三間，西配殿北側有水井一眼，後再有小西房四間。但隨後同福寺日益爲皇室所重視。清嘉慶九年（1804）十二月初六日，内務府呈奏，上給各寺廟哈達，其中同福寺獲賜哈達十五個[3]。

至民國年間，同福寺面積已大爲擴大，但建築亦已荒廢。1928年北京市公安局登記時，同福寺廟基南北長十八丈五尺、東西十一丈五尺，合計約兩千餘平方米，廟院甚爲寬敞。但僅有大殿六間、僧房四間半[4]。《北京市志稿》記：同福寺在阜成門内迤北，歲久頹廢，大殿圮爲平地，前後二進，亦破壞殆盡矣。寺内喇嘛額定爲十一名，住於寺之東偏僧寮三間内[5]。同時廟内無錢糧額缺[6]。

---

〔1〕《北平街衢坊巷之概略》圖上，將同福寺誤作"青塔寺"。

〔2〕見乾隆《京城全圖》六排十一段"玄帝廟"條。

〔3〕中國第一歷史檔案館藏《録副雍乾朝内务府奏案·呈爲賞給各寺廟哈達數目單》，嘉慶九年（1804）十二月初六日，檔案號05-0512-005。

〔4〕參見《北京寺廟歷史資料》頁四百二十一至四百二十二。

〔5〕《北平市志稿·宗教志》，頁二百五十四。

〔6〕同上，頁一百九十。

1931年國立北平研究院調查時,同福寺山門南向,石額"敕賜同福寺",門内左右有槐樹各一株。正門堵閉,由東側進入。門内三進,山門殿三間,已傾圮,并無佛像。前殿三間帶東耳房三間,爲天王殿,亦已倒塌,僅存天王像兩尊。正殿三間,爲大雄殿,破壞不堪,僅存蓮座釋迦泥佛一尊,左右阿難、迦葉侍立,均已殘損露泥。釋迦牟尼佛雙跏趺座,左手禪定,右手觸地,臺下亦須彌座。三尊佛像均造型古樸,着袒右式袈裟,身形肩寬腰細,身材健碩,不似明清一般造像風格。殿前立雍正年間鐵爐,其餘法器一應俱無。正殿院内有柏樹二株,後院爲菜園。管廟喇嘛名丁焕章[1]。1945年警察局登記時,稱同福寺爲雍和宫下院,已無喇嘛看守,破爛不堪[2]。

此後同福寺再不見記載。但老住户們對同福寺的印象很深。他們還記得廟内有一大片菜園,滿是葡萄架,佛像不多,衹有一尊很大的銅佛爺。黄姓老夫婦二人在此居住看守,以賣菜爲生,但黄老太爺仍需定期上雍和宫。老街坊中還流傳著一個關於同福寺的傳奇故事。説某年某月,正值伏天大雨。同福寺的看廟人早上開門,見一人坐在山門處避雨,身穿長袍、腰間系帶、慈眉善目。看廟人將其迎入屋内,來人外袍全濕透了,順手將腰帶解下,搭在椅子邊上晾乾。兩人相談甚歡,不覺間大雨已住,來人於是告辭離去,衣帶却忘記帶走。兩三天后,三、四個宫中雜役突然造訪,稱皇帝不慎將衣帶遺留在此,特來取回。管廟人方恍然大悟,避雨之人原來是當今聖上,"怪不得長得慈眉善目"。從此同福寺門前這條胡同取名爲"玉帶胡同"。1958年左右,同福寺原址上新建造紙廠,黄氏老夫婦二人仍在廠内居住,直至去世。至20世紀80年代末,廠房拆除,此處成爲早市,尤其是花鳥魚虫市場的名氣很大。

2016年調查時,花鳥市場正在拆遷改造,同福寺原址所在地已成私宅,高墻大院、棟宇輝煌,據説與某位市領導有關。原寺廟建築已絲毫不見踪迹。

---

〔1〕國立北平研究院《同福寺》,0126。

〔2〕首都圖書館藏《北平寺廟調查一覽表》。

龍王廟

龍王廟，不見於乾隆《京城全圖》，原址在内四區福綏境二十四號門前，今爲西城區西直門南小街一百七十四號門前，即西直門南小街與大玉胡同交界處路口。寺廟建築現已不存。

此龍王廟未知始建於何時，僅見於1945年警察局調查記録。時爲當街廟，形似大龕，供奉龍王小像一尊。調查人員并未記録廟前有無水井，難以判斷此廟是否依井而生[1]。

附近居民對此廟毫無印象，應早已傾圮。2016年調查時，龍王廟原址處爲馬路。

〔1〕首都圖書館藏《北平寺廟調查一覽表》。

小土地廟(宏大胡同)

小土地廟,不見於任何文獻記載。據居民回憶,在今西城區宏大胡同甲二十號院的位置,曾有小土地廟一所,亦有人稱其爲龍王廟。

小廟僅一米餘,爲當街廟,内僅奉一尊泥菩薩,披一塊紅布。神前設香爐,廟門口還有一眼苦水井。

2005年調查時,小廟早已不存,時爲煤場。2016年調查時,小廟所在地爲居民住家院落。

關帝廟(後大坑)

關帝廟,不見於乾隆《京城全圖》,原址爲内四區宫門口後大坑十九號(今西城區宏大胡同三十三號)。寺廟格局基本保持原狀,但所有建築均已翻建。

此廟未知始建於何時。廟内曾有宣統三年(1911)鐵磬一口,但銘文記其原獻於"泰山娘娘廟",應係從别廟中移來。最早見諸記載,始於1931年國立北平研究院調查記録。調查人員稱其神像爲新塑,工粗,也許當時始建不久。時關帝廟山門南向,無額,前有大槐樹二株。山門内僅北殿三楹,木額曰"浩氣通天",粘金龍邊,無款。中供關帝坐像,左右立像各三,童子、泥馬各一,均爲泥塑。神前有木黑漆五供一份、弓箭架一座。供桌上設宣統三年鐵磬、無字銅磬一口。殿東有耳房兩間。院南墻下枸杞一株,高丈許。此時關帝廟爲孫宅家廟,住持尼僧思本[1]。

民國二十六年(1937)七月,思本圓寂,其座下僅剃度徒一人,法號信如。時年僅三十三歲,宛平人,出家未久,尚未剃度。信如爲思本料理一切發喪荼毗入塔之事,仍依例繼任住持[2]。但僅僅四年後,信如就稱欲赴山西朝拜五臺山文殊菩薩勝地,就地潛修,回期無日,請北平市佛教協會另外選舉僧人焚修管理關帝廟。佛教會於是公推聞修爲住持。聞修,時年三十五歲,宛平人,民國二十年(1931)春於山西五臺山成果庵禮妙慧和尚座下具足戒,二十一年(1932)住廣化寺參學,當時正於恩濟莊關帝廟充監院。他於民國三十年(1941)八月接收廟務,擔任住持約十年時間[3]。

1945年警察局將關帝廟記爲尼僧廟[4],但1947年民政局登記住持

[1]國立北平研究院《關帝廟》,0124。

[2]北京市檔案館藏《北平市社會局·内四區宫門口後大坑關帝廟住持信如關於繼承住持的呈文及社會局的批示》,檔案號J2-8-1181,1937-1941年,頁二至九。

[3]同上,頁十六至三十。

[4]首都圖書館藏《北平寺廟調查一覽表》。

仍是聞修[1]。至1950年寺廟登記，住持換成了慧光，廟内仍有殿房六間，民政局註明“住持未批用印”[2]。慧光本名曹世昌，時年三十八歲，1941年在拈花寺出家，常住西郊八里莊高家菜園三號定慧寺，在八里莊有土地五畝餘，僧人以耕地爲生。廟内房屋僅三間奉神，其餘三間出借，不收租金[3]。

老住户還記得關帝廟與八里莊定慧寺的關係，稱關帝廟名義上是定慧寺下院，但彼處僧人只負責看管，并没有産權。此關帝廟實際是家廟，廟主人稱李奶奶，就住廟旁不遠。廟中大殿供奉關帝，上懸“浩然正氣”的木匾一方，殿内光綫昏暗、神像隱然，婦女兒童都不敢入内。有膽大的孩子偷偷去看，殿内長長的黑漆供桌給他們留下極深的印象。西厢房供奉灶君，據説聽更老的住户説過，曾見過有厨子來此聚會。

對老住户而言，關帝廟是附近居民共有的美好回憶。山門處兩株大槐樹，濃蔭滿目、遍地清涼，山門的高臺階與木門檻恰在樹蔭掩映下，每到傍晚，人們總喜歡在這裏聚集聊天。院落很深，内有大棗樹一株，是附近兒童玩耍的天堂。1958年大躍進時，關帝廟改爲造紙廠，也曾一度作爲造紙廠的煤場。東弓匠營公安局爲了打井，拆了大殿木匾改做轆轳。60年代初，廟裏開設掃盲班，學員多爲女性，晚間帶著孩子來此學習識字。因廟院寬敞，街道在此開設服務社，幫街坊居民拆洗棉襖、製作棉被，遇有居委會選舉或居民大會，也常在此院中舉行。1976年地震時，院墻傾圮，院内蓋滿地震棚，大殿亦重新改建，原寺廟格局完全改變。

2016年調查時，關帝廟所在地正在拆遷，原住居民已全部搬走。

---

〔1〕北京市檔案館藏《北平市民政局·北平市各區寺廟總登記考察簿》，檔案號J3-1-237，1947-1948年，頁十七。

〔2〕北京市檔案館藏《北平市民政局·北平市寺廟總登記簿（第一册）》，檔案號J3-1-203，1950年，頁二十七。

〔3〕北京市佛教協會藏《北京市民政局民族事務科·西四區僧、尼寺廟登記表》，檔案號196-1-18，1952年，頁九十五。

三聖祠

三聖祠，不見於乾隆《京城全圖》，原址爲内四區宫門口後大坑二十號，今爲西城區宏大胡同三十三號東鄰。寺廟建築現已不存。

此祠未知始建何時，乾隆《京城全圖》上在此處有水井一眼，後面不遠處似乎還繪有假山山石。民國年間，三聖祠有木額一方，書“三聖祠”，落款爲光緒壬辰年九月初九日，則廟之始建當在光緒十八年（1892）左右。1931年國立北平研究院調查時，見三聖祠僅小殿一間，南向，内供龍王、土地與財神小泥像三尊，懸小鐵鐘一口。門前有水井一眼，看廟人陳玉順〔1〕。1945年警察局調查時，這所小廟尚無變化，調查人員記爲當街廟〔2〕。

據回憶，20世紀50年代初，三聖祠已不存，但水井仍在。後來胡同内架設自來水，水井被填，改爲公共水龍頭。水龍頭拆除後，添建房屋。2005年調查時，三聖祠原址上是小飯館，2016年調查時，已改爲賣核桃文玩的商店。

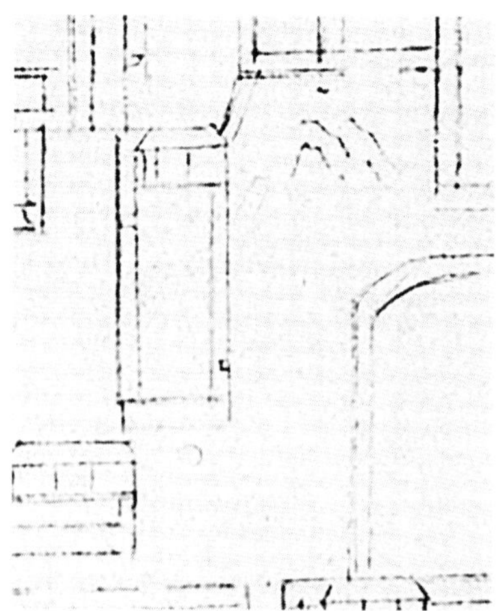

乾隆《京城全圖》上，三聖祠所在地有水井一眼，東北方向有假山

〔1〕國立北平研究院《三聖祠》，0123。

〔2〕首都圖書館藏《北平寺廟調查一覽表》。

附録一

本書未撰寫廟志的寺廟名單

(共十座)

編號	廟名	所在排段	記載資料	簡要情況
1	五聖庵	五排二段	《乾隆廟册·東城内外寺廟庵院僧尼清册》	弓匠營,尼僧廟,住持尼悟喜
2	佛堂	五排六段	《雍正廟册·中城皇城裏外寺廟清册》 《乾隆廟册·中城所屬地坊寺廟庵院僧尼清册》	針工局,大僧廟,有殿宇五間、禪房十一間,住持實祥,徒際福 真工局,大僧廟,住持廣住
3	龍王廟	五排六段	《雍正廟册·中城皇城裏外寺廟清册》	吉祥胡同,大僧廟,有殿宇一間、禪房三間,住持法祥
4	土地廟	五排六段	《雍正廟册·中城皇城裏外寺廟清册》 《乾隆廟册·中城所屬地坊寺廟庵院僧尼清册》	内官監,大僧廟,有殿宇八間、禪房四間,住持中琛,徒心静 菜園,大僧廟,住持心如
5	鎮國寺	五排八段	《日下舊聞考》卷四十二頁	正德七年十一月,詔建鎮國寺於大内西城……臣等謹按:鎮國寺今無考。據李中疏:在豹房之地
6	吴蔡二公合祠	五排九段	《北平寺廟調查一覽表》	吴蔡二公合祠,民國十二年建。一層殿。吴禄貞及蔡公坡之牌位。無僧人。西四牌樓受壁胡同二十一號。留東同學會館
7	火神廟	五排十段	《雍正廟册·西城北路關内外寺廟清册》	朝天宫後,大僧廟,有殿宇十二間、禪房九間。住持界慧、徒文璽。參見五排十段"朝天宫"條
8	伏魔庵	五排十段	《雍正廟册·西城北路關内外寺廟清册》 《乾隆廟册·西城北路關内外庵廟寺院僧尼清册》	朝天宫後,大僧廟,有殿宇二間、禪房五間。住持成鑒 在朝天宫,大僧廟,住持普慶 參見五排十段"朝天宫"條
9	福德庵	五排十段	《雍正廟册·西城北路關内外寺廟清册》	朝天宫内,尼僧廟,有殿宇三間、禪房七間,住持戒善 參見五排十段"朝天宫"條
10	北極庵	五排十一段	《雍正廟册·西城北路關内外寺廟清册》	李秀才胡同,大僧廟,有殿宇六間、禪房二間,住持善清

附録二

廟名索引

（以漢語拼音爲序）

H

J

K

L

附録三

碑名索引

（以漢語拼音爲序）

《火神廟碑》,清光緒三十三年(1907),京 657,五排六段三聖祠(景山後街)。

L

《隆長寺詩刻》,清乾隆二十一年(1756),弘曆撰并書,京 314,五排九段隆長寺。

M

《馬王聖會碑》,碑陽刻於清乾隆三十年(1765),碑陰刻於乾隆二十年(1755),京 629,五排九段真武廟。
《明憲宗御製重修朝天宫碑》,明成化十七年(1481),朱見深撰,五排十段玉皇閣。
《明宣宗御製朝天宫新建碑》,明宣德八年(1443),朱瞻基撰,五排十段玉皇閣。

Q

《慶寧寺碑》,清光緒十二年(1886),京 393,五排十段慶寧寺。
《慶雲寺碑》,民國三十一年(1942),馬振彪撰,夏職忠書,京 4151,五排六段三聖祠(景山後街)。

S

《三聖祠碑》,明萬曆二十九年(1601),京 656,五排六段三聖祠(景山後街)。
《三聖祠碑》,清乾隆二十二年(1757),京 653-1,五排六段三聖祠(景山後街)。
《三聖祠題名碑》,清嘉慶十五年(1810),京 655,五排六段三聖祠(景山後街)。
《三義廟碑》,明代,年月泐,京 382,五排十一段三義庵。
《三義廟碑》,清康熙四十一年(1702),汪繹撰并書,京 380,五排十一段三義庵。
《三義廟碑》,清乾隆十年(1745),京 381,五排十一段三義庵。
《聖中老會碑》,民國十八年(1929),高渭清撰,京 194,五排三段關帝廟(東四七條)。
《釋迦如來雙迹圖并記》,明萬曆二十年(1592),華藏撰,京 367,五排九段長壽庵。
《雙林寺碑》,清咸豐八年(1858),五排二段雙林寺。
《水月觀音像并讚》,明正統九年(1444),祖淵撰,訥庵書,京 395,五排十一段黑塔寺。

T

《太倉殿及關帝廟碑》,清嘉慶二十一年(1816),鳴盛撰、德新書,京 1090,五排二段倉神廟。
《天后宫碑》,清乾隆五十三年(1788),福康安撰,京 219,五排三段天后宫。

Y

《延福廟碑》,明嘉靖三十三年(1554),張大化撰,侯章書,京 378,五排十段延福吕祖廟。
《延福廟碑》,明萬曆八年(1580),劉效祖撰,梁文學刻,京 379,五排十段延福吕祖廟。
《延福廟碑》,民國九年(1920),京 377,五排十段延福吕祖廟。
《永壽觀音庵碑》,清康熙二十七年(1688),京 389,五排十段觀音庵。
《永壽觀音庵碑》,清同治三年(1864),湛祥撰,京 388,五排十段觀音庵。
《御製弘仁寺碑》,清康熙五年(1666),玄燁撰,五排八段弘仁寺。
《御製詩旃檀寶相贊》,清乾隆二十五年(1760),弘曆撰,五排八段弘仁寺。
《御製旃檀佛西來歷代傳祀碑》,清康熙六十年(1721),玄燁撰,五排八段弘仁寺。

《御製過弘仁寺瞻禮詩》,清乾隆三十九年(1774),弘曆撰,五排八段弘仁寺。

Z

《正覺寺題名碑》,清康熙五十五年(1716),京 177,五排三段正覺寺。
《猪行公議條規碑》,清道光二十九年(1849),京 1091,五排九段真武廟。
《鑄造鐘鼓碑》,明正德十四年(1519),京 663,五排五段華嚴庵。

附録四

碑文撰書人索引

（以漢語拼音爲序）

C

常真　撰，清宣統三年（1911）《慈慧寺碑》，京 659，五排六段慈慧殿。

程南雲　書，明正統十四年（1449）《弘慶寺碑》，京 396，五排十一段黑塔寺。

程維善　書，清光緒十九年（1893）《福田觀碑》，京 208，五排一段玉皇廟。

D

道階　撰，清宣統三年（1911）《慈慧寺（中興）碑》，京 658，五排六段慈慧殿。

德新　書，清嘉慶二十一年（1816）《太倉殿及關帝廟碑》，京 1090，五排二段倉神廟。

鄧誠璋　撰，清光緒三十二年（1906）《慧仙女工學校碑》，京 10645，五排四段圓音寺。

F

福康安　撰，清乾隆五十三年（1788）《天后宫碑》，京 219，五排三段天后宫。

G

高渭清　撰，民國十八年（1929）《聖中老會碑》，京 194，五排三段關帝廟（東四七條）。

廣文　撰，清乾隆五十九年（1794）《長壽庵記》，京 368，五排九段長壽庵。

H

弘曆　撰，清乾隆二十五年（1760）《重修弘仁寺碑》，五排八段弘仁寺。

弘曆　撰，清乾隆二十五年（1760）《御製詩旃檀寶相贊》，五排八段弘仁寺。

弘曆　撰，清乾隆三十九年（1774）《御製過弘仁寺瞻禮詩》，五排八段弘仁寺。

弘曆　撰并書，清乾隆二十一年（1756）《隆長寺詩刻》，京 314，五排九段隆長寺。

侯章　書，明嘉靖三十三年（1554）《延福廟碑》，京 378，五排十段延福吕祖廟。

胡濙　撰，明正統十四年（1449）《弘慶寺碑》，京 394，五排十一段黑塔寺。

華藏　撰，明萬曆二十年（1592）《釋迦如來雙迹圖并記》，京 367，五排九段長壽庵。

黄廷用　撰，明嘉靖三十一年（1552）《漢壽亭侯廟碑》，京 198，五排三段關帝廟（小細管胡同）。

黄養正　書，明正統十四年（1449）《弘慶寺碑》，京 394，五排十一段黑塔寺。

J

焦竑　撰并書，明萬曆年間《重修華藏彌陀寺碑》，五排九段長壽庵。

L

梁文學　刻，明萬曆八年（1580）《延福廟碑》，京 379，五排十段延福吕祖廟。
劉效祖　撰，明萬曆八年（1580）《延福廟碑》，京 379，五排十段延福吕祖廟。

M

馬振彪　撰，民國三十一年（1942）《慶雲寺碑》，京 4151，五排六段三聖祠（景山後街）。
鳴盛　撰，清嘉慶二十一年（1816）《太倉殿及關帝廟碑》，京 1090，五排二段倉神廟。
沐昕　篆額，明正統十四年（1449）《弘慶寺碑》，京 396，五排十一段黑塔寺。

N

訥庵　書，明正統九年（1444）《水月觀音像并讚》，京 395，五排十一段黑塔寺。

W

汪繹　撰并書，清康熙四十一年（1702）《三義廟碑》，京 380，五排十一段三義庵。

X

夏職忠　書，民國三十一年（1942）《慶雲寺碑》，京 4151，五排六段三聖祠（景山後街）。
行渡　撰，清康熙二十四年（1685）《關帝廟碑》，京 652，五排六段關帝廟（恭儉胡同）。
玄燁　撰，清康熙五年（1666）《御製弘仁寺碑》，五排八段弘仁寺。
玄燁　撰，清康熙六十年（1721）《御製旃檀佛西來歷代傳祀碑》，五排八段弘仁寺。

Y

楊世勇　書，清宣統三年（1911）《慈慧寺碑》，京 660，五排六段慈慧殿。
元徹　書，清康熙二十四年（1685）《關帝廟碑》，京 652，五排六段關帝廟（恭儉胡同）。

Z

湛祥　撰，清同治三年（1864）《永壽觀音庵碑》，京 388，五排十段觀音庵。
張大化　撰，明嘉靖三十三年（1554）《延福廟碑》，京 378，五排十段延福吕祖廟。
張益　撰，明正統十四年（1449）《弘慶寺碑》，京 396，五排十一段黑塔寺。
張之漢　撰，清宣統三年（1911）《慈慧寺碑》，京 660，五排六段慈慧殿。
朱見深　撰，明成化十七年（1481）《明憲宗御製重修朝天宫碑》，五排十段玉皇閣。
朱勇　篆額，明正統十四年（1449）《弘慶寺碑》，京 394，五排十一段黑塔寺。
朱瞻基　撰，明宣德八年（1443）《明宣宗御製朝天宫新建碑》，五排十段玉皇閣。
祝椿年　書，清光緒三十二年（1906）《慧仙女工學校碑》，京 10645，五排四段圓音寺。
祖淵　撰，明正統九年（1444）《水月觀音像并讚》，京 395，五排十一段黑塔寺。

附録五

香會索引
（按香會祭祀神靈排序）

財神

財神圣會（三聖財神老會），清乾隆年間，五排九段真武廟
猪行會，清道光年間，五排九段真武廟

關帝

理善勸戒菸酒總會静修堂（八方道），清末民國，五排十一段三義庵
三義廟義會，清康熙年間，五排十一段三義庵
聖中老會，清末民初，五排三段關帝廟（東四七條）
太虛蓮社念佛堂，民國年間，五排六段長春寺

觀音

香燈聖會，清康熙年間，五排十段觀音庵

魯班

平則門内外搭棚彩行，清嘉慶年間，五排十一段真武廟

馬王

馬王聖會（馬王永遠老會），清乾隆年間，五排九段真武廟

附録六

胡同索引

胡同索引使用説明

本索引分兩部分，首爲《胡同名拼音檢索表》。此表將民國胡同名（1928—1947）和今胡同名（2006—2011）按拼音字母順序排列，其後所附阿拉伯數字，爲此胡同在《新舊胡同名與寺廟對照表》中的序號。其次为《新舊胡同名與寺廟對照表》。此表列出民國胡同名、今胡同名和該胡同内寺廟。其中，民國時期的胡同名稱，主要以民國時寺廟登記檔案中所記名稱爲準，没有檔案記載的，補充自 1940 年出版的《袖珍北京分區詳圖》。“民國胡同名”一欄與“今胡同名”一欄并非一一對應，僅根據寺廟所在地的原門牌號和今門牌號之關係，將其對照説明。民國胡同名稱爲空者，乃因民國時期此處無胡同、或胡同無名；今胡同名爲空者，乃因調查時此胡同已經消失。

胡同名拼音檢索表

Y

Z

新舊胡同名與寺廟對照表

序號	民國區劃	民國胡同名	今城區	今胡同名	寺　　廟
1	内三區	東門倉横胡同	東城區	朝陽門北大街	五排一段玉皇廟
2	内三區	豆芽菜胡同	東城區	朝陽門北大街	五排一段觀音庵
3	内三區	朝陽門内南溝沿	東城區	東二環路	五排一段關帝廟
4	内三區	豆芽菜胡同	東城區	東二環路	五排一段關帝廟
5	内三區	東門倉胡同	東城區	朝陽門北大街	五排一段倉神廟
6	内三區	東四八條	東城區	東四八條	五排二段觀音寺、五排三段正覺寺、五排三段承恩寺
7	内三區	東四六條	東城區	東四六條	五排二段吉祥寺、五排三段佛光寺
8	内三區	南門倉胡同	東城區	倉南胡同	五排二段雙林寺
9	内三區	東四五條	東城區	東四五條	五排二段月水寺
10	内三區	朝陽門北小街	東城區	朝陽門北小街	五排二段倉神廟
11	内三區	東四七條	東城區	東四七條	五排二段三聖廟、五排三段關帝廟（東四七條）
12	内三區	皇姑院胡同	東城區	石橋東巷	五排二段三聖廟
13	内三區	娘娘廟胡同	東城區	月光胡同	五排三段普福庵
14	内三區	小細管胡同	東城區	小細管胡同	五排三段關帝廟（小細管胡同）
15	内三區	月牙胡同	東城區	月牙胡同	五排三段真武廟
16	内三區	什錦花園	東城區	東四北大街	五排三段增福庵
17	内三區	鐵匠營	東城區	鐵營北巷	五排三段觀音庵
18	内三區	什錦花園	東城區	什錦花園	五排三段三聖祠、五排四段三聖祠、五排四段五聖神祠
19	内三區	馬大人胡同	東城區	育群胡同	五排三段天后宫

（續表）

序號	民國區劃	民國胡同名	今城區	今胡同名	寺　　廟
20	内三區	安定門大街	東城區	安定門大街	五排四段白衣庵
21	内三區		東城區	美術館後街	五排四段白衣庵
22	内三區	汪芝麻胡同	東城區	汪芝麻胡同	五排四段境靈寺
23	内三區	羊尾巴胡同	東城區	西揚威胡同	五排四段天仙庵、五排四段財神土地祠
24	内三區	取燈胡同	東城區	美術館後街	五排四段三學庵
25	内三區	黄土坑胡同	東城區	南吉祥胡同	五排四段圓音寺
26	内三區	大佛寺街	東城區	美術館後街	五排四段藥王庵
27	内三區	取燈胡同	東城區	小取燈胡同	五排四段顯聖庵
28	内六區	巾帽局胡同	東城區	東板橋西巷	五排五段真武廟
29	内六區	織染局胡同	東城區	織染局胡同	五排五段華嚴庵、五排五段善緣寺、五排五段關帝廟（織染局）
30	内六區	蠟庫胡同	東城區	東板橋東巷	五排五段關帝廟（蠟庫）
31	内三區	取燈胡同	東城區	大取燈胡同	五排五段蓮社庵
32	内六區	酒醋局胡同	東城區	東板橋東巷	五排五段興隆寺
33	内六區	鐘鼓寺胡同	東城區	鐘鼓胡同	五排五段鐘鼓司
34	内六區	水簸箕胡同	東城區	水簸箕胡同	五排五段龍王廟
35	内六區	吉安所左巷	東城區	吉安所左巷	五排五段關帝廟（吉安所）
36	内六區	北月牙胡同	東城區	北月牙胡同	五排六段慈慧殿
37	内六區	内官監胡同	西城區	恭儉胡同	五排六段關帝廟（恭儉胡同）、五排六段三官廟
38	内六區	西板橋	西城區	景山後街	五排六段三聖祠（景山後街）
39	内六區	西板橋大街	西城區	景山西街	五排六段長春寺
40	内六區	油漆作胡同	西城區	油漆作胡同	五排六段三聖庵、五排六段觀音堂

（續表）

序號	民國區劃	民國胡同名	今城區	今胡同名	寺　　廟
41	内六區	内官監胡同	西城區	恭儉四巷	五排六段西坊庵
42	内六區	米糧庫胡同	西城區	米糧庫胡同	五排六段真武廟、五排六段大佛堂
43	内六區	花爆作	西城區	地安門内大街	五排六段天王廟
44	内六區	碾子胡同	東城區	碾子胡同	五排六段玉皇廟
45	内六區	鐵獅子衙門胡同	西城區	地安門内大街	五排六段静度庵
46	内六區	太平街	西城區	地安門内大街	五排六段静度庵
47	内六區	碾兒胡同	東城區	地安門内大街	五排六段三聖祠（碾兒胡同）
48	内六區	景山後大街	東城區	景山後街	五排六段關帝廟（景山後街）
49	内六區	養蜂夾道	西城區	愛民街	五排八段弘仁寺
50	内六區	乙字庫	西城區	西什庫大街	五排八段關帝廟
51	内六區	丁字庫	西城區	西什庫大街	五排八段庫神廟
52	内六區	旃檀寺琉璃門	西城區	愛民街	五排八段仁壽寺
53	内四區	石老娘胡同	西城區	西四北五條	五排九段觀音庵、五排十段五聖庵
54	内四區	大紅羅廠	西城區	西四北大街	五排九段真武廟
55	内四區	報子胡同	西城區	西四北三條	五排九段隆長寺
56	内四區	中茅家灣	西城區	中毛家灣	五排九段三聖庵
57	内四區	西皇城根	西城區	西黄城根北街	五排九段關帝廟
58	内四區	武王侯胡同	西城區	西四北八條	五排九段長壽庵、五排十段慶寧寺、五排十段關帝廟
59	内四區	宫門口玉皇閣	西城區	育强胡同	五排十段玉皇閣
60	内四區	茶葉胡同	西城區	大茶葉胡同	五排十段吉祥寺、五排十段觀音庵
61	内四區	中廊下胡同	西城區	中廊下胡同	五排十段真武廟（中廊下）、五排十段土地廟

（續表）

序號	民國區劃	民國胡同名	今城區	今胡同名	寺　　廟
62	内四區	北溝沿	西城區	趙登禹路	五排十段延福吕祖廟、五排十段關帝廟、五排十段五聖庵
63	内四區	獅子府	西城區	翠花街	五排十段佑聖庵、五排十段朝天宫
64	内四區	東廊下胡同	西城區	東廊下胡同	五排十段真武廟（東廊下）
65	内四區	苦水井	西城區	福綏境	五排十一段真武廟
66	内四區	西弓匠營（西弓匠胡同）	西城區	西直門南小街	五排十一段三義庵
67	内四區	後秀才胡同	西城區	西直門南小街	五排十一段伏魔庵
68	内四區	苦水井	西城區	西直門南小街	五排十一段關帝廟（福綏境）、五排十一段龍王廟
69	内四區	中秀才胡同	西城區	西直門南小街	五排十一段土地廟（西直門南小街）
70	内四區	宗帽胡同	西城區	西直門南小街	五排十一段玉喜庵
71	内四區	冰窖胡同（冰潔胡同）	西城區	西直門南小街	五排十一段三聖庵、五排十一段黑塔寺
72	内四區	玉帶胡同	西城區	青塔胡同	五排十一段同福寺
73	内四區	後大坑	西城區	宏大胡同	五排十一段小土地廟（宏大胡同）、五排十一段關帝廟（後大坑）、五排十一段三聖祠

本卷主要參考文獻

一、碑刻目録與拓片彙編

首都圖書館編《館藏北京金石拓片目録》（油印本）。

北京圖書館金石組編《北京圖書館藏中國歷代石刻拓本匯編》，鄭州：中州古籍出版社，1991。

徐自強主編《北京圖書館藏北京石刻拓片目録》，北京：書目文獻出版社（今國家圖書館出版社），1994。

北京石刻藝術博物館編《館藏石刻目》，北京：今日中國出版社，1996。

北京石刻藝術博物館編《北京石刻藝術博物館藏石刻拓片編目提要》，北京：學苑出版社，2014。

北京石刻藝術博物館編《北京石刻藝術博物館藏石刻拓片編目提要·索引》，北京：學苑出版社，2015。

富地博物館編《拓本聚瑛 Catalogue of Chinese Rubbings from Field Museum》，Fieldiana Anthropology, 1981.

Rainer von Franz, *Die unbearbeiteten Peking-Inschriften der Franke-Lauferschen Sammlung*, Wiesbaden : Harrassowitz, 1984.

二、檔案

清雍正《六城寺廟庵院僧尼清册》，雍正六年。

清乾隆《八城寺廟庵院僧尼清册》，乾隆二十五年以後。

中國第一歷史檔案館藏《録副雍乾朝内務府奏案·奏爲明年正月弘仁寺喇嘛念經派内務府總管一員事》，乾隆元年十二月二十七日，檔案號 05-0010-030。

中國第一歷史檔案館藏《録副雍乾朝内務府奏案·奏爲弘仁寺修理告竣照例獻供演戲事》，乾隆二年十一月，檔案號 05-0017-029。

中國第一歷史檔案館藏《内務府奏片莊親王奏爲隆長寺等處開光日期事》，乾隆二十一年十一月初六日，檔案號 05-150-002、05-150-003。

中國第一歷史檔案館藏《奏爲修理各城廟宇事》，乾隆二十一年二月，檔案號 05-0145-108。

中國第一歷史檔案館藏《録副雍乾朝内務府奏案·奏爲弘仁寺等演戲事》，乾隆二十二年三月初九日，檔案號 05-0153-032。

中國第一歷史檔案館藏《内務府奏銷檔·奏爲弘仁寺、仁壽寺工程告竣造具黄册》，乾隆二十六年二月七日，檔案號 05-0163-043。

中國第一歷史檔案館藏《内務府奏銷檔·關於仁壽寺等處香供廟産錢糧等項支用造佛剩餘生息銀兩利銀數目》，乾隆三十一年十二月二十六日，檔案號 05-0240-（05-051）。

中國第一歷史檔案館藏《内務府奏片·奏爲莊親王修理隆長寺餘銀交廣儲事》，乾隆二十三年十二月，檔案號 05-0169-094。

中國第一歷史檔案館藏《内務府奏片·奏爲會查粘修三官廟等處官管寺廟殿宇房間數目事》，乾隆三十五年五月二十二日，檔案號 05-0277-031。

中國第一歷史檔案館藏《呈報官管寺廟殿宇房間數目清單》，乾隆三十五年五月二十二日，檔案號 05-0277-032。

中國第一歷史檔案館藏《録副雍乾朝内務府奏案·奏爲弘仁寺念萬壽經事》，乾隆五十七年八月十七日，檔案號 05-0442-019。

中國第一歷史檔案館藏《内務府奏銷檔·呈報由内交出瓷五供等項分給各寺廟數目清單》，嘉慶七年十一月初十日，檔案號 05-0498-059。

中國第一歷史檔案館藏《録副雍乾朝内务府奏案·呈爲賞給各寺廟哈達數目單》，嘉慶九年十二月初六日，檔案號 05-0512-005。

中國第一歷史檔案館藏《内務府奏銷檔·呈爲分掛各寺廟畫軸數目單》，嘉慶十年閏六月二十九日，檔案號 05-0516-037。

中國第一歷史檔案館藏《内務府奏銷檔·呈爲由内交出香袋分掛各寺廟廟名單》，嘉慶十年十二月，檔案號 05-0518-106。

中國第一歷史檔案館藏《内務府奏銷檔·呈由内交出七珍八寶分各寺廟廟名單》，嘉慶十一年十月二十三日，檔案號 05-0523-065。

中國第一歷史檔案館藏《内務府奏銷檔·呈爲寺廟十五處安掛香袋清單》，嘉慶十一年四月，檔案號 05-0521-004。

中國第一歷史檔案館藏《内務府奏案·奏爲弘仁寺念萬壽經事》，嘉慶二十四年十月初六日，檔案號 05-0605-015。

中研院近代史所藏内務府奏銷檔案《觀音庵、普勝寺工程估銀》，第 210 册，清乾隆八年十二月二十五日。

中研院近代史所藏内務府奏銷檔案《觀音庵、普勝寺工程估銀》，第 210 册，清乾隆八年十二月二十六日。

北京市檔案館藏《北平市社會局寺廟類》檔案，檔案號 J2-8 系列。

北京市檔案館藏《北平市寺廟（尼字）登記目録》，1928 年 11 月，檔案號 J3-1-261。

北京市檔案館藏《北平市寺廟（僧字）登記目録》，1929 年，檔案號 J3-1-260。

首都圖書館藏《北平寺廟調查一覽表》。

北京市檔案館藏《北平市民政局·北平市各區寺廟總登記考察簿》，1947-1948 年，檔案號 J3-1-237。

北京市檔案館藏《北平市民政局民族事務科·本市寺廟情況查詢記録》，1949 年，檔案號 196-1-3。

北京市檔案館藏《北平市民政局民族事務科·本市寺廟情況查詢記録》，1949 年，檔案號 196-1-4。

北京市檔案館藏《北平市民政局·北平市寺廟總登記簿（第一册）》，1950 年，檔案號 J3-1-203。

北京市檔案館藏《北京市民政局民族事務科·本市寺廟、僧道情况統計表》，1951 年，檔案號 196-1-11。

北京市佛教協會藏《北京市民政局民族事務科·西四區僧、尼寺廟登記表》，1952 年，檔案號 196-1-18。

北京市檔案館編《北京寺廟歷史資料》，北京：中國檔案出版社，1997。

中國文化遺産研究院編《北平廟宇調查資料匯編》，第一至四卷，北京：文物出版社，2015-2018 年。

中國第一歷史檔案館、中國藏學研究中心編《六世班禪朝覲檔案選編》，北京：中國藏學出版社，1996。

中國第一歷史檔案館編《清代中南海檔案》，北京：西苑出版社，2004。

三、著作

（元）熊夢祥《析津志輯佚》，北京：北京古籍出版社，1983。

（明）宋濂等《元史》，清乾隆武英殿刻本。

（明）張居正《張太岳集》，上海：上海古籍出版社，1984。

（明）劉侗、于奕正《帝京景物略》，北京：北京古籍出版社，1980。

（明）沈榜《宛署雜記》，北京：北京古籍出版社，1980。

（明）劉若愚《明宫史》，北京：北京古籍出版社，1980。

（明）劉若愚《酌中志》，北京：北京古籍出版社，1994。

（明）蔣一葵《長安客話》，北京：北京古籍出版社，1982。

（明）沈德符《萬曆野獲編》，北京：中華書局，1959。

（明）張爵《京師五城坊巷胡同集》，北京：北京古籍出版社，1982。

（明）徐光啓等《新法算書》，四庫全書本。

（明）釋宗净輯《徑山集》，明萬曆七年（1579）刻本。

（明）焦竑輯《焦太史編輯國朝獻徵録》，四庫全書本。

（明）談遷《北游録》，北京：中華書局，1960。

（清）《明史》，清文淵閣四庫全書本。

（清）《聖諭廣訓》，欽定四庫全書匯要本。

（清）《大清通禮》，清文淵閣四庫全書本。

（清）《欽定理藩院則例》，清文淵閣四庫全書本。

（清）《明實録》，上海：上海書店出版社，2015。

（清）孫承澤纂《天府廣記》，北京：北京古籍出版社，1982。

（清）孫承澤《春明夢餘録》，北京：北京古籍出版社，1992。

（清）高士奇《金鰲退食筆記》，北京：北京古籍出版社，1982。

（清）王養濂等纂《[康熙]宛平縣志》，北京：北京燕山出版社，2007。

（清）鄂爾泰等修《八旗通志》，長春：東北師範大學出版社，1985。

（清）鄂爾泰、張廷玉等編《國朝宫史》，北京：北京古籍出版社，1994。

（清）于敏中等編纂《日下舊聞考》，北京：北京古籍出版社，1985。

（清）王原祁《萬壽盛典初集》，《欽定四庫全書》本。

（清）戴璐《藤陰雜記》，北京：北京古籍出版社，1982。

（清）勵宗萬《京城古迹考》，北京：北京古籍出版社，1981。

（清）吴長元輯《宸垣識略》，北京：北京古籍出版社，1981。
（清）昭槤《嘯亭雜録　嘯亭續録》，北京：中華書局，1980。
（清）崇彝《道咸以來朝野雜記》，北京：北京古籍出版社，1982。
（清）李鼎元《使琉球記》，臺北：文海出版社，1970。
（清）潘榮陛等《帝京歲時紀勝》，北京：北京古籍出版社，1981。
（清）富察敦崇《燕京歲時記》，北京：北京古籍出版社，1981。
（清）震鈞《天咫偶聞》，北京：北京古籍出版社，1982。
（清）麟慶《鴻雪因緣圖記》，清道光二十九年（1849）刻本。
（清）《（光緒）欽定大清會典事例》，四庫全書版。
（清）朱一新《京師坊巷志稿》，北京：北京古籍出版社，1982。
（清）周家楣、繆荃孫等編纂《［光緒］順天府志》，北京：北京古籍出版社，1987。
（清）李鴻章、黄彭年等重修《畿輔通志》，上海：商務印書館，1934 年。
（清）李若虹《朝市叢載》，北京：北京古籍出版社，1995。
（清）曾國藩《曾國藩全集》，長沙：岳麓书社，2011。
《清實録》，北京：中華書局，1985。
趙爾巽等《清史稿》，北京：中華書局，1998。
陳宗蕃編著《燕都叢考》，北京：北京古籍出版社，1991。
許道齡編《北平廟宇通檢》，北平：國立北平研究院史學研究會，1936。
張次溪輯《北京廟宇征存録》，收入《中國佛寺志叢刊》第 2 卷，揚州：廣陵書社，2011。
張次溪《燕京訪古録》，北京：中華印書局，1934。
余棨昌《故都變遷紀略》，北京：北京燕山出版社，2000。
湯用彬《舊都文物略》，北京：北京古籍出版社，2000。
吴廷燮等編《北京市志稿》，北京：北京燕山出版社，1998。
李家瑞編《北平風俗類征》，北平：北京出版社，2010。
喻謙編《新續高僧傳四集》，北平：北洋印刷局，1923。
（僞）臨時政府行政委員會公報處編《北平僞中華民國臨時政府公報》，北京：國家圖書館出版社，2010。
振生《城西訪古記》，收入王彬、崔國政輯《燕京風土録》，北京：光明日報出版社，2000。
杜春和等編《北洋軍閥史料選輯》，北京：中國社會科學出版社，1981。
北京市文物局編《北京名勝古迹辭典》，北京：北京燕山出版社，1989。
北京市地名辦公室、北京史地民俗學會編《北京地名漫談》，北京：北京出版社，1990。
譚伊孝編著《北京文物勝迹大全（東城區卷）》，北京：北京燕山出版社，1991。
中共北京市委黨史研究室編《北京革命史簡明詞典》，北京：北京出版社，1992。
張宗平、吕永和譯《清末北京志資料》，北京：北京燕山出版社，1994。
金梁編纂、牛力耕校訂《雍和宮志略》，北京：中國藏學出版社，1994。
常人春《紅白喜事——舊京婚喪禮俗》，北京：北京燕山出版社，1996。
北京燕山出版社編《古都藝海擷英》，北京：北京燕山出版社，1996。
常人春《近世名人大出殯》，北京：北京燕山出版社，1997。
王永斌《北京的商業街和老字號》，北京：北京燕山出版社，1999。
馮術林編著《承德寺廟與佛像》，北京：中國戲劇出版社，2001。
中國人民政治協商會議北京市西城區委員會文史資料委員會編《胡同春秋》，北京：中國文史出版社，2002。

尹鈞科等《古代北京城市管理》，北京：同心出版社，2002。

北海景山公園管理處編《北海景山公園志》，北京：中國林業出版社，2002。

李養正編著《新編北京白雲觀志》，北京：宗教文化出版社，2003。

隋少甫、王作楫《京都香會話春秋》，北京：北京燕山出版社，2004。

盧彦主編《北京東城年鑒 2005》，北京：民族出版社，2005。

馮其利《尋訪京城清王府》，北京：文化藝術出版社，2006。

楊寬《中國古代都城制度史》，上海：上海人民出版社，2006。

何孝榮《明代北京佛教寺院修建研究》，天津：南開大學出版社，2007。

周明初、葉曄補編《全明詞補編》，杭州：浙江大學出版社，2007。

段炳仁主編《北京胡同志》，北京：北京出版社，2007

王彬、徐秀珊主編《北京地名典》，北京：中國文聯出版社，2008。

劉小萌《清代北京旗人社會》，北京：中國社會科學出版社，2008。

釋妙舟《蒙藏佛教史》，揚州：廣陵書社，2009。

妙舟法師《蒙藏佛教史》，蘇州：江蘇廣陵古籍刻印社，1997。

北京市文物研究所編著《北京寺廟宫觀考古發掘報告》，北京：科學出版社，2010。

蕭虹、劉咏聰等主編《中國婦女傳記詞典·清代卷》，悉尼：悉尼大學出版社，2010。

劉季人《北京西城文物史迹》，北京：北京燕山出版社，2011。

北京市西城區政協文史和學習委員會編《白塔寺地區》，北京：中國文史出版社，2011。

北京市東城區東四街道辦事處編《日下傳聞録·東四故事》，北京：中國社會出版社，2013。

傅謹主編《京劇歷史文獻匯編·清代卷·續編》，南京：鳳凰出版社，2013。

孔海珠《于伶傳論》，上海：上海人民出版社，2014。

郭京寧《穿越皇城》，上海：上海古籍出版社，2014。

包世軒《北京佛教史地考》，北京：金城出版社，2014。

叢維熙《我的黑白人生》，北京：生活書店出版有限公司，2014。

徐珂編纂、孫健校訂《老北京實用指南》，據民國十二年（1923）增訂版整理，北京：社會科學文獻出版社，2017。

（法）吕敏（Marianne Bujard）、陸康（Luca Gabbiani）主編《香火新緣：明清至民國時期中國城市的寺廟與市民》，北京：中信出版社，2018。

黄夏年編《民國佛教期刊文獻集成》，全國圖書館文獻縮微複製中心。

（法）Alphonse Favier, *Péking : histoire et description*, Péking : Imprimerie des Lazaristes au Pé-t'ang, 1897.

（法）樊國梁（Alphonse Favier）著，陳曉徑譯《老北京那些事兒》，北京：中央編譯出版社，2010。

（法）Luca Gabbiani ed., *Urban Life in China, 15th-20th centuries : Communities, Institutions, Representations.*, Paris : École francaise d'Extrême-Orient, 2016.

四、報紙與論文

《群强報》，民國四年第 1045 號。

（日）若松寬著，房建昌譯：《噶勒丹錫哷圖呼圖克圖考——清代駐京呼圖克圖研究》，《蒙古學資料與情報》1990 年第 3 期，第 17-24 頁。

袁冰凌《北京東岳廟香會》,《法國漢學》第七輯,北京:中華書局,2002。

李峥《平地起蓬瀛,城市而林壑——北京西苑歷史變遷研究》,天津大學碩士論文,2006。

宋德金《風雨毛家灣》,《歷史學家茶座》第三輯,濟南:山東人民出版社,2006,第75-81頁。

汪桂平《北京天后宫考述》,《世界宗教研究》2010年第3期,第125-137頁。

孔令彬《佛教中"替僧"現象考略》,《宗教學研究》2011年第2期,第76-80頁。

(法)沙怡然(Isabelle Charleux)《從北印度到布里亞特:蒙古人視野中的旃檀佛像》,《故宫博物院院刊》2011年第2期,第81-100頁。

張宇《從模範團的建立看袁世凱的"去北洋化"》,《安慶師範學院學報(社會科學版)》2013年第4期,第118-120頁。

黄湘金《晚清北京女子教育攬要》,《近代中國婦女史研究》2015年第25期,第193-232頁。

Li Wei-tsu, "On the Cult of the Four Sacred Animals (Szu Ta Men) in the Neighborhood of Peking", *Folklore Studies*, 7, 1948, p.1-194.

五、地圖

北平特別市公署編《北京街衢坊巷之概略》(附地圖),北京:北京特別市公署印製發行,1938。

邵越崇編著《袖珍北京分區詳圖》,北京亞洲輿地學社,1940年初版,1942年再版。

《清内務府藏京城全圖》,北平:故宫博物院影印版(1:2600),1940。

乾隆《京城全圖》,北平:日本興亞院華北聯絡部政務局調查所縮印版(1:2600),1940。

北京市地質地形勘測處編製《舊北京一九四九年城區地圖》,1976。

徐蘋芳編著《明清北京城圖》,北京:地圖出版社,1986。

侯仁之主編《北京歷史地圖集》,北京:北京出版社,1988。

北京市古代建築研究所、北京市文物事業管理局資料中心編《加摹乾隆京城全圖》,北京:北京燕山出版社,1996。

國家文物局主編《中國文物地圖集·北京分册》(上、下),北京:科學出版社,2008。

六、圖片

(清)《康熙萬壽盛典初集》(附圖),四庫全書本。

中國文化遺産研究院編《北平廟宇調查資料匯編》,第一至四卷,北京:文物出版社,2015-2018年。